알기쉬운 불교

불교방송 자비의 전화
신행상담 사례 300선

알기쉬운 불교

불교방송 자비의 전화
신행상담 사례 300선

BBS 불교방송

머 리 말

 불교에 대한 폭넓은 이해와 불자들의 바른 신행생활에 도움을 주고자 마련한 불교방송의 신행상담프로그램 '자비의 전화'가 청취자들의 관심과 지원에 힘입어 인기리에 방송되었다. 그동안 이 프로그램은 청취자들의 불교에 대한 궁금증을 명쾌하게 해소해줌으로써 불교방송이 포교적 기능을 다하는데 큰 기여를 해왔다.
 돌이켜보면 당초 이 프로그램을 준비하면서 실무자들 사이에서는 나름대로의 걱정이 많았다. 청취자들의 참여가 얼마나 있을까, 과연 올바른 신행생활의 지도가 방송이라는 매체를 통해서 얼마나 가능할까 하는 것이었다. 그러나 이같은 염려는 '자비의 전화'가 방송되기 시작하면서 한낱 기우에 불과했다는 사실이 밝혀졌다. 무엇보다도 4대의 상담전화는 개통 즉시부터 불이 날 지경이었고, 특히 상담을 맡은 스님들의 해박한 지식과 자상한 설명은 이 프로그램의 성공가능성을 예견케했다.
 이 프로그램에서 상담한 내용은 무려 40,000여건, 그 가운데는 불교와 미신을 혼동함으로써 빚어지는 문제에서부터 초보적인 교리상식을 묻는 것에 이르기까지 그야말로 다종다양했다. 그런 질문은 불교를 체계적으로 공부한 사람들의 입장에서 보면 낮은 수준의 내용이라고 할 만한 것도 많았지만, 그것이 곧 우리나라 불교의 포교현실을 반영하는 것이라 할 때 매우 의미있는 현상으로 파악되었다. 즉 현재의 한국불교가 포교사업을 전개하려할 때 어디서부터 어떻게 접근해야 할지에 대한 실마리를 찾을 수 있게 한 것이다.

'자비의 전화'에 쏟아진 일반불자들의 궁금증을 이 책에서는 300문항으로 선별해서 정리하고 있지만, 오늘의 우리 불교가 관심을 가져야 할 분야는 크게 다음의 서너 가지로 요약할 수 있을 것이다.

첫째 불교의 기본교리와 전통문화 전반에 대한 보다 폭넓고 질 높은 교육활동이 아직도 끊임없이 요청된다는 사실이다. 불교와 미신을 혼동하는 불자들을 위해 어떤 것이 불교의 기본입장이고 어떤것이 토속신앙과 접촉하면서 생긴 것인지 구분시켜주지 않을 때 바른 불교의 이해는 요원해질 수 밖에 없기 때문이다.

둘째, 물질만능, 과학만능의 풍조가 판을 치고 있는 고도로 산업화된 오늘날의 사회 속에서, 특히 과거와는 달리 여러 종교가 함께 공존해나갈 수 밖에 없는 다원종교사회 속에서 일반신자들의 올바른 신행생활에 대한 보다 명료하고도 구체적인 지침이 시급히 정비되어야 할 필요성이다. 예를 들면 이교도의 적극적인 선교활동에 어떻게 대처하면 좋을까, 직업상 살생하지 않으면 안되는데 어떻게 하면 좋은가 하는 등의 질문들은 사실 일반신자들의 입장에서는 쉽사리 결론을 얻기 어려우면서도 우리 사회 속에서 자주 접하는 문제들이기 때문이다.

셋째 초기불교에 대한 이해가 점증함에 따라 석가모니부처님이 가르치신 바 불교의 근본정신과 현재 우리나라 사찰에서 행해지고 있는 한국불교의 전통적인 신행의례 사이에서 특히 젊은 층이 주로 느끼고 있는 괴리감도 우리 불교가 조만간 해결해나가지 않으면 안될 과제로서 지적되었다. 이는 물론 북방불교와 남방불교의 역사적 전승에서 파생된 대한히 뿌리가 깊은 문제로서, 말하자면 세계불교사적 문제이기도 하다. 그러나 지구 전체가 한울타리처럼 좁아져버린 오늘날, 특히 정보화사회로의 길목에 이미 들어서 있는 우리들로서는 분명 집고넘어가야 할 불교신행상의 전환기적 과제라 아니할 수 없다. 말하자면 우리 한국불교의 고유한 전통을 발전적으로 계승하면서 아울러 석가모니부처님 이래 인간 중심의 합리적이고도 이성적인 불교 본연의 정신을 오늘에 되살려 우리 자신의 신행으로 재정립해내야 할 필요성인 것이다.

이상과 같은 문제들에 대해서 '자비의 전화'가 얼마만큼의 기여를 했는가는 단적으로 말할 수 없다. 다만 여기서 한 가지 자신있게 말할 수 있는 것은 이 프로그램이 일반불자들의 불교에 대한 오해와 궁금증 해소에 크게 도움을 주었다는 사실이다. 그리고 이같은 성과는 그동안 이 프로그램에 출연하여 훌륭한 상담을 해주셨던 성열스님, 혜창스님, 해주스님, 혜담스님, 일연스님 등의 공이었음은 두말할 필요도 없다.

이제 그 동안의 방송내용을 정리해서 한 권의 책으로 펴내면서 우리는 크나큰 보람을 느낀다. 그것은 많은 사람들이 궁금해하는 문제들을 정리해서 우리 실정에 꼭맞는 불교입문서를 만들어냈다는 자부심이다. 이 책이 만들어지기까지는 원고정리부터 교정·편집에 이르기까지 도서출판 열린불교의 이영근사장 이하 여러 직원들과 동국대 대학원의 김재천, 김영덕, 강명희씨의 헌신적인 노력이 있었다. 이 책은 이들의 노력이 없었으면 출간 자체가 불가능했음을 밝히면서 이 자리를 빌어 청취자들과 함께 심심한 사의를 표하는 바이다. 끝으로 이 한 권의 책이 많은 사람들의 올바른 불교이해에 좋은 길잡이가 되기를 진심으로 빈다.

불기2556년 겨울
불교방송 편성제작국

37쇄 중판을 내며_〈알기 쉬운 불교〉는 방송 현장에서 채록한 질문을 중심으로 간명한 대답을 해주는 새로운 형식의 불교입문서이다. 종래의 입문서가 대체로 어렵게 쓰여진 것과는 달리 문답 형식으로 기획된 이 책은 출간 즉시 불자들의 열렬한 호응을 받았다. 그 열기에 힘입어 이 책은 1992년 처음 간행된 지 20년만에 37쇄를 찍는 기록을 세우게 되었다. 단일 불교서적으로 20년만에 37쇄를 찍는 일은 일찍이 없었다는 점을 생각하면 이 책에 대한 독자들의 반응이 얼마나 뜨거웠던가를 짐작할 수 있다.

그러나 최근 3년 동안 이 책은 시중에서 쉽게 구할 수 없었다. 수정 증보판을 내기 위해 더 이상 중판을 하지 않았기 때문이다. 그러자 증보판이 나오기 전이라도 중판을 해달라는 독자들의 요구가 쇄도했다. 이에 불교방송은 '증보판'보다는 아예 별도의 '속편'을 간행하기로 방향을 바꾸고 이번에 37쇄를 찍게 되었다. 다만 그 동안 증보판을 기다려온 독자들에게는 조금이라도 송구한 마음을 전하기 위해 표지를 새 옷으로 갈아 입혔다.

지난 20년 동안 아낌없는 성원을 보내준 독자 여러분에게 깊은 감사를 드린다.

2012년 겨울 불교방송

목 차

제1장 돌아가 의지하오니
1. 오늘날과 같은 과학만능의 시대에도 종교는 필요한가 ·········22
2. 올바른 종교를 선택할 수 있는 기준은 무엇인가 ·········23
3. 불교는 어떤 종교며, 다른 종교들과 어떻게 다른가 ·········24
4. 불교는 우주의 시원에 대해 어떻게 설명하는가 ·········25
5. 불교는 철학일 뿐 종교가 아니라는 지적이 있던데 ·········26
6. 불교는 염세적인 종교같은데 과연 그런가 ·········27
7. 불상에 예배하는 것은 우상숭배라는 사람이 있던데 ·········28
8. 불교에서 추구하는 궁극적인 목적은 무엇인가 ·········29
9. 불교에서는 무엇을 신앙의 대상으로 삼나 ·········30
10. 불교에 입문하려는데 처음 불자가 되는 과정은 ·········31
11. 불자들이 항상 간직해야 할 마음가짐과 생활태도는 ·········32

제2장 영원한 인류의 스승
12. 부처님이란 무슨 뜻이며, 어떤 분을 가르키나 ·········34
13. 불교의 교조 석가모니부처님은 어떤 분인가 ·········35
14. 석가모니부처님의 탄생에 얽힌 설화가 많은데 ·········36
15. 천상천하유아독존이란 말씀에는 어떤 뜻이 담겨 있나 ·········37
16. 석가모니부처님은 왜 모든 것을 버리고 출가하셨나 ·········38
17. 석가모니부처님이 깨달으신 진리란 어떤 것인가 ·········39
18. 석가모니부처님은 성도 후 어떤 생활을 하셨나 ·········40
19. 석가모니부처님의 사리탑은 어떻게 만들어졌나 ·········41
20. 석가모니부처님의 팔상성도에는 어떤 뜻이 담겨 있나 ·········42
21. 석가모니부처님의 전생이야기라는 것이 있던데 ·········43
22. 석가모니부처님 이외의 부처님들은 어떤분들인가 ·········44

제3장 우주와 인생의 최고진리

23. 불교에서 이야기하는 법이란 무엇을 의미하나 ····················46
24. 불교는 부처님보다는 진리를 신봉하는 종교라는데 ··············47
25. 석가모니부처님의 가르침의 근본입장은 어떤 것이었나 ········48
26. 석가모니부처님은 어떤 방법으로 제자들을 가르치셨나 ·······49
27. 부처님의 가르침의 가장 큰 특징은 무엇인가 ·······················50
28. 불교에서는 이 세상이 어떻게 이루어져 있다고 보나 ·············51
29. 불교에서는 우리 인생의 현실을 어떻게 설명하는가 ··············52
30. 불교에서는 삶의 괴로움이 어디에서 유래한다고 보나 ···········53
31. 불교에서는 인간의 의지에 대해 어떻게 보는가 ·····················54
32. 삶의 괴로움에서 벗어나기 위한 불교의 실천원리는 ··············55
33. 불교에서 이야기하는 이상적인 경지란 어떤 상태인가 ···········56
34. 열반으로 나아가기 위한 구체적인 방법은 무엇인가 ···············57
35. 불교에서 이야기하는 바르다는 것의 기준은 무엇인가 ···········58
36. 불교의 수행은 근본적으로 어떤 원리를 지니고 있나 ···········59
37. 수행을 하면 이상적인 경지에 도달할 수 있는 근거는 ···········60
38. 불자들은 스스로에 대해 어떤 존재라고 여겨야 하나 ············61
39. 불자들은 이웃에 대해 어떤 마음가짐을 지녀야 하나 ············62
40. 불자들이 일상생활 속에서 실천해야 할 덕목은 ····················63
41. 불자들이 건설해야 할 이상세계란 어떤 사회인가 ················64

제4장 수행과 화합의 공동체

42. 교단이 삼보 가운데 하나로 공경되는 이유는 ·······················66
43. 석가모니부처님 당시의 교단은 어떤 모습이었나 ··················67
44. 불교교단의 구성은 어떻게 이루어져 있나 ···························68
45. 석가모니부처님의 십대제자는 어떤 분들인가 ·······················69
46. 스님들은 왜 가정생활을 포기하고 출가수행하나 ··················70
47. 스님이 되려면 어떤 과정을 거쳐야 하나 ·····························71

48. 스님들의 계율이란 무엇이며 어떤 것들이 있나 ·················72
49. 스님들은 일체의 생산활동을 하면 안된다는데 ···············73
50. 나라마다 스님들의 생활방식이 크게 다른 이유는 ···········74
51. 스님들의 동안거와 하안거는 어떻게 유래되었나 ············75
52. 스님들의 대중생활에는 어떤 것들이 있나 ······················76
53. 스님들의 호칭 중 선사, 종사, 율사 등의 의미는 ············77
54. 수행하는 스님과 포교하는 스님의 차이는 무엇인가 ·······78
55. 스님들의 탁발은 어디에서 유래된 것인가 ······················79
56. 제가신자들이 교단의 일원으로서 해야 할 일은 ············80

제5장 거룩한 발자취

57. 불기는 어느 해를 기준으로 해서 헤아리나 ····················82
58. 대승불교는 어떻게 성립하였고 어떤 가르침인가 ···········83
59. 밀교는 어떻게 성립하였고 어떤 가르침인가 ··················84
60. 불교가 발생지인 인도에서 소멸해버린 이유는 ··············85
61. 북방불교와 남방불교의 차이점은 무엇인가 ··················86
62. 불교의 각 종파들은 어떻게 해서 성립되었나 ················87
63. 불교는 우리나라에 언제 어떻게 전래되었나 ··················88
64. 한국불교의 가장 커다란 특징은 무엇인가 ·····················89
65. 한국불교를 빛낸 스님들에는 어떤 분들이 계신가 ·········90
66. 불교에 토속신앙적인 요소가 많이 유입된 이유는 ·········91
67. 호국불교란 무엇이고 어떻게 이해해야 하나 ··················92

제6장 불·보살의 세계

68. 부처님들이 굉장히 많은데 불교는 다신교인가 ·············94
69. 석가모니부처님 이전의 과거칠불은 어떤 분들인가 ······95
70. 불교에서 이야기하는 삼신불이란 무엇을 의미하나 ······96
71. 비로자나부처님은 어떤 분이며 어떻게 모셔야 하나 ·····97

72. 아미타부처님은 어떤 분이며 어떻게 모셔야 하나 ················98
73. 미륵부처님은 어떤 분이며 어떻게 모셔야 하나 ················99
74. 약사여래부처님은 어떤 분이며 어떻게 모셔야 하나 ············100
75. 관세음보살은 어떤 분이며 어떻게 모셔야 하나 ················101
76. 문수보살과 보현보살은 어떤 분이며 어떻게 모시나 ············102
77. 지장보살과 대세지보살은 어떤 분이며 어떻게 모셔야 하나 ···103

제7장 가람의 향기

78. 사찰이란 어떤 곳이며 어떻게 성립되었나 ······················106
79. 사찰 입구에 있는 일주문에는 어떤 의미가 있나 ···············107
80. 천왕문은 무엇이며 어떤 의미를 지니고 있나 ··················108
81. 불이문 혹은 해탈문은 무엇이며 어떤 의미가 있나 ············109
82. 탑이란 무엇이며 어떻게 예배드려야 하나 ······················110
83. 법당은 어떤 곳이며 어떤 의미를 지니고 있나 ················111
84. 불상은 왜 모시며 어떤 유래가 깃들어 있나 ···················112
85. 불상의 신체적 특징은 어디에서 유래하는 것인가 ············113
86. 불상의 손모양과 자세들에는 어떤 의미가 있나 ···············114
87. 부처님 옆에 모시는 두 보살은 어떤 분인가 ···················115
88. 보살님들이 손에 들고 있는 것들은 무엇인가 ··················116
89. 부처님 뒤에 모시는 탱화에는 어떤 것들이 있나 ···············117
90. 사찰에 있는 여러 가지 전각들은 무엇인가 ····················118
91. 법당 안에 신중단은 어떤 곳이며 어떤 의미가 있나 ············119
92. 사찰 안의 부도전은 어떤 곳이며 어떤 의미가 있나 ············120
93. 사원건물의 단청과 벽화 등에는 어떤 의미가 있나 ············121
94. 사찰에서 사용하는 법구에는 어떤 것들이 있나 ···············122
95. 염주는 어떻게 사용하며 어떤 것들이 있나 ····················123
96. 발우란 무엇이며 어떻게 사용하나 ······························124
97. 卍은 무엇이며, 그밖의 불교상징물에는 어떤 것이 있나 ········125

98. 우리나라의 삼보사찰은 어떤 곳들인가 ·················126
99. 우리나라의 5대보궁은 어떤 곳들인가 ·················127

제8장 몸과 마음 가다듬고
100. 합장은 어떻게 하며 무슨 의미가 깃들어 있나 ·············130
101. 부처님이나 스님들께 큰절을 올릴 땐 어떻게 하나 ··········131
102. 사찰에서 지켜야 할 신자들이 예절에는 어떤 것이 있나······132
103. 법당에 들어갈 때 불자들은 어떤 예절을 지켜야 하나·········133
104. 초나 향, 인등을 공양할 때 지켜야 할 예절은 ············134
105. 스님들을 만났을 때 지켜야 할 신자들의 예절은 ··········135
106. 예불이나 법회에 참석했을 때 신자들이 지녀야 할 예절은······136
107. 식사를 할 때 지켜야 할 신자들의 올바른 자세는 ···········137
108. 대중들과 식사를 할 때 외우는 의식문은 무엇인가 ··········138

제9장 지극정성 기울여서
109. 예경이란 무엇이며 어떤 의미가 깃들어 있나 ···············140
110. 조석예불은 무엇이며 어떻게 행하나 ···················141
111. 불공이란 무엇이며 어떤 의미가 있나 ···················142
112. 관음재일, 지장재일, 미타재일 등 재일이란 무엇인가··········143
113. 불교의 사대명절은 무엇이며 어떤 의미가 있나 ············144
114. 초파일에 행하는 연등행사는 어떻게 유래되었나 ············145
115. 초파일에 사찰에서 행하는 관불의식은 어떤 것인가 ·········146
116. 우란분절은 어떻게 시작되었으며 어떤 의미가 있나 ·········147
117. 입춘, 동지 등의 절기와 불교의 관계는 무엇인가············148
118. 점안식 또는 봉불식은 무엇이며 어떤 의미가 있나 ·········149
119. 방생법회란 무엇이며 어떤 의미에서 행하나 ··············150
120. 생전예수재와 수륙재는 무엇이며 어떤 의미가 있나 ·········151
121. 사찰에서 결혼식을 올릴 경우 어떤 의식을 행하나 ··········152

122. 병이 났을 때 사찰에서 행하는 구병시식이란 무엇인가 ········153
123. 상을 당했을 때 불교에서는 어떤 의식을 올려야 하나 ···········154
124. 천도재란 무엇이며 어떤 의미가 깃들어 있나 ················155
125. 49재는 어떻게 지내며 어떤 의미가 깃들어 있나 ···············156
126. 범패와 바라춤은 무엇이며 어떤 의미가 있나 ··················157

제10장 수행의 기쁨

127. 재가신자들이 집에서 행할 수 있는 수행에는 무엇이 있나 ······160
128. 재가신자들이 지켜야 하는 계율에는 어떤 것들이 있나 ········161
129. 갓태어난 신생아도 계를 받을 수 있나 ·······················162
130. 계를 못지켜 부담이 되는데 어떻게 해야 하나 ···············163
131. 참회란 무엇이며 어떻게 해야 하나 ························164
132. 108배, 천배, 만배 등을 하는 이유는 ······················165
133. 독경은 어떻게 하며 어떤 공덕이 있나 ·····················166
134. 독경을 할 때 지녀야 할 마음가짐이나 자세는 ··············167
135. 독경을 할 때 천독, 만독 등이 지니는 의미는 무엇인가 ········168
136. 경을 다 읽을 필요 없이 제목만 외워도 공덕이 있다는데 ······169
137. 사경은 어떻게 하며 어떤 의미가 깃들어 있나 ···············170
138. 불교에서의 기도란 어떤 것이며 어떤 공덕이 있나 ············171
139. 가정에서의 기도는 어떤 절차로 해야 하나 ·················172
140. 기도에 임할 때 지녀야 할 몸가짐과 마음가짐은 ·············173
141. 불교교리에 비추어볼 때 남을 위한 기도가 가능한가 ·········174
142. 염불이란 무엇이며 어떤 공덕이 있나 ······················175
143. 염불에도 여러 가지 종류가 있다는데 ······················176
144. 진언이란 무엇이며 어떤 수행법인가 ·······················177
145. 옴 마니 반메 훔의 의미는 무엇인가 ·······················178
146. 경전을 득송하기 전에 외우는 정구업진언의 의미는 ··········179

제11장 참나를 찾아서

147. 참선이란 무엇이며 어떤 유래가 있나 …………………………182
148. 참선을 할 때 올바른 자세는 무엇인가 …………………………183
149. 참선을 할 때 올바른 호흡방법은 무엇인가 ……………………184
150. 방하착하라는 말은 무슨 뜻인가 …………………………………185
151. 참선을 하려고 하면 자꾸만 망상이 일어나는데 ………………186
152. 간화선과 묵조선은 무엇이며 어떻게 다른가 ……………………187
153. 화두란 무엇이며 어떻게 받는 것인가 ……………………………188
154. 화두에는 분명한 정답이 있는 것인가 ……………………………189
155. 견성성불이란 무엇을 일컫는 말인가 ……………………………190
156. 심우도란 그림으로 참선공부의 과정을 설명하던데 …………191
157. ○은 무엇이며 어떤 의미가 깃들어 있나 ………………………192
158. 참선을 잘못하면 상기병이 생긴다는데 …………………………193
159. 참선수행만 하면 되지 특별한 믿음의 행위가 필요할까 ………194
160. 불교의 여러 수행법 가운데 참선이 특히 강조되는 이유는……195
161. 참선과 오늘날 유행하는 명상수련의 차이점은 무엇인가 ……196

제12장 신심이 깃든 삶

162. 절에 나가지 않고도 신행생활이 가능한가………………………198
163. 여러 절에 다니고 있는데 상관없는가……………………………199
164. 오랫동안 다니던 절을 옮기면 안된다는데 ………………………200
165. 가정에서 불상을 모시고 싶은데 어떻게 해야 하나 ……………201
166. 불상을 새긴 목걸이나 염주 등은 어떻게 착용하나 ……………202
167. 스님에게 불심이라는 액자를 받았는데 어떻게 모셔야 하나 …203
168. 욕심을 없애고 싶지만 마음대로 되지 않는데 …………………204
169. 노여움을 참기가 힘든데 어떻게 다스려야 하나 ………………205
170. 나도 몰래 사악한 마음이 드는데 어떻게 해야 하나 …………206
171. 원력을 세우는 것도 일종의 욕심이 아닐까 ……………………207

172. 관절염 수술을 받은 후 절하기가 불편한데 ·················208
173. 시각장애자인데 절에 가서 부처님 형상을 만져도 되나 ········209
174. 불교에서는 결혼과 이혼을 어떻게 설명하고 있나 ············210
175. 부부는 전생에 어떤 인연이었는지 알고 싶은데 ············211
176. 절에 너무 자주 간다고 남편이 싫어하는데 ················212
177. 남편이 낚시광이라 자주 갈등을 빚는데 ···················213
178. 바람난 남편의 마음을 어떻게 붙잡을 수 있나 ·············214
179. 재가불자도 성불을 위해선 애욕과 음행을 자제해야 한다던데···215
180. 사고로 아들을 잃었는데 어떻게 기도해야 하나 ············216
181. 살생하지 말라는데 쥐나 바퀴벌레도 죽이면 안되는지 ········217
182. 불자들은 개고기를 먹으면 안된다는데 ···················218

제13장 더불어 사는 삶

183. 여성은 성불할 수 없다는데 과연 그런가 ·················220
184. 부처님께서 처음엔 여성의 출가를 반대하신 이유는 ·········221
185. 직업상 살생을 하지 않으면 안되는 경우가 많은데 ·········222
186. 임신중절을 불교의 입장에서는 어떻게 보아야 하나 ········223
187. 불교의 입장에서는 자살을 어떻게 보아야 하나 ············224
188. 안락사에 대하여 불자들은 어떤 입장을 취해야 하나 ········225
189. 장기기증을 불교의 입장에서는 어떻게 보아야 하나 ·········226
190. 정당방위의 살인은 용인될 수 있는 것인지 ················227
191. 사형제도에 대해 불교는 어떠한 입장을 취하는가 ···········228
192. 요즘 세상 착하게만 살면 손해를 본다는데 ················229
193. 보증 서주기를 거절하고 나서 마음이 아픈데 ··············230
194. 돈을 빌려주었는데 인연에 따라 마냥 기다려야만 하나 ······231
195. 기업을 경영하고 있는데 불자로서의 자세는················232
196. 장사하는 사람이 지녀야 할 불자로서의 마음가짐은 ·········233
197. 노사간의 대립에 대해 불교인은 어떻게 대응해야 하나 ········234

198. 소득불균형이 극심한 오늘날의 사회를 어떻게 보아야 하나 ···235
199. 오늘날에도 사회정의가 승리한다고 믿을 수 있을까 ············236
200. 스님들의 정치참여를 어떻게 보아야 하나 ·····················237
201. 정치지도자의 비리에 대해 불자들은 어떻게 대응해야 하나 ···238
202. 전쟁에 대한 불교의 입장은 어떤 것인가 ·······················239
203. 환경보호에 대해 불교인은 어떻게 보아야 하나 ···············240
204. 불교의 최종목적인 열반은 현실생활에서 어떻게 가능한가 ···241

제14장 자랑스런 우리 불자

205. 종교를 바꾸면 집안에 우환이 든다는데 ······················244
206. 가족들에게도 부처님의 가르침을 전하고 싶은데 ············245
207. 이교도인 친구를 불교로 인도하고 싶은데 ····················246
208. 포교하고 싶지만 잘못된 법을 전할까 두려운데 ··············247
209. 다른 사람에게 보시를 권하고 싶은데 ·························248
210. 불교를 믿으면 지옥간다고 다른 종교에서 가르치던데 ······249
211. 딸의 배우자감이 타종교인인데 어떻게 해야 할지 ···········250
212. 며느리가 분가한 후 타종교에 다니는데······················251
213. 기독교 가정에서 종교문제로 가족들과 갈등을 겪고 있는데 ···252
214. 천주교에 다니던 분인데 절에서 천도재를 지내도 되는지 ······253
215. 큰집에 제사를 지내러 가면 기독교식으로 해야 하는데 ········254
216. 이교도의 적극적인 전도를 받을 때 어떻게 대처해야 하나······255
217. 타종교의 말세론에 대해 어떻게 받아들여야 하나 ············256
218. 일련종도 법화경을 신봉하는 불교의 한 유파라는데 ··········257
219. 불교와 원불교의 차이는 무엇인가 ·····························258
220. 무당이 부처님을 모시는 절에 다니고 있는데 ·················259
221. 사주나 점, 궁합, 택일 등을 어떻게 보아야 하나 ···············260
222. 본인의 의지와 관계없이 신병을 앓고 있는데 ·················261
223. 풍수지리에 대해 어떻게 보아야 하나 ·························262

224. 부적은 인간의 운명을 바꿀 수 있는 것인가 ·····················263

제15장 성스러운 가르침
225. 불교의 경전은 어떻게 성립되었나 ·······························266
226. 경·율·론의 삼장은 무엇이며 어떻게 다른가 ················267
227. 대장경이란 무엇이며 어떤 것들이 있나 ·······················268
228. 위경이란 어떤 것이며 어떻게 성립되었나 ····················269
229. 해인사에 모셔진 팔만대장경은 어떤 것인가 ················270
230. 숫타니파타란 어떤 경전이며 어떤 내용을 담고 있나 ··········271
231. 아함경이란 어떤 경전이며 어떤 내용을 담고 있나 ···········272
232. 불소행찬이란 어떤 경전이며 어떤 내용을 담고 있나 ········273
233. 본생담이란 어떤 경전이며 어떤 내용을 담고 있나 ··········274
234. 법구경이란 어떤 경전이며 어떤 내용을 담고 있나 ··········275
235. 사십이장경이란 어떤 경전이며 어떤 내용을 담고 있나 ·······276
236. 불유교경이란 어떤 경전이며 어떤 내용을 담고 있나 ········277
237. 반야심경이란 어떤 경전이며 어떤 내용을 담고 있나 ········278
238. 금강경이란 어떤 경전이며 어떤 내용을 담고 있나 ··········279
239. 법화경이란 어떤 경전이며 어떤 내용을 담고 있나 ··········280
240. 열반경이란 어떤 경전이며 어떤 내용을 담고 있나 ··········281
241. 화엄경이란 어떤 경전이며 어떤 내용을 담고 있나 ··········282
242. 화엄경 보현행원품은 어떤 내용을 담고 있나 ················283
243. 아미타경이란 어떤 경전이며 어떤 내용을 담고 있나 ········284
244. 유마경이란 어떤 경전이며 어떤 내용을 담고 있나 ··········285
245. 승만경이란 어떤 경전이며 어떤 내용을 담고 있나 ··········286
246. 능엄경이란 어떤 경전이며 어떤 내용을 담고 있나 ··········287
247. 원각경이란 어떤 경전이며 어떤 내용을 담고 있나 ··········288
248. 육조단경이란 어떤 경전이며 어떤 내용을 담고 있나 ········289
249. 천수경이란 어떤 경전이며 어떤 내용을 담고 있나 ··········290

250. 지장경이란 어떤 경전이며 어떤 내용을 담고 있나 ·············291
251. 부모은중경이란 어떤 경전이며 어떤 내용을 담고 있나 ········292
252. 삼세인과경이란 어떤 경전이며 어떤 내용을 담고 있나········293
253. 고왕경과 몽수경은 어떤 경전이며 어떤 내용을 담고 있나 ···294
254. 천지팔양신주경이란 어떤 경전이며 어떤 내용을 담고 있나···295
255. 초발심자경문이란 어떤 것이며 어떤 내용을 담고 있나········296
256. 무상계란 어떤 것이며 어떤 내용을 담고 있나 ·················297
257. 의상조사법성게란 어떤 것이며 어떤 내용을 담고 있나········298
258. 화엄경약찬게란 어떤 것이며 어떤 내용을 담고 있나··········299
259. 백팔참회문이란 어떤 것이며 어떤 내용을 담고 있나···········300
260. 이산혜연선사발원문이란 어떤 것이며 어떤 내용을 담고 있나···301
261. 나옹화상발원문이란 어떤 것이며 어떤 내용을 담고 있나······302
262. 회심곡이란 어떤 것이며 어떤 내용을 담고 있나················303
263. 장엄염불이란 어떤 것이며 어떤 내용을 담고 있나·············304

제16장 깨달음을 향하여
264. 나무석가모니불, 나무아미타불, 나무관세음보살의 나무란 ···306
265. 성불하세요라는 인사말의 참뜻은 무엇인가·····················307
266. 중생의 근기에 상·중·하의 차이가 있다는데 ·················308
267. 유심이란 무엇을 의미하나 ·······································309
268. 인연이라는 말의 올바른 뜻은 무엇인가 ························310
269. 번뇌망상이란 무엇이며 백팔번뇌라는 말의 뜻은·············311
270. 육도윤회란 무엇이며 어떻게 받아들여야 하나 ···············312
271. 사대와 오온은 무엇을 가리키는 말인가························313
272. 세상만사가 꿈같다는데 과연 우리 현실은 허깨비인가 ·······314
273. 모든 것에 실체가 없다면 이 세상은 어떻게 존재하나·········315
274. 전도몽상구경열반이라는 말은 무슨 뜻인가····················316
275. 산은 산, 물은 물이라는 큰스님 법어의 뜻은····················317

276. 아뇩다라삼먁삼보리란 무엇을 의미하나 ················318
277. 성문, 연각, 보살이란 말은 무슨 뜻인가················319
278. 삼승방편 진실일승이란 어떤 가르침인가 ··············320
279. 일체중생실유불성이라는 말의 참뜻은 ················321
280. 본래 모습, 참나, 진아 등은 무엇을 의미하나 ········322
281. 초발심시변정각이라는 말의 의미는 무엇인가········323
282. 일즉다 다즉일이라는 말은 어떻게 이해해야 하나 ····324
283. 금강경의 응무소주이생기심이라는 말의 뜻은········325
284. 보리심이란 무엇이며 어떤 의미가 담겨 있나 ········326
285. 여자신자를 보살이라고 부르는 의미는 ···············327
286. 화엄경에 나오는 십행이란 무엇을 의미하나 ········328
287. 만행이란 무엇이며 어떤 의미가 담겨 있나 ··········329
288. 공양이라는 말의 참다운 의미는 무엇인가··········330
289. 방편이라는 말의 참다운 의미는 무엇인가 ··········331
290. 말법시대라는 말은 어떤 의미를 지니고 있나 ·······332
291. 정토와 예토란 어떤 것을 의미하나 ···················333
292. 불교에서 말하는 극락이란 무엇인가··················334
293. 돈오돈수와 돈오점수란 무슨 말인가··················335
294. 법륜이라고 해서 진리를 수레바퀴에 비유하는 이유는 ········336
295. 회향이란 무엇이며 어떤 의미가 깃들어 있나 ········337
296. 상구보리 하화중생이라는 말은 무엇을 의미하나 ···········338
297. 사홍서원의 의미는 무엇인가 ··························339
298. 불교를 현대화해야 한다는 말이 있던데 ·············340
299. 민중불교란 무엇이며 어떻게 이해해야 하나 ········341
300. 온갖 시련 속에서도 잃지 말아야 할 불자들의 자세는 ········342

제1장

돌아가 의지하오니

1. 오늘날과 같은 과학만능의 시대에도 종교는 필요한가

　현대의 과학문명은 인류의 생활양식에 엄청난 변화를 가져왔습니다. 오늘날 우리들이 누리고 있는 물질적 풍요와 편리함은 말할 것도 없고, 인간의 합리적 사고와 비판의식을 고무하여 오늘날과 같은 민주적 정치제도와 개방된 사회구조를 역사 속에 정착시킨 것도 바로 과학정신이었습니다. 뿐만 아니라 과학문명은 사람들의 생활감정까지도 변화시켜 이제 현대인들은 자신의 눈으로 확인할 수 없는 것이면 아무 것도 믿지 않게 되었고, 어떤 권위에도 무조건 복종하진 않게 되었습니다. 그리고 그 결과 과학과 대립하며 맹신만을 강요하던 과거의 종교들은 영향력을 상실한 채 차츰 쇠퇴해가고 있습니다. 그러면 과학이 만물의 척도처럼 자리잡고 있는 오늘날의 시대에 종교란 모두 무용지물이기만 할까요. 그에 대한 해답은 올바른 종교의 효용성과 더불어 과학이 과연 인간의 궁극적인 행복을 보장할 수 있는가를 되새겨보면 자명해질 것입니다. 결론부터 말한다면 과학은 분명 인간에게 물질적 풍요를 가져다주었지만, 정신적 평안을 가져다주지는 못했습니다. 과학은 자연계를 개조하여 인간에게 생활의 편이를 제공하기는 했지만, 우주와 인생의 궁극적인 의미를 밝혀주지는 못하고 있습니다. 오히려 과학은 가공할 만한 신무기의 출현과 엄청난 산업재해의 가능성이란 새로운 불안을 초래했습니다. 과학이 아무리 발달한다 하더라도 인류의 모든 욕망이 충족되지 않을 것은 확실합니다. 반면에 올바른 종교는 언제나 유한한 삶의 현실 속에 고뇌하는 인생을 위무하며 참된 삶의 길을 일깨우는데 노력해왔습니다. 그러므로 과학도 풀지 못하는 영원한 숙제 즉, 참다운 삶의 가치가 무엇인가 하는 의문이 인류 앞에 가로놓여 있는 한 올바른 종교의 필요성은 언제나 지속될 것입니다.

2. 올바른 종교를 선택할 수 있는 기준은 무엇인가

　오늘날 우리 사회에는 저마다 자신들의 교의만이 참된 진리임을 표방하는 많은 종교들이 혼재하고 있어 선택에 어려움을 주고 있습니다. 특히 대부분의 종교들은 일반인이 쉽게 확인하기 힘든 형이상학적 교설로부터 가르침을 시작하고 있어 어려움을 한층 더해주고 있습니다. 그러면 올바른 종교를 선택할 수 있는 기준은 무엇일까요. 어떤 종교가 참으로 올바른가를 가려내는데는 여러 가지 방법과 기준이 있을 수 있겠습니다만, 이 자리에서는 몇 가지만을 들어보겠습니다. 우선 첫째로 신자를 모으기 위해 현세적인 이익을 앞세우거나 그와 같은 이익을 미끼로 무언가를 요구하지 않는 종교여야 하겠습니다. 믿기만 하면 부자가 된다느니 소원이 이루어진다느니 하면서 눈앞의 이익을 들먹여 금품이나 기타의 것을 요구하는 종교들은 거짓된 것일 경우가 많습니다. 둘째, 인과법칙에 입각한 건전한 사회윤리의식이 살아 있는 종교여야 하겠습니다. 선과 악의 인과율이 무시된 허황된 믿음이나 의례만으로 구원을 약속하는 종교는 그릇된 것임에 틀림없습니다. 셋째, 진리에 임하는 태도가 합리적인 종교여야 하겠습니다. 교조적인 가르침만을 반복하거나 과학적 사실에 위배되는 맹목적인 믿음만을 강요하는 종교는 올바른 종교일 수 없습니다. 넷째, 진정으로 인간을 화해시키는 종교여야 하겠습니다. 겉으로는 화합과 융화를 표방하면서도 신자와 비신자, 자기 종교와 타종교를 구별하고 차별하는 종교는 참된 가르침이기가 어려울 것입니다. 그리고 마지막으로 인생의 참된 의미와 가치를 일깨워주는 종교여야 하겠습니다. 이것은 올바른 종교라면 그 종교 자체의 진정한 존재의의인 동시에 그 종교가 지향하는 궁극적인 목적일 수도 있기 때문입니다.

3. 불교는 어떤 종교며, 다른 종교들과 어떻게 다른가

　불교는 그 어떤 절대적인 신이나 신의 계시 따위에 의존하지 않고 오로지 교조 석가모니부처님의 순수한 인간적 노력에 의해 성립된 세계역사상 유일한 종교로서, 이와 같은 불교의 종교적 특징은 그 교리 전반에 걸쳐 대단히 독특한 모습으로 나타나고 있습니다. 예를 들면 석가모니부처님은 당시의 인도를 풍미하고 있던 여러 종교사상들의 세계관을 다음과 같은 세 가지 유형으로 요약하여 설명하신 적이 있는데, 이것은 불교가 어떤 종교이며 다른 종교들과 어떻게 다른지를 규명하는데 대단히 중요한 가르침이라고 생각됩니다. 그 세 가지란 첫번째는 존우화작인론(尊祐化作因論)이라 하여 이 세계가 이와 같이 이루어지고 있는 근본원인은 초월적인 신적 존재의 의지라는 주장이고, 두번째는 숙작인론(宿作因論)이라고 해서 과거의 어떤 원인이 숙명적으로 현재의 세계뿐 아니라 미래의 세계까지도 결정짓고 있다는 주장이며, 세번째는 무인무연론(無因無緣論)이라 해서 이 세상의 온갖 현상에는 아무런 원인도 없고 조건도 없다는 주장이었습니다. 그런데 이러한 이론들은 인간의 의지라는 것을 전적으로 무시하고 있으므로 그릇된 것이라고 하셨습니다. 다시 말해 이 세상이 이와 같이 유지되고 있는 것은 그 어떤 절대자가 있어 그의 의지대로 움직여지는 것도 아니고 먼 과거에 정해진 그 어떤 숙명에 따라 풀어져나가는 것도 아니라는 것입니다. 오직 그럴만한 원인과 조건에 따른 결과로서 이루어지고 있는 것이 이 세상이라는 것입니다. 그리고 거기에서 가장 중요한 것은 인간의 의지라는 것이 불교의 입장입니다. 그러므로 이렇게 볼 때 불교는 무엇보다 인간을 중심으로 하며 인간의 이성과 의지에 기초하여 합리적인 실천을 강조하는 종교임을 알 수가 있습니다.☞제28항 참조

4. 불교에서는 우주의 시원에 대해 어떻게 설명하는가

　대부분의 종교들은 우주의 시원으로부터 자신들의 교리를 펼치는 경우가 많습니다. 그것은 세계가 어떻게 발생하였고 어떤 원리에 의해 이뤄지고 있는가를 밝힘으로써 자신들이 생각하는 인생의 궁극적인 의미와 목적을 사람들에게 납득시키기 위한 종교인들의 노력의 결실이었습니다. 그러면 불교에서는 이 세상이 어떻게 시작됐다고 가르치고 있을까요. 물론 불교에서도 우주의 시원에 관한 가르침이 없는 것은 아닙니다. 예를 들면 장아함의 《세기경》이나 《기세경》《기세인본경》 등이 그것입니다. 그러나 불교에서는 그런 가르침들을 그리 중요시하지 않고 있습니다. 그런 논의들은 당면한 인생의 문제를 해결하는데 별로 유익하지 않기 때문입니다. 석가모니부처님은 한때 이런 질문을 받은 적이 있었습니다. 이 세상은 영원한가 영원하지 않은가, 유한한가 무한한가, 영혼과 육체는 같은가 다른가, 부처님은 사후에도 존재하는가 존재하지 않는가. 이것은 당시 인도사상계에서 상당한 논쟁을 불러일으켰던 중요한 논제였습니다. 그때 부처님께서는 유명한 독화살의 비유를 들어 설명하셨습니다. 즉 독화살에 맞은 사람이 자신이 맞은 화살의 종류, 재료, 성분 등이나 자신을 쏜 사람의 이름, 나이, 가문 따위를 알기 전에는 화살을 뽑고 치료받을 수 없다고 고집을 부린다면 그는 치료도 받기 전에 죽을 것이다. 다시 말해 쓸데없는 논쟁에 시간을 허비하기보다는 당면한 과제를 해결하는데 매진하라는 가르침이었습니다. 유한한 인생을 살아가고 있는 우리 모두는 독화살에 맞은 사람과 같은 처지입니다. 우주의 시원처럼 확인할 길 없이 무익하기만 한 논의에 매달리기보다 주어진 현실을 정확히 관찰하고 그 속에서 참다운 삶의 길을 찾아나가는 것이 보다 바람직한 태도가 아닐까요. ☞제27항 참조

5. 불교는 철학일 뿐 종교가 아니라는 지적이 있던데

　흔히 불교는 인생의 문제에 접근하는 태도가 여타의 다른 종교들에 비해 대단히 합리적이고 이성적이며 과학적이라는 사실에서부터 불교는 종교라기보다 철학이 아닌가 하는 이야기를 듣는 경우가 많습니다. 그러나 이것은 굳이 종교와 철학을 이분법적으로 나누어서 보려고 하는 서구인들의 시각에서 비롯된 것으로, 그와 같은 구분 자체가 이미 잘못된 것임을 먼저 지적해둡니다. 다시 말해 근원적으로 헤부라이즘과 헬레니즘이라는 두 가지 토대를 기반으로 이원적으로 형성된 서구문화는 언제나 헤부라이즘적 요소인 종교적 감성과 헬레니즘적 요소인 철학적 이성을 상호 융합시키기가 힘들었고, 거기에서부터 종교와 철학이 서로 다른 범주를 이루게 되었던 것입니다. 그러나 불교가 발생한 인도나, 중국을 비롯한 우리 동양권은 본래 일원적인 문화토양에서 출발하였기 때문에 처음부터 철학과 종교의 차이가 없었습니다. 모든 사상은 철학인 동시에 종교였고, 종교인 동시에 철학이었습니다. 그러므로 이와 같은 문화적 배경을 지니고 있는 불교를 놓고 철학이냐 종교냐 하는 논의는 무의미하기만 합니다. 또한 구태여 철학과 종교를 구분해서 이야기한다 할지라도 철학이 완전한 철학이기 위해서는 궁극적으로 그 어떤 실천이 뒷받침되지 않으면 안될 것이고, 종교가 올바른 종교로서 자신의 역할을 다하기 위해서는 거기에 나름대로의 철리가 깃들어 있지 않으면 안될 것입니다. 그럼에도 서양의 종교에서와 같은 절대적인 신이나 거기에 무조건적으로 순종하는 신앙적 영위가 안보인다는 이유만으로 불교는 종교가 아니라는 주장은 서구적인 사고가 빚어 낸 편견이고 오해에 불과합니다. 불교는 철학이라면 실천수행이 전제된 철학이고 종교라면 철리탐구가 동반된 종교입니다. ☞제24항 참조

6. 불교는 염세적인 종교같은데 과연 그런가

　우주와 인생의 궁극적인 의미를 밝힘으로써 완성된 삶, 성스러운 도로 나아가기 위한 불교의 수행은 무엇보다도 우리 삶의 현실에 대한 정확하고 투철한 관찰에서부터 시작됩니다. 그것은 이 세상의 모든 현상은 덧없고 유한하며 비본질적이고 오직 괴로울 뿐이라는 냉혹한 현실인식입니다. 뿐만 아니라 그와 같은 현실을 타개하기 위하여 출가수행자가 선택하는 길은 가정과 재물, 사회적인 지위 따위를 모두 포기하는 길이며, 나아가서는 온갖 명예와 욕망과 안락과 집착까지도 벗어버려야만 하는 것이어서 일반인의 입장에서 보면 자못 비정하고도 험난한 길입니다. 그러므로 어떤 이들은 불교는 염세적인 종교가 아닌가 오해를 하는 경우도 있습니다. 특히 오랜 동안 유교적인 전통에 뿌리를 두고 있던 중국이나 한국과 같은 사회의 일부에서는 출가생활이 전제가 되는 불교의 수행을 그다지 바람직하지 않게 여기는 경향마저 있었습니다. 그러면 불교는 과연 염세적인 종교일까요. 그 해답은 이상과 같은 냉철한 현실인식과 세속생활의 포기가 불완전한 현실을 극복하기 위한 노력임을 이해하면 분명해질 것입니다. 그리하여 불교도들이 추구하는 궁극의 목적은 일찍이 석가모니부처님께서 성취하신, 말하자면 완전한 행복이라 할 수 있습니다. 다시 말해 아무런 걸림이 없이 자유롭고 평안하며 안온한 가운데 지혜와 자비가 충만한, 참으로 완성된 삶이 불교의 목표입니다. 그러므로 이처럼 분명한 목표를 향해 정진해가는 태도를 염세적이라고 할 수는 없을 것입니다. 오히려 문제가 되는 것은 삶의 현실에 대해 이 정도 투철한 관찰도 없이 인간의 구원을 외치는 종교들이라 생각됩니다. 그들은 엄격히 말해 인류를 올바로 계도해야 할 스스로의 책임과 의무를 게을리하고 있다고 할 수 있습니다.

7. 불상에 예배하는 것은 우상숭배라는 사람이 있던데

　우리들이 불상에 예배드리는 행위가 과연 우상숭배인가를 거론하기에 앞서 우상숭배라는 것이 무엇인가를 먼저 살펴보기로 하겠습니다. 일반적으로 우상숭배란 여러 가지 모습의 신상을 세워놓고 그것을 향해서 기도를 올리는 것을 의미합니다. 기도하는 사람들은 신상에 대하여 자신을 보호하고 도와줄 것을 요청하며 그밖에 자신이 필요한 것들을 갈구합니다. 또한 신들은 그들에게 건강이나 복, 재물 따위를 베풀어주어야 하고 경우에 따라서는 이미 저지른 죄악까지도 용서해주어야 합니다. 그러므로 우상숭배의 배경에는 전근대적인 미신적 요소가 내포되어 있고, 신자와 믿음의 대상 사이에는 일종의 거래관계가 형성되어 있습니다. 그러나 불교에서 불상에 예배하는 것은 무언가의 현세적인 이익을 기대하는 행위가 아닙니다. 불교는 어디까지나 인생에 깃들어 있는 궁극적인 의미를 각자의 노력으로 깨달아 이해함으로써 완성된 삶으로 나아갈 것을 일깨우는 종교입니다. 불상을 모시는 것은 그와 같은 길을 처음으로 열어보이셨고 스스로 그 길로 나아가신 부처님을 기념하기 위한 것입니다. 물론 불상을 모시지 않아도 부처님의 높으신 덕과 위대한 성품을 되새기지 못할 바는 아닙니다만, 불상은 그러한 부처님의 위신력을 눈으로 볼 수 있게 하여 우리들의 믿음을 도와줍니다. 우리들은 원만하고도 자재하신 부처님의 모습을 우러러봄으로써 마음의 평화와 평정, 침착함을 얻으며 위대한 스승이 우리들 마음 속에 살아계심을 느낍니다. 또한 불상에 경배하고 정성껏 공양함으로써 올바른 삶의 자세를 가다듬고 더욱 수행에 매진할 것을 다짐합니다. 그러므로 우상을 숭배하는 것이 아니라 불상으로 표상되는 불교의 영원한 이상에 귀의하는 것이 불상에 예배하는 참뜻입니다. ☞제12항, 84항 참조

8. 불교에서 추구하는 궁극적인 목적은 무엇인가

여타의 다른 종교들과는 달리 신이나 신의 계시 따위에 의존하지 않고 오로지 교조 석가모니부처님의 인간적인 노력에 의해 성립된 종교인 불교는 그 추구하는 바 궁극의 목적도 대단히 인간적인데 있습니다. 다시 말해 불교에서는 그 어떤 절대자를 통한 구원이나 은총과 같은 것이 아니라 순수하게 인간의 이성과 의지에 기초한 합리적인 실천으로 이 세상에서 충분히 실현가능한 것을 목표로 삼고 있습니다. 그러면 불교에서 추구하는 궁극의 목적은 무엇일까요. 그것은 한 마디로 말해서 상구보리 하화중생(上求菩提下化衆生)의 이념을 구현하는 것이라 할 수 있겠습니다. 즉 위로는 열심히 수행정진하여 스스로 석가모니부처님께서 성취하신 바와 같은 깨달음을 얻는 것이고, 아래로는 중생들을 교화하여 참된 지혜와 자비의 삶으로 인도하는 것입니다. 석가모니부처님께서는 일찌기 보리수 아래에서 우주와 인생을 관철하는 최고의 진리를 깨달아 인간으로서 도달할 수 있는 최상의 경지 즉, 아무런 걸림이나 장애가 없이 영원히 자유롭고 평안하며 고요한 상태인 열반(涅槃)에 이르셨을 뿐 아니라, 온갖 탐욕과 무지와 격정 속에서 미망의 삶만을 거듭하고 있는 인류를 구원하기 위하여 가르침의 횃불을 높이 드셨습니다. 우리는 한 사람이라도 더 진리의 세계로 인도하고자 앉았던 자리가 따뜻해질 사이도 없이 평생을 전도여행에 바치셨던 석가모니부처님의 생전의 모습에서 참으로 완성된 삶의 진정한 의미를 느낍니다. 그러므로 우리도 부처님을 본받아 스스로의 완성된 삶을 추구해나감과 아울러 이웃에도 일깨워 도덕적으로나 정신적으로 각성된 사회, 다시 말해 정의롭고 자유로우며 평등하고 평화로운 사회를 이루어가는 것, 그것이 불교의 궁극적인 목적입니다. ☞제33항, 41항 참조

9. 불교에서는 무엇을 신앙의 대상으로 삼나

　우주와 인생에 깃든 참다운 의미를 깨달아 스스로 지혜와 자비가 충만한 완성된 삶을 성취함과 아울러 그와 같은 진리를 이웃에도 전파하여 정신적으로나 도덕적으로 각성된 사회를 이루어가는 것을 궁극의 목적으로 하는 우리 불자들은 불(佛)·법(法)·승(僧)의 삼보(三寶)를 삶의 지표이자 수행의 의지처로 삼고 있습니다. 그러면 불교에서 신앙의 대상으로 삼고 있는 삼보란 구체적으로 어떤 것일까요. 우선 삼보라는 말은 세 가지 보배라는 뜻으로, 불자들이 신명을 바쳐 수호해야 할 대상을 의미합니다. 그리고 불이란 부처님이고, 법이란 부처님의 가르침, 승이란 불교의 교단을 의미합니다. 여기에서 부처님이란 일찌기 우리와 같은 한 인간으로 이 세상에 태어나 늙고 병들고 죽지 않으면 안되는 인생의 현실에 대해 깊이 고뇌하던 끝에 출가수행하시어 35세 때 마침내 최고의 진리를 깨닫고 부처님이 되신 석가모니부처님을 위시하여 그와 같은 진리를 깨닫고 완성된 삶으로 나아가신 모든 분들을 말합니다만, 보통은 불교의 교주 석가모니부처님으로 이해해도 상관이 없습니다. 또한 부처님의 가르침이란 모든 이들을 미망으로부터 일깨워 참된 삶으로 나아가게 하기 위하여 펼치신 석가모니부처님의 가르침입니다. 다시 말해 우주와 인생의 참된 이치이자 영원하고도 보편타당한 진리를 의미합니다. 그리고 교단이란 그와 같은 진리에 입각하여 참답게 실천수행하는 불자들의 공동체를 말합니다. 그러므로 삼보란 다른 말로 불교의 교주와 교리 및 교단을 의미한다고 할 수 있습니다. 불교에서는 법회나 각종 의식을 거행할 때 삼귀의례(三歸儀禮)로부터 시작하고 있는데, 그것은 바로 이상과 같은 삼보에 대한 우리 자신의 존경과 신뢰를 다짐하는 의식인 것입니다.☞제12항, 24항 참조

10. 불교에 입문하려는데 처음 불자가 되는 과정은

　인간의 이성과 의지에 기초한 합리적인 실천을 통하여 올바른 삶, 참으로 가치있는 삶을 추구하는 종교인 불교는 입문을 하는데도 특별한 절차가 요구되지는 않습니다. 다만 그동안 아무런 반성 없이 무비판적으로 살아가고 있던 우리들의 인생이 얼마나 무의미했던가를 스스로 깨닫고 이제부터는 올바른 가르침에 의지하여 참된 삶을 살아가겠다고 하는 각오만 있으면 됩니다. 그러므로 석가모니부처님 당시에는 출신성분이나 가문, 학벌, 지위고하 따위에 상관없이 부처님께 귀의하고 가르침에 귀의하며 교단에 귀의한다는 삼귀의(三歸依)의 서원을 하고 평생동안 지켜야 할 생활의 규범인 계율(戒律)을 받으면 그것으로 입문이 가능했으며, 일단 그렇게 해서 입문한 사람들 사이에는 같은 길을 가는 구도자로서의 완전한 평등이 보장되었습니다. 그런데 오늘날의 사회는 예전과는 달리 산업화가 폭넓게 진행되어 있는 대중사회로서 사찰에서도 수많은 신자들의 신행생활을 보다 효율적, 체계적, 계획적으로 지도하기 위하여 나름대로의 신도관리 체계를 갖추게 되었습니다. 각 사찰에 따라 약간씩의 차이는 있겠습니다만, 대부분의 사찰에는 입문자를 위한 일정기간의 교육과정들이 개설되어 있고 그런 과정이 끝나면 계를 받을 수 있는 수계의 기회들도 주어집니다. 따라서 사찰의 신자가 되기를 원하는 사람은 자신이 다니기 편한 적당한 사찰을 선택해 신자등록을 하고 사찰의 스님들과 상의하면 입문과정의 자세한 안내를 받을 수 있습니다. 특히 요즘에는 사찰이 아니라도 불교교리를 배울 수 있는 교양대학이라든가 그밖의 여러 가지 교육프로그램들도 많고 입문자를 위한 서적들도 많으므로 스스로의 노력 여하에 따라서는 불교신행에 별다른 어려움이 없을 것입니다.

11. 불자들이 항상 간직해야 할 마음가짐과 생활태도는

　불교를 삶의 지표로 삼아 보다 올바르고 보람찬 인생을 추구해가는 불자들은 과연 어떠한 마음가짐과 생활태도를 지니고 자신의 삶에 임해야 할까요. 불교는 그 자체가 모두 불자들의 올바른 삶의 방향과 태도를 일깨우는 것이므로 어느 하나도 **빼놓을 수 없는** 귀중한 가르침들입니다만, 오늘날 우리들의 생활여건이나 사회적 조건 등을 감안할 때 다음의 몇 가지는 특히 불자들이 명심해야 할 사항들이라고 생각됩니다. 우선 첫번째로 삼보에 대한 예경심과 더불어 삼보를 수호하는데 앞장서는 마음가짐을 지녀야 하겠습니다. 부처님과 부처님의 가르침 및 불교교단은 우리 불자들 모두의 귀의처이자 마음의 보루입니다. 그러므로 스스로 불자임을 자랑스럽게 여기며 삼보수호에 매진할 수 있어야 하겠습니다. 둘째, 불자들은 정기적으로 법회에 참석하며 부처님의 가르침이 담긴 불서들을 읽는 생활을 일상화해야 하겠습니다. 불교는 맹목적인 믿음보다도 스스로의 깨달음을 중요시하는 종교이므로 항상 부처님의 가르침을 배우고 익히는 노력을 게을리하지 말아야 하겠습니다. 셋째, 정기적으로 수입 중 일정액을 사찰이나 자선기관에 보시하는 생활을 체질화해야 하겠습니다. 특히 사찰은 신자들의 희사금에 의해 운영되며 부처님의 가르침을 많은 이들에게 전해주는 곳입니다. 그러므로 사찰의 활발한 활동을 위하여 재정적으로 후원하는 것은 우리 불자들의 당연한 의무입니다. 넷째, 스스로 배워 익히고 깨달아 아는 불교의 가르침을 이웃에게도 베푸는 생활을 습관화해야 하겠습니다. 부처님의 가르침은 우리들이 이웃에 전하는 노력에 의해 생명력을 지니며, 그로 말미암아 불교의 궁극적인 목적인 정토세계의 구현이 가능해질 것이기 때문입니다. ☞제40항, 56항 참조

제2장
영원한 인류의 스승

12. 부처님이란 무슨 뜻이며, 어떤 분을 가리키나

　부처님이란 인도의 옛말 붓다에서 온 우리말로, 본래는 깨달은 이, 진리에 눈뜬 이라는 의미를 지니고 있습니다. 중국에서는 그것을 한자로 번역할 때 소리나는 대로 옮겨 불(佛) 또는 불타(佛陀)라고 하기도 했고, 뜻으로 옮겨 각자(覺者) 등으로 쓰기도 했습니다. 그러므로 우주와 인생에 깃들어 있는 영원하고도 보편타당한 최고의 진리를 깨달은 이가 부처님이고, 그로 인해 완성된 삶으로 나아간 이가 부처님입니다. 또한 누구나 그와 같은 진리를 깨닫기만 하면 부처님이 될 수 있으며, 실제로 불교에서는 일찌기 인류역사 속에 실재하셨던 석가모니부처님만이 아니라 다른 많은 부처님들이 계심을 가르치고 있습니다. 그러면 부처님들이 일반인과 다른 점은 무엇일까요. 옛부터 불교에서는 부처님의 위대한 덕성을 여래십호(如來十號)라고 해서 다음과 같은 열 가지 별명으로 설명해왔습니다. 즉 첫번째는 여래(如來)로서, 이와 같이 온 이, 다시 말해 부처님은 진리로부터 오신 이라는 뜻입니다. 그리고 두번째 응공(應供)은 마땅히 공양받을 만한 이이며, 세번째 정변지(正徧知)는 바르고 보편타당하게 아는 이라는 뜻입니다. 네번째 명행족(明行足)은 지혜와 실천을 겸비한 이, 다섯번째 선서(善逝)는 깨달음의 세계로 잘 간 이를 뜻합니다. 여섯번째 세간해(世間解)는 세상을 잘 아는 이, 일곱번째 무상사(無上士)는 더없이 높은 분을 의미합니다. 여덟번째 조어장부(調御丈夫)는 사람들을 올바르게 길들이는 이, 아홉번째 천인사(天人師)는 하늘과 인간의 스승이 되시는 분이라는 뜻입니다. 그리고 마지막으로 열번째 불세존(佛世尊)은 깨달은 어른이라는 뜻입니다. 그러므로 이상과 같은 덕성을 갖추고 중생들의 제도에 힘쓰시는 분이 바로 부처님입니다. ☞제13항, 24항 참조

13. 불교의 교조 석가모니부처님은 어떤 분인가

　불교의 교조 석가모니부처님(釋迦牟尼佛)은 일찍이 우리와 같은 한 인간으로 이 세상에 태어나 우주와 인생의 최고 진리를 깨닫고 완성된 삶으로 나아가신 역사상 그 실재를 확인할 수 있는 유일한 부처님입니다. 그분은 지금으로부터 2,600여 년전 인도의 동북부지방 히말라야 기슭에 있던 한 작은 나라인 카필라밧투의 태자로서 태어나셨습니다. 아버지는 연로한 숫도다나왕이었고, 어머니는 마야부인이었습니다. 태자가 태어날 당시 카필라밧투의 국민들이 태자에게 걸었던 기대가 얼마나 컸었는지는 태자의 이름을 모든 것이 다 이루어진다는 의미의 싯닷타라고 지었던 사실에서도 엿볼 수 있습니다. 아무튼 생모인 마야부인이 태자를 낳은지 이레만에 돌아가시고 이모 마하파자파티부인의 손에 의해 양육되게 된 것을 제외하고는 생활에 별다른 어려움이 없이 풍족한 유년시절을 보내고 총망받는 젊은이로 성장한 싯닷타태자는 이윽고 생·노·병·사라는 인생의 근원적인 문제에 부딪쳐 심각하게 고뇌하던 끝에 29세 때 자신에게 주어진 모든 권한과 부모처자를 버리고 출가수행자가 되기로 결심하셨습니다. 그것은 유한한 인생의 현실에서 벗어나 참다운 삶의 길을 찾아나서기 위해서였습니다. 그후 6년간 당시의 전통적 수행방법인 선정(禪定)과 고행(苦行)에 피나는 노력을 경주했지만 궁극적인 만족을 얻을 수 없었던 태자는 35세 때 마침내 두 가지 수행을 모두 포기하고 네란자라 강변의 보리수 아래에서 깊은 명상에 잠겨 있던 중 샛별이 뜨는 것을 보고 크나큰 깨달음을 이루어 진리의 완성자 곧 부처님이 되셨습니다. 석가모니부처님의 석가모니란 부처님의 출신부족인 사캬족 출신의 성자라는 뜻이고, 부처님은 깨달은 이, 진리에 눈뜬 이를 의미합니다. ☞제16항 참조

14. 석가모니부처님의 탄생에 얽힌 설화가 많은데

석가모니부처님의 생애를 다룬 경전이나 전기들에는 부처님의 탄생과 관련하여 수많은 설화들을 전하고 있습니다만, 그 중에는 특히 요즘사람들로서는 이해하기 힘든 신비로운 얘기들이 자주 눈에 띕니다. 예를 들면 마야부인이 태자를 낳기 위해 당시의 풍습대로 친정인 콜리성을 찾아가던 길에 룸비니동산에서 갑자기 산기를 느껴 아쇼카나무 꽃가지를 잡고 옆구리로 태자를 출산했다든가, 그때 천지가 진동하고 하늘에서는 꽃비가 내렸으며 온갖 천신들이 나타나 예배하고 연못 속에선 용들이 나와 오색의 따뜻한 물을 뿜어 태자를 씻어주었다는 등의 이야기들이 그것입니다. 특히 갓태어난 태자가 사방으로 일곱 걸음씩을 걸은 뒤에 '하늘 위와 하늘 아래에 오직 나 홀로 존귀하도다. 온세상이 모두 고통 속에 잠겨 있으니 내 마땅히 이를 편안하게 하리라'라는 선언을 했다고 경전에는 전하고 있습니다. 그러면 오늘날의 상식으로는 도저히 믿기 어려운 이와 같은 이야기들에는 도대체 어떤 의미가 담겨 있는 것일까요. 그것은 부처님의 전기를 저술한 사람들의 입장을 이해한다면 쉽게 알 수 있습니다. 즉 전기작가들은 부처님의 위대성을 보다 감명깊게 전하기 위하여 부처님은 탄생부터가 보통사람들과는 달랐음을 강조하고 싶었던 것입니다. 그러나 다른 면에서 이상의 신비적인 이야기들 안에는 많은 암시들이 숨어 있는 것도 사실입니다. 예를 들면 옆구리로 태어났다는 것은 인도의 고대신화를 끌어들여 석가모니부처님이 왕족 출신이었음을 나타내고, 탄생 때의 이변들은 부처님의 등장으로 말미암아 인류역사에 엄청난 변화가 일어났음을 일컬으며, 일곱 걸음을 걸은 것은 부처님이 육도윤회(六道輪廻)에서 벗어나 해탈(解脫)을 이루셨음을 가리키는 것입니다. ☞제29항 참조

15. 천상천하유아독존이란 말씀에는 어떤 뜻이 담겨 있나

　석가모니부처님의 탄생설화에는 태자가 탄생한 직후 사방으로 일곱 걸음씩을 걸은 다음 오른손과 왼손으로 각각 하늘과 땅을 가리키며 우렁찬 목소리로 천상천하유아독존(天上天下唯我獨尊)이란 유명한 선언을 하셨다고 되어 있습니다. 그러면 하늘 위와 하늘 아래에 오직 나 홀로 존귀하다는 이 이야기에는 도대체 어떤 의미가 담겨 있을까요. 부처님의 전기를 전하는 경전 가운데는 이상과 같은 귀절 다음에 삼계개고오당안지(三界皆苦吾當安之)라는 귀절이 이어지는 것도 있습니다. 즉 온 세상이 모두 괴로움에 잠겨 있으니 내 마땅히 이를 편안하게 하리라는 뜻입니다. 그러므로 이 귀절들에 담겨 있는 의미를 말 그대로 풀이해보면 부처님과 비견할 수 있을 만큼 위대한 분은 어디에도 없으며 부처님이 이 세상에 오신 것은 오직 세상 사람들을 온갖 괴로움으로부터 건지기 위해서라는 사실을 알 수 있습니다. 다시 말해 부처님의 전기를 지은 작가들은 부처님의 위대성과 더불어 부처님은 이 세상을 고통에서 구제하려고 오신 분임을 강조하기 위하여 탄생설화에 이와 같은 귀절을 삽입했던 것입니다. 그런데 이 이야기는 해석하기에 따라 약간 다른 의미로도 받아들여질 수 있습니다. 즉 불교의 가르침에 의하면 우리 모두는 스스로의 노력 여하에 따라 최고의 진리를 깨닫고 석가모니부처님과 똑같은 부처님이 될 수 있는 존재입니다. 따라서 하늘 위와 하늘 아래에 오직 나 홀로 존귀하다는 그 나는 비단 석가모니부처님만이 아니라 우리 자신일 수도 있는 것입니다. 그러므로 이렇게 본다면 석가모니부처님의 탄생선언은 이 세상 모든 존재 가운데 가장 고귀한 것은 오직 자기 자신뿐이라는 그야말로 인간의 존엄성에 관한 일대선언이었다고 할 수 있겠습니다.

16. 석가모니부처님은 왜 모든 것을 버리고 출가하셨나

　석가모니부처님은 일찌기 29세라는 젊으나 젊은 나이에 한 나라의 태자 자리를 위시하여 자신에게 주어진 모든 권한과 장래, 재산, 심지어는 사랑하는 부모처자까지도 버리고 출가하여 정처없이 떠돌며 누더기로 몸을 감싸고 걸식으로 연명하는 수행자가 되셨습니다. 그러면 그 무엇이 석가모니부처님을 그와 같이 유리걸식하는 출가수행자가 되도록 내몰은 것일까요. 부처님은 왜 자신의 처지나 환경에 만족하지 못하고 세상사람들이 보기에는 비정상적이라고까지 할 만한 삶의 길을 선택했을까요. 석가모니부처님의 출가동기에 대해서는 옛부터 사문유관(四門遊觀)이라 하여 다음과 같은 설화가 전해오고 있습니다. 즉 부처님은 태자 시절 동서남북의 네 대문 밖으로 유람을 나간 적이 있었는데, 거기에서 각기 추하게 늙어버린 노인과 병들어 신음하는 환자, 죽은 사람의 장례행렬 및 출가수행자를 만났다는 것입니다. 그리고 그 자리에서 늙고 병들고 죽어가지 않으면 안되는 우리 인생의 유한한 현실에 충격을 받은 태자는 마침내 자신도 출가수행자가 되어 영원히 죽지 않는 불사(不死)의 도(道)를 구하기로 결심했다는 것입니다. 물론 이 이야기는 그 구성이 너무도 극적이고 질서정연하여 그대로 역사적인 사실이라고 보기 어려울 것같습니다. 또한 영원히 죽지 않는 불사의 도라는 것이 과연 무엇인지 너무도 막연하여 일반인으로서는 이해가 쉽지 않습니다. 그러나 이 이야기를 통해 분명히 알 수 있는 것은 철저히 유한하면서도 그저 헛되이 보내기엔 너무도 안타까운 우리 인생의 진정한 의미를 찾아내어 보다 완전한 삶, 보다 참다운 삶을 영위해야겠다는 욕구가 석가모니부처님으로 하여금 모든 것을 포기하고 출가수행의 길로 들어서게 했다는 사실일 것입니다.

17. 석가모니부처님이 깨달으신 진리란 어떤 것인가

석가모니부처님은 일찌기 보리수 아래에서 우주와 인생을 관철하는 궁극적인 진리 즉, 영원하고도 보편타당한 최고의 이치를 깨닫고 비로소 부처님이 되셨다고 합니다만, 그때 석가모니부처님께서 깨달으신 진리란 과연 어떤 것이었을까요. 다시 말해 석가모니부처님은 무엇을 깨달아 인류역사상 유례가 없는 최고의 성자 즉, 부처님이 되신 것일까요. 예로부터 불교에서는 부처님께서 깨달으신 진리의 내용이 무엇이었나 하는 것만큼 중요한 논제가 없었습니다. 불자들의 궁극적인 목적이 부처님과 같은 깨달음을 이루어 스스로도 부처가 되는 것인 만큼, 부처님이 깨달으신 진리의 내용을 밝히는 것 그 자체가 이미 불교수행의 핵심이기 때문입니다. 그러나 부처님의 가르침을 전하고 있는 경전들에는 깨달음의 내용을 구체적으로 밝히기보다 깨달음으로 이르는 방법만이 주로 설해져 있습니다. 왜냐하면 석가모니부처님의 기본적인 입장은 어디까지나 불자들이 당신의 가르침을 무작정 신봉하기보다 스스로 노력해서 깨닫게 하는데 있었기 때문입니다. 흔히 불교의 가르침을 달을 가리키는 손가락에 비유하는 경우가 많습니다만, 그 이유도 바로 여기에 있는 것입니다. 그러므로 일단은 손가락에 의지하여 달을 찾아야겠지만, 달을 보는 것은 어디까지나 스스로의 일이며 그때 달이 어떻게 생겼는가 하는 분별은 저절로 이루어질 것이라는게 불교의 기본입장입니다. 다만 경전의 말씀에 의하면 석가모니부처님이 깨달으신 진리는 부처님이 이 세상에 나오셨든 나오지 않으셨든 본래부터 존재하는 것으로서 석가모니부처님도 그 진리를 깨달음으로 인해서 부처님이 되셨으며, 그것은 곧 이것이 있으므로 저것이 있고 이것이 생기므로 저것이 생긴다는 연기(緣起)의 이치였다고 합니다. ☞제27항, 28항 참조

18. 석가모니부처님은 성도 후 어떤 생활을 하셨나

　보리수 아래에서 최고의 진리를 깨닫고 부처님이 되신 석가모니부처님은 그 이후 인류역사상 유례가 없을 만큼 완벽하고도 완전한 삶의 모습을 보여주셨습니다. 흔히 부처님이 깨달으신 진리의 내용이 무엇인가 하는 의문들이 많습니다만, 깨달음이야말로 부처님을 부처님일 수 있게 한 것이라면 우리들은 그 깨달음의 내용을 다름 아닌 부처님의 삶의 모습에서 확인할 수 있는 것입니다. 그러면 석가모니부처님은 부처님이 되신 후 어떤 생활을 하셨을까요. 경전에 의하면 석가모니부처님은 깨달음을 이룬 직후에 잠시 사람들에게 가르침을 펴지 않을 생각을 하셨다고 합니다. 왜냐하면 당신이 깨달은 진리는 너무도 깊고 미묘한 것이어서 온갖 욕망에 사로잡혀 있는 일반인들은 얘기해봐야 알아듣지 못할 것이라는 생각 때문이었습니다. 또한 최고의 진리를 깨달았으므로 더 이상 의지할 스승도, 그 무엇도 없다는 생각에서 심한 외로움을 느낀 적도 있었다고 합니다. 그러나 이내 당신이 깨달은 것은 진리로 말미암은 것이므로 그 진리를 의지처로 삼고 스승으로 삼아 진리의 전파에 평생을 바치기로 생각을 바꾸셨습니다. 그리하여 석가모니부처님은 녹야원에서 안냐타 콘단냐 등 다섯 비구를 상대로 최초의 가르침을 펴신 이래 80세를 일기로 돌아가실 때까지 오직 스스로의 헛된 욕망과 어리석음으로 인하여 고통받는 중생들의 제도에만 매진하셨습니다. 우리들은 초기경전 속의 여러 가지 일화들을 통해서 권위적이거나 계시적인 자세를 철저히 배격하고 누구나 긍정할 수 있는 합리적이고 이성적인 입장에서 인생의 참다운 가치를 일깨우고자 노력하시던 석가모니부처님의 자상하고도 인자하신, 그야말로 지혜와 자비가 충만한 삶의 모습들을 무수히 만나게 됩니다.☞제25항, 26항 참조

19. 석가모니부처님의 사리탑은 어떻게 만들어졌나

　부처님이 사셨던 나라 인도에서는 옛부터 사람이 죽으면 화장을 하는 관습과 더불어 타고 남은 유골을 수습하여 숭배하는 유골숭배의 풍습이 있었습니다만, 석가모니부처님께서 45년간의 중생구제와 진리전파를 위한 일생을 마치고 쿠시나라에서 입멸(入滅)에 드시자 부처님의 장례도 재가신자들에 의해 인도의 전통예식대로 화장으로 치뤄졌습니다. 그것은 부처님께서 돌아가시기 전에 부처님의 제자인 출가수행자들은 부처님의 장례같은 일에는 관여하지 말고 오로지 진리탐구에만 힘쓰라고 유언하셨기 때문이었습니다. 그래서 쿠시나라에 살던 말라족 사람들이 주축이 되어 부처님의 장례를 치르고나자 이번에는 부처님의 유골을 처리하는 문제가 생겼습니다. 뒤늦게 부처님의 입멸소식을 전해들은 여러 나라의 왕들이 각기 생전의 부처님과의 인연을 빌미로 부처님의 유골을 요구하며 심지어는 군대를 동원하는 사태까지 벌이게 되었던 것입니다. 그러자 때마침 도냐라는 한 바라문이 부처님의 생전의 덕을 일깨우며 중재에 나서서 유골을 여덟 등분하여 여덟 나라에서 각기 사리탑을 세워 공양하도록 하였습니다. 또 유골 분배가 끝난 후 현장에 도착한 모리야족은 할수없이 화장을 하고 남은 재를 가져갔고 도냐에게는 유골을 분배할 때 썼던 병이 주어졌는데, 그들도 각기 그것들을 탑을 세워 봉안했습니다. 이것을 근본팔탑(根本八塔) 혹은 근본십탑(根本十塔)이라고 합니다만, 그후 아쇼카왕 때에는 불교를 널리 포교하기 위해 여덟개 탑 속의 유골을 꺼내 인도 전역에 팔만사천개의 사리탑을 세웠다고 합니다. 불자들은 대대로 사리탑을 석가모니부처님 대신으로 여기며 정성껏 공양해왔는데, 사리탑의 사리란 인도의 옛말 사리라에서 온 말로, 유골을 의미하던 말입니다.

20. 석가모니부처님의 팔상성도에는 어떤 뜻이 담겨 있나

불교에서는 옛부터 팔상(八相) 혹은 팔상성도(八相成道)라고 하여 중생들을 제도하기 위해 석가모니부처님이 이 세상에서 나투셨던 모습들을 여덟 가지로 정리하여 설명해왔습니다. 학설에 따라서는 여덟 가지 항목이 약간씩 다른 경우도 있습니다만, 이 자리에서는 그 대표적인 것을 골라 살펴보기로 하겠습니다. 먼저 첫번째는 도솔내의상(兜率來儀相)으로, 석가모니부처님은 본래 도솔천에서 호명보살로 계시다가 적당한 때가 되자 이 세상 중생들을 구제하기 위하여 오셨다는 것입니다. 두번째는 비람강생상(毘藍降生相)으로, 룸비니동산에서 마야부인의 몸을 통해 이 세상에 태어나신 것을 일컫는 것입니다. 비람이란 룸비니를 뜻합니다. 세번째는 사문유관상(四門遊觀相)으로, 태자 시절에 성문 밖으로 유람나갔다가 생·노·병·사의 괴로움을 깨닫고 출가를 결심하게 되신 것을 이야기합니다. 네번째는 유성출가상(踰城出家相)으로, 한밤중에 카필라밧투성을 떠나 출가수행자가 되신 것을 이야기합니다. 다섯번째는 설산수도상(雪山修道相)으로, 출가수행자가 되신 석가모니부처님이 히말라야 산속에서 6년간 수도하신 것을 일컫습니다. 여섯번째는 수하항마상(樹下降魔相)으로, 보리수 아래에서 깊은 명상 끝에 드디어 우주와 인생의 최고진리를 깨닫고 부처님이 되신 것을 말합니다. 전설에 의하면 부처님의 성도가 임박하자 마왕이 무리를 이끌고 나타나 수행을 방해했는데, 마왕을 굴복시킴으로써 마침내 깨달음을 이루셨다고 합니다. 일곱번째는 녹원전법상(鹿苑轉法相)으로, 녹야원에서 다섯 비구를 상대로 최초의 설법을 하신 것을 말합니다. 그리고 마지막으로 여덟번째는 쌍림열반상(雙林涅槃相)으로, 쿠시나라의 두 그루 사라나무 아래에서 입멸 즉, 열반(涅槃)에 드신 것을 이야기합니다.

21. 석가모니부처님의 전생이야기라는 것이 있던데

예로부터 인간의 삶은 그저 한번으로 끝나는 것이 아니라 오랜 기간 삶과 죽음을 거듭하면서 윤회(輪廻)하는 것이라고 믿어왔던 인도사람들은 성자나 위인들의 생애도 그저 한 생의 노력에 의해서가 아니라 오랜 생의 인연에 따라서 이루어진 결과라고 생각해왔습니다. 그러므로 석가모니부처님의 경우에도 고타마 싯닷타라는 한 인간으로 우리들 앞에 그 모습을 드러내기 이전에 오랜 동안 여러 생을 전전하면서 선행을 쌓은 결과 그와 같이 위대한 인격자가 되었다고 생각하게 되었고, 거기에서 석가모니부처님의 전생이야기라는 것이 민간설화의 형식으로 만들어지고 사람들 사이에 유포되게 되었습니다. 《자타카》 혹은 《본생담(本生譚)》이라고 불리워지는 이 이야기들 속에서 석가모니부처님은 아득한 옛날부터 왕이나 왕자, 수행자, 상인 등의 인간만이 아니라 원숭이, 앵무새, 비둘기, 코끼리 등 동물로까지 바꿔 태어나면서 온갖 미담과 선행의 주인공이 되고 있습니다. 어렵고 딱딱할 수밖에 없는 교리들이 주된 내용을 이루는 다른 경전들에 비해 옛날이야기식으로 쉽고 재미있으면서도 인과응보(因果應報)나 권선징악(勸善懲惡)의 가르침을 일깨우는 이 이야기들은 따라서 일반민중들 사이에 상당한 인기를 누리게 되었고 그 양도 대단히 많아졌습니다. 남방불교 쪽에 전하는 대장경 안에서는 《자타카》가 독립된 한 부류를 이루면서 모두 540여 편이나 수록되어 있습니다. 한편 역사적으로는 설화 속에서 석가모니부처님이 여러 가지 다른 모습으로 등장하는 것에 자극받은 일반신자들 사이에 우리도 선행을 쌓아나가면 언젠가는 부처님이 될 수 있겠다는 신앙을 불러일으켜 대승불교(大乘佛敎)가 흥기하는 촉매역할을 하게 된 것도 바로 이 본생담입니다. ☞제58항, 233항 참조

22. 석가모니부처님 이외의 부처님들은 어떤 분인가

불교에서는 석가모니부처님 이외에도 많은 부처님들의 이름을 들고 있고, 또 사찰에서는 그런 부처님들의 상을 모시고 예배하기도 합니다. 예를 들면 석가모니부처님 이전 아득한 과거에 계셨다는 비바시부처님을 위시해서 시기부처님, 비사부부처님, 구류손부처님, 구나함모니부처님, 가섭부처님뿐 아니라 서방정토에 계신다는 아미타부처님, 미래세에 이 세상에 출현하실 것이라는 미륵부처님 등이 그런 분들입니다. 그러면 역사적으로 실재하셨던 사실을 확인할 수 있는 분은 석가모니부처님뿐인데, 그 이외의 부처님들은 어떤 분들일까요. 우리들이 역사적인 입장에서 확인할 수 있는 불교의 창시자는 석가모니부처님이며, 그 이전에 계셨다는 부처님들이나 그밖의 다른 부처님들은 모두가 석가모니부처님의 가르침을 통해서 우리에게 알려지게 된 분들입니다. 다시 말해 그와 같은 부처님들은 석가모니부처님의 가르침을 담고 있는 경전에 의해서 그 이름을 확인할 수 있는 분들입니다. 그러면 불교의 기본적인 태도는 어디까지나 합리적이고 이성적인 입장에서 스스로 깨우쳐가는 것인데, 아무리 석가모니부처님의 가르침에 의한다 할지라도 그런 부처님들이 계신다는 사실을 어떻게 믿을 수 있을까요. 그것은 불교에서 말하는 부처님이라는 분들의 속성을 잘 이해하면 쉽게 알 수가 있습니다. 즉 부처님이란 영원하고도 보편타당한 최고의 진리를 깨달은 분이며, 석가모니부처님도 그와 같은 진리를 깨달음으로 인해서 부처님이 되셨습니다. 그 진리는 부처님이 이 세상에 계시든 계시지 않든 간에 이미 존재하는 것입니다. 그러므로 그와 같은 진리가 상존하는 한 언젠가는 그것을 깨닫는 분이 있을 수 있고, 따라서 여러 부처님들이 계심을 우리는 믿을 수 있는 것입니다. ☞제12항 참조

제3장

우주와 인생의 최고 진리

23. 불교에서 이야기하는 법이란 무엇을 의미하나

　불교에서는 법(法) 혹은 법보(法寶)라고 해서 진리를 부처님 및 교단과 더불어 삼보의 하나로 대단히 중요시하고 있습니다. 그러면 불교에서 이야기하는 법 즉, 진리란 구체적으로 어떤 것일까요. 불교에서 쓰는 법이란 말은 인도의 옛말 다르마를 한자로 번역한 것으로, 소리나는 대로 옮길 때는 달마(達磨)라고 합니다. 이 말은 본래 유지하는 것, 인간의 행위를 지키는 것 정도의 의미였는데, 인도에서는 관습, 습관, 의무, 사회제도나 질서, 착한 행위, 진리, 본질, 종교적 의무 등 대단히 다양한 의미로 쓰여졌습니다. 또 불교에서도 법이라는 개념은 진리, 법칙, 행위규범, 바른 것, 사물이나 존재, 본성, 부처님의 가르침 등의 의미로 쓰이고 있습니다. 그러면 왜 이렇게 하나의 낱말에 서로 다른 여러 가지 의미가 포괄적으로 담겨지게 되었을까요. 본래 석가모니부처님은 우주와 인생의 최고진리를 깨닫고 부처님이 되셨습니다만, 그때 부처님이 깨달으신 진리란 다름아닌 이 세상이 이와 같이 유지될 수 있는 근본이치 즉, 법이었습니다. 또한 부처님이 깨달으신 바에 의하면 이 세상 만물은 모두 그와 같은 법칙을 근거로 존립하는 것일 뿐 독자적인 실체를 지닌 것이 아니므로 사물이나 존재, 본성 따위도 불교에서는 법이라고 부르게 되었습니다. 뿐만 아니라 부처님이 가르치신 바도 그러한 진리였고, 부처님이 권장하신 바른 길, 착한 행위도 모두 그와 같은 진리 이외에 다른 것이 아니었습니다. 따라서 불교에서의 법은 진리 이외에도 사물이나 존재, 본성, 올바른 행위, 부처님의 가르침 등을 의미하는 말로 쓰이게 되었던 것입니다. 한자의 법(法)자가 물 수(水)자와 갈 거(去)자를 합쳐서 물이 흐르는 방향 즉, 자연의 순리를 의미하듯 불교의 진리도 그와 같은 것입니다.☞제9항, 28항 참조

24. 불교는 부처님보다도 진리를 신봉하는 종교라는데

　불교는 오로지 인간의 이성과 의지에만 기초하여 성립된 대단히 지적이고 합리적인 종교라고 합니다만, 그렇게 이야기할 수 있는 이유 중의 하나를 우리는 불교에서 가르치는 진리와 부처님의 관계에서도 찾아볼 수 있습니다. 즉 불교에서 말하는 진리란 우주와 인생에 깃들어 있는 영원하고도 보편타당한 절대이치로서, 그것은 부처님이 계시든 계시지 않든 본래부터 존재하는 것입니다. 그리고 이상적 인격체인 부처님은 단지 그 진리를 깨달은 이로서, 교조 석가모니부처님의 예에서와 마찬가지로 누구나 그러한 진리를 깨닫기만 하면 부처님이 될 수 있다는 것이 불교의 기본입장입니다. 그러므로 어떤 면에서 불교는 부처님이라는 인격체보다도 부처님이 부처님일 수 있는 존립근거 즉, 진리를 더욱 존중하는 경향이 있는 것도 사실입니다. 경전에 전하는 다음과 같은 일화도 이러한 불교의 기본태도를 대변하는 것이라 생각됩니다. 석가모니부처님께서 라자가하의 벨루바나정사에 계실 무렵의 일이었습니다. 박카리라는 제자가 중병에 들어 죽음을 앞둔 채 마지막으로 부처님을 뵙기를 간절히 바라고 있다는 소식을 전해듣고 석가모니부처님은 몸소 그를 찾아가셨습니다. 부처님이 들어서시는 것을 보고 박카리는 애써 몸을 일으켜 부처님께 예배하려 했습니다. 그러자 그를 말리며 부처님께서 타이르셨습니다. '늙어빠진 이 몸뚱이를 보아야 무슨 소용이 있겠느냐.' 그리고는 이렇게 말씀하셨습니다. '진리를 보는 자 나를 보고, 나를 보는 자 진리를 본다.' 부처님은 진리를 깨닫고 진리를 가르치며 진리에 의해 사시는 분으로서, 우리들이 진정 귀의하고 예배해야 할 대상은 부처님의 육신이 아니라 부처님이 당신의 삶으로 구현하고 계시는 진리 그것이라는 가르침이었습니다. ☞제12항 참조

25. 석가모니부처님의 가르침의 근본입장은 어떤 것이었나

그 어떤 권위적인 가르침이나 절대자의 계시가 아니라 오로지 자신의 이성적인 판단과 의지적인 노력에 의해서 마침내 우주와 인생을 관철하는 크나큰 깨달음을 성취한 석가모니부처님은 이후 80세를 일기로 열반에 드실 때까지 45년간 인도 각지를 수없이 돌아다니며 당신이 깨달으신 진리를 전파하는데만 평생을 바치셨습니다. 그것은 진리에 대한 무지나 그릇된 욕망으로 인하여 스스로 고통받고 있는 중생들에게 올바른 삶의 의미와 참된 인생의 목적을 일깨워 진정한 안락과 행복의 길을 열어보이고자 노력하신, 참으로 완성된 삶을 사신 이의 거룩한 여정이었습니다. 그러면 석가모니부처님이 진리를 전파하는데 취하셨던 기본적인 입장은 무엇이었을까요. 다시 말해 석가모니부처님은 근본적으로 어떠한 입장에서 당신의 가르침을 베푸셨을까요. 경전에 의하면 석가모니부처님은 최초의 설법을 하기에 앞서 잠시 망설이셨다고 합니다. 왜냐하면 당신이 깨달으신 진리는 너무도 깊고 미묘해서 얘기해도 알아들을 사람이 별로 없으리란 생각에서였습니다. 또한 가르침의 방법도 문제였습니다. 그러나 생각을 돌이켜 가르침을 펴기로 하셨을 때 석가모니부처님은 스스로 진리를 구하여 수행하던 과정에서와 마찬가지로 권위적이거나 일방적인 교설의 태도를 배격하고 어디까지나 인간의 이성을 기초로 하여 상대가 스스로 이해하고 깨달을 수 있도록 유도하는 방법을 택하셨습니다. 흔히 석가모니부처님의 가르침의 방식을 응병여약(應病與藥)의 대기설법(對機說法)이라고 합니다만, 의사가 환자의 질병에 따라 약을 처방하듯이 상대방의 수준이나 이해 정도를 살펴서 상대에게 가장 절실한 가르침을 가장 적절한 시기에 베푸신 것이 석가모니부처님의 근본입장이었습니다.

26. 석가모니부처님은 어떤 방법으로 제자들을 가르치셨나

이 세상 모든 이들에게 진정한 안락과 행복의 길을 열어보이기 위해서 가르침을 펴기 시작한 석가모니부처님은 제자들을 가르치는 데도 위대한 인류의 스승으로서의 면모를 유감없이 발휘하셨습니다. 상대의 입장을 충분히 헤아려서 그에 알맞는 가장 합리적이고도 이상적인 교화의 방법들을 채택하셨던 것입니다. 그러면 석가모니부처님이 주로 사용하셨던 교설의 방법들에는 어떤 것이 있었을까요. 첫째, 부처님은 설법을 하실 때 비유나 인연담을 많이 사용하셨습니다. 누구나 알아듣기 쉬운 비유나 설화들을 인용하여 상대가 빨리 이해할 수 있도록 하셨습니다. 둘째, 부처님은 가르침을 펴실 때 문답을 자주 사용하셨습니다. 대화를 통해 가르치면서 상대가 올바로 이해하고 있으면 그대로 긍정하기도 하고 틀렸으면 되묻기도 하는 등 다양한 방식으로 상대방의 이해를 도우셨습니다. 셋째, 운문의 형태로 가르침을 설하신 경우가 많았습니다. 입으로 염송하기 쉬운 운문을 통해서 암기와 기억을 도운 것입니다. 우리들이 자주 접하는 경전 중에 《법구경(法句經)》이라는 것이 있습니다만, 그것은 석가모니부처님의 운문으로 된 가르침들을 모아놓은 것입니다. 넷째, 당시 사람들에게 잘 알려져 있던 설화나 가르침들에 새로운 의미를 부여하여 재해석하는 방식을 많이 쓰셨습니다. 기성의 고정관념에 사로잡혀 있는 사람들에게 그것을 무작정 부정하기보다는 일단 긍정하면서도 새로운 입장에서 올바른 이해를 일깨우신 것입니다. 그러나 무엇보다 독특했던 부처님의 교화방법은 위의(威儀)를 통한 방법이었습니다. 다시 말해 최고의 진리를 깨달은 이의 참으로 완전무결한 삶의 모습을 대중들 앞에 있는 그대로 펼쳐보이심으로써 대중들 스스로가 감화받도록 하신 것이었습니다. ☞제27항 참조

27. 부처님의 가르침의 가장 큰 특징은 무엇인가

　우주와 인생의 궁극적인 의미를 파헤쳐 참으로 올바른 삶, 참으로 가치있는 인생을 이루기 위한 부처님의 가르침은 현실에 대한 정확한 관찰에서부터 시작됩니다만, 불교에서는 예로부터 그와 같은 부처님 가르침의 가장 큰 특징을 삼법인(三法印)이라 하여 다음의 세 가지로 요약해왔습니다. 즉 그 첫번째는 제행무상(諸行無常)으로서, 이 세상 모든 현상은 덧없다는 것입니다. 다시 말해 세상에 영원한 것은 아무 것도 없다는 뜻으로서, 우리도 언젠가는 죽어갈 것처럼 일체 모든 존재는 끊임없는 변화의 과정 속에 놓여 있다는 것이 불교의 첫번째 진리입니다. 그리고 두번째는 제법무아(諸法無我)로서, 세상만물에는 독자적인 실체랄 것이 없다는 것입니다. 우리들은 모든 사물들에 나름대로의 본성이라는 것이 있어 그것이 그 사물을 다른 모든 것과 구별시켜주는 것으로 이해하기 쉽지만, 잘 살펴보면 어떤 것이든 그것이 그것일 수밖에 없는 독자적인 성품은 아무데도 없다는 것입니다. 왜냐하면 이 세상 만물은 일정한 원인과 조건에 의한 결과로서 존재하는데, 그 원인과 조건 자체가 끊임없이 변하고 있기 때문입니다. 마지막으로 세번째는 일체개고(一切皆苦)로서, 모든 것은 괴롭다는 뜻입니다. 현실은 끊임없이 변해가는 것이고 독립 불변의 실체가 없는 것임에도 불구하고 우리들은 왕왕 그것이 영원하기를, 또 본질적이기를 바라고 집착하기 때문에 세상은 괴로울 수밖에 없다는 것입니다. 한편 이와는 달리 세번째의 일체개고 대신 열반적정(涅槃寂靜)을 넣어 삼법인이라 하는 경우도 있고 네 가지 모두를 들어 사법인이라 하는 경우도 있는데, 이때의 열반적정이란 불교에서 가르치는 이상적인 경지인 열반만이 모든 고통이 사라진 참으로 고요하고 안은한 상태라는 뜻입니다.

28. 불교에서는 이 세상이 어떻게 이루어져 있다고 보나

　세상만물은 끝없이 변해가는 것으로서 그 속에 영원불변의 독자적인 실체를 지닌 것은 아무 것도 없다는 것이 불교의 기본입장입니다만, 그렇다면 불교에서는 이 세상이 이와 같이 이루어지는 근본원리, 다시 말해 우주와 인생에 깃들어 있는 궁극적인 이치에 대해서 어떻게 설명하고 있을까요. 불교에서 가르치는 이 세상 모든 것들의 근본이치 가운데 첫번째는 인과(因果)의 법칙입니다. 즉 세상의 모든 것은 원인이 있으면 반드시 결과가 따르는 인과율의 지배를 받고 있다는 것입니다. 흔히 콩 심은데 콩 나고 팥 심은데 팥 난다고 합니다만, 하나의 결과에는 그에 상응하는 원인이 반드시 있다는 것이 불교의 가르침입니다. 두번째는 인연(因緣)의 법칙입니다. 세상만물의 변화는 인과 연 즉, 원인과 조건의 상호작용에 따른다는 것입니다. 예를 들면 새싹이 트는데는 씨앗이라는 직접적인 원인뿐 아니라 적당한 온도와 수분, 햇빛 등의 간접적인 조건들도 똑같이 필요한 것과 같은 이치입니다. 이어서 세번째는 상의상관성(相依相關性)입니다. 만물은 인과와 인연의 법칙에 따르고 있지만, 개개의 사물들은 다시 서로가 서로를 의존해서 존립하는 관계에 있다는 것입니다. 부모가 되려면 자식이 있어야 하지만, 자식은 또 부모가 있어야 있을 수 있는 것과 같은 이치입니다. 그리고 마지막으로 이런 이치들을 잘 헤아려보면 만물에는 일정한 법칙이 내재되어 있고 그런 법칙성이 바로 만물의 본질임을 알 수 있습니다. 즉 세상만물은 그 자체가 진리를 담고 있고, 또 그 진리야말로 만물을 만물이게 하는 근원이라는 것이 불교의 가르침입니다. 불교에서는 이와 같은 세상의 이치를 한 마디로 연기(緣起)라고 합니다. 연기란 서로가 서로를 말미암아 함께 일어난다는 뜻입니다.

29. 불교에서는 우리 인생의 현실을 어떻게 설명하는가

 이 세상 모든 것은 덧없고 실체가 없으며 괴로울 뿐이라는 것이 불교의 기본적인 세계관입니다만, 우리 인생의 현실에 대해서 불교는 특히 업(業)과 윤회(輪廻)로서 설명하고 있습니다. 윤회란 먼 옛날부터 인도사람들 사이에서 굳게 신앙되어온 가르침으로서, 모든 생명체는 죽은 다음에 영원히 사라져버리는 것이 아니라 몸을 바꿔서 다시 태어난다는 것입니다. 그러므로 생명체는 모두 오랜 기간동안 끊임없이 생사를 거듭하고 있으며, 사람은 자신의 업에 의해 내세에 천상과 같이 더 좋은 곳에 태어날 수도 있고 짐승이나 지옥처럼 더 나쁜 상태로 태어날 수도 있다는 것입니다. 그리고 그때 내생을 결정하는 요소인 업에 대해 대부분의 인도 전통사상들은 신에 대한 정성어린 제사나 자신의 신분에 걸맞는 삶을 가르쳤습니다. 인도는 전통적으로 카스트라는 계급제도가 엄격히 유지되던 사회로서, 내세까지도 현재의 계급과 연관시켜 하층계급의 사람은 단지 자신의 직분에 만족하며 성실히 살아야 된다는 것이었습니다. 그런데 석가모니부처님은 그 업이라는 것에 대해 종래와는 전혀 다른 해석을 통해 인간의 평등을 선언하셨습니다. 즉 인간의 의지적인 행위가 업으로, 인간은 자신의 행위에 의해 천해지기도 하고 고귀해지기도 한다는 것이었습니다. 특히 부처님의 가르침에 따르면 업에는 신체적인 행위나 말뿐이 아니라 마음속의 생각까지도 포함됩니다. 그리고 선업을 지으면 좋은 과보를 받고 악업을 지으면 나쁜 과보를 받는데, 그 과보는 현세에 받기도 하고 내세에 받기도 한다는 것입니다. 그러므로 불교의 입장에서는 자신의 업에 의해 어쩔 수 없이 생사의 고통을 거듭하고 있는 것이 우리 인생의 현실로서, 그와 같은 고통에서 벗어나는 길을 설하신 것이 바로 부처님의 가르침입니다.

30. 불교에서는 삶의 괴로움이 어디에서 유래한다고 보나

아득히 먼 옛날부터 자신의 행위의 결과로서 태어나고 늙고 병들고 죽어가는 고통을 거듭하고 있는 우리 인생의 현실은 괴로운 것임에 틀림이 없습니다만, 그와 같은 삶의 현실은 도대체 어디에서 유래하는 것일까요. 부처님의 가르침에 따르면 그것은 우리들이 진리에 대해 무지하기 때문이라고 합니다. 다시 말해 우주와 인생에 깃들어 있는 궁극적인 이치를 밝게 깨달아알지 못하기 때문에 인간은 스스로의 현실에 얽매여 온갖 업을 지으며 헛되이 윤회한다는 것입니다. 그리고 그와 같이 진리에 대해 무지한 상태를 불교에서는 무명(無明)이라고 합니다. 그러면 우리 중생들은 왜 진리를 쉽사리 깨닫지 못하고 무명 속을 헤매는 것일까요. 불교에서는 중생들에게 번뇌가 아주 많다는 의미에서 백팔번뇌(百八煩惱)라는 말까지도 씁니다만, 그러한 번뇌들이 중생들의 눈을 가리고 있기 때문에 웬만큼의 노력으로는 올바로 진리에 접근하기가 어렵다는 것입니다. 그리고 그러한 번뇌들 가운데 가장 뿌리깊은 것으로서 불교에서는 탐욕과 분노와 어리석음의 세 가지를 꼽습니다. 이것은 흔히 탐(貪)·진(瞋)·치(癡)의 삼독(三毒)이라고 일컬어지는 것으로서, 번뇌의 작용이 독약과도 같으므로 삼독이라고 합니다. 경전에는 삼독의 속성에 대해 여러 가지 설명이 베풀어지고 있습니다만, 가장 대표적인 것으로 다음과 같은 비유가 있습니다. 즉 탐욕과 분노, 어리석음은 각기 물감이 풀어진 물, 끓고 있는 물, 이끼가 낀 물과 같아서 그런 물에 얼굴을 비춰볼 수 없는 것과 마찬가지로 중생들은 마음이 번뇌로 덮혀 있기 때문에 진리를 올바로 보지 못한다는 것입니다. 그러므로 번뇌가 없는 깨끗한 마음을 닦아나가는 것이 바로 불교의 수행이라고 할 수 있겠습니다. ☞제36항 참조

31. 불교에서는 인간의 의지에 대해 어떻게 보는가

불교는 그 어떤 절대자나 절대자의 계시 따위에 의존하는 여타의 다른 종교들과는 달리 오로지 교조 석가모니부처님의 인간적인 노력에 의해 성립된 종교인 만큼 인간의 의지에 대해서도 대단히 긍정적인 견해를 지니고 있습니다. 흔히 불교의 가장 보편적인 가르침 가운데 하나가 업설(業說)이라고 합니다만, 업설에서 무엇보다도 중요시되는 것은 인간의 의지입니다. 다시 말해 인간은 어디까지나 자신의 운명의 주인으로서, 그 자신의 업 즉, 스스로의 의지적인 행위의 선악에 의해 장차 좋은 결과를 받기도 하고 나쁜 결과를 받기도 하며 천해지기도 하고 존귀해지기도 한다는 것입니다. 특히 그러한 인간의 업 가운데 가장 중요한 것은 마음으로 짓는 업 즉, 의업(意業)으로, 불교에서는 의업을 특별히 사업(思業)이라 하여 신체적 행위나 언어활동 즉, 신업(身業) 및 구업(口業)과 구별하고 있습니다. 신업과 구업이 사이업(思而業), 다시 말해 생각하고나서 짓는 업인데 반해 사업이란 그보다 선행하는 업이라는 사실을 지적한 것입니다. 말하자면 그만큼 인간의 의지를 중시하고 있는 것입니다. 뿐만 아니라 석가모니부처님은 제자들에게 수행을 권하는 입장에서도 법등명 자등명 법귀의 자귀의(法燈明 自燈明 法歸依 自歸依)라고 해서 진리를 등불로 삼고 자신을 등불로 삼으며 진리에 귀의하고 자신에 귀의하라고 하셨습니다. 즉 불교에서의 수행은 다른 어떤 것이 아니라 오직 진리와 자기 자신만에 의거해야 하는 것으로서, 누구나 수긍할 수 있는 보편타당한 법칙성과 더불어 자신의 이성적인 판단과 의지적인 실천이 무엇보다도 중요함을 일깨운 가르침이었습니다. 이와 같은 불교의 태도에 대해 우리들은 흔히 자력교(自力敎)라는 말을 쓰고 있습니다.☞제29항 참조

32. 삶의 괴로움에서 벗어나기 위한 불교의 실천원리는

인간 삶의 유한한 현실을 직시하며 그와 같이 불완전한 상황에서 벗어나 보다 옳은 삶, 보다 가치있는 인생을 성취하기 위한 가르침인 불교는 그 실천원리를 사성제(四聖諦)라고 해서 다음과 같은 네 단계로 나누어 설명하고 있습니다. 사성제란 네 가지 성스러운 진리라는 뜻으로, 경전에 의하면 모든 부처님의 가르침은 이 네 가지 진리 안에 포함되지 않는 것이 없다고 합니다. 그러면 그 네 가지란 무엇일까요. 첫번째는 고성제(苦聖諦)로서, 말하자면 괴로움에 관한 진리입니다. 즉 나고 늙고 병들고 죽는 것만이 아니라 사랑하는 사람과 헤어지는 것, 미워하는 사람과 만나는 것, 구하지만 얻지 못하는 것 등 우리 인생은 온통 괴로움 투성이라는 것이 첫번째 진리입니다. 두번째는 집성제(集聖諦)로, 괴로움의 원인에 관한 진리입니다. 즉 이 세상이 이와 같이 괴로운데는 분명한 원인이 있으며, 그것은 다름아닌 인간의 갈애(渴愛) 때문이라는 것입니다. 갈애란 타는듯한 목마름과도 같은 집착을 뜻하는데, 현실의 모든 것들은 일정한 조건에 의해 일시적으로 존재하는 것임에도 불구하고 우리들은 거기에 끈질기게 집착하고 그로 말미암아 괴로움이 생긴다는 것입니다. 이어서 세번째는 멸성제(滅聖諦)로, 괴로움의 소멸에 관한 진리입니다. 즉 괴로움은 갈애 때문에 생기는 것이므로 갈애만 없애면 괴로움은 자연히 소멸하여 영원히 평안하고 안락하며 아무런 걸림이 없는 이상적인 경지에 도달할 수 있다는 가르침입니다. 불교에서는 그러한 경지를 열반(涅槃)이라 합니다. 그리고 마지막으로 네번째는 도성제(道聖諦)입니다. 괴로움이 소멸된 이상적 경지에 도달할 수 있는 구체적인 실천방법으로서, 그것은 여덟 가지 바른 길 즉, 팔정도(八正道)를 이야기합니다. ☞제33항, 34항 참조

33. 불교에서 이야기하는 이상적인 경지란 어떤 상태인가

불교는 스스로 삶의 괴로움에서 벗어나 영원한 안락을 추구하는 종교라는 뜻에서 이고득락(離苦得樂)의 가르침이라고도 하고 모든 중생들의 고통을 구제하여 즐거움을 베푸는 종교라는 뜻에서 발고여락(拔苦與樂)의 가르침이라고도 합니다만, 불교에서 이상으로 삼고 있는 영원히 안락한 경지란 보다 구체적으로는 열반(涅槃) 혹은 해탈(解脫)이라고 합니다. 열반이란 인도의 옛말 니르바나를 소리나는 대로 옮긴 것으로, 본래는 불어서 끈다는 뜻을 지니고 있던 말입니다. 우리들 마음 속에 깃들어 있는 온갖 헛된 욕망과 집착의 불길이 완전히 꺼져버린 고요하고도 평안한 상태를 말하는 것입니다. 그러므로 열반이란 말은 그 의미에 따라 멸(滅), 멸도(滅度), 적멸(寂滅) 등으로 번역되기도 했습니다. 또한 해탈이란 아무런 걸림이나 장애가 없는 자유자재한 경지를 일컫는 말로서, 특히 윤회에서 벗어난 상태를 이야기합니다. 먼 옛날부터 인간 삶의 현실에 대해 끊임없이 나고 죽는 고통만을 거듭하는 괴로운 것으로서 파악하고 있던 인도의 여러 종교사상들은 한결같이 그 종교적인 목표를 윤회의 고통에서 벗어나는데 두고 있었습니다만, 그것이 바로 해탈이었습니다. 그런데 불교에서는 해탈이 곧 열반이라고 하여 나름대로 독자적인 교설을 정립했던 것입니다. 다시 말해 석가모부처님은 윤회를 인정하고 윤회를 결정하는 요인을 업이라고 보아 선업을 권장하기도 했지만, 보다 궁극적으로 그와 같은 윤회에서 영원히 벗어나는 길은 열반에 있다고 하셨던 것입니다. 말하자면 올바른 수행을 통해 우리 마음 속의 탐욕과 분노와 어리석음이 완전히 제거된 고요하고 평안한 열반의 경지는 아무런 걸림이 없으므로 윤회에도 구속되지 않는다는 것입니다. ☞제29항 참조

34. 열반으로 나아가기 위한 구체적인 방법은 무엇인가

　불교에서는 인간 삶의 괴로움이 갈애로부터 비롯되며 수행을 통해 마음속의 번뇌와 무명을 없애면 고요하고 평안하며 자유자재한 열반의 경지에 이른다고 합니다만, 그와 같은 열반에 이르는 구체적인 방법으로는 팔정도(八正道)라 하여 다음과 같은 여덟 가지 수행을 제시하고 있습니다. 즉 첫번째는 정견(正見)입니다. 올바른 견해를 뜻하는 것으로서, 인생의 현실이나 사물의 이치에 대해 아무런 걸림이 없이 올바르게 바라보는 것이 불교수행의 첫번째 덕목인 것입니다. 두번째는 정사(正思)입니다. 올바른 생각을 뜻하며, 특히 마음으로 짓는 탐욕과 분노와 어리석음의 세 가지 악업을 제거해나가는 것을 의미합니다. 세번째는 정어(正語)입니다. 올바른 말을 뜻하는 것으로서, 입으로 짓는 거짓말과 이간질, 욕설, 아부등 네 가지 악업을 소멸해가는 것을 의미합니다. 네번째는 정업(正業)입니다. 올바른 행동으로서, 몸으로 짓는 살생과 도둑질, 음행의 세 가지 악업을 소멸해가는 것을 의미합니다. 다섯번째는 정명(正命)입니다. 올바른 생활을 의미하는 것으로서, 특히 정당한 방법으로 의식주를 해결하는 것을 의미합니다. 재가신자들의 입장에서는 올바른 직업을 택하는 것으로 볼 수도 있겠습니다. 이어서 여섯번째는 정정진(正精進)입니다. 올바른 노력을 의미하는 것으로서, 끊임없이 노력하여 물러섬이 없는 마음가짐을 지니는 것입니다. 일곱번째는 정념(正念)입니다. 올바른 기억을 의미하며, 옳은 생각들을 잊지 않는 것을 뜻합니다. 그리고 끝으로 여덟번째는 정정(正定)입니다. 올바른 정신집중을 의미하는 것으로, 특히 삼매(三昧)의 수련을 통해서 마음을 한 곳으로 모으는 수행을 뜻합니다. 말하자면 올바른 참선이나 염불, 기도의 수행이라고도 할 수 있습니다.☞제32항 참조

35. 불교에서 이야기하는 바르다는 것의 기준은 무엇인가

　불교는 궁극적으로 우리들을 올바른 삶으로 이끌어가는 가르침으로서, 그 구체적인 방법은 여덟 가지 바른 길 즉, 팔정도라고 합니다. 그러면 그 여덟 가지 바른 길의 바르다는 것은 과연 어떤 기준에서 올바른 것을 의미하는 것일까요. 특히 정견(正見)의 올바른 견해란 어떤 견해를 말하는 것일까요. 불교에서 이야기하는 바르다는 것의 기준은 중도(中道)라고 해서 어느 한쪽으로 지나치게 치우치지 않는 자세를 말합니다. 이 세상 모든 만물은 독자적인 실체랄 것이 없이 서로가 서로를 의지해서 존속하는 연기의 관계에 있다는 것이 불교의 기본적인 입장입니다만, 그와 같은 현실을 올바로 보고 거기에 입각해서 스스로의 적절한 자리매김을 해나가는 것입니다. 말하자면 관계 속에서만 존립하는 사물의 이치를 제대로 살펴 쓸데없는 집착을 버리는 것이 중도로서, 석가모니부처님도 일찍이 보리수 아래에서 크나큰 깨달음을 얻으실 때 지나친 쾌락과 지나친 고행의 두 극단을 떠나 중도적인 태도를 취했기 때문에 부처님이 되실 수 있었다고 합니다. 불교에서는 이러한 중도의 입장에 대해 예로부터 다음과 같은 유명한 비유를 들고 있습니다. 석가모니부처님이 라자가하의 벨루바나정사에 계실 무렵 소나라는 비구가 아무리 열심히 수행해도 쉽사리 성과가 나타나지 않자 그만 출가수행을 포기할 생각을 했습니다. 그때 부처님은 소나의 그런 생각을 아시고 거문고를 비유로 들어 타이르셨습니다. 즉 거문고의 줄을 너무 팽팽하게 조이거나 너무 느슨하게 늦추면 제대로 된 소리가 나오지 않는 것과 마찬가지로 수행도 지나친 집착이 없이 적절해야 한다는 것이었습니다. 너무 조급하다보면 들뜨기 쉽고 너무 미루면 나태해져서 올바른 성과를 얻기 어렵다는 가르침이었습니다.

36. 불교의 수행은 근본적으로 어떤 원리를 지니고 있나

인간의 수많은 번뇌 가운데 마음으로 짓는 악업인 탐·진·치의 삼독을 가장 근원적인 것으로 보고 그것들을 소멸시켜 고요하고 평안하며 아무런 걸림이 없는 열반의 경지에 이르기 위한 방법이 불교의 수행입니다만, 그와 같은 수행법들은 계(戒)·정(定)·혜(慧)의 삼학(三學) 즉, 계율과 선정과 지혜의 세 가지 수련을 그 기본원리로 하고 있습니다. 다시 말해 불교의 여러 수행법들은 모두가 계율과 선정과 지혜의 세 가지 수련 안에 포함되는 것으로서, 여기에서 계율이란 일상생활 속에 지켜야 하는 자발적인 도덕규범들로 재가신자들이 받아지니는 오계(五戒)를 위시한 십선계(十善戒), 팔재계(八齋戒) 등을 이야기합니다. 말하자면 이상의 계율들을 통해 절도있는 생활을 습관화시켜나감으로써 마음속에 들끓고 있는 헛된 욕망을 제어하여 건강과 마음의 평안을 얻는 것입니다. 다음에 선정이란 좌선(坐禪)과 같은 정신집중의 수행을 의미하는 것입니다. 본래 선정은 인도의 전통적인 수행방법인 요가의 일종으로 삼매(三昧)라고도 하는데, 호흡과 자세를 가다듬고 의식을 한 곳으로 통일시키는 수련법입니다. 이같은 수행은 특히 산란한 마음이나 동요된 마음, 분노 따위를 제어하여 마음속에 지혜를 일으킬 터전을 마련합니다. 중국의 선종(禪宗)에서는 이와 같은 선정수행을 특히 중요시하여 거기에 깊은 사상성을 부여하기도 했습니다. 마지막으로 지혜는 사물의 이치에 대한 올바른 인식을 기르는 수행으로, 우리 몸이나 감각 등에 대해 덧없고 괴로우며 실체가 없다는 사실을 여실히 관찰하고 연기의 이치를 깊이 탐구하는 것입니다. 우리들은 이같은 지혜의 수행을 통해 진리를 통찰하게 되면 마음속에 아무런 두려움이나 걸림이 없는 열반을 성취하게 됩니다. ☞제30항 참조

37. 수행을 하면 이상적인 경지에 도달할 수 있는 근거는

《열반경》에서는 모든 중생들에게 제각기 불성(佛性)이라는 것이 있다는 뜻에서 일체중생실유불성(一切衆生悉有佛性)이라고 하고 있는데, 바로 그 불성 때문에 수행을 하면 누구나 이상적인 경지 즉, 열반에 이를 수 있다는 것이 불교의 입장입니다. 그러면 불성이란 과연 어떤 것일까요. 불성이란 흔히 부처님의 성품이란 말로 표현되는 것에서도 알 수 있듯이 부처님의 부처님다운 점을 말합니다. 또 불성은 여래장(如來藏)과 같은 뜻을 지닌 말로서, 말하자면 부처님이 될 씨앗을 의미하기도 합니다. 그러므로 이 세상 모든 이들에게 불성이 있다는 말은 누구나 스스로의 내면에 부처님다운 면모를 지니고 있으며 언젠가는 부처님이 될 것이란 뜻입니다. 다만 우리 중생들은 뿌리깊은 번뇌 때문에 그와 같은 자기 자신의 본래 면모를 깨닫지 못하고 있으므로 중생이고, 부처님은 그것을 깨달았기 때문에 부처님이라는 것입니다. 따라서 수행이라는 것도 결국은 번뇌를 제거하여 자기 안에 내재되어 있는 부처님의 면모를 찾아내는 것 이외에 다른 것이 아니라는 것이 불교의 가르침입니다. 그러면 우리들에게 불성이 있다는 사실은 어떻게 확인할 수 있을까요. 불성은 눈으로 볼 수 있는 것도 아니고 그것이 기능하고 있는 신체적인 기관이 있는 것도 아닙니다. 단지 세상만물의 이치, 다시 말해 연기의 법칙을 잘 관찰함으로써만 알 수 있는 것입니다. 즉 만물은 독자적인 실체랄 것이 없이 끊임없이 변화하는 것으로서 그 안에 내재되어 있는 영원불변의 진리만이 모든 사물의 진정한 본성이라는 것이 연기의 가르침입니다만, 중생이 부처님이 될 수 있는 것도 중생의 내부에 깃들어 있는 진리 때문이며 그와 같은 영원불변의 진리가 바로 불성인 것입니다. ☞제12항, 28항 참조

38. 불자들은 스스로에 대해 어떤 존재라고 여겨야 하나

불교인 또는 불제자를 가리키는 불자(佛子)라는 말은 글자 그대로 풀이하면 부처님의 자식이라는 뜻입니다. 부처님의 가르침으로 말미암아 새롭게 태어난 이를 의미하는 동시에 언젠가는 부처님의 대를 이어 스스로 부처님이 될 사람이라는 의미도 포함하고 있습니다. 다시 말해 모든 중생은 자신의 불성으로 말미암아 부처님이 되리라는 불교의 기본입장을 담고 있는 말이 불자입니다. 그러므로 우리 불자들은 스스로가 보살(菩薩)이라는 사실을 깊이 명심해야 하겠습니다. 보살이란 인도의 옛말 보디삿트바를 소리나는 대로 옮긴 말 보리살타(菩提薩埵)를 줄인 것으로 보디란 깨달음을 뜻하고 삿트바란 중생이라는 의미인데, 본래는 부처님의 전생이야기를 전하는 《본생담》에서 석가모니부처님의 전신을 일컫던 말이었습니다. 석가모니부처님은 고타마 싯닷타라는 한 인간으로 태어나 진리를 깨닫고 부처님이 되기 이전에 수없이 많은 생애를 여러 가지 모습으로 바꿔 태어나면서 무수한 선행을 쌓은 결과 마침내 부처님이 될 수 있었다는 것이 본생담의 주제입니다만, 거기에서 주인공이 되는 부처님의 전생의 모습을 지칭하던 말이 보살이었던 것입니다. 말하자면 장차 깨달음을 이룰 중생이란 의미였습니다. 그런데 이와 같은 보살이란 말의 의미를 잘 되새겨보면 실은 우리 자신이 바로 보살이며, 바꿔 말하자면 우리들은 모두 보살이어야 한다는 결론에 도달하게 됩니다. 석가모니부처님이 일찍이 왕이나 왕자, 수행자, 상인 등으로서 선행에 힘쓴 결과 부처님이 되신 것과 마찬가지로 우리도 스스로의 처지에서 열심히 노력한다면 장차 부처님이 될 것이기 때문입니다. 그러므로 대승불교에서는 특히 누구나 스스로가 보살임을 자각하고 보살행을 닦을 것을 가르치고 있습니다. ☞제21항 참조

39. 불자들은 이웃에 대해 어떤 마음가짐을 지녀야 하나

 이것이 있으므로 저것이 있고 이것이 생기므로 저것이 생긴다는 경전의 말씀은 세상만물이 서로가 서로를 의지해서 함께 존속해가고 있는 연기의 이치를 설한 것으로서, 이 세상은 어느 누구도 혼자 존립할 수 없는 곳이라는 사실을 일깨운 가르침이었습니다. 그러므로 불교에서는 이웃과의 관계를 대단히 중시하여 수행도 궁극적으로는 스스로의 이익을 도모함과 아울러 이웃에도 그 이로움을 베푸는 것 즉, 자리이타(自利利他)에 의해 완성된다고 가르치고 있습니다. 그리고 이웃에게는 특히 자(慈)·비(悲)·희(喜)·사(捨)의 사무량심(四無量心)으로 대해야 함을 강조하고 있습니다. 사무량심이란 불자들이 이웃에 대해 지녀야 할 네 가지 한량없는 마음가짐을 뜻하는 것으로서, 첫번째의 자무량심이란 자애로운 마음을 이야기합니다. 모든 이들에게 끝없이 어질고 따뜻한 마음으로 대해야 함을 일깨우는 것입니다. 두번째의 비무량심은 슬퍼하는 마음을 가리킵니다. 이웃의 어려움을 나의 어려움처럼 여기는 것으로, 진리에 미혹하여 고통받는 중생들을 애처롭게 생각할 수 있는 마음입니다. 희무량심이란 기뻐하는 마음을 말합니다. 이웃의 기쁜 일을 사심없이 함께 기뻐해주는 마음입니다. 그리고 마지막으로 사무량심이란 평등한 마음을 이야기합니다. 어디에도 얽매이는 바 없고 집착하는 바 없는 공정한 마음가짐을 뜻합니다. 흔히 불교는 자비(慈悲)의 가르침으로서 부처님이 설하신 바도 자비 이외에 다른 것이 아니라는 이야기를 자주 합니다만, 그 자비란 바로 이상과 같은 사무량심 가운데 첫번째와 두번째인 자무량심과 비무량심을 합한 말입니다. 다시 말해 이웃을 내 몸처럼 여기며 부드럽고 따뜻한 마음으로 대하는 것이 자비의 참뜻입니다. ☞제17항, 28항 참조

40. 불자들이 일상생활 속에서 실천해야 할 덕목은

우리 불자들은 스스로가 보살 즉, 언젠가는 부처님이 될 존재임을 자각하고 일상생활이 그대로 수행의 터전임을 깊이 명심하여 실천 수행에 힘을 기울여야 하겠습니다만, 그때 불자들이 실천해야 할 덕목은 육바라밀(六波羅蜜)을 이야기합니다. 여섯 가지 완전한 수행을 뜻하는 것으로서, 그 여섯 가지란 보시(布施)・지계(持戒)・인욕(忍辱)・정진(精進)・선정(禪定)・반야(般若)입니다. 여기에서 첫번째의 보시바라밀이란 남을 위해 아낌없이 베푸는 것을 말합니다. 불교에서는 예로부터 재시(財施)・법시(法施)・무외시(無畏施)라 하여 세 가지 보시를 권장하고 있는데, 재물이나 가르침을 베푸는 것과 아울러 남을 두려움에서 구해주는 덕행을 뜻하는 것입니다. 두번째의 지계바라밀은 계율을 준수하는 것으로, 특히 계율을 기계적으로 받아들이기보다는 주변과의 관계 속에서 효율적으로 지혜롭게 운용하는 자세를 말합니다. 세번째의 인욕바라밀은 욕된 것을 참고 견디는 자세를 말합니다. 올바른 길을 가기 위해서는 때로는 아무리 참기 힘든 것도 인내하고 수용하지 않으면 안되는 경우가 있기 때문입니다. 이어서 네번째의 정진바라밀은 끊임없는 노력을 뜻합니다. 스스로 옳은 길을 가고 있다는 굳은 신념을 지니고 쉼없이 한 길을 가는 용감한 자세를 일컫는 말입니다. 다섯번째의 선정바라밀은 정신집중의 수련을 이야기합니다. 정신을 한 곳에 모으는 수행을 통해 어지럽고 산란한 마음을 안정시킴으로써 언제나 동요됨이 없는 삶의 자세를 유지하는 것입니다. 그리고 마지막으로 여섯번째의 반야바라밀은 지혜가 완성된 생활을 뜻합니다. 사물의 참다운 이치 즉, 연기의 이법을 올바로 터득해 아무데도 걸림이 없고 집착이 없는 슬기로운 생활의 자세를 이야기하는 것입니다.

41. 불자들이 건설해야 할 이상세계란 어떤 사회인가

위로는 우주와 인생의 궁극적인 의미를 깨달아 스스로 완성된 삶을 성취하고 아래로는 이웃들을 부처님의 가르침으로 교화하여 정신적으로나 도덕적으로 각성된 사회를 이룩해나가는 것이 불교의 궁극적인 목표입니다만, 특히 그와 같은 이상사회를 우리 불교에서는 정토(淨土)라고 하고 있습니다. 정토란 청정한 국토라는 뜻으로, 본래는 부처님이나 부처님이 되기 위해 수행하고 있는 보살들이 주하는 세계를 가리키는 말이었습니다. 다시 말해 중생들의 온갖 탐욕과 분노, 어리석음이 들끓고 있는 이 세상이 예토(穢土)인데 반해 정토란 불·보살님이 중생들을 제도하고 계시며 번뇌의 대상이 될 만한 부정한 것은 아무 것도 없는 청정무구하고 안락한 곳으로서, 아미타부처님의 서방극락정토나 약사여래부처님의 유리광세계, 미륵부처님의 용화세계 등이 그것입니다. 그러므로 역사적으로는 스스로 지혜를 닦아 불도(佛道)를 완성하기보다는 좀더 쉬운 방법으로 그와 같은 세계에 태어나 부처님의 지도 아래 수행을 완성할 수 있기를 염원하는 신앙이 민간에 널리 유행했으며, 아미타부처님을 중심으로 한 극락왕생신앙은 아직도 많은 신자들에게 인기를 끌고 있는 것이 사실입니다. 그러나 정토의 보다 본질적인 의미를 헤아려본다면 그 참뜻은 아무래도 우리들 모두의 노력으로 이 땅을 정토세계로 만들어나가는데 있다고 하지 않을 수 없습니다. 즉 영원불변의 진리만이 모든 것의 가치기준이 되어 서로가 서로를 평등하게 인정하고 불살생의 계율을 바탕으로 평화롭게 공존하며 모든 이들이 탐욕과 분노와 무지로부터 해방되어 참된 자유를 누리는 사회를 만들어가는 것입니다. 그리고 그 길은 《유마경》에도 나오듯이 마음을 청정히 함으로써 국토를 청정하게 하는 것입니다. ☞제8항 참조

제4장

수행과 화합의 공동체

42. 교단이 삼보 가운데 하나로 공경되는 이유는

　불교에서는 불・법・승의 삼보를 삶의 지표이자 수행의 의지처로 삼고 있습니다만, 그 중에는 특히 승보 즉, 교단이 포함되어 있습니다. 승보의 승(僧)은 본래 승가(僧伽)를 줄인 말로서, 다른 말로는 중(衆) 또는 화합중(和合衆)이라고도 합니다. 말하자면 화합의 무리라는 뜻으로, 엄격한 계율과 청정한 생활을 통해 진리탐구에만 전념하는 수행공동체를 의미하는 말입니다. 그러므로 승가란 처음부터 집단을 일컫던 말로서 출가자뿐 아니라 재가의 신자들까지도 포함된 말이어서, 우리가 스님 한 분을 승가로서 공경하는 것은 전체 승가를 대표해서 그 스님을 예우하는 것입니다. 또한 승가가 우리들의 공경의 대상이 되는 것은 그와 같은 수행과 화합의 공동체가 존재함으로 말미암아 그것이 우리들의 수행이나 올바른 삶에 모범이 되고 부처님의 바른 법이 이 땅에 영원히 존속할 수 있는 계기가 되기 때문입니다. 한편 그와 같은 승가의 내부에서는 부처님 당시부터 누구나가 선우(善友)로 통했는데, 화합해서 한 길을 가는 좋은 벗 내지는 어진 벗이란 의미로, 우리들이 자주 쓰는 선지식(善知識) 또는 도반(道伴)이라는 말과도 같은 뜻입니다. 석가모니부처님은 한때 제자 아난다로부터 승가 안에서 좋은 벗들과 함께 지내는 것은 이미 도를 절반이나 이룬 것과 다름이 없지 않느냐는 질문을 받은 적이 있었습니다. 그런데 그때 부처님은 좋은 벗을 지니고 좋은 동료들과 함께 지내는 것은 도의 절반에 해당하는 것이 아니라 그 전부라고 하셨습니다. 말하자면 올바른 수행의 공동체 안에 머물면서 서로 도와 수행해나간다면 언젠가는 열반을 성취할 수 있을 것으로, 다시 말해 승가가 중시되는 것은 각자의 수행상에 막대한 도움을 주기 때문이라는 가르침이었습니다. ☞제9항, 제44항 참조

43. 석가모니부처님 당시의 교단은 어떤 모습이었나

불교의 교단을 의미하는 승가라는 말은 인도의 옛말 상가를 소리나는 대로 옮긴 것으로, 본래는 공화정을 펴던 고대인도의 부족공동체나 상업활동을 위한 조합을 의미하던 말이었습니다. 그러므로 불교의 교단이 상가라는 말로 불리웠던 사실을 보면 많은 사람들의 합의에 의한 민주적인 운영방식이 교단의 기본적인 지도이념이었음을 쉽게 엿볼 수 있습니다. 뿐만 아니라 불교교단은 출신부족이나 계급에 관계없이 누구나 입문할 수 있었으며, 일단 교단의 일원이 되면 먼저 출가하고 나중에 출가한 차이에 따른 위아래는 있었지만 대체로 완전한 평등이 이루어지고 있었습니다. 이것은 특히 계급을 중시하여 계급이 다른 사람과는 결혼은 물론 식사나 대화조차 금지되어 있던 당시의 인도사회에서는 엄청나게 파격적인 일이었습니다. 그리고 출가수행자의 생활은 일반적으로 사의지(四依止)라고 해서 다음이 네 가지 규정이 이상적인 것으로서 제시되고 있었습니다. 즉 그 첫번째는 탁발(托鉢)로서 식사는 걸식에 의해 하루에 한 끼만을 먹었으며, 두번째는 분소의(糞掃衣)로 옷은 남이 버린 누더기를 고쳐서 입었습니다. 세번째는 수하좌(樹下坐)라고 해서 나무밑이나 숲속, 동굴, 무덤가같은 곳에서 기거했으며, 네번째는 부란약(腐爛藥)이라고 해서 병이 났을 때는 소의 오줌을 발효시켜 만든 허술한 약만을 썼습니다. 말하자면 극도의 내핍과 금욕 및 철저한 계율의 준수만이 초기불교교단의 생활상으로서, 그것은 수행생활의 외적인 형식을 중시해서가 아니라 출가수행자들이 온갖 헛된 욕망과 탐욕을 벗어버리고 오로지 진리의 탐구와 그 전파에만 전념하기 위해서였습니다. 그리고 남들과 똑같이 그런 생활로 평생을 보낸 이가 바로 석가모니부처님이셨습니다.

44. 불교교단의 구성은 어떻게 이루어져 있나

　불자들의 수행과 화합의 공동체인 승가는 출가자뿐 아니라 재가신자까지도 포함한 칠부대중(七部大衆), 혹은 사부대중(四部大衆)으로 이루어져 있습니다. 여기에서 칠부대중이란 비구(比丘)·비구니(比丘尼)·우바새(優婆塞)·우바이(優婆夷)·사미(沙彌)·사미니(沙彌尼)·식차마나(式叉摩那)의 일곱 부류를 일컫고, 사부대중은 그 중에서 미성년자를 뺀 비구·비구니·우바새·우바이만을 지칭하지만 보통은 칠부대중과 마찬가지로 불교도 일반을 통틀어서 가리키는 말로 쓰이고 있습니다. 이 가운데 비구란 출가한 성년의 남자스님을 뜻하고, 비구니란 여자스님을 뜻합니다. 어원적으로 본다면 비구와 비구니라는 말은 인도의 옛말 비크슈와 비크슈니를 소리나는 대로 옮긴 것으로, 본래는 걸식하는 사람을 의미하던 말입니다. 그러므로 비구와 비구니는 재가신자들의 보시에 의해 생활하면서 수행과 전도에만 전념하는 전문수행자로, 비구는 250계, 비구니는 348계(남방불교의 경우는 227계와 311계)의 구족계를 수지합니다. 또 우바새란 재가의 남자신자를 의미하는 말로 청신사(清信士)라고도 하며, 우바이는 재가의 여자신자로 청신녀(清信女)라 합니다. 인도의 옛말 우파사카와 우파시카를 옮긴 것으로, 돌보아주고 시중드는 사람을 의미하던 말이었습니다. 그러므로 5계를 지키고 출가스님들의 지도를 받으며 경제적으로 출가수행자들의 생활을 뒷받침하는 것이 재가신자들의 역할입니다. 한편 사미란 출가는 했지만 아직 구족계를 받지 않은 20세 미만의 남자를 말하며, 사미니는 구족계를 받지 않은 18세 미만, 식차마나는 18세에서 20세 사이의 여성출가자를 가리킵니다. 이들은 일종의 견습생으로서, 사미와 사미니는 10계를 지니고 식차마나는 정학녀(正學女)라 해서 6법계를 지킵니다.

45. 석가모니부처님의 십대제자는 어떤 분들인가

석가모니부처님 아래 출가한 제자들은 수없이 많았습니다만, 그 가운데 특히 뛰어났던 열 분을 우리는 부처님의 10대제자라고 하고 있습니다. 그러면 그 열 분은 어떤 분들일까요. 첫번째는 사리풋타로, 우리들이 사리불(舍利弗) 또는 사리자(舍利子)라고 하는 분입니다. 지혜가 특히 뛰어났던 분이라 지혜제일이라고 합니다. 두번째는 마하목갈라나로, 목건련(目犍連) 또는 목련(目連)이라 알려진 분입니다. 신통력이 뛰어났으므로 신통제일이라 하는데, 효성이 지극해서 어머니를 지옥에서 제도한 일화로 유명합니다. 사리풋타와 함께 초기교단의 양대지주 역할을 했지만, 두 분 모두 부처님보다 일찍 세상을 떠났습니다. 세번째는 마하캇사파로, 대가섭(大迦葉) 또는 그저 가섭(迦葉)이라 합니다. 금욕적인 생활이 뛰어났으므로 두타제일이라고 합니다. 석가모니부처님이 입멸하신 후 교단의 후계자가 되어 경전의 결집을 주재했습니다. 네번째는 아누룻다 즉, 아나율(阿那律)입니다. 수행을 너무 열심히 하다 눈이 먼 일화로 유명한데, 안보고도 아는 신통을 얻었으므로 천안제일이라고 합니다. 다섯번째는 수부티 즉, 수보리(須菩提)입니다. 연기설을 잘 이해했으므로 해공제일이라고 합니다. 여섯번째는 푼나 만타니풋타 즉, 부루나(富樓那)입니다. 설법제일이었습니다. 일곱번째는 마하캇챠나 즉, 가전연(迦旃延)입니다. 부처님의 가르침을 풀어서 설명하는데 뛰어나 분별제일이라 합니다. 여덟번째는 우팔리 즉, 우바리(優波利)로, 계율을 잘 지켜 지계제일이라 합니다. 아홉번째는 라훌라 즉, 라후라(羅睺羅)입니다. 석가모니부처님의 친아들로, 밀행제일이라 합니다. 그리고 열번째는 아난다 즉, 아난(阿難)으로, 부처님을 가까이 모시며 설법을 가장 많이 들어 다문제일이라 합니다.

46. 스님들은 왜 가정생활을 포기하고 출가수행하나

　스님이 되는 것은 출가(出家)라고 해서 말 그대로 가정을 버리고 나서는 것을 의미하며, 석가모니부처님의 예에서와 마찬가지로 극도의 금욕과 자기절제를 전제로 한 대단히 힘든 수행의 생활로 들어서는 것을 말하는 것입니다. 그러면 그와 같은 출가수행은 어디에서부터 유래된 것일까요. 본래 인도에서는 먼 옛날부터 종교적 이상을 추구하는 방법으로서 출가의 풍습이 있었습니다. 즉 인도의 정통사상인 바라문교에서는 아쉬라마라고 해서 사람의 일생을 네 시기로 나누어 각 시기에 알맞는 이상적인 삶의 방식을 가르쳤는데, 거기에는 출가가 인생의 궁극적인 길처럼 권장되고 있었습니다. 다시 말해 맨처음의 학생기(學生期)에는 성장하면서 적당한 스승을 모시고 학업을 닦고, 두번째의 가주기(家住期)에는 결혼해서 자식을 낳고 가업에 종사하며, 세번째 임서기(林棲期)에는 가업을 자식에게 물려주고 출가하여 숲속에 머물면서 수행하고, 마지막으로 유행기(遊行期)에는 모든 집착을 버리고 세상을 떠돌아다니면서 종교적인 생활을 영위해야 한다는 것이었습니다. 뿐만 아니라 석가모니부처님이 출현하실 당시에는 정통사상에 이반하여 새로운 종교적 이상을 모색하는 많은 사문(沙門)들이 나타나 제각기 활발한 활동을 벌이고 있었는데, 그들은 모두 출가자의 신분을 지니고 있었습니다. 그리고 석가모니부처님도 부분적으로는 그와 같은 사회적 풍습에 따라 출가하셨던 것입니다. 그러나 오늘날 불교교단에서 스님이 되려고 출가하는 것은 비단 그러한 전통을 고수하기 위해서만이 아닙니다. 참된 수행을 위해 세속의 온갖 애증과 욕망의 굴레에서 벗어나고자 가정생활을 포기하는 것입니다. 말하자면 보다 큰 자기실현을 위해 작은 희생을 감내하는 것이라 할 수 있겠습니다.

47. 스님이 되려면 어떤 과정을 거쳐야 하나

스님이 된다는 것은 세속의 온갖 욕망을 벗어버리고 구도의 길로 들어서는 것을 의미하는 동시에 일정기간의 수련을 마친 다음에는 각종 의례를 집전하고 재가신자들의 신행을 지도하는 성직자가 되는 것을 의미합니다. 따라서 각 종단마다 약간씩의 차이가 있기는 하지만, 그 입문에 일정한 자격조건이나 교육의 과정들이 정해져 있습니다. 물론 석가모니부처님 당시에는 별다른 격식없이 삼귀의의 서원을 하고 출가를 허락받으면 그것으로 승가의 일원이 될 수 있었습니다만, 승단이 오랫동안 존속해오면서 차츰 수계의 규정들을 위시한 여러 가지 규범들이 필요해졌기 때문에 이같은 과정과 조건들이 생겨난 것으로 생각됩니다. 우리나라의 조계종에서는 스님이 되고자 하는 사람은 일단 계를 받기 전에 6개월에서 1년 정도의 일정한 수습기간을 거쳐야 하며, 이 기간에 있는 사람을 행자(行者)라고 합니다. 행자기간에는 초심자로서의 여러 가지 계행이나 사찰생활에 필요한 기본의식 및 예의범절 등을 배우는 동시에 밥짓고 나무하는 등 사찰의 온갖 허드렛일을 맡아 합니다. 이것은 물론 사찰의 생활풍습을 익힘과 아울러 세속에서의 온갖 인연을 잊고 새로이 태어나기 위해 부과되는 수련의 연장과정입니다. 소정의 행자생활을 마치면 사미계나 사미니계를 받게 되는데, 오늘날에는 종단에서 마련한 단일계단인 수계산림에서 최종교육을 받고 엄격한 심사를 거쳐 계를 받습니다. 그리고는 강원이나 선원 혹은 승가대학 등에서 보다 전문적인 교육을 받게 되는데, 이런 과정을 거쳐 승납 4년 이상 연령 20세 이상이면 비구계나 비구니계를 받을 자격이 주어집니다. 엄밀히 얘기하면 이런 구족계를 받은 이를 스님이라고 하지만 보통은 사미계만 받아도 스님이라고 부릅니다.

48. 스님들의 계율이란 무엇이며 어떤 것들이 있나

　스님들의 생활규범을 지칭하는 계율(戒律)이라는 말은 본래 계(戒)와 율(律)이 합해진 말로, 계란 자율적인 도덕적 행위를 의미하고 율은 승가의 질서를 유지하기 위해 제정된 타율적인 규범을 가리키는 것입니다. 다시 말해 계는 인도의 옛말 쉴라를 옮긴 것으로 본래는 습관이나 행위, 성격, 경향 등을 의미하던 말이었습니다만, 불교에서는 특히 삼학의 하나로서 이상적인 삶을 추구하기 위하여 자발적으로 실천하는 도덕적 수행을 일컫습니다. 대표적인 것으로는 신도들에게도 적용되는 오계(五戒)를 들 수 있겠는데, 살생과 도둑질, 음행, 거짓말, 음주를 하지 않는 것입니다. 이와 같은 계행을 지켜나가다보면 그것이 습관화되어 마음속에 악이 소멸되고 선을 증장시킬 터전이 마련된다는 것입니다. 반면에 율이란 비나야를 옮긴 말로, 규칙이나 규율, 규범 등을 의미하던 말이었습니다. 앞에서 이야기한 계와는 달리 교단의 일원으로서 승가의 질서를 어지럽히지 않기 위해 지켜야 하는 생활규범들을 말합니다. 특히 이러한 생활상의 규정들은 수범수제(隨犯隨制)라고 해서 교단에 문제가 생겼을 때마다 석가모니부처님이 새로 제정하신 것들로서, 본질적으로는 계의 정신을 보다 구체적인 상황 속에 적용시킨 것들이라고 볼 수 있습니다. 아무튼 이상과 같은 계나 율의 모든 조항들을 모아놓은 것을 바라제목차(波羅提木叉) 즉, 계본(戒本)이라고 합니다만, 우리나라 스님들이 의존하고 있는 사분율(四分律)에는 비구에게 적용되는 구족계가 250개 조항으로 되어 있습니다. 그리고 이 이외에도 비구니 348계, 사미10계, 사미니10계, 식차마나의 6학법 등이 있으며, 계율 조목이나 제정유래, 승단의 제도 등을 모두 모아놓은 것을 율장(律藏)이라고 합니다. ☞제36항, 226항 참조

49. 스님들은 일체의 생산활동을 하면 안된다는데

　출가수행은 무소유(無所有) 즉, 아무 것도 소유하지 않는 생활을 전제로 하고 있는데, 그것은 소유가 우리 마음 속에 온갖 탐욕과 집착을 불러일으키는 원동력이 되기 때문입니다. 재물이 있는 사람은 재물로 말미암아 걱정이 생기고 자식이 있는 사람은 자식으로 말미암아 걱정이 생긴다는 경전의 말씀은 바로 이와 같은 이치를 일깨운 것이었습니다. 따라서 초기불교의 교단에서는 출가자가 생활상에 꼭 필요한 소지품 이외에는 아무 것도 지니지 못하게 하였으며 일체의 생산활동에 종사하지 못하도록 금하고 있었습니다. 오로지 청빈과 금욕을 통한 정신적인 안정과 진리탐구만이 출가수행의 절대 목표였던 것입니다. 그런데 이러한 생산활동의 금지는 다른 면에서 일반인들로 하여금 출가수행자들은 아무 일도 하지 않으면서 무위도식하는 것이 아닌가 하는 오해를 초래하는 경우도 있었습니다. 사실 눈에 띄게 하는 일 없이 걸식에 의해 생활하는 수행자들을 바라보며 무엇하는 사람들인가 하는 의문이 일어나는 것은 당연한 일이었을지도 모릅니다. 실제로 《숫타니파타》라는 경전은 석가모니부처님께서 언젠가 어떤 농사짓는 사람으로부터 나는 밭을 갈고 씨를 뿌려 먹고 사는데 당신도 직접 농사를 지어서 먹고 사는 것이 어떠냐는 질문을 받은 적이 있었음을 전하고 있습니다. 그런데 그때 석가모니부처님은 다음과 같이 대답하셨습니다. 나도 농사를 지어서 먹고 산다. 믿음이 나의 씨앗이고, 수행이 내 밭을 윤택하게 하는 비며, 지혜가 나의 농기구다. 이와 같은 농사를 통해 모든 고통에서 벗어나는 열매를 거둔다. 말하자면 출가수행자는 출가수행자 나름대로의 사회적인 역할이 있음을 일깨운 것으로서, 그것은 요즘 말로 하자면 일종의 정신노동이라 할 수 있을 것입니다. ☞제43항 참조

50. 나라마다 스님들의 생활방식이 크게 다른 이유는

　불교는 인도라는 사회문화적인 토양을 기반으로 성립하고 발전했지만, 인도에만 국한하지 않고 일찍부터 범세계적인 종교로 성장해 갔습니다. 그것은 불교가 그만큼 보편적인 가르침을 지향하는 종교였음을 입증하는 것으로서, 그런 사실은 불교보다 오랜 연원을 지니고 있거나 불교와 거의 같은 시기에 성립된 힌두교와 자이나교가 아직도 인도의 민족종교로서만 머물고 있는 점과 비교해보면 명백합니다. 또한 불교가 그처럼 보편적인 가르침을 지향하고 있었다는 사실은 다른 면에서 불교가 다른 나라의 문화들에 대해서 대단히 관용적이고 포용적인 자세를 견지했다는 것을 의미합니다. 예를 들면 부처님의 가르침을 전하는 경전들이 처음부터 아무런 제약 없이 여러 나라 말로 자유롭게 번역될 수 있었다는 점이 한 증거입니다. 그러므로 이와 같은 불교의 개방성 내지 포용성은 나라마다 각기 다른 자연환경이나 기후조건, 생활문화 등을 고려하여 나름대로의 새로운 불교문화들을 다양하게 산출해냈으며, 이것이 오늘날 나라마다 스님들의 생활방식이 크게 달라 보이는 이유입니다. 사실 석가모니부처님은 하루에 한 끼를, 그것도 오전중에만 먹을 것을 가르치셨지만, 중국이나 한국 등 북방의 추운 나라에서 그것을 지키려면 수행 이전에 건강유지도 어려운 실정입니다. 또한 출가수행자가 생산활동에 종사하는 것을 금하셨지만, 중국의 선종(禪宗)에서는 스님들이 직접 논밭을 가꾸며 사원내에서 자급자족체제를 구축함으로써 왕권에 속박받지 않고 건실한 수행풍토를 유지할 터전을 마련할 수 있었습니다. 결국 부처님의 가르침을 기계적으로만 받아들이기보다 그 참뜻을 헤아려 각각의 처지나 실정에 알맞게 적용시켜 꽃피워낸 것이 각국의 불교문화인 것입니다. ☞제49항 참조.

51. 스님들의 동안거와 하안거는 어떻게 유래되었나

　우리나라 불교에서는 음력 10월 보름부터 정월 보름까지와 4월 보름부터 7월 보름까지 일년에 두 차례를 각각 동안거(冬安居)와 하안거(夏安居)라고 해서 스님들이 산문 출입을 자제하고 수행에만 정진하는 기간으로 삼고 있습니다만, 이와 같은 안거제도는 본래 석가모니부처님 당시에서부터 유래된 것이었습니다. 즉 출가수행자들은 어느 한 곳에 머무는 일 없이 유행(遊行)하면서 생활하는 것이 원칙이었지만, 인도에서는 무더운 여름이 지나고 우기가 되면 땅속의 작은 생물들이 기어나오기 때문에 길을 걸어다니다보면 그것들을 밟아죽일 염려가 있고 또 교통도 불편한데다가 각종 나쁜 질병들이 나도는 경우도 있어 유행하기에 어려움이 많았습니다. 그래서 부처님께서 제자들의 제안을 받아들여 우기의 3개월간은 유행을 중지하도록 설하신 것이 안거의 시작이었습니다. 따라서 이 기간동안은 일정한 장소에 모여 공부와 수행에만 전념하며, 특히 안거의 마지막 날에는 자자(自恣)라는 독특한 참회의식을 거행하는 것이 승가의 전통이 되었습니다. 그런데 이러한 안거의 풍습은 그후 부유한 재가신자나 왕족들이 건물이나 토지 등을 희사함으로써 스님들이 한 곳에 정착해서 생활하는 사원이 출현하는 계기가 되기도 했고, 또 각지로 돌아다니던 스님들이 주기적으로 모여서 계율이나 승단의 제도 등을 정비하는 기회가 되기도 했습니다. 말하자면 안거제도를 통해 화합과 합의를 터전으로 하는 승가의 결속력을 재확인하고 승가 고유의 전통을 지켜올 수 있었던 것입니다. 우리나라에서는 기후조건에 따라 여름 석달과 겨울 석달 동안을 안거기간으로 삼게 되었는데, 이같은 안거를 시작하는 것을 결제(結制)라 하고 끝내는 것을 해제(解制)라고 합니다.

52. 스님들의 대중생활에는 어떤 것들이 있나

　교단을 가리키는 승가라는 말 자체가 이미 공동체 내지는 무리를 일컫는 것이었다는 점에서도 알 수 있듯이 승가에서의 생활은 어디까지나 대중생활을 전제로 하는 것으로서, 스님들에게 부과되는 계율도 그 대부분이 공동체의 생활을 원활하게 유지하기 위하여 제정된 것들이었습니다. 따라서 율장에 나오는 승가의 생활규정들을 읽어나가다보면 대단히 세부적으로 승가의 화합과 단결을 도모하는 내용들임을 발견할 수 있는데, 그와 같은 승가의 대중생활 가운데 특히 중요한 것으로는 자자(自恣)와 포살(布薩) 및 대중공사(大衆公事)를 들 수 있습니다. 이 중에서 자자란 석가모니부처님 당시부터 안거가 끝나는 날에 행해지던 것으로, 스님들이 돌아가면서 대중들 앞에 나서 그동안 자신의 생활에 잘못된 점이 있었으면 지적해달라고 청해서 참회하는 것이었습니다. 또한 포살이란 보름마다 한번씩 승가의 구성원들이 모두 모여 계본을 읽어나가면서 계율을 어긴 바가 있으면 스스로 나서서 대중들 앞에 참회하는 것이었습니다. 참회의 방법에는 범한 계율이 얼마나 무거운 것이냐에 따라 승가로부터 추방되는 것에서부터 그저 고백하고 용서받는 것에 이르기까지 여러 가지가 있었습니다. 승가가 겉으로만이 아니라 참으로 화합을 유지해가려면 아무도 속으로만 간직하고 있는 죄의식이 없어야 하고, 그 때문에 이와 같은 참회의 의례가 중요시되었던 것입니다. 한편 대중공사란 우리나라 불교에서 지금까지도 실행되는 것으로서, 전체 대중이 모여서 사찰의 크고작은 일을 기탄없이 함께 상의한 것입니다. 승가는 기본적으로 대중의 합의를 대단히 중요시하므로 율장에는 그와 같은 대중적 합의를 이끌어내기 위한 토론의 방식에 관해서도 상세한 규정들이 베풀어져 있습니다. ☞제48항 참조

53. 스님들의 호칭 중 선사, 종사, 율사 등의 의미는

우리말의 스님이란 스승님의 준말이라는 설도 있고, 승가의 준말 승(僧)에 존칭어미 님자를 붙여 승님이라고 하던 것이 변해서 스님이 되었다는 설도 있어 분명하지가 않습니다만, 아무튼 스님이라고 하면 불교의 출가수행자를 높여 부르는 말임엔 틀림이 없습니다. 그리고 마찬가지로 스님을 높여 부르는 말에는 화상(和尙), 사문(沙門), 대덕(大德), 대사(大師) 등이 있습니다. 그 중에서 화상이란 본래 스승이란 뜻으로 평생 가르침을 받는 은사스님을 뜻하던 말인데 나중에는 그냥 덕높은 스님을 칭하게 된 말이며, 사문이란 본래 쉬라마나라고 해서 바라문교에 대응하던 인도의 새로운 사상적 지도자들을 지칭하던 말로 석가모니부처님도 사문 중의 한 사람으로 통했는데 그후 불교에서 출가수행자를 일컫게 된 말입니다. 또 대덕이란 덕이 높은 분, 대사란 큰스님을 뜻합니다. 한편 스님들에게는 그 행적이나 덕성에 따라 여러 가지 호칭을 붙이는 경우가 있는데, 조사(祖師), 종사(宗師), 선사(禪師), 율사(律師), 법사(法師) 등이 그것입니다. 이 중에서 조사란 석가모니부처님으로부터 정통의 법맥을 이어받은 덕이 높은 스님들을 일컫는 말이었고, 종사란 한 종파를 일으켜 세운 학식이 깊은 스님들을 가리키는 말이었습니다. 또한 선사란 오랫동안 선을 수행하여 선의 이치에 통달한 분을 일컫는 말이고, 율사란 계율을 전문적으로 연구했거나 계행이 철저한 분을 지칭하는 말이며, 법사란 경전에 통달하여 부처님의 가르침을 널리 선양하는 스님들을 가리키는 말입니다. 이밖에도 국사(國師), 왕사(王師), 제사(帝師)라는 말이 있습니다만, 이러한 명칭은 역사적으로 한 나라의 황제나 국왕이 덕높은 스님들을 나라의 정신적인 지도자로 모시기 위해 위촉했던 직책이었습니다.

54. 수행하는 스님과 포교하는 스님의 차이는 무엇인가

　모든 불자들이 항상 명심하고 있어야 할 불교의 궁극적인 목적은 스스로 열심히 실천수행하여 위없는 깨달음을 성취함과 아울러 주위 모든 이들에게도 부처님의 올바른 가르침을 일깨워 이 세상을 정신적으로나 도덕적으로나 각성된 사회로 만들어나가는 것 즉, 상구보리 하화중생(上求菩提下化衆生)의 실현에 있습니다만, 여기에는 두 가지 과제가 등장합니다. 다시 말해 자기 자신의 수행과 사회교화의 두 가지로서, 이 두 가지 과제 가운데 어느 것이 자신에게 긴요한가 또는 적성에 맞는 일인가에 대한 판단에 따라 우리 불교계에는 현실적으로 수행에만 전념하고 있는 스님들과 포교를 위해 노력하고 있는 스님들이 계십니다. 그런데 사리를 냉철히 따져본다면 이 두 가지는 엄밀하게 구분할 수 없는 것으로서, 수행하는 스님과 포교하는 스님들 사이에는 아무런 차이가 없다고 할 수 있습니다. 왜냐하면 스스로의 수행이 어느 정도 무르익지 않고서 대중들을 교화하겠다고 나선다는 것은 전혀 어불성설일 뿐 아니라 수행의 궁극은 아무래도 대중들을 향한 보살도(菩薩道)의 실천으로 나아가는데 있기 때문입니다. 《유마경》에는 중생이 앓고 있으므로 보살도 앓고 있고 중생이 나아야 보살도 나을 것이란 유명한 귀절이 나옵니다만, 수행을 통해 도달하는 참된 인식이란 세상만물이 서로 뗄래야 뗄 수 없는 유기적인 관계 속에 있으며 모든 것은 나와 한 몸이라는 진리입니다. 그러므로 포교를 하는 스님들도 틈틈이 수행을 쌓아나가지 않으면 안되고 수행을 하는 스님들도 세간에서 벌어지는 일들에 무작정 무관심해서만은 안되는 것입니다. 결국 우리 모두는 끝없는 자기 수행의 도중에 있으며, 스스로 얻은 것만큼 베풀어야 하는 것이 보살의 길인 것입니다.☞제8항 참조

55. 스님들의 탁발은 어디에서 유래된 것인가

스님들이 저자거리의 집들을 방문하며 쌀이나 약간의 금품 따위를 동냥하는 것을 탁발(托鉢)이라고 합니다만, 이와 같은 탁발의 풍습은 대단히 오래된 것으로서 석가모니부처님 이전부터 존재하던 것입니다. 즉 인도의 출가수행자들은 일체의 생산활동에 종사하지 않는 대신 탁발을 통해서 식생활을 해결했는데, 불교교단에서도 그 방식을 그대로 수용하여 스님들의 생활방편으로 삼았던 것입니다. 그러나 이것은 걸인들의 구걸행위와는 엄연히 다른 것으로, 오직 수행을 위해 목숨을 보존하는 수단이었던 만큼 거기에는 엄격한 규칙들이 정해져 있었습니다. 예를 들면 하루에 한번 오전중의 정해진 시간에만 행해야 한다거나, 민폐를 줄이기 위해 하루에 일곱 집씩을 방문하여 조금씩 얻어서 모은다거나, 가난한 집과 부유한 집을 차별하지 않고 차례대로 방문한다거나, 탁발을 유도하는 어떠한 언행이나 태도도 내비치지 않는다거나 하는 것이 그것이었습니다. 또 가르침이나 그밖의 것을 베푼 대가로 공양을 받아서도 안되고, 먹다남은 것을 보관해두는 것도 금지되어 있었습니다. 그런데 다른 의미에서 탁발은 그 자체가 수행자 자신의 교만한 마음을 잠재우는 수행의 하나였을 뿐 아니라 재가신자들에게는 출가자에게 음식을 공양하는 것이 상당한 공덕이었으므로 재가신자들의 복덕을 위한 출가자들의 의무이기도 했습니다. 그러므로 사원제도가 어느 정도 정착되어 사원 안에서 직접 음식을 만들게 된 이후에도 탁발은 일종의 수행으로서 일부 스님들 간에 꾸준히 행해져왔고, 그것이 우리나라에도 전해져 오늘날에까지 이어져오는 것입니다. 다만 현재의 조계종에서는 종헌종법으로 탁발을 금지하고 있는데, 그것은 현대사회 속에서 성직자의 품위를 유지하기 위해서입니다. ☞제43항, 49항 참조

56. 재가신자들이 교단의 일원으로서 해야 할 일은

　재가의 남녀신자를 지칭하는 우바새와 우바이라는 말은 본래 돌보는 사람 또는 시중드는 사람이라는 뜻을 지닌 말로서, 거기에서 보면 교단의 외호, 특히 교단에 대한 경제적인 뒷받침이 재가신자들의 일차적인 의무임을 알 수 있습니다. 오늘날에는 사회 전체가 철저히 산업화되어 있기 때문에 불교계 일부에서도 거기에 발맞춰나가기 위해 스님들이 직접 수익사업을 관장하고 계시는 경우를 볼 수 있습니다만, 그러나 출가하신 스님들의 본분은 어디까지나 수행과 교화로서, 교단의 경제를 지탱하는 것은 생업을 지니고 있는 재가신자들의 몫이라고 해야 하겠습니다. 한편 석가모니부처님 당시의 초기불교적인 전통을 비교적 잘 보존하고 있는 남방의 여러 나라에서는 스님들이 신자들의 복덕을 키우는 밭이라는 복전사상(福田思想)이 대단히 발달해 있어 재가신자들 스스로가 자신들의 복전인 스님들의 수행을 자진해서 돕고 경우에 따라서는 그 수행을 감시하기까지 한다는 이야기가 있습니다만, 거기에는 상당한 시사점이 있다고 생각됩니다. 예를 들면 만원버스에 스님이 타면 남자승객들이 그 스님 곁으로 파고들어 스님이 여자승객과 신체적으로 접촉하지 않도록 보호한다는 것입니다. 말하자면 스님들의 수행과 청정한 생활을 돕고, 특히 스님들이 할 수 없는 일들을 대신하는 것 역시 재가신자들의 역할인 것입니다. 그러나 이상은 출가와 재가를 너무 엄격히 구별하는 태도로서, 적어도 대승불교의 입장에서는 좀더 적극적인 재가신자들의 자세가 요구된다고 하겠습니다. 즉 출가나 재가나 위없는 깨달음을 향해 나가는 똑같은 보살로서, 스스로 언젠가는 부처님을 이룰 몸임을 깊이 자각하여 지혜와 자비의 삶을 실현해가는 것, 그것이 불자들 모두의 길이기 때문입니다. ☞제11항 참조

제5장

거룩한 발자취

57. 불기는 어느 해를 기준으로 해서 헤아리나

　오늘날 우리들이 사용하고 있는 불기(佛紀)는 석가모니부처님의 입멸 즉, 돌아가신 해를 기준으로 해서 헤아리는 것으로서, 올해가 불기 2536년이라는 것은 석가모니부처님이 입멸하신지 올해로서 2536년째 되었음을 가리키는 것입니다. 그런데 아득한 옛날부터 인간 삶의 현실 속에서 빚어지고 있는 여러 사건들이란 그저 무의미하게 반복되는 헛된 것으로서 보다 중요한 것은 그 안에 깃들어 있는 영원불변의 진리라고 여겨 그것을 추구하는데만 더 깊은 관심을 기울여왔던 인도사람들은 역사를 기록하고 보존하는데도 아무런 가치를 부여하지 않았기 때문에 오늘날 인도역사의 정확한 연대들을 추정하는데는 많은 어려움이 있습니다. 예를 들면 부처님이 탄생하신 해나 입멸하신 해를 직접적으로 확인할 수 있는 자료는 아무데도 없고 다만 석가모니부처님이 돌아가신지 100년째 되는 해에 마우리야왕조의 아쇼카왕이 즉위했다는 사실을 기초로 해서 그것을 역산해낼 수밖에 없는데, 그나마도 남·북전의 기록이 서로 달라 남전에서는 아쇼카왕의 즉위가 불멸(佛滅) 후 218년이라고 전해지고 있습니다. 또 아쇼카왕이 즉위한 해도 인도측 자료에 의해서가 아니라 그 무렵 인도를 침공했던 마케도니아의 알렉산더왕의 연대에 의거해서 확인되고 있습니다. 물론 불교가 중국에 전파된 후 중국에서 만들어진 부처님의 연대에 관한 기록이 있기는 하지만, 그것은 역사적인 자료로 보기에는 많은 문제점을 지니고 있습니다. 그러므로 정확한 연대에 대해서는 아직도 많은 연구를 필요로 하는 것이 현실이며, 오늘날 세계 공통으로 사용하고 있는 불기는 남방불교의 전승을 인정하여 1956년에 불멸 2500년을 기념하는 제1차 세계불교대회를 개최한데서 비롯된 것입니다. ☞제19항 참조

58. 대승불교는 어떻게 성립하였고 어떤 가르침인가

　인간 이성에 대한 깊은 신뢰와 삶의 괴로움으로부터의 실질적 해방이라는 기치를 내걸고 창시된 불교는 애시당초 대단히 생기발랄한 가르침으로서 부처님 당시에 이미 인도대륙 대부분의 지역으로 전파되어 엄청난 민중적 반향을 불러일으켰습니다만, 세월이 흐르면서 부유한 재가신자나 왕족들의 후원으로 사원제도가 정착되고 출가자들의 생활이 안정돼가자 교단은 점차 고답적인 면모를 드러내게 되었습니다. 말하자면 출가수행자들이 지나치게 전문적이고 현학적인 교학연구에만 몰두하여 불교 본연의 임무인 중생교화를 등한히 하게 되었던 것입니다. 그러자 부처님의 사리탑에 대한 예배 등을 통해 신행생활을 영위하던 재가신자들과 그들을 지도하던 일부 출가수행자들이 중심이 되어 기원전 1세기 무렵 새로운 신앙운동이 일어나게 되었는데, 그들은 기존 승단의 폐쇄적인 태도를 소승(小乘)이라 비판하며 스스로를 대승(大乘)이라고 일컬었습니다. 대승이란 큰 수레를 뜻하는 것으로, 말하자면 소승이 몇몇 소수의 선택받은 사람들만을 열반으로 이끄는 가르침인데 반해 자신들의 가르침은 폭넓은 중생구제를 목적으로 한다는 것이었습니다. 특히 부처님의 전생이야기에 자극받아 자신들도 현실생활에서 여러 가지 선행을 쌓아나가다보면 언젠가는 부처님이 되리라는 즉, 스스로 보살이라는 자각을 기초로 성립된 이 새로운 신앙운동은 부처님의 본래정신을 회복한다는 의미에서 오랜 동안 자유로운 사상적 발전을 이룩하였습니다. 이같은 대승의 교의를 담은 경전들을 대승경전이라고 합니다만, 《반야경》을 위시하여 《법화경》《아미타경》등의 대승경전들에는 부처님의 대자대비하신 구제력과 아울러 끝없는 보살행 및 중생구제의 원력이 특히 강조되고 있습니다.☞제37항, 38항 참조

59. 밀교는 어떻게 성립하였고 어떤 가르침인가

　밀교(密敎)란 말 그대로 비밀스런 가르침이라는 의미인데, 불교의 다른 교설들이 모두 드러내놓고 설해진 가르침 즉, 현교(顯敎)인데 반해 자신들의 가르침은 본래 부처님의 심중에 감춰져 있던 것으로서 스승과 제자 사이에만 은밀하게 전수되는 교의임을 표방한 것입니다. 말하자면 깨달음의 세계의 본질을 가장 본격적으로 다루는 가르침이란 입장으로, 다른 의미에서는 대승불교의 최종단계라는 측면에서 금강승(金剛乘)이라고도 합니다. 이와 같은 밀교는 본래 독자적인 불교의 한 흐름으로서 등장하기 이전에도 불교수행의 실제적인 형태 속에 그 요소들이 많이 포함되어 있었음이 인정되는데, 특히 힌두교의 부흥에 자극을 받아 7세기 중엽부터 인도에서 본격적으로 성행하기 시작하였습니다. 즉 그동안 불교의 융성 때문에 침체를 면하지 못하고 있던 인도의 정통사상인 바라문교가 민간의 토속적인 신앙들을 흡수하여 힌두교로 재편되면서 상당한 민중적 호응을 얻게 되자 그에 대한 대응과 융합으로 나온 것이 밀교입니다. 그러므로 밀교의 본질은 대승불교의 심오한 사상들을 고도의 상징적인 의례나 수행법 안에 용해시켜들여 그 전승을 꾀하면서도 진언(眞言)이나 관상(觀想) 등 신비적 수행을 통해 종교적인 깨달음뿐 아니라 재앙의 소멸이나 기타의 세속적인 욕구까지도 충족시키고자 하는 다분히 대중적인데 있었습니다. 이같은 밀교의 교의는 《대일경》과 《금강정경》에 의해 정립되었는데, 특히 법신불(法身佛)인 비로자나부처님을 본존으로 모시며 삼밀가지(三密加持)의 수행에 의한 즉신성불(卽身成佛)을 최고의 목표로 합니다. 밀교는 특히 불교의 각종 의례에 적지않은 영향을 미쳤는데, 오늘날 한국불교에서도 그 잔재들을 손쉽게 찾아볼 수 있습니다.☞제70항, 71항 참조

60. 불교가 발생지인 인도에서 소멸해버린 이유는

　불교가 오늘날 석가모니부처님의 탄생지이며 그 최초의 뿌리를 내렸던 토양인 인도에서 소멸해버린데 대해서는 대체로 인도불교가 말기에 이르러서 전반적으로 밀교화돼버린 것과 이슬람교도의 인도침입이라는 두 가지 원인이 거론되고 있습니다. 즉 10세기 무렵부터 인도대륙은 여러 차례에 걸친 이슬람교도들의 침공을 받아 한때는 이슬람왕국이 세워지기도 했는데, 흔히 한 손에는 코란, 다른 한 손에는 칼이라는 격언이 일깨우듯이 이슬람교의 타종교에 대한 박해와 회유는 엄청난 것이었습니다. 특히 불교는 상당히 많은 사원이 그들에 의해 약탈, 파괴되고 수많은 승려들이 학살당하는 등 세계역사상 유례가 없는 참화를 입고 마침내 인도 땅에서 영원히 자취를 감추게 되었던 것입니다만, 그러나 이것은 어디까지나 표면상의 이유로서 불교가 소멸하게 된 보다 본질적인 이유는 밀교의 성행에서 찾아야 할 것입니다. 왜냐하면 똑같은 박해를 받았던 힌두교는 아직도 인도사회에서 지배적인 종교로 존속하고 있기 때문입니다. 다시 말해 7세기 중엽 이후 힌두교의 부흥에 자극받은 불교는 급속히 밀교화돼가기 시작했는데, 애시당초 민중들의 종교적인 욕구에 부응하기 위해 각종 의례나 제식, 신비적인 주술 따위에 의존하며 힌두교의 여러 신들, 예를 들면 범천(梵天)이나 제석천(帝釋天), 변재천(辯才天), 부동명왕(不動明王)까지도 존숭의 대상으로 끌어들인 밀교는 심지어 남녀간의 성행위를 수행의 한 수단으로 삼는 탄트라불교로까지 발전해갔던 것입니다. 그리하여 석가모니부처님 이래 이성과 합리주의에 기초한 청정한 수행이라는 독자적 특성을 잃어버린 불교는 이미 내적으로 힌두교에 흡수돼가던 끝에 13세기경 이슬람교의 박해로 완전히 소멸하게 되었던 것입니다.☞제59항 참조

61. 북방불교와 남방불교의 차이점은 무엇인가

일찍이 석가모니부처님에 의해 창시된 불교는 2,500여 년이 지난 오늘날 범세계적인 종교로 성장해 있습니다만, 아시아를 비롯한 세계각국의 불교는 그 양상에 따라 크게 남방불교와 북방불교의 두 가지로 나누어지고 있습니다. 즉 남방불교란 베트남을 제외한 동남아시아 각국의 불교로서, 스리랑카를 위시한 타이, 미얀마, 캄푸치아, 라오스 등지의 불교를 말합니다. 이에 반해 북방불교란 티벳과 중국, 한국, 일본 등에 산재해 있는 불교입니다. 말하자면 인도로부터 남쪽으로 전해진 불교와 실크로드를 거쳐 주로 북쪽으로 전해진 불교를 가리키는 것인데, 남방불교와 북방불교의 주된 차이는 북방불교가 대승불교를 전승하고 있는데 비해 남방불교는 테라바다 즉, 상좌부(上座部)의 전통을 계승하고 있다는 점입니다. 상좌부란 부처님이 입멸하신지 100년쯤 지나서부터 시작된 불교교단의 분열을 통해 등장한 20개 부파 가운데 하나로, 교학사상이나 수행의 전통 및 계율의 준수 등에 대해 보수적인 성향이 강한 것을 특징으로 하고 있으며 한역《아함경》과 같은 수준의 초기경전인《팔리어 삼장》을 근거로 하고 있습니다. 때문에 종래에는 이들 남방불교를 소승불교라고 칭하기도 했지만, 이는 대승불교 우위적인 발상에서 비롯된 오해입니다. 오히려 남방불교의 여러 나라에서는 자신들이 정통이라는 강한 자부심을 지니고 있으며 실제로 석가모니부처님 당시의 초기 교단적인 전통이 비교적 잘 보존되어 있는 것이 그들 나라의 불교입니다. 그러므로 대승불교의 다분히 유신론적 경향에 의거하여 깨달음 그 자체보다도 청정한 믿음이 좀더 강조되어온 북방불교와는 달리 남방불교에서는 아직도 엄격한 계율과 참된 수행을 중시하고 있는 것이 그 큰 특징이라 하겠습니다. ☞제58항, 231항 참조

62. 불교의 각 종파들은 어떻게 해서 성립되었나

본래 인도에서 발생한 불교가 중국으로 전파된 이후 상당기간은 경전을 한역(漢譯) 즉, 한문으로 옮기는 것이 커다란 과제였고, 사실상 중국불교의 가장 큰 업적 가운데 하나는 방대한 양의 불교경전들을 거의 남김없이 번역해냈다는 것입니다. 그러나 어느 정도의 번역이 완성되자 이번에는 수많은 경전들의 교학사상적 위치를 확인하고 그들 사이의 체계를 세우는 것이 새로운 과제가 되었습니다. 다시 말해 인도에서의 불교는 일정한 시기를 두고 꾸준히 교학이 발전하며 그때그때 새로운 경전들이 만들어졌지만, 그것이 중국에 전해질 때는 그 발전의 순서나 역사성이 무시된 채, 특히 대승과 소승의 경전들이 마구잡이로 뒤섞여 유입되었으므로 도대체 어떤 것이 부처님 가르침의 본질이고 어떤 것이 부수적인 것인가 하는 강한 의문이 제기되었던 것입니다. 따라서 당대의 뛰어난 스님들은 불교교학의 사상적 체계를 세우는데 모든 노력들을 경주하게 되었는데, 그와 같은 일을 우리는 교상판석(敎相判釋), 또는 줄어서 교판(敎判)이라고 하며 그에 따라 성립된 것이 중국불교의 각 종파(宗派)였던 것입니다. 말하자면 불교사상 전반에 대한 나름대로의 해석을 중심으로 독자적인 수행체계와 교단조직을 수립한 것이 종파로서, 이같은 종파를 최초로 세운 이는 천태종(天台宗)의 창시자인 지의(智顗)였습니다. 그리고 교학상의 다른 입장이나 중요시하는 경전과 수행법에 따라서 화엄종(華嚴宗), 삼론종(三論宗), 법상종(法相宗), 율종(律宗), 선종(禪宗), 정토교(淨土敎) 등 여러 종파가 제각각 발전하여 마침내 종파불교라는 중국불교의 가장 큰 특색을 이루게 되었는데, 이같이 종파를 앞세우는 전통은 한국이나 일본에도 커다란 영향을 미쳐 오늘날까지 이어져오고 있습니다. ☞제58항 참조

63. 불교는 우리나라에 언제 어떻게 전래되었나

　우리나라에 맨처음 불교가 전래된 것은 기록에 의하면 고구려의 17대 왕인 소수림왕(小獸林王) 2년 즉, 서기 372년의 일입니다. 이해 6월에 중국의 북부에 자리잡고 있던 나라인 전진(前秦)의 왕 부견(符堅)이 순도(順道)라는 스님으로 하여금 불상과 경전을 보내옴으로써 공식적인 불교의 전래가 이루어진 것입니다. 이어서 2년 후에는 아도(阿道)라는 스님이 왔으며, 그 이듬해에는 초문사(肖門寺)와 이불란사(伊弗蘭寺)라는 최초의 사찰이 세워졌다고 합니다. 그러나 이것은 어디까지나 국가간의 공식적인 전래로서, 그 이전에 민간 차원에서는 이미 불교가 들어와 있었던 것같습니다. 즉 동진(東晉)의 지도림(支道林)이라는 고승이 이름이 밝혀지지 않은 당시의 고구려 스님에게 글을 보냈다는 기록이 있는데, 지도림이라는 스님은 소수림왕이 즉위하기 이전에 돌아가신 분이므로 연대적으로 훨씬 앞서는 것입니다. 사실 소수림왕 시절은 불교가 중국에 전래된지 400년 가까운 시기이기 때문에 그 이전에 불교가 전래됐을 가능성은 얼마든지 있는 것입니다. 한편 백제에 불교가 들어온 것은 제15대 침류왕(枕流王) 원년 즉, 384년 9월에 동진으로부터 바다를 건너 인도의 스님 마라난타(摩羅難陀)가 온 것이 그 처음입니다. 그때 왕은 교외까지 나가서 스님을 맞이하고 이듬해 2월에는 한산(漢山)이라는 곳에 절을 짓고 열 사람의 스님을 출가시켰다고 합니다. 그리고 신라에서 불교가 처음 공인된 것은 이차돈(異次頓)의 순교가 있은 직후인 제23대 법흥왕(法興王) 14년 즉, 527년의 일입니다. 그러므로 우리나라에 처음 불교가 들어온 것은 중국을 통해서라는 것이 정설이지만, 오늘날에는 중앙아시아나 남방으로부터 직접 도래했을 가능성도 거론되고 있습니다.

64. 한국불교의 가장 커다란 특징은 무엇인가

　대부분의 교학사상을 중국을 통해 수입한 우리나라의 불교는 그 전승을 충실히 수용하면서도 나름대로의 독창성과 주체성을 발휘하여 대단히 독특한 발전을 이룩하였습니다. 대표적인 예로 신라의 불연국토설(佛緣國土說)을 들 수 있겠는데, 신라는 석가모니부처님뿐 아니라 그 이전의 과거불인 가섭부처님 등이 설법하셨던 터가 그대로 남아있는 본래부터 부처님과의 인연이 깊은 땅이라는 것입니다. 말하자면 불교를 단지 수입종교로서가 아니라 민족의 주체적인 종교로까지 승화시킨 대단히 질높은 신앙의 한 면모를 엿볼 수 있습니다. 그러나 한국불교의 보다 본질적인 특징이라고 한다면 통불교(統佛敎) 즉, 회통(會統)의 전통을 들지 않을 수 없습니다. 회통이란 화회소통(和會疏通)을 줄인 말로서 서로 다른 교학상의 주장들을 정리해서 융합시키는 것을 말합니다. 다시 말해 중국불교가 종파불교로서 나름대로 불교의 본질을 추구하던 치열한 교학연구가 무수한 갈래로 나뉘어 서로간의 논쟁을 일삼는 종파들로 발전했던데 반해 한국불교는 그같은 종파불교를 계승하면서도 다시금 그들 사이의 화해와 융합을 시도했던 것입니다. 이러한 회통의 전통은 제일 먼저 원효(元曉)스님의 교학사상에서 나타나는데, 원효스님은 화쟁(和諍)의 논리를 세워 대승과 소승의 수많은 대표적 경론들을 일관된 논지로 해석하고 정리해냄으로써 중국불교의 한계를 극복하는 위대한 과업을 성취하였습니다. 그리고 이같은 전통은 다시 고려시대 지눌(知訥)스님의 정혜쌍수(定慧雙修)와 조선시대 휴정(休靜)스님의 교선일치(敎禪一致)사상으로 이어졌는데, 오늘날의 한국불교가 통합불교로서 선과 교, 염불, 진언 등을 별다른 무리 없이 아울러서 수행하고 있는 원인도 여기에 있습니다. ☞제62항 참조

65. 한국불교를 빛낸 스님들에는 어떤 분들이 계신가

1,600년 한국불교의 역사를 통해서 후세의 우리들에게도 귀감이 되고 있는 훌륭한 스님들은 이루 헤아릴 수 없이 많기 때문에 그 가운데에서 특히 몇 분만을 골라서 거론하기는 대단히 어렵습니다. 다만 우리 불자들이 꼭 기억해둘 만한 분들을 꼽아본다면 우선 삼국시대에는 고구려의 승랑(僧朗)과 담징(曇徵), 백제의 겸익(謙益)과 혜총(慧聰), 신라의 원광(圓光)과 자장(慈藏), 대안(大安)스님을 들 수 있겠습니다. 이 가운데 승랑은 일찌기 중국으로 건너가 상당한 학술적 성과를 이룬 분이고, 담징과 혜총은 일본에 불교와 함께 많은 문화를 전수하신 분이며, 겸익은 인도까지 가서 경전과 율장을 가지고와 번역한 분입니다. 그리고 원광은 세속오계를 설해 화랑도 정신의 기초를 제공한 분이고, 자장은 황룡사 구층탑을 만들고 신라불교의 기틀을 다진 분이며, 대안은 민중교화에 매진하신 분이었습니다. 또한 통일신라시대에는 원효(元曉)와 의상(義湘), 원측(圓測), 혜초(慧超)스님 등을 들 수 있겠습니다. 이 가운데 원효는 교학의 발전과 민중교화에 지대한 공헌을 한 분이고, 의상은 신라 화엄종의 효시가 되는 분이며, 원측은 중국에서 활약한 학술적인 업적이 뛰어난 분이고, 혜초는 인도에 유학하여 《왕오천축국전》이라는 기행문을 남긴 분입니다. 한편 고려시대와 조선시대에는 의천(義天)과 지눌(知訥), 일연(一然) 및 휴정(休靜), 유정(惟政)스님 등을 들 수 있겠습니다. 이 가운데 대각국사 의천은 고려 천태종의 창시자이고, 보조국사 지눌은 정혜결사를 일으켜 수행의 풍토를 진작시킨 분이며, 일연은 《삼국유사》를 지어 민족정기를 선양한 분입니다. 또한 서산대사 휴정과 사명대사 유정은 임진왜란 때 승병을 조직하여 나라를 지켰을 뿐 아니라 교단의 기풍을 쇄신시킨 분들입니다.

66. 불교에 토속신앙적인 요소가 많이 유입된 이유는

　현재 우리나라의 사찰들에는 산신각이나 칠성각, 독성각, 용왕당 등 불교 본연의 신앙과는 다소 관계가 없는 존상들이 모셔져 있는 경우가 많은데, 이것들은 우리나라 전래의 토속신앙이나 중국의 민간신앙인 도교로부터 영향을 받아 불교 안에 수용된 것입니다. 불교는 본래 인간 이성에 대한 깊은 신뢰와 합리적인 실천을 기초로 하여 성립된 종교로서, 스스로의 탐욕과 어리석음으로 말미암아 고통받고 있는 중생들에게 반성의 계기를 제공하고 참된 진리를 일깨움으로써 그들을 구원으로 이끄는 것을 목표로 하고 있습니다. 그러나 이상과 같은 자기 목적을 구현하는데 그 어떤 강압적인 방법이나 강제적인 수단을 쓰지 않는 것이 불교의 또 한 가지 커다란 특징으로, 역사상 불교가 개입된 종교전쟁은 단 한번도 없었다는 사실이 이를 뒷받침하고 있습니다. 뿐만 아니라 불교의 전파는 언제나 폭넓은 인간 이해와 그를 바탕으로 한 관용성과 포용력이 전제가 되어 왔기 때문에 그 땅의 자연환경이나 기후조건 등을 깊이 고려하고 거기에 사는 사람들의 사회문화를 존중하여 그것들을 무작정 부정하기보다 적당히 구슬러서 함께 공존하는 길을 찾아왔습니다. 따라서 민중교화에 크게 부작용을 일으키지 않는 한 그것이 토속신앙이라 할지라도 불교에서는 과감히 수용하는 자세를 견지해왔는데, 그런 결과가 오늘날 사찰 안에 모셔져 있는 각종 비불교적인 존상이나 토속신앙과 결부된 불교의 민간설화들입니다. 다만 최근의 한 연구에 의하면 우리나라에서 토속신들을 모신 전각이 왕성히 사찰 안에 세워지게 된 것은 조선중기 이후라고 하는데, 말하자면 유교정권의 가혹한 탄압 속에서 명맥을 유지하기 위한 불교계의 필사적인 노력이 그런 형태로 나타난 것이라 보여지는 것입니다.

67. 호국불교란 무엇이고 어떻게 이해해야 하나

우리 한국불교의 커다란 특징 가운데 하나를 호국불교(護國佛敎)라고 하는 이들이 있는데, 역사적으로 본다면 실제로 나라가 외침에 의해 위기에 빠졌을 때마다 불교가 난국타개를 위한 정신적 지도원리로서 많은 역할을 했던 것이 사실입니다. 예를 들면 삼국시대에 자장율사가 황룡사 구층탑을 세워 신라의 안녕과 삼국통일을 기원했던 일이나 고려시대에 몽고족의 침입에 대항하여 팔만대장경을 주조하여 민심을 수습하고 국론을 통일시키고자 했던 것이 그것입니다. 뿐만 아니라 조선시대에는 임진왜란을 맞아 서산대사 휴정스님과 사명대사 유정스님이 중심이 되어 승병을 조직하고 왜적과 직접 맞서싸움으로써 전란의 와중에서 민족을 구해낸 일이나 일제의 식민치하에서 만해(卍海)스님이 조국의 독립을 위해 온몸으로 저항하신 일 등은 이와 같은 호국불교의 전통을 이어온 산 역사인 것입니다. 말하자면 불교의 자비정신에 입각하여 민생의 터전이 되는 국가의 안녕을 도모하는 것이 호국불교의 참뜻으로, 그것은 개인의 수행이나 깨달음 못지않게 중생구제를 중요시하는 대승불교의 정신이 빚어낸 결정체라고도 하겠습니다. 그런데 이와 같은 호국불교의 참된 의미는 자칫 잘못하면 심하게 왜곡될 수 있는 소지를 지니고 있다는 것도 우리 불자들은 명심해야 하겠습니다. 다시 말해 호국을 앞세워 일부 출가수행자들이 본분을 잃어버리고 지나치게 세속의 정치에 몰입하거나 보수적인 정치집단과 결탁하여 진정한 대중들의 복리를 외면하는 것들은 아무래도 호국불교의 전통을 올바로 계승하는 일과는 거리가 먼 것이기 때문입니다. 참다운 호국불교의 이념은 어디까지나 불교의 정법주의, 자비주의, 평등주의의 실현을 통한 불국토 건설에 있음을 알아야 하겠습니다. ☞제229항 참조

제6장

불·보살의 세계

68. 부처님들이 굉장히 많은데 불교는 다신교인가

　다신교란 여러 가지 성격이 다른 신들을 함께 숭상하는 종교유형으로서, 이 세계가 본질적으로 몇 가지 혹은 그 이상의 구성요소들에 의해 이루어져 있다는 다소 전근대적인 다원적 세계관에 입각해 있는 종교들을 이야기하는 것입니다. 그러므로 세계가 오직 일원적인 원리에 의해 구성되어 있다는 유일신교와는 상대되는 개념으로, 말하자면 자신들이 믿고 있는 세계의 잡다한 구성 요소들을 제각각 신격화시켜낸 것이 다신교의 여러 신들이라 하겠습니다. 그러나 불교에서 여러 부처님 혹은 여러 보살님들을 모시고 있는 것은 불교가 다원적인 세계관을 지니고 있기 때문이 아닙니다. 불교에서 가르치는 이 세상의 근본원리는 오히려 일원적이라 할 수 있는 것으로서, 그것은 다름아닌 영원불변하고 보편타당한 진리입니다. 그리고 그와 같은 진리는 부처님이나 보살님들이 이 세상에 계시든 계시지 않든 본래부터 존재하는 것으로, 부처님이란 그러한 진리를 몸소 깨달아 체득하신 분이고 보살님이란 그와 같은 깨달음의 도상에 있는 분을 가리킵니다. 그러므로 불교의 입장에서는 다신교가 아니면서도 부처님이나 보살님이 얼마든지 계실 수 있고, 또 그 수에 제한을 받을 만한 성질의 것도 아닙니다. 역사적으로 본다면 특히 보다 폭넓은 중생구제를 표방하는 대승불교가 성립하여 대자대비하신 부처님의 원력에 의한 구원이 강조되면서 각기 특색이 있는 여러 부처님이나 보살님들의 실천행이 널리 설해졌고 그에 따라 사찰에서 여러 부처님이나 보살님들을 모시게 되었습니다만, 그분들은 모두가 하나의 공통된 이념 즉, 우주와 인생에 깃들어 있는 영원불변의 진리를 표상하는 분들이며 우리들을 구제하여 진리의 세계로 이끌어가기 위한 한결같은 목적을 지닌 분들입니다.☞제12항, 22항 참조

69. 석가모니부처님 이전의 과거칠불은 어떤 분들인가

　과거세에 계셨던 부처님들을 과거불(過去佛)이라고 합니다만, 불교에서는 특히 아득히 먼 옛날부터 석가모니부처님에 이르기까지 이 세상에는 모두 일곱분의 부처님들이 계셨다고 해서 과거칠불이라고 이야기합니다. 다시 말해 그 일곱 분이란 비바시부처님(毘婆尸佛), 시기부처님(尸棄佛), 비사부부처님(毘舍浮佛), 구류손부처님(拘留孫佛), 구나함모니부처님(拘那含牟尼佛), 가섭부처님(迦葉佛), 석가모니부처님(釋迦牟尼佛)을 가리키는 것입니다. 그런데 이 가운데 석가모니부처님은 물론 인류역사상 이 땅에 실재하셨던 사실을 확인할 수 있는 유일한 분으로서 오늘날 전해지고 있는 불교의 경전들은 모두가 석가모니부처님에 의해 직접 설해졌거나 또는 그분에 의해 설해지는 양식을 취하는 것입니다만, 그분을 제외한 여섯 부처님들은 경전의 가르침을 통해서 우리들에게 알려지게 된, 말하자면 전설적인 부처님들입니다. 한편 경전에 따라서는 이 이외에도 석가모니부처님에게 장차 부처님이 되리라고 수기(授記)를 한 것으로 유명한 연등부처님(燃燈佛)을 위시하여 24분의 과거세 부처님을 드는 경우도 있고 53분을 드는 경우도 있는데, 그 정확한 숫자나 부처님의 이름이 우리들의 올바른 신행에 중요한 것이라고는 생각되지 않습니다. 석가모니부처님은 한때 당신이 깨달은 진리란 사람이 다니지 않는 오래된 옛길을 발견하고 그 길을 따라가서 번성했던 옛도시를 찾아내게 된 것과 같다는 말씀을 하신 적이 있었는데, 그와 마찬가지로 불교에서 가르치는 수행의 길은 부처님이 만들어낸 것이 아니라 본래부터 존재하던 영원하고도 보편타당한 것으로서 다만 석가모니부처님에 의해 최초로 발견되고 우리들에게도 설해지게 된 것임을 올바로 이해하는 것이 중요하다고 생각됩니다. ☞제22항 참조

70. 불교에서 이야기하는 삼신불이란 무엇을 의미하나

석가모니부처님이 입멸하시고나서 어느 정도 세월이 흐르자 불교계 내부에서는 부처님의 본질은 과연 무엇인가, 부처님은 무엇으로 말미암아 그토록 완성된 삶의 모습을 보이실 수 있었을까 하는 부처님에 관한 탐구들이 일어나게 되었는데, 그 결과 나타난 것이 삼신설(三身說)이라는 사상이었습니다. 삼신설이란 부처님에게는 그 성격상 법신(法身)·보신(報身)·화신(化身)이라는 세 가지 몸이 갖추어져 있다는 것으로, 여기에서의 몸은 육신이 아니라 본질 내지는 기능을 의미하는 것입니다. 다시 말해 법신이란 부처님이 부처님일 수 있는 근거는 그 깨달으신 진리에 있으므로 진리가 바로 부처님의 본질이라는 입장입니다. 그리고 이같은 법신의 입장에서 바라볼 때 부처님은 시작도 끝도 없는 영원 속에서 세상만물 안에 두루 내재하여 계시므로 이 세상 모든 것은 부처님의 화현 아닌 것이 아무 것도 없다고 할 수 있는데, 이러한 부처님 즉, 법신불을 비로자나부처님이라고 합니다. 한편 보신이란 부처님은 일정한 서원이나 수행의 과보로서 부처님이 되셨으므로 부처님의 또 다른 본질은 그와 같은 수행 내지는 원력이라고 해야 한다는 입장으로, 보신으로 이루어진 부처님 즉, 보신불로는 아미타부처님이나 약사여래부처님같은 분을 예로 듭니다. 또 화신은 응신(應身)이라고도 하는데, 부처님의 기능이 중생의 구원이므로 구원할 사람들의 요구에 응하여 그들과 같은 모습으로 태어나신 부처님을 가리키며, 석가모니부처님이 그 예입니다. 그리고 이같은 세 분의 부처님을 함께 모시는 것이 삼신불(三身佛)인데, 우리나라에서는 보통 비로자나부처님을 중심으로 아미타부처님과 석가모니부처님 혹은 노사나부처님과 석가모니부처님을 좌우에 모시는 것이 통례입니다. ☞제24항 참조

71. 비로자나부처님은 어떤 분이며 어떻게 모셔야 하나

비로자나부처님(毘盧遮那佛)은 달리 비로사나불(毘盧舍那佛)이라고도 쓰고 줄여서 노사나불(盧舍那佛) 또는 자나불(遮那佛)이라고도 하는데, 비로자나란 인도의 옛말 바이로차나를 소리나는 대로 옮긴 것으로 본래는 태양을 의미하던 말이었습니다. 그러므로 뜻으로 옮길 때는 변일체처(遍一切處) 또는 광명변조(光明遍照)라고 하는데, 태양이 모든 곳을 두루 비추는데 비유해서 이렇게 번역한 것이라 생각됩니다. 그리고 밀교에서 대일여래(大日如來)라고 하는 것도 같은 이유에서입니다. 아무튼 이와 같이 여러 이름을 지니고 있는 비로자나부처님은 《화엄경》과 밀교경전들의 교주인 법신불(法身佛)로서, 말하자면 우주와 인생에 깃들어 있는 영원무변하고 보편타당한 진리를 당체로 하는 부처님입니다. 다시 말해 석가모니부처님을 비롯한 모든 부처님들의 본질인 진리 그 자체를 인격화해서 모시는 부처님으로, 온우주에 두루 충만해 있고 이 세상 모든 것 안에 내재해 있어 다른 입장에서 살펴본다면 세상만물이 모두 이 비로자나부처님의 화현인 것입니다. 이와 같은 비로자나부처님에 대한 해석은 예로부터 불교계 내부에서도 대단히 구구하여 일치된 견해가 없었습니다. 또한 진리를 몸으로 하고 있는 그 속성상 특별한 형상이 있을 수가 없습니다만, 사찰에서 모시는 비로자나부처님의 불상은 흔히 지권인(智拳印)이라고 해서 오른손으로 왼손의 집게손가락을 말아쥔 손모양을 하고 계십니다. 여기에서 오른손은 부처님의 세계를 뜻하고 왼손은 중생세간을 뜻하는 것으로, 부처님과 중생, 깨달음과 어리석음이 본래 둘이 아님을 나타내고 있습니다. 그리고 이같은 비로자나부처님을 모신 전각을 보통 화엄전(華嚴殿), 비로전(毘盧殿) 또는 대적광전(大寂光殿)이라 부르고 있습니다. ☞제70항 참조

72. 아미타부처님은 어떤 분이며 어떻게 모셔야 하나

아미타부처님(阿彌陀佛)은 다른 말로 무량수불(無量壽佛) 또는 무량광불(無量光佛)이라고도 하는데, 《아미타경》이나 《무량수경》《관무량수경》 등에서 주로 설해지고 있는 부처님입니다. 무량수경에 의하면 이 부처님은 아득한 옛날 세자재왕불이라는 부처님 아래에서 출가하여 법장비구로 있을 때 유명한 48대원을 세우고 오랜 동안 수행을 쌓았기 때문에 그 과보로서 부처님이 되신 것으로, 현재는 서쪽으로 10만억 국토를 지나 극락(極樂)이라는 곳에서 가르침을 베풀고 계신다고 합니다. 여기에서 극락이란 아미타부처님의 원력에 의해 세워진 불국토로서, 다른 말로 안양국(安養國) 또는 안락국(安樂國)이라고도 하며 온갖 죄악이나 괴로움이 없는 청정하고 평안하며 아름답기 이를데 없는 곳이라는 것입니다. 그리고 앞에서 이야기한 48대원은 누구든지 그곳에 가기를 원하여 이 부처님의 이름을 열번만이라도 부르면 모두 그곳에 태어나게 하겠다는 것을 비롯하여 모두가 중생구제를 위한 대자비의 맹세들로 가득차 있는데, 그로 말미암아 먼 옛날부터 이 부처님은 많은 이들의 신앙의 대상이 되어왔습니다. 말하자면 괴로운 삶의 현실에서 허덕이는 중생들에게 극락에 왕생하여 보다 편안하게 불도를 닦을 수 있다는 희망을 주고 계시는 분이 바로 아미타부처님인 것입니다. 이와 같은 아미타부처님을 사찰에서 모실 때는 보통 좌우에 관세음보살과 대세지보살 또는 관세음보살과 지장보살을 함께 모시며, 아미타부처님이 모셔진 전각은 무량수전(無量壽殿), 극락전(極樂殿) 등으로 불리우고 있습니다. 한편 불교에서는 서방 극락정토의 아미타부처님만이 아니라 동방 묘희세계의 아촉불(阿閦佛) 등 동서남북의 방위와 관련된 부처님들이 많이 있는데, 이런 부처님들을 타방불(他方佛)이라고 합니다.

73. 미륵부처님은 어떤 분이며 어떻게 모셔야 하나

미륵부처님(彌勒佛)은 먼 훗날 이 땅에 출현하셔서 중생들을 제도하실 미래세의 부처님으로, 지금은 도솔천에서 천인들을 위해 설법하고 계시는 분입니다. 그러므로 미륵부처님이라고도 하고 아직은 부처님이 아니므로 미륵보살이라고도 하는데, 미륵이란 인도의 옛말 마이트레야를 소리나는 대로 옮긴 것으로 본래는 사랑, 우정, 자애 등을 의미하던 말이었습니다. 따라서 한문으로 번역할 때는 뜻으로 옮겨 자씨보살(慈氏菩薩)이라고도 합니다. 한편 초기경전에서는 석가모니부처님의 제자 가운데 한 사람으로 미륵이라는 이름이 등장하고 있기 때문에 본래 실존인물에서 유래된 것이 아닌가 하는 견해도 있습니다. 이 부처님에 대한 믿음이 본격적으로 일어나게 된 것은 《관미륵보살상생도솔천경》과 《미륵당래하생경》《미륵대성불경》 등이 나오고부터입니다. 그런데 이 가운데에서 《미륵상생경》과 《미륵하생경》의 내용에 따라 역사적으로 미륵부처님에 대한 믿음은 상생신앙과 하생신앙의 두 가지 양상을 띠고 있습니다. 즉 상생신앙이란 현재 미륵보살이 계시는 도솔천에 태어나기를 희구하는 아미타신앙과 흡사한 왕생신앙이고, 하생신앙이란 앞으로 이 땅에 출현하실 미륵부처님을 숭상하여 십선업을 닦으며 그분의 구원을 기다리는 것입니다. 《미륵하생경》에 의하면 장차 전륜성왕이 지배하는 세상이 오면 미륵이 태어나 용화수 아래에서 깨달음을 이루고 세 차례의 설법으로 무수한 중생들을 제도하여 이 땅에 용화세계(龍華世界)를 건설하시리라는 것으로, 이와 같은 미륵부처님을 모신 전각을 우리는 용화전(龍華殿), 미륵전(彌勒殿), 자씨전(慈氏殿)이라고 합니다. 한편 불교에서는 미래불인 미륵부처님 이외에도 과거불, 현재불 등을 모시는데, 이를 통틀어서 삼세불(三世佛)이라고 합니다.

74. 약사여래부처님은 어떤 분이며 어떻게 모셔야 하나

약사여래부처님(藥師如來佛)은 보다 갖추어진 이름으로는 약사유리광여래부처님(藥師琉璃光如來佛)이라고 하는데, 동방으로 갠지스강 모래알 수의 열배에 해당하는 국토를 지나 정유리정토(淨琉璃淨土)라는 곳에 계신다고 합니다. 본래《약사여래본원경》《약사유리광칠불본원공덕경》등에서 주로 설해지고 있는 이 부처님은 보살이었을 때 12가지 서원을 세우고 수행을 하여 부처님이 되셨다고 하는데, 그 12가지 서원이란 다음과 같습니다. 즉 첫째 자신이나 남들의 몸에 광명이 치성할 것, 둘째 위덕이 높아서 중생들을 모두 깨우칠 수 있을 것, 셋째 중생들의 욕망을 모두 만족시켜 모자람이 없도록 할 수 있을 것, 넷째 모든 중생들을 대승의 가르침으로 이끌어들일 수 있을 것, 다섯째 모든 중생들이 깨끗한 업을 지어 삼취정계를 구족하게 할 수 있을 것, 여섯째 모든 불구자들이 온전한 몸을 갖게 할 수 있을 것, 일곱째 몸과 마음이 안락하여 위없는 깨달음을 얻도록 할 것, 여덟째 모든 여인들이 남자가 되게 할 것, 아홉째 마구니나 외도의 나쁜 소견을 없애고 부처님의 올바른 지견을 얻도록 할 것, 열째 나쁜 왕이나 강도 등의 고난으로부터 모든 중생들을 구원할 수 있을 것, 열한번째 모든 중생들이 배고픔을 면하여 안락하게 할 수 있을 것, 열두번째 가난해서 의복이 없는 이들이 훌륭한 옷을 얻게 할 수 있을 것입니다. 그러므로 대의왕(大醫王)이라는 별명에 걸맞게 모든 이들을 질병으로부터 구원할 뿐 아니라 중생들에게 온갖 현세이익을 베푸는 구제불(救濟佛) 가운데 한 분이 바로 약사여래부처님으로서, 이 부처님을 사찰에 모실 때는 보통 약사전(藥師殿)이라는 전각에 일광보살과 월광보살을 함께 모시며 손에 약병을 들고 계신 모습이 특징입니다.

75. 관세음보살은 어떤 분이며 어떻게 모셔야 하나

대승불교의 수많은 불·보살 가운데에서 대중들과 가장 친근한 분이라면 단연 관세음보살(觀世音菩薩)을 들 수 있겠습니다. 이같은 관세음보살은 달리 관자재보살(觀自在菩薩), 광세음보살(光世音菩薩), 관세자재보살(觀世自在菩薩) 또는 줄여서 관음보살(觀音菩薩)이라고도 합니다. 《법화경》〈보문품〉에 의하면 이 보살의 이름을 특히 관세음이라고 하는 이유는 언제나 세간의 소리를 관찰하고 계시기 때문으로, 갖가지 고난을 겪고 있는 중생들이 관세음보살의 이름을 듣고 일심으로 그 이름을 부르면 그에 따라 33가지 응화신으로 나타나서 즉시 구원하신다고 합니다. 그리고 《관무량수경》에 의하면 이 보살은 사람이 죽어갈 때 아미타부처님을 모시고 나타나 그를 극락세계로 맞이해간다고 하며, 《화엄경》에서는 바다에서 재난을 당한 이들을 구호하는 분이라고 합니다. 말하자면 불교의 깊은 교리를 알든 모르든 관계없이 누구나 어려움에 처하여 관세음보살의 이름을 부르면 난을 피하고 복을 받을 수 있다는 것으로, 부르는 사람들의 바램에 따라 언제 어디서든지 그 모습을 나투어 구원을 베푸시는 분이 바로 관세음보살인 것입니다. 그러므로 중생구제의 대승정신을 온몸으로 구현하고 계신 자비의 화신이라 할 수 있겠는데, 그런 만큼 예로부터 이 보살에 대한 신앙이 성행하여 수많은 영험담이 전해내려오기도 합니다. 이와 같은 관세음보살은 일반적인 성관음(聖觀音) 이외에도 천수(千手), 십일면(十一面), 백의(白衣), 수월(水月), 여의륜(如意輪) 등 여러 가지 모습으로 모셔지고 있는데, 이는 대상에 따라 다양한 관세음보살의 구제활동을 제각각 형상화시켜낸 것입니다. 그리고 관세음보살을 모신 전각은 원통전(圓通殿), 대비전(大悲殿), 관음전(觀音殿) 등으로 부르고 있습니다.

76. 문수보살과 보현보살은 어떤 분이며 어떻게 모시나

　문수보살(文殊菩薩)과 보현보살(普賢菩薩)은 석가모니부처님의 양 옆에 모시기도 하고 때로는 비로자나부처님의 좌우에 모시기도 하는 보살로, 말하자면 각기 지혜와 행원(行願)이라는 부처님의 두 가지 커다란 덕성을 상징하는 분입니다. 이 가운데 문수보살의 문수라는 이름은 본래 인도말 만주슈리를 소리나는 대로 옮긴 말 문수사리(文殊師利)를 줄인 것으로, 달리 만수실리(曼殊室利)라고도 하고 묘길상(妙吉祥) 또는 묘덕(妙德)이라 번역하기도 합니다. 여러 대승경전에 두루 등장하여 주로 부처님의 지혜를 대변하는 역할을 수행하는 분으로, 비교적 초기에 속하는 경전에서부터 나오고 있으므로 본래 대승불교가 성립할 당시의 실재인물에서 유래된 분이 아닌가 하는 견해도 있습니다. 아무튼 이와 같은 문수보살을 사찰에 모실 때는 손에 칼을 들고 있거나 사자를 타고 있는 형상을 한 경우가 많은데, 이것은 번뇌를 단호하게 끊어버리는 칼이나, 용맹과 위엄의 상징인 사자를 통해 지혜의 준엄한 성격을 암시한 것이라 보여집니다. 한편 보현보살은 달리 변길(遍吉)이라는 이름으로 불리우기도 하는 분인데, 주로 깨달음과 중생구제를 향한 실천행의 의지 즉, 행원을 상징하는 보살입니다. 그러므로 문수보살이 사자를 타고 있는데 비해 보현보살은 흰 코끼리를 탄 경우가 많은 것도 행원이라는 것의 성격을 반영하는 것이라고 생각됩니다. 말하자면 묵묵하게 그러나 꾸준히 한 길을 가는 코끼리를 통해서 보살도 실천의 올바른 자세를 일깨우는 것으로, 이와 같은 보현보살의 뛰어난 실천력은 특히 《화엄경》〈보현행원품〉의 귀절들에 잘 나타나 있습니다. 그러므로 문수보살과 보현보살은 지혜와 실천이라는 두 가지 이상을 통해 대승보살도의 영원한 귀감이 되고 있습니다.

77. 지장보살과 대세지보살은 어떤 분이며 어떻게 모시나

지장보살(地藏菩薩)은 다른 이름으로 지지보살(持地菩薩), 묘당보살(妙幢菩薩) 또는 무변심보살(無邊心菩薩)이라고도 하며 《대승대집지장십륜경》《지장보살본원경》《점찰선악업보경》 등에서 주로 설해지고 있는 보살입니다. 《지장십륜경》에 의하면 지장보살은 석가모니부처님이 입멸하신 후 미륵부처님이 이 땅에 출현하실 때까지 육도윤회의 현실세계에 몸을 나투어 중생들을 구제하도록 석가모니부처님으로부터 위촉받은 분이라고 합니다. 흔히 지옥에서 고통받는 중생이 아무도 없어 지옥이 텅빌 때까지 성불하지 않겠다는 서원으로 유명한 이 보살에게는 따라서 대원본존(大願本尊)이라는 수식어가 붙어다닙니다. 말하자면 중생제도의 맹세가 누구보다도 장하고 위대한 분으로서, 그 원력의 힘으로 말미암아 자신의 안락은 뒷전으로 돌리고 지옥이든 천상이든 고통받는 중생이 있는 곳이면 어디든 좇아가서 그를 구원하는 분인 것입니다. 이와 같은 지장보살은 흔히 삭발을 한 채 지팡이나 지혜를 상징하는 보배구슬을 든 형상을 하고 계신 경우가 많은데, 특히 지옥중생들의 제도와 관련하여 명부전(冥府殿)이나 지장전(地藏殿)의 본존으로 모셔지기도 하고, 경우에 따라서는 관세음보살과 함께 아미타부처님의 옆에 모셔지기도 합니다. 한편 대세지보살(大勢至菩薩)은 득대세(得大勢), 대정진(大精進)이라고도 하며 본래 관세음보살과 함께 아미타부처님을 보좌하는 보살로 잘 알려져 있는 분입니다. 《관무량수경》에 의하면 관세음보살이 이마에 아미타부처님의 화불을 모시고 있는데 비해 보병을 지니고 있는 것만이 다를 뿐 그 형상이 관세음보살과 거의 흡사하다고 합니다. 따라서 역사상 독립적으로 신앙된 일은 없이 다만 아미타부처님의 지혜를 상징하는 보살로서만 모셔지는 분입니다.

제7장
가람의 향기

78. 사찰이란 어떤 곳이며 어떻게 성립되었나

사찰(寺刹)은 다른 말로 절, 도량(道場), 가람(伽藍)이라고도 하는데, 부처님을 모시고 예배드리는 곳일 뿐 아니라 스님들이 공동생활을 하며 수행하는 곳이고 또 불교의 대중적인 교화활동이 벌어지는 곳입니다. 그러므로 우리 불자들의 입장에서 사찰은 불·법·승의 삼보가 깃들어 있는 신성하고 거룩한 신행의 요람이자 불법의 전승과 전파가 이루어지는 소중한 터전이라고 하겠습니다. 그런데 불교의 역사를 살펴보면 이와 같은 사찰이 처음부터 존재했던 것은 아닙니다. 본래 초기의 불교교단에서는 무소유를 표방하여 출가수행자들이 한 곳에 머물지 않고 여기저기를 유행하면서 나무밑이나 동굴속 또는 무덤가같은 곳에서 생활하는 것이 일반적인 관례였습니다. 따라서 승단에 정해진 주거지가 있을 수 없었는데, 나중에 우기의 3개월 동안은 유행을 중단하고 한 곳에 머물며 수행하는 안거제도가 확립되고 이어서 부유한 왕족이나 재가신자들로부터 원림(園林)이나 정사(精舍)를 기증받는 일들이 늘어나자 점차 승단이 일정한 곳에 정주하게 되면서 출가자들의 집단적인 거주지가 출현하게 되었던 것입니다. 그러나 이렇게 해서 등장하게 된 승원은 어디까지나 출가수행자들이 공동으로 기거하면서 수행하고 공부하던 공간으로서, 오늘날의 사찰처럼 불상을 모셔놓고 예배를 드리며 신앙의례를 행하는 장소가 아니었습니다. 출가자나 재가신자들의 예배와 신앙의례는 달리 석가모니부처님의 유골을 봉안한 사리탑을 중심으로 해서 이루어지고 있었기 때문입니다. 그러다가 오랜 세월이 흘러 불상을 모시는 관습이 일반화되면서 마침내 불상이나 탑 등을 모신 예배의 장소와 출가자들의 거주지가 통합되기 시작하여 오늘날과 같은 다용도의 사찰이 성립하게 된 것입니다. ☞제19항, 43항 참조

79. 사찰 입구에 있는 일주문에는 어떤 의미가 있나

　우리들이 사찰에 찾아가는 경우 절 입구에서 제일 먼저 마주치게 되는 문을 일주문(一柱門)이라고 합니다만, 일주문이란 기둥이 한 줄로 늘어서 있다고 해서 붙여진 이름입니다. 다시 말해 다른 건물들과는 달리 두 개 혹은 네 개의 기둥을 일직선상에 세우고 그 위에 지붕을 얹어 만든 문이 일주문으로서, 여기서부터 사원 경내임을 알리는 것입니다. 이와 같이 기둥을 일직선상으로 세운 것에는 사찰의 경계임을 표시하는 이외에도 일심(一心)을 상징한다는 해석이 있는데, 세속의 온갖 번뇌로 들끓는 어지러운 마음을 하나로 모아서 오로지 진리에 귀의하는 한마음으로 들어오라는 뜻이 담겨 있다는 것입니다. 또한 이같은 일주문에는 일반적으로 입차문래 막존지해(入此門來 莫存知解)라는 귀절이 적혀 있는 경우가 많은데, 이 문 안으로 들어와서는 보고듣는 모든 것을 세간의 알음알이로 해석하려 하지 말라는 뜻입니다. 우리들은 언제나 우리 자신의 생각이라는 것에 의해 이 세상을 바라보고 평가하는 버릇을 지니고 있습니다만, 실상 우리들의 생각이라는 것은 현실 그 자체를 있는 그대로 받아들인 것이기보다 왕왕 스스로의 욕망이나 이기심, 감정 따위에 얽매여 떠올리는 번뇌망상일 경우가 많습니다. 그러므로 같은 사물을 바라보면서도 각기 다른 생각을 갖게 되고 더 나아가서는 내가 옳으니 네가 그르니 이것이 맞니 저것이 틀리니 하는 식의 시비와 다툼을 벌이게 되는데, 우리들이 부처님께 귀의하여 진리의 목소리에 귀를 기울이려 할 때 무엇보다 먼저 필요한 것은 이와 같은 세속의 알음알이를 잠재우는 일일 것입니다. 따라서 일주문은 그러한 중생들의 세간심을 경계하면서 이곳이 바로 진리의 세계로 이르는 입구임을 일깨우는 구실을 하고 있습니다.

80. 천왕문은 무엇이며 어떤 의미를 지니고 있나

우리나라의 사찰에는 갑옷에 투구를 쓰고 험상궂은 얼굴로 칼이나 창 따위를 든 무시무시한 형상들이 세워진 문이 있는데, 이것은 천왕문(天王門)으로서 거기에 모셔진 사천왕(四天王)은 온갖 삿된 세력들로부터 사찰을 지키는 분들입니다. 다시 말해 사천왕은 본래 인도의 고대신화 속에 등장하는 귀신들의 왕으로서 각기 수미산 중턱의 동서남북을 관장한다고 하는데, 석가모니부처님께 귀의하여 불법을 수호하는 역할을 자원했기 때문에 이처럼 사찰 입구에 세워지게 됐다고 합니다. 그 중에 동쪽을 지키는 분은 지국천왕(持國天王)으로, 그는 착한 사람에게는 복을 주고 악한 사람에게는 벌을 주면서 언제나 인간을 보살피겠다는 서원을 세웠다고 합니다. 온몸에 푸른색을 띠고 있으며 왼손에는 칼을 들고 오른손은 주먹을 쥔 형상을 하고 있습니다. 한편 남쪽을 지키는 증장천왕(增長天王)은 만물을 소생시키는 덕을 베풀겠다는 서원을 세웠다고 하는데, 온몸이 붉은색이며 오른손에는 용을 쥐고 있고 왼손으로는 용의 입에서 빼낸 여의주를 들고 있는 형상을 하고 있습니다. 또 서쪽을 지키는 광목천왕(廣目天王)은 웅변을 통해서 온갖 나쁜 이야기를 물리친다는 뜻에서 입을 크게 벌린 것이 특징입니다. 온몸이 흰색으로 되어 있고 손에는 창과 탑을 들었으며 악인들에게 고통을 주어 진리를 구하는 마음을 일으키겠다는 서원을 지녔다고 합니다. 마지막으로 북쪽을 지키는 다문천왕(多聞天王)은 비사문천(毘沙門天)이라고도 하는데, 어둠속을 방황하는 중생들을 제도하겠다는 서원을 세웠다고 합니다. 온몸이 검은색을 띠고 있고 손에는 비파를 든 것이 특징입니다. 이같은 사천왕들은 온갖 악을 경계하면서 사찰이 청정도량임을 나타내고 있는 것이라 하겠습니다.

81. 불이문 혹은 해탈문은 무엇이며 어떤 의미가 있나

　우리나라의 전통적인 사찰들에는 여러 가지 크고 작은 문들이 수없이 건립되어 있습니다만, 그 중에서도 대문들에 해당하는 입구의 일주문과 중턱의 천왕문 및 마지막의 불이문(不二門)은 보통 입구에서부터 법당을 바라보며 일직선상으로 배열되어 있는 경우가 많아 이 세 개의 대문이 산문(山門)의 기본적인 구조를 이루고 있습니다. 여기에서 불이문은 달리 해탈문(解脫門)이라고도 하는데, 세 개의 문 가운데 가장 안쪽에 자리잡고 있고 이층으로 지어져 윗층은 누각을 이루고 있는 경우도 있으며 이 문을 들어서면 곧바로 그 사찰의 본존격인 부처님을 모신 법당 앞에 이르게 됩니다. 이와 같은 구조는 말하자면 부처님은 너와 나, 중생과 부처, 미망과 깨달음, 생사와 열반 등 온갖 상대적인 개념들을 초월하여 모든 것이 둘이 아닌 불이(不二)의 경지에 계신다는 사실을 공간적으로 상징해놓은 것으로서, 그러한 곳에 이르는 문이므로 불이문이라고도 하고 그와 같은 경지가 곧 해탈이므로 해탈문이라고도 하는 것입니다. 그러므로 사찰의 초입에 세워져 있는 일주문이 중생들의 세계와 진리의 세계 사이의 경계를 표시하는 것으로서 불자들에게 세속의 번뇌를 벗어버리고 오로지 진리를 구하는 한마음으로 들어올 것을 일깨우는 문이고, 천왕문이 거기에서부터 사천왕의 수호를 받는 청정도량임을 표시하여 몸가짐과 언행을 더욱 신중히 할 것을 당부하고 있는데 비해, 불이문 또는 해탈문은 부처님의 세계에 이르는 마지막 관문임을 나타내고 있다고 할 수 있습니다. 따라서 우리 불자들이 불이문 안으로 들어설 때는 그곳이 바로 부처님과 부처님의 진리가 깃들어 있는 신성하고도 복된 곳임을 명심하여 보다 엄숙하고 지극한 마음가짐으로 임해야 하겠습니다.

82. 탑이란 무엇이며 어떻게 예배드려야 하나

사찰에 모셔져 있는 탑(塔)은 본래 석가모니부처님의 유골을 봉안했던 인도의 스투파에서 유래된 것으로, 탑이라는 명칭도 스투파를 소리나는 대로 옮긴 말 탑파(塔婆)의 약칭입니다. 다시 말해 석가모니부처님께서 45년간의 중생제도를 마치고 입멸하시자 재가신자들이 부처님을 화장하고 유골을 수습하여 스투파를 세웠는데, 그것은 석가모니부처님을 추모하기 위해 건립한 일종의 무덤같은 것이었습니다. 그 모양은 흙이나 돌들을 둥그렇게 쌓아올린 다음 그 위에 뾰족한 장식을 세운 것으로서, 불상을 모시는 관습이 일반화되기 이전에는 이와 같은 스투파가 살아계셨던 부처님을 대신해서 신앙의 대상이 되었으므로 재가신자들은 그곳에다 예배를 하고 공양을 올렸습니다. 또 최초에는 근본팔탑 혹은 근본십탑이라고 해서 부처님의 유골과 함께 화장하고 남은 재 및 유골을 배분할 때 썼던 병 등을 봉안한 모두 열 군데의 스투파가 세워졌지만, 아쇼카왕의 시대에 그것을 다시 나누어 인도 각지에 팔만사천 개의 탑을 세웠다고 합니다. 그런데 불교가 여러 지역으로 전파됨에 따라 나중에는 석가모니부처님의 유골을 봉안한 사리탑 이외에도 경전이나 기타의 성스러운 물건들을 모신 탑들이 많이 세워져 예배의 대상이 되었고 지역에 따라 그 양식에도 약간씩의 변화를 보이면서 오늘에 이른 것입니다. 그러므로 탑은 그저 단순한 장엄물이 아니라 부처님과 동등한 신앙과 예배의 대상임을 명심해야 하겠는데, 탑에 대한 예배는 먼저 탑을 향해 합장반배를 한 다음 합장한 채 시계방향으로 세번 돌고나서 다시 합장반배를 합니다. 특히 시계방향으로 도는 이유는 인도의 전통예법대로 자신의 오른쪽 어깨가 항상 탑 쪽을 향하게 하기 위해서입니다. ☞제19항 참조

83. 법당은 어떤 곳이며 어떤 의미를 지니고 있나

우리들은 법당(法堂)이라고 하면 흔히 본존이 모셔져 있는 그 사찰의 중심건물을 지칭하는 것으로 이해하고 있습니다만, 실제 불상이나 보살상을 모신 전각을 법당이라고 부르게 된 것은 고려시대에 선종이 성행하면서부터이며 고려 초까지만 해도 부처님을 모신 곳은 금당(金堂)이라고 했다고 합니다. 금당이란 부처님을 금인(金人)이라고 하고 부처님의 가르침을 금구(金口)라고 하듯이 부처님이 모셔진 건물을 지칭하는 것으로서, 이웃 중국이나 일본에서는 아직도 법당이란 말보다 금당이라는 말이 일반적으로 많이 쓰이고 있습니다. 그러므로 당시까지의 전통적인 사찰에서는 본래 부처님을 모시고 예배를 드리던 금당과 법문을 설하고 대중들이 모여 공부를 하던 강당이 분리되어 있었는데, 특히 선종에서는 부처님에 대한 예배나 신앙의례보다도 법문을 더 강조했으므로 사찰의 중심건물을 불상도 모시지만 주로 법문을 설하는 장소 즉, 법당으로 지었던 것입니다. 게다가 규모가 작은 사찰에서는 불상을 모신 곳에서 법문을 설하고 각종 의례를 행했기 때문에 통념상 사찰의 중심건물을 모두 법당이라고 부르게 되었던 것입니다. 따라서 오늘날 우리들이 사용하는 법당이란 말은 좁은 의미에서는 사찰의 중심이 되는 건물로 그 사찰의 본존을 모셔놓은 곳을 가리킨다고 할 수 있고 넓은 의미에서는 부처님과 보살님들을 포함하여 신앙의 대상이 되는 모든 존상들을 모셔놓은 곳을 지칭한다고 할 수도 있습니다. 아무튼 이와 같은 법당은 말 그대로 법 즉, 부처님의 가르침이 깃들어 있는 곳으로서, 우리 불자들이 법회뿐 아니라 예불과 참회, 기도, 정근 등을 행하는 장소입니다. 그러므로 법당에 출입할 때는 아무쪼록 정숙한 몸가짐과 마음가짐을 잃지 말아야 하겠습니다.

84. 불상은 왜 모시며 어떤 유래가 깃들어 있나

《불설대승조상공덕경》이라는 경전에 의하면 석가모니부처님께서 한때 천상으로 올라가 그곳에서 먼저 돌아가신 어머니를 위해 설법을 하신 적이 있었는데 그때 지상에서 우다연이라는 왕이 부처님을 그리는 마음을 견디지 못해 전단향나무로 부처님의 형상을 만들어 예배한 것이 불상(佛像)의 시원이라고 합니다. 그러나 이것은 물론 후대에 경전의 형식을 빌어 지어진 이야기로, 역사적으로 본다면 불상이 처음 제작된 것은 2세기 초엽 인도의 서북부 간다라지방에서였습니다. 다시 말해 그때까지 신자들은 불상을 따로 모시지 않고 부처님의 유골을 봉안한 사리탑을 중심으로 예배와 공양을 행해왔으며 부처님의 덕을 기리기 위한 회화작품들에서도 부처님의 형상을 구체적으로 묘사하는 것은 피하여 보리수나 금강좌, 법륜, 부처님의 발자욱 등으로 부처님을 암시해왔던 것입니다. 왜냐하면 석가모니부처님 스스로가 자신을 신격화시키는 것에 반대하여 형상을 세우지 말도록 했을 뿐 아니라 자칫 잘못하면 부처님의 형상을 묘사하는 것 자체가 부처님의 한량없는 덕성을 일부분으로 국한시켜 버리는 결과를 초래할 수도 있다는 염려 때문이었습니다. 그러나 자신들의 신상(神像)을 자유롭게 조각으로 표현하는 그리스문화의 영향을 받아 이윽고 불상을 제작하게 되었는데, 아무래도 부처님의 형상을 눈앞에 생생한 모습으로 모신 채 예배드리고 싶다는 민중적 욕구를 억누르기 어려웠기 때문이었습니다. 그러므로 우리들이 불상을 모시고 예배와 공양을 올리는 것은 어디까지나 신행상의 방편으로서 불상을 통해 부처님의 덕성과 그분의 가르침을 기리기 위한 것일 뿐 불상이라는 형상에 그 어떤 신비적인 힘이 있어 거기에 의지하려는 것이 결코 아니라는 사실을 명심해야 하겠습니다.

85. 불상의 신체적 특징은 어디에서 유래하는 것인가

　우리들이 아침저녁으로 예배와 공양을 올리는 불상에는 보통사람들의 인체에서는 찾아보기 힘든 여러 가지 신체적 특징들이 눈에 띄는데, 이것들은 사실 부처님의 높으신 덕을 시각적으로 표현해내고자 고심한 흔적들이라 하겠습니다. 다시 말해 우주와 인생의 최고 진리를 깨달은 분으로서 석가모니처님은 본래 고귀한 인품과 원만한 덕성뿐 아니라 남달리 출중하고 수려한 용모의 소유자셨다고 합니다만, 역사적으로 불상을 제작해온 사람들의 입장에서는 불상에다가 그와 같은 부처님의 외모 이외에 일반인들에게서는 찾아볼 수 없는 초인적인 성품까지도 담아내야 할 필요성이 있었고 그 때문에 오늘날 우리들이 보는 바와 같은 여러 가지 외견상의 특징들을 고안해내게 된 것이라고 생각됩니다. 아무튼 일반적으로 부처님의 형상에는 삼십이상(三十二相)과 팔십종호(八十種好)라는 상서로운 모습이 갖추어져 있다고 하는데, 이 가운데 삼십이상이라는 것은 본래 먼 옛날부터 남다른 위업을 성취한 위인들의 관상에는 32가지 비범한 면이 있다는 인도의 속설에서 유래된 것이고, 팔십종호란 그것을 보다 자세히 부연해서 설명한 것입니다. 그러나 이와 같은 삼십이상과 팔십종호가 처음부터 무엇무엇을 가리키는지 확실히 정해져 있던 것은 아니어서 오늘날 전해지는 경전들 사이에도 그에 대해선 상당한 차이를 보이고 있습니다. 다만 그 중에서 대표적인 공통점들을 들어본다면 금색상(金色相)이라 해서 부처님의 전신은 금빛을 띠고 있다든가, 정성육계상(頂成肉髻相)이라 해서 정수리에는 상투처럼 살이 부풀어올라 있다든가, 미간백호상(眉間白毫相)이라 해서 양 눈썹 사이에는 부드럽고 흰 털이 오른쪽으로 말려 있다든가 하는 것들을 꼽을 수 있겠습니다.

86. 불상의 손모양과 자세들에는 어떤 의미가 있나

사찰에 모셔져 있는 불상들은 특정한 손모양을 하고 계신 경우가 많은데, 그것들은 괜한 것이 아니라 나름대로의 깊은 의미를 담고 있습니다. 다시 말해 부처님의 손모양은 흔히 인상(印相)이라 하여 그 부처님의 서원이나 공덕 또는 몸소 증득하신 경지 등 겉모습만으로 쉽게 표현하기 어려운 내면적인 면모를 드러내는 것으로서, 그 중에서 특히 손가락의 모양만으로 표현하는 것을 수인(手印)이라고 합니다. 이같은 수인의 종류는 부처님에 따라 이루 헤아릴 수 없이 다양한데, 석가모니부처님의 경우만을 예로 들어본다면 그 대표적인 것으로 선정인(禪定印), 항마인(降魔印), 전법륜인(轉法輪印), 시무외인(施無畏印), 여원인(與願印) 등을 꼽을 수 있겠습니다. 이 가운데 선정인은 부처님이 삼매에 드신 상태를 표현하는 것으로 결가부좌한 자세에서 왼손을 단전 근처에 놓고 오른손을 그 위에 포갠 뒤 두 손의 엄지손가락을 서로 맞댄 것입니다. 또 항마인은 부처님께서 깨달음을 얻기 직전 악마의 방해를 물리치신 것을 표현하는 것으로 앉은 자세에서 오른손을 내밀어 손끝을 가볍게 땅에 댄 것입니다. 전법륜인은 설법하시는 모습을 표현하는 것으로 오른손의 엄지와 검지 끝을 서로 맞대 동그랗게 꼬부린 것입니다. 그리고 시무외인은 오른손을 펴서 위쪽을 향해 어깨 높이까지 든 것이고 여원인은 반대로 손바닥을 펴서 아래로 내려뜨린 것인데, 이것은 각각 부처님이 자비를 베풀어 중생들의 두려움을 제거해주시는 것과 소원을 들어주시는 것을 의미합니다. 한편 불상의 자세도 여러 가지여서 일반적으로 앉아 계신 좌불(坐佛)과 서 계신 입불(立佛) 이외에 특히 누워 계신 와불(臥佛)이 있는데, 이는 석가모니부처님께서 열반에 드시는 모습을 표현한 것입니다.

87. 부처님 옆에 모시는 두 보살은 어떤 분인가

  사찰의 법당 안에는 일반적으로 부처님을 중심으로 해서 좌우에 각각 한 분씩의 보살상이 모셔져 있는 경우가 대부분인데, 이렇게 모셔져 있는 보살님을 우리는 협시보살(脇侍菩薩)이라고 합니다. 여러 부처님들의 곁에서 한량없는 중생구제를 보좌하고 보완하면서 시중을 드는 보살이라는 뜻으로서, 이와 같은 협시보살은 본래 중앙에 모셔져 있는 부처님의 여러 가지 덕성을 보다 뚜렷하게 부각시키고 강조하기 위해서 모셔지는 분들인 것입니다. 그러므로 그 법당에 어떤 부처님이 모셔져 있는가에 따라 양옆에 어떤 보살님들이 모셔지는가가 결정되는데, 예를 들면 석가모니부처님을 모신 대웅전의 경우에는 각기 지혜를 상징하는 문수보살과 행원을 상징하는 보현보살을 모시거나 대자대비의 관세음보살과 대원본존 지장보살을 모시는 것이 원칙으로 되어 있습니다. 또한 아미타부처님을 모신 극락전에는 관세음보살과 대세지보살 혹은 관세음보살과 지장보살을 모시는 것이 원칙이고, 약사전의 약사여래부처님께는 모든 보살들의 우두머리인 일광보살과 월광보살이 협시보살로서 모셔집니다. 이와 같은 협시보살들은 본존으로 모시는 부처님들에 비해 머리에 보관을 쓰고 있고 온갖 화려한 장식을 두르고 있는 등 보다 인간적인 면모를 띠고 있는 것도 특징이라고 할 수 있겠는데, 이것은 아무래도 무명의 어둠속에서 하루하루를 살아가는 우리 중생들의 입장에서 볼 때 최고의 진리를 상징하는 부처님은 아득히 멀기만 한 분인데 반해 보살은 그 사이에 계신 분들이라 믿어지기 때문이라고 생각됩니다. 그러므로 협시보살들의 또 다른 중요한 임무는 그와 같은 부처님과 중생 사이의 현격한 격차를 메워주는 일종의 교량 역할이라고도 하겠습니다.

88. 보살님들이 손에 들고 있는 것들은 무엇인가

　불상과 더불어 우리들의 신앙과 귀의의 대상이 되고 있는 보살상들은 손에 갖가지 물건을 들고 계신 경우가 대부분인데, 이 물건들은 지물(持物)이라고 해서 그것을 들고 계신 보살님의 특별한 서원이나 덕성 등을 묵시적으로 드러내는 역할을 하는 것들입니다. 다시 말해 지물들은 겉모습만으로는 확인할 수 없는 부처님의 내면적인 면모를 손모양을 통해 암시하고 있는 수인(手印)과 마찬가지로 불·보살의 내적 세계를 표현하는 수단으로서, 특히 지물을 통해 나타내는 이같은 방식을 계인(契印)이라고 합니다. 그러므로 손가락의 모양을 통한 수인보다는 손에 든 물건을 통한 계인이 아무래도 그 표현의 방식에서 보다 구체적이고 실질적인 효과를 지니고 있다고 할 수 있겠는데, 이와 같은 지물은 보살만이 아니라 때에 따라서는 부처님이 들고 계시는 경우도 있습니다. 예를 들면 약사여래부처님이 들고 계시는 감로수병이 대표적인 것으로, 이 감로수병에는 불사(不死)의 약이 담겨져 있다고 합니다. 따라서 모든 중생들을 병고로부터 구원하겠다는 약사여래부처님의 서원을 형상으로 표현하고 있는 것이 바로 감로수병이라 할 수 있으며, 같은 이유로 해서 감로수병은 왕왕 관세음보살의 지물로도 등장하고 있습니다. 아무튼 이같이 지물로 사용되는 물건들은 상당히 다양하기 때문에 일일이 열거하기가 어렵지만, 일반적으로 연꽃이나 법륜, 여의주, 경책, 칼 등을 들 수 있겠습니다. 이 중에서 연꽃은 번뇌에 물들지 않는 밝은 지혜, 법륜은 진리의 끊임없는 전파, 여의주는 모든 중생들의 소원을 들어주는 불·보살의 능력, 경책은 부처님의 가르침을 각각 상징하는 것이며, 특히 문수보살이 자주 들고 있는 칼은 지혜의 단호하고도 날카로운 면을 상징하고 있습니다. ☞제86항 참조

89. 부처님 뒤에 모시는 탱화에는 어떤 것들이 있나

　우리들의 귀의와 예배의 대상이 되는 사찰의 주요 성물이라고 하면 탑이나 불·보살상 이외에도 탱화(幀畫)를 들 수 있습니다만, 탱화란 부처님과 보살님들을 위시한 수많은 성현들의 모습을 그림으로 모셔놓은 것입니다. 그러므로 조각을 통해 입체적으로 조성된 불·보살상에 비해 평면적인 회화에 의존하고 있다는 점만이 다를 뿐 탱화를 모시는 것도 본질적으로 불·보살상을 모시는 것과 똑같은 이유에서라고 할 수 있습니다. 다만 조각에 비해 그 표현의 방법이 얼마든지 자유롭다는 이점 때문에 탱화는 독립적으로 모셔져 예배와 귀의의 대상이 되는 이외에도 불·보살상의 뒤편에 모셔져 앞에 모신 불·보살상을 장엄하게 하는 역할을 하기도 합니다. 말하자면 불·보살상만으로는 미처 다 표현해내기 어려운 불교의 상징세계를 보여주고 있는 것이 바로 탱화로서, 우리 불자들의 입장에서는 탱화를 통해 불·보살의 장엄한 국토를 상상해볼 수 있는 것입니다. 이와 같은 탱화들은 상당히 다양하기 때문에 어느 곳에 모셔진 탱화인가에 따라 상단탱화, 중단탱화, 하단탱화로 구분하는 것이 가장 일반적입니다. 여기에서 상단이란 불단을 가리키고 중단은 보살단, 하단은 신중단을 지칭합니다. 또 주존으로 모신 분이 어느 분인가에 따라 여러 불·보살님들의 탱화 이외에 나한탱화, 신중탱화, 칠성탱화, 제석천룡탱화, 시왕탱화 등으로 구분하기도 하며, 그 밖에 그려져 있는 내용에 따라 구분되는 경우도 있습니다. 즉 팔상탱화나 감로탱화, 아미타내영탱화 등의 구분이 그것인데, 팔상탱화는 석가모니부처님의 팔상성도를 그려 모신 것이고 감로탱화는 우란분재에 얽힌 내용, 아미타내영탱화는 사람들의 임종시 아미타부처님이 맞이해가는 광경을 각각 묘사한 것입니다. ☞제20항, 116항 참조

90. 사찰에 있는 여러 가지 전각들은 무엇인가

우리나라의 전통적인 사찰들에는 여러 가지 크고작은 전각들이 있고, 거기에는 각각의 이름들이 붙어 있어 제각기 ○○전, ○○각이라고 하고 있습니다. 그런데 이와 같은 이름들은 아무렇게나 지어진 것이 아니라 나름대로 그 건물에 모셔져 있는 불·보살님들에 따른 것으로서, 그 건물의 이름을 보면 우리들은 그곳에 모셔진 분이 어느 분인가를 알 수 있습니다. 예를 들면 가장 일반적인 대웅전은 석가모니부처님을 모신 전각으로서, 대웅(大雄)이란 부처님의 별명이기 때문입니다. 또 대웅전과 비슷한 것으로 대웅보전이 있는데, 이 경우에는 석가모니부처님과 아울러 아미타부처님과 약사여래부처님을 함께 모십니다. 한편 법신불인 비로자나부처님을 본존으로 모신 전각은 비로전, 화엄전, 대적광전 등으로 부르고, 아미타부처님을 모신 건물은 무량수전, 극락전, 아미타전 등으로 지칭하고 있으며, 미륵부처님을 모신 전각은 용화전, 미륵전 등으로 부르고, 약사여래부처님을 모신 곳은 약사전이라고 부릅니다. 보살들의 경우에도 관세음보살이 본존일 때는 관음전, 광명전, 대비전, 원통전 등으로 불리우고, 지장보살이 본존인 때는 지장전, 명부전 등으로 부르는데, 특히 명부전은 지장보살과 함께 명부의 시왕을 같이 모신 곳이므로 시왕전이라고도 합니다. 이밖에 사찰의 주요 전각들에는 나반존자를 모신 독성각, 산신령을 모신 산신각, 용왕을 모신 용신각, 칠성님을 모신 칠성각 등이 있는데, 이들은 모두 토속신앙이 불교에 포섭되어 지어진 건물들입니다. 한편 재미있는 것은 전각의 이름에 따라 교리상 그 사찰이 본래 어느 종파의 소속이었나를 알 수 있는 경우가 있는데, 화엄종에서는 관세음보살을 모신 전각을 광명전이라 했고 천태종에서는 원통전이라 했던 것이 그 예입니다.

91. 법당 안의 신중단은 어떤 곳이며 어떤 의미가 있나

　대승불교가 발달하면서 일체중생에 대한 구제가 강조되어 불교에서는 여러 가지 다양한 신앙형태가 생겨나게 되었습니다만, 그 신앙형태의 특징 가운데 한 가지가 인도 재래의 토속신뿐 아니라 불교가 전파되는 여러 지역의 토속신까지도 불교신앙에 수용하여 불법의 수호신으로 편입되게 된 것입니다. 그리고 그와 같은 신앙의 유형이 오늘날까지 이어진 것으로 신중단을 들 수 있는데, 불법을 옹호하는 성중들을 모신 신중단에는 호법성중, 화엄성중, 혹은 신장이라 불리우는 신중들이 있습니다. 다시 말해 보통 법당 안에 부처님을 모신 곳 옆에 자리잡은 신중단에는 불법을 옹호하며 착한 사람을 돕고자 발심한 선신들과 함께 불자들을 돕고자 서원력으로 화신을 나투신 성현들이 자리하십니다. 그 가운데 팔대금강신장은 발심한 성현이고, 제석천이나 사왕천, 대범천 등은 이 땅을 평화롭게 지키고자 하는 천상의 성중들이며, 야차·건달바·아수라·가루라·긴나라·마후라가 등 팔부신장은 신부의 성중입니다. 그밖에 많은 호법선신들이 있어 부처님을 찬탄하고 불법을 옹호하며 착한 사람들을 돕습니다. 신중단에 모신 성현들은 지혜롭고 자비로우며 위력이 대단해서 혹은 자비, 혹은 위엄을 나투면서 정법을 수호하고 착한 사람들을 가호합니다. 불법을 수행하는 사람을 수호하겠다고 원을 세웠고 또 부처님께 부촉을 받은 바이므로 특별히 청하지 않아도 착한 불자를 수호하는 것입니다. 이와 같이 신중단에는 부처님이 아닌 호법을 발원한 선신들을 모셨으므로 우리가 존경하고 감사를 드립니다. 그렇지만 우리 신앙의 참다운 대상은 부처님이며 부처님의 바른 깨달음입니다. 그러므로 신중에 대하여 경의를 표하고 때로는 기원을 할 때도 있지만 신앙의 대상으로 섬기지는 않습니다.

92. 사찰 안의 부도전은 어떤 곳이며 어떤 의미가 있나

부도(浮屠)는 스님들의 사리나 유골을 안치한 묘탑(墓塔)으로서 부도(浮圖), 부두(浮頭), 포도(蒲圖), 불도(佛圖) 등 여러 가지로 표기되고 있는데, 원래는 불타와 같이 붓다를 소리나는 대로 옮긴 것이라고도 하고 또는 솔도파 즉, 탑파가 조금 변한 소리라고도 합니다. 그러므로 부처님을 뜻하는 붓다에서 부도라는 말이 나왔다고 본다면 외형적으로 나타난 불상이나 불탑이 바로 부도이며, 더 나아가 부처님을 섬기는 스님들까지 부도라 부를 수 있습니다. 우리나라에서 부도라는 용어로 스님의 사리탑을 가리키는 실례는 신라 하대부터 보이고 있습니다. 탑은 가람 배치에 관계되는 시설이지만, 부도는 가람 배치와는 관계없이 사원의 앞이나 뒤쪽 일정한 구역에 부도전(浮屠殿)을 두고 여러 부도를 이곳에 설치합니다. 부도전의 신앙의례는 스님의 기일제(忌日祭)와는 관계가 없이 일년에 한번씩 시제(時祭)로 행합니다. 매년 2월 또는 10월에 행하며, 제의절차는 불보살에게 먼저 권공의례(勸供儀禮)를 행하고 이어서 묘탑의 주인공에게 시식의례(施食儀禮)를 행합니다. 이 의식은 해당 사찰의 문도들이 주관하고 문도들에 의하여 행해집니다. 아무튼 이와 같은 부도전은 선종 및 고승신앙(高僧信仰)과 관계가 깊습니다. 묘탑 즉, 부도를 세우는 것은 불교식 장례법으로 인하여 생겨난 것이지만 불교가 전래된 때부터 묘탑의 건립이 시작된 것은 아닙니다. 우리나라에서는 9세기에 이르러 당나라에서 선종이 들어온 이후 부도의 건립이 크게 유행하였습니다. 부도는 다른 석조물과 달리 부도에 따르는 탑비(塔碑)가 건립되어 있어 부도의 주인공과 그의 생애 및 행적 등을 알 수 있을 뿐만 아니라 더 나아가 당시의 사회상, 문화상 등을 알 수 있어 주목됩니다.

93. 사원건물의 단청과 벽화 등에는 어떤 의미가 있나

그저 감상의 대상으로서가 아니라 신앙의 대상으로서 혹은 교화적 의미를 갖는 내용을 그리는 실용화로서 불화(佛畵)가 있습니다. 불화는 그 재료 및 기능에 따라 흙, 나무, 돌 등에 천정화나 벽화를, 종이나 베 등에 탱화나 경화 등을 그리게 됩니다. 벽화는 흙벽그림, 돌벽그림, 판벽화 등으로 나눌 수 있습니다. 천정화는 목조사원의 천정을 보호하기 위해 채색하여 덧입히는 것입니다. 특히 법당은 부처님을 모신 성스러운 장소이기 때문에 화려한 장엄을 하게 됩니다. 이에 따라 천정에도 여러 도안으로 상징적 요소를 문양화해서 채색하게 되는데 이것을 단청이라 부릅니다. 이와 같은 불화, 특히 천정이나 기둥, 벽면에 그린 단청이나 벽화 등은 법당을 장식하면서 또한 종교적인 신성한 분위기를 조성하기 위해 그려졌습니다. 그리고 일반 대중에게 불교의 교리를 쉽게 전달해주고자 하는 뜻에서 교화용으로도 그려집니다. 성스러운 불교경전의 내용을 그림으로 표현하여 보는 이로 하여금 교리의 이해는 물론 신성한 감동을 불러일으키게 하는 것입니다. 인도에서는 일찍부터 사원의 벽화로 불생도나 불전도같은 설화적인 그림을 많이 그려 일반대중들이나 초입자들에게 보여줌으로써 불교교화에 많은 공헌을 하였습니다. 그리고 이와 같은 교화를 목적으로 하는 불화는 우리나라에서도 많이 그려졌습니다만, 예를 들면 지옥의 여러 가지 유형을 그려 죄를 지으면 그 죄에 따라 어떤 지옥에 떨어진다는 지옥변상도가 있습니다. 이것은 죄를 두려워하게 하는 좋은 교재가 되었습니다. 또 착한 일을 하면 내세에 아미타부처님이나 미륵부처님에 의해 좋은 곳으로 인도된다는 내용을 그린 아미타내영도나 미륵내영도같은 그림도 권선의 좋은 교재가 되고 있는 것입니다.

94. 사찰에서 사용하는 법구에는 어떤 것들이 있나

사찰에서 사용하는 법구에는 불음(佛音)을 전하는 사물(四物) 즉, 범종·목어·운판·법고가 있고 이외에 요령, 죽비, 악기, 향로, 다기, 마지그릇, 촛대, 석등 등이 있으며 염주와 같이 수행을 위한 법구도 있습니다. 대표적인 법구의 용도를 살펴보면 다음과 같습니다. 종(鐘)은 범종이라고도 하며 절에서 대중을 모으기 위해서나 때를 알리기 위해서 사용되었습니다. 의식에서는 지옥에서 고통받는 중생을 구제하여 괴로움을 없애고 즐거움을 얻도록 하기 위한 목적으로 사용됩니다. 법고는 법을 전하는 북이라는 뜻입니다. 즉 북소리가 세간에 울려퍼지듯이 불법의 진리로 중생의 마음을 울려 일심을 깨우친다는 의미가 담겨 있습니다. 북은 홍고(弘鼓)와 소고(小鼓)로 나누어집니다. 홍고는 범종과 같이 범종각에 두고 조석예불 때에 치게 되며, 소고는 염불의식 때에 많이 사용됩니다. 주로 축생을 제도하기 위한 법구입니다. 운판은 청동 또는 철로써 구름무늬 모양의 넓은 판을 만들고 판 위에 보살상이나 진언을 새기기도 하며 가장자리에는 용이 승천하는 모양이나 구름과 달을 새기기도 합니다. 선종에서 대중에게 끼니 때를 알리기 위하여 울렸던 기구였는데, 차츰 불전 사물의 하나로 바뀌어 조석예불에 치는 의식용구가 되었습니다. 즉 운판이 울리면 공중을 날아다니는 중생을 제도하고 허공을 헤매며 떠도는 영혼을 천도할 수 있다고 합니다. 목어는 나무로 물고기 모양을 만들어서 걸어두고 두드리는 것인데, 처음엔 대중을 모으는데만 사용하였던 것이 뒤에 독경이나 의식에 쓰는 법구가 되었으며 물속에 사는 물고기를 제도한다고 합니다. 목어에서 유래된 목탁은 사람을 모을 때뿐만 아니라 염불, 독경, 예배할 때 등 불교의식에서 가장 폭넓게 쓰여지는 도구가 되었습니다.

95. 염주는 어떻게 사용하며 어떤 것들이 있나

염주는 수주(數珠)라고 하며 염불할 때나 진언을 외울 때, 또는 절을 할 때에 그 수를 헤아리기 위해서 사용합니다. 오늘날 염주는 번뇌를 끊는 도구 즉, 수행하는데 도움을 주는 도구로 광범위하게 사용되고 있습니다. 염주 하나를 굴릴 때마다 번뇌가 끊어짐을 상징하므로 일념으로 염주를 돌림에 따라 부처님 광명이 자신에게 충만해지고 죄업이 소멸된다는 의미를 갖습니다. 염주를 사용하는 방법은 일반적으로 오른손에 들고 엄지손가락을 이용하여 불·법·승 삼보의 명호를 부르면서 하나씩 앞으로 넘깁니다. 불보살께 예배할 때는 팔에 감거나 목에 걸기도 합니다. 요즈음은 합장주라고 하여 손목에 차고 다니는 짧은 염주도 있습니다. 염주는 108개가 가장 일반적인데, 이는 108번뇌를 끊는다는 의미이며 최승주(最勝珠)라고 합니다. 염불이나 천배 등에 쓰이는 1,080주는 상품주(上品珠)라 하며, 염주알 수가 그 절반인 540개일 때도 있습니다. 또한 108개의 절반인 54개로도 하는데, 이는 보살 수행의 계위인 4선근, 10신, 10주, 10행, 10회향, 10지를 나타낸다고 합니다. 또 그 절반인 27개로 하는 염주는 27현성을 표시한다는 말도 있습니다. 아무튼 이와 같은 염주는 그 만드는 재료에 따라 보리자염주, 금강주, 목환자염주, 율무염주, 시우쇠염주, 수정염주, 산호염주, 진주염주 등으로 부르고 있는데, 근래에는 화학제품으로 만든 것이 보편적으로 많이 보급되어 있습니다. 일반적으로 염주에는 모주(母珠)라는 큰 구슬이 있어 부처님이나 보살을 표시하여 모시게 됩니다. 그러므로 백팔염주를 가지고 염불을 하게 되면 우리 중생들의 과거, 현재, 미래의 고통과 슬픔인 백팔번뇌를 모두 소멸하고 안락을 얻게 되는 공덕이 있는 것입니다.

96. 발우란 무엇이며 어떻게 사용하나

　여러 대중들과 함께 모여 정진하는 스님들은 공양시에 발우공양을 하는데, 이를 대중공양이라고도 합니다. 발우(鉢盂)란 스님들의 밥그릇인데, 발(鉢)은 범어로서 응량기(應量器)라 번역하고 우(盂)는 한자로 밥그릇이라는 뜻입니다. 따라서 범어와 중국말을 아울러 일컫는 것이 발우인데, 우리말로는 흔히 바리때라고도 합니다. 발우에 밥이 담겨 있을 때에는 많은 복이 가득차 있다는 뜻이 되고 비어 있을 때에는 온갖 괴로움과 헛된 생각을 비운다는 뜻으로 해석되기도 합니다. 발우공양의 순서는 발우를 펴고 깔판을 편 다음 포개진 발우를 왼쪽 아래에 놓고 하나씩 들어 내어 왼쪽 위에서부터 시계방향으로 꺼내놓습니다. 수저는 오른쪽 위 발우에 가지런히 놓고 먼저 천수물을 받아서 왼쪽 아래 발우에 받아 오른쪽 아래 발우, 왼쪽 위 발우 순으로 씻어 오른쪽 위 발우에 옮겨놓습니다. 다음엔 밥을 왼쪽 아래 발우에 받고, 국은 오른쪽 아래 발우에 받으며, 마지막으로 반찬은 왼쪽 위 발우에 받아담습니다. 찬을 덜 때에는 자신이 좋아하는 것 한 가지만 많이 덜면 안됩니다. 발우를 들고 자세를 바로해서 천천히 공양을 하고 공양이 끝나면 숭늉을 나누어가면서 김치 등을 사용하여 그릇을 모두 깨끗이 씻고 그 물은 모두 마십니다. 다시 천수물로 그릇을 깨끗이 씻는데, 이때 천수물은 처음 받을 때와 같이 깨끗해야 합니다. 천수물을 거두어 제일 윗어른에게 검사받은 후 발우를 펼 때와 반대순서로 포갠 후 다시 싸서 옮겨놓습니다. 발우공양은 처음부터 끝까지 그 절차마다 소심경의 게송을 외워가며 진행합니다. 또한 발우공양은 똑같이 나누어 먹는 평등공양이며, 위생적인 청결공양, 낭비가 없는 절약공양, 단결과 화합을 고양시키는 공동공양의 의미를 갖습니다.

97. 卍은 무엇이며, 그밖의 불교상징물에는 어떤 것이 있나

인도에서 슈리밧사라 불리우고 중국에서 만(萬) 자로 번역된 만(卍)은 길상(吉祥)과 행운의 표상입니다. 불교가 아닌 다른 종교에서도 사용되었지만, 불교에서는 만덕원만한 모양으로서 부처님의 마음 등의 표시로 삼았습니다. 또 부처님의 발자국에 있는 65가지 형상 가운데 하나를 가리키기도 합니다. 일반적으로 잘 알려져 있는 불교의 다른 상징물로는 법의 수레바퀴로 표현되는 법륜이 있습니다. 고대 인도에서는 우주범천의 바퀴라 하여 이를 돌리는 자는 신들 가운데서 최고의 신이라 생각했으며, 지상에서도 이상적인 왕은 일곱개의 보물을 소유하고 그 하나인 윤보(輪寶)를 굴리는 자라고 하여 전륜성왕이라 불렀습니다. 부처님의 설법도 이와 같은 의미에서 법의 바퀴를 굴린다고 비유되었던 것입니다. 후대에 와서는 법륜이 부처님의 설법만이 아니라 불교의 상징물로 사용되고 있습니다. 그리고 최근에 들어 1956년 실론에서 열린 세계불교도대회에서 정식으로 인정되어 사용되고 있는 불교기(佛敎旗)도 불교의 상징물입니다. 바탕에 청·황·적·백·주황색의 세로줄과 오른쪽 끝에 다시 같은 5색으로 가로줄이 칠해진 불교기는 부처님이 성도하실 때 몸에서 오색의 빛을 발하셨다는 이야기와 전인류의 인종색을 상징화하는 것이라고 합니다. 구체적으로 청색은 마음이 흐트러지지 않고 줄기차게 진리를 추구하는 정근과 귀의를, 황색은 금빛찬란한 부처님의 몸빛깔로 확고한 금강과 지혜를, 적색은 대자대비의 묘법을 닦아 항상 쉬지 않고 수도에 힘쓰는 정진과 자비를, 백색은 청순한 마음으로 온갖 악업과 번뇌를 소멸하는 청정을, 그리고 주황색은 가사의 색으로 온갖 굴욕과 유혹을 잘 견뎌 이기는 인욕과 정열을 각각 상징한다고 합니다.

98. 우리나라의 삼보사찰은 어떤 곳들인가

　우리나라 불교의 자랑이라고 할 수 있는 삼보사찰은 각각 불·법·승의 삼보를 상징하는 사찰입니다. 신라시대 자장율사가 창건한 양산 통도사는 부처님 몸에서 나온 사리와 가사가 모셔져 있는 불보사찰입니다. 부처님께서 설법하시던 인도 영취산의 맑은 기운이 그대로 통한다 하여 통도(通道)라 이름하고 부처님의 가르침으로 모든 사람들을 구제한다는 뜻에서 통도사라 합니다. 부처님의 진신사리를 모신 탑이 법당 뒤에 있으므로 우리나라 불보종찰인 통도사 대웅전에는 따로 불상을 모시지 않습니다. 신라시대 순응, 이정 두 스님이 창건하였다는 합천 가야산의 해인사는 부처님의 가르침인 경전을 목판에 새겨놓은 고려대장경을 모시고 있는 법보사찰입니다. 해인(海印)이란 모든 사물의 그림자가 넓고 큰 바다에 거울처럼 두루 비치듯이 부처님의 드넓은 지혜의 바다에 온갖 법이 나타난다는 뜻입니다. 해인사 장경각에는 고려대장경판이 여러 차례 화재에도 불구하고 잘 보존되어 있습니다. 이와 같이 해인사는 부처님의 일대 설법을 모신 곳 즉, 법보종찰이므로 대장경각은 대웅전 뒤 제일 높은 위치에 모셔져 있습니다. 신라시대 혜린선사가 창건하였다는 승주군 조계산의 송광사는 옛부터 덕높은 국사를 많이 배출하여 그 국사들의 영정을 모신 승보사찰이라 합니다. 송광(松廣)이란 송광사가 자리잡고 있는 조계산에서 열여섯 분의 훌륭한 스님이 나와 부처님의 가르침을 널리 폈다는 전설에서 유래하고 있습니다. 고려시대 보조국사 이후 진각, 청진, 진명국사 등 열여섯 분의 영정이 국사전에 모셔져 있습니다. 국민과 나라에 큰 가르침을 펴신 스님들이 많이 나오신 곳이므로 송광사를 승보종찰이라 부르며 대웅전 뒤에는 종사가 설법하는 설법전 즉, 승보전이 있습니다.

99. 우리나라 5대보궁은 어떤 곳들인가

석가모니부처님의 진신사리(眞身舍利)를 봉안한 사찰 건물 가운데 하나를 적멸보궁(寂滅寶宮)이라 합니다. 이것은 석가모니부처님께서 《화엄경》을 설한 중인도 마가다국 가야성의 남쪽 보리수 아래의 적멸도량(寂滅道場)을 뜻하는 전각이며, 불사리를 모심으로써 부처님이 항상 이곳에서 적멸의 낙을 누리고 있는 곳임을 상징하게 됩니다. 따라서 진신인 사리를 모시고 있는 이 불전에는 따로 불상을 봉안하지 않고 불단(佛壇)만 있는 것이 특징입니다. 불사리는 곧 법신불로서의 석가모니부처님의 진신이 상주하고 있음을 의미하는 것이기 때문입니다. 따라서 불상을 모시는 대신 적멸보궁의 바깥쪽에 사리탑을 세우거나 계단(戒壇)을 만들기도 합니다. 우리나라에는 불사리를 모신 곳이 많지만, 그 중 대표적인 곳으로서 5대 적멸보궁이 있습니다. 경상남도 양산군 하북면 지산리 영취산 통도사의 적멸보궁, 강원도 평창군 진부면 동산리 오대산 중대에 있는 적멸보궁, 강원도 인제군 북면 용대리 설악산 봉정암에 있는 적멸보궁, 강원도 영월군 수주면 법흥리 사자산 법흥사에 있는 적멸보궁, 강원도 정선군 고한리 태백산 정암사의 적멸보궁이 그것입니다. 이 중 태백산 정암사의 적멸보궁을 제외하고는 모두 신라시대에 자장(慈藏)스님이 당나라에서 귀국할 때 가져온 불사리 및 정골(頂骨)을 직접 봉안한 것이며, 정암사의 보궁에 봉안된 사리는 임진왜란 때 사명대사가 왜적의 노략질을 피해서 통도사의 것을 나누어 봉안한 것입니다. 5대 적멸보궁 중 오대산의 보궁은 어느 곳에 불사리가 안치되어 있는지 알려서 있지 않아 그 신비성을 더하고 있습니다. 이들 5대 적멸보궁은 순례지로서, 또 기도처로서 불자들의 발길이 끊이지 않는 가장 신봉되고 있는 성지입니다.

제8장

몸과 마음 가다듬고

100. 합장은 어떻게 하며 무슨 의미가 깃들어 있나

합장(合掌)이란 본래 부처님의 나라인 인도의 전통적인 인사법으로서, 흐트러진 마음을 하나로 모아 상대편에게 공경을 표한다는 의미가 있습니다. 그러므로 합장하는 마음은 지극한 믿음의 마음이고, 깊은 신뢰와 존경의 마음입니다. 합장반배는 실외에서 스님을 만났을 때나 불자들 상호간에 합장을 한 채 가볍게 고개를 숙여 주고받는 인사법으로, 불교의 예법 가운데 가장 널리 알려진 공경의 표시입니다. 합장을 할 때에는 먼저 두 손을 가슴 부근에서 서로 맞대어 두 손바닥과 열 손가락이 서로 어긋나거나 벌어지지 않게 합니다. 손목은 가슴으로부터 주먹 하나가 들어갈 정도로 떨어지게 하고, 팔목은 거의 수평이 되게 하며, 손끝은 코끝을 향하도록 자연스럽게 세웁니다. 그리고 이같이 합장한 자세에서 공손하게 윗몸을 숙여 반절을 하는 것이 합장반배입니다. 법당에 드나들 땐 부처님을 향해 합장반배를 하며, 스님이나 불자와 마주칠 때는 서서, 법회 도중에는 목탁에 맞추어 앉은 채로 합장반배를 하는 경우가 있습니다. 합장은 불자의 기본자세이기 때문에 이론적으로 따질 것 없이 무조건 반사적으로 숙달시켜야 할 자세인데, 두 손을 밀착시키고 서로 맞댄 손바닥의 체온을 느낄 때에 무엇인가 합쳐진다는 느낌을 가질 수가 있습니다. 합장을 통해서 나의 마음을 모으는 것이며 나아가서 나와 남이 서로 대립하는 일 없이 하나의 진리 위에 합쳐진 동일생명이라는 무언의 선언이기도 합니다. 두 손바닥이 합쳐지듯 부처님을 향할 때는 부처와 내가 일심에 의하여 하나가 되고자 하는 서원이며, 중생을 향할 때는 상대방에게 마음을 열고 나아가 만난다는 지극히 겸손한 마음의 표현이기도 한 것입니다. 그래서 모든 만남과 기도와 예불은 가장 먼저 합장으로 시작하게 됩니다.

101. 부처님이나 스님들께 큰절을 올릴 땐 어떻게 하나

불자가 삼보께 올리는 절은 오체투지(五體投地)라고 합니다. 이것은 신체 가운데 머리, 다리, 팔, 가슴, 배의 다섯 부분을 땅에 닿도록 납작하게 엎드려 절하는 인도식 예법에서 유래되었습니다. 원래 인도의 예법에서는 접족례(接足禮)라 하여 온몸을 땅에 던져 절을 하면서 공경하는 이의 발을 두 손으로 떠받들었다고 합니다. 우리나라에서 행하는 오체투지는 전통적인 큰절의 원형을 그대로 유지하되 반드시 몸의 다섯 부분인 양 팔꿈치와 양 무릎 및 이마가 바닥에 닿아야 합니다. 오체투지의 예는 자신을 무한히 낮추면서 상대방에게 최대의 존경을 표하는 몸의 동작으로서 가장 경건한 예법입니다. 부처님께 오체투지의 큰절을 할 때에는 삼배라고 해서 세번 반복하며 스님께는 한번만 하는 것이 보통입니다. 삼배를 할 때에는 먼저 서있는 자세에서 합장하고 공손히 머리를 숙여 합장반배합니다. 그런 다음 합장한 자세에서 그대로 두 무릎을 꿇고 앉습니다. 왼손을 가슴에 대고, 오른손을 뻗어 몸을 굽히면서 이마가 닿을 지점을 짚습니다. 왼손을 오른손과 나란히 놓고 윗몸을 숙여 이마가 바닥에 닿도록 완전히 엎드립니다. 엎드린 상태에서 두 손을 가볍게 뒤집어서 무언가 받들어 올리는 자세를 취합니다. 이때 왼발은 오른발의 발바닥 위에 가볍게 포개어놓아야 합니다. 일어설 때는 엎드릴 때와 정반대의 순서에 따르는데, 먼저 펼쳤던 손을 다시 뒤집어 왼손을 가슴부근에 갖다댄 다음 오른손을 거두어 합장하면서 다리를 풀고 본래의 자세로 일어섭니다. 다만 세번째 절은 유원반배, 또는 고두례라고 하여 무릎을 꿇은 채 상체만을 일으켜 합장했다가 다시 한번 엎드려 절을 하고 일어납니다. 삼배를 마친 다음에는 일어서서 다시 한번 합장반배합니다.

102. 사찰에서 지켜야 할 신자들의 예절에는 어떤 것이 있나

절은 부처님을 모시고 있는 신성하고도 장엄한 곳이고, 스님들이 모여서 열심히 정진하는 수행의 도량이며, 이 세상 중생들이 찾아와 번뇌와 탐욕 등 온갖 더러운 때를 씻어내어 마음을 깨끗이 하는 곳이고, 스스로의 잘못을 참회하고 올바른 삶을 다짐하는 곳입니다. 그러므로 절문에 들어왔으면 집에 돌아갈 때까지 매사를 조심스럽게 행동해야 합니다. 화려한 치장을 피하여 단정하고 검소한 옷차림과 부처님께 참배하는 경건한 마음을 지닙니다. 절의 입구에서부터 지켜야 할 예절을 알아보면 다음과 같습니다. 절문에 들어갈 때에는 중앙을 피하여 왼쪽가나 오른쪽가로 출입하여야 합니다. 일주문에서부터 사찰 경내에 해당되므로 법당 쪽을 향해 합장반배를 하고 몸가짐을 정숙히 합니다. 일주문을 지나면 입적하신 스님들의 사리나 유골을 모셔놓은 부도와 불법을 수호하는 천상의 신들을 모셔놓은 사천왕문이 있는데, 이곳에서도 합장하고 반배합니다. 또 법당이 보이기 시작하는 곳에서도 마찬가지로 합장반배를 하여야 합니다. 법당 앞마당에는 대부분 불탑이 모셔져 있는 경우가 많은데, 탑은 전통적으로 부처님의 사리나 경전을 모신 곳이므로 정성껏 예배합니다. 먼저 탑 앞에 서서 합장반배한 다음, 합장한 채로 오른쪽 어깨가 탑 쪽을 향하도록 시계방향으로 세 바퀴를 돕니다. 그리고 다시 탑 앞에서 합장반배를 합니다. 절의 경내에 들어와서는 화급을 다투는 중대한 용무가 있는 경우를 제외하고는 먼저 법당에 들어가서 부처님전에 삼배를 드려야 합니다. 그리고 사찰에서 나갈 때에는 다시 법당을 향하여 반배합니다. 이 세상 어느 곳이라도 부처님이 안 계신 곳은 없지만 특히 사찰은 불·법·승의 삼보가 모셔져 있는 곳이므로 정중하고 예절바르게 행동해야 합니다.

103. 법당에 들어갈 때 불자들은 어떤 예절을 지켜야 하나

　법당은 사찰에서 가장 중심이 되는 건물로 그 절의 주된 부처님을 모시고 법회나 예불 등 각종 의식을 거행하는 곳이므로 사찰을 찾는 사람은 누구나 먼저 찾아서 예배하여야 합니다. 법당 한가운데 있는 계단이나 문은 어간이라고 해서 큰스님들만 사용하시는 곳이므로 일반신자들은 되도록 옆계단과 옆문을 이용하여야 합니다. 먼저 법당 문앞에서는 합장반배합니다. 그리고는 오른손으로 문고리를 잡은 뒤 왼손으로 오른손을 받들어 조용히 엽니다. 비나 눈이 와서 우산을 쓰고 왔거나 지팡이를 가져온 경우에는 벽에 기대지 않고 바닥에 눕혀놓습니다. 신발을 벗어 바깥을 향하게 가지런히 놓고 들어가며, 뒤따라 들어오는 다른 불자들의 통행을 막지 않기 위해서 한 걸음쯤 앞으로 나아간 자리에서 부처님을 향해 합장반배를 합니다. 그리고 합장한 채로 부처님께 나아가 향과 초 등을 공양한 뒤 뒷걸음으로 물러나서 부처님께 삼배를 올립니다. 또한 법당에 들어갈 때뿐 아니라 법당 안에서 움직일 때에도 다음과 같은 예절을 지켜야 합니다. 법당에서는 경건한 마음으로 조용히 하여야 합니다. 큰소리로 이야기하거나 아는 사람을 소리쳐 부르는 행위는 삼가해야 합니다. 그리고 법당 안에서 걸을 때에는 항상 발뒤꿈치를 들고 소리가 나지 않게 걸어야 합니다. 다른 불자가 절을 하는 머리맡으로 지나다니지 않으며 좌복은 앉고난 뒤에는 원위치에 놓고 나옵니다. 특히 어간에는 앉지 않으며 어간을 지날 때에는 합장하고 상체를 약간 숙이면서 지나갑니다. 초나 향은 먼저 꽂힌 것이 있으면 이를 끄거나 빼버리고 자기 것을 꽂는 일은 삼가야 합니다. 법당에서 나올 때에도 들어갈 때와 마찬가지로 법당의 옆문으로 와서 부처님께 합장반배를 올린 후 뒷걸음으로 법당 문을 나옵니다.

104. 초나 향, 인등을 공양할 때 지켜야 할 예절은

육법공양(六法供養)이란 말이 있는데, 부처님전에 가장 많이 올리는 여섯 가지 물건의 공양을 일컫는 말입니다. 그 여섯 가지는 향, 등불, 꽃, 과일, 차, 음식입니다. 그 가운데 부처님께 예배할 때는 일반적으로 초와 향을 사루어 공양하는 경우가 많습니다. 특별히 초와 향으로 공양하는 것은 초와 향이 스스로를 태워 밝은 빛과 좋은 향기를 내기 때문입니다. 다시 말해 초와 향을 공양하는데는 그것을 공양하는 사람 자신도 초와 향처럼 이웃에 이익이 되는 삶을 살아가겠다고 부처님께 다짐하는 의미가 깃들어 있는 것입니다. 인등도 마찬가지 의미이며 초나 향공양의 예절에 준합니다. 초나 향을 공양할 때 지켜야 할 예절은 다음과 같습니다. 먼저 불단 앞으로 조용히 합장하고 다가가 반배한 다음에 오른손으로 불을 켜서 초에 불을 붙입니다. 향은 오른손으로 들어 촛불에다 불을 붙이는데, 한가운데를 새끼손가락까지 덮어서 완전히 쥐고 왼손으로 오른손을 받듭니다. 향에 불이 붙으면 고개를 약간 숙이면서 향을 든 두 손을 이마 위에 살짝 댔다가 내립니다. 역시 왼손으로 오른손을 받든 상태에서 향로에다 꽂습니다. 초와 향을 올린 뒤에는 한발짝 뒤로 물러나 다시 합장반배하고나서 법당 안에 적당히 자리를 잡고 삼배를 드립니다. 법당에서의 의식을 마치고 나올 때는 반드시 촛불을 꺼야 하는데, 부처님께 올린 촛불은 입으로 불어서 끄지 않습니다. 손가락으로 심지를 잡아서 끄거나 손으로 바람을 일으켜서 끄기도 하고, 기구를 이용해서 끄기도 합니다. 먼저 초나 향을 공양한 것이 있으면 자신이 준비한 것은 불을 붙이지 않고 불단에 올려놓는 것으로 공양을 대신합니다. 그리고 꽃공양은 법당을 장엄하며, 과일과 차와 음식공양은 사시마지 불공에 올리는 것이 통례입니다.

105. 스님들을 만났을 때 지켜야 할 신자들의 예절은

　스님들은 스스로 출가수행하면서 재가의 불자들이 부처님의 가르침에 따라 올바로 살 수 있도록 지도하는 역할을 합니다. 불·법·승 삼보 가운데 승보는 스님들의 수행공동체인 승가를 의미하는데, 부처님과 부처님의 가르침인 불보와 법보는 이를 가르치고 깨우쳐 주는 승보 즉, 스님들이 없이는 절대로 알려질 수 없습니다. 그러므로 승가에 속하며 거룩한 수행을 하는 스님은 천상과 인간이 함께 공경하고 공양해야 할 대상인 것입니다. 스님과 마주치면 어디서나 공경하는 마음으로 공손하게 합장반배합니다. 자신보다 나이가 어리다 하여 예의에 어긋난 행동은 결례이며, 설령 자식이 출가했다 해도 불자의 예의를 지켜야 합니다. 스님의 이름을 함부로 부르거나 스님에 관해 좋지 않은 말을 해서는 안되며 법을 청하거나 다른 말씀을 여쭐 때는 은밀한 곳을 피하여 공손히 여쭈며 항상 엄숙한 마음으로 대해야 합니다. 또한 스님들을 모략한다거나 헐뜯고 비방하면서 불자들간을 이간질시켜 불법을 훼방하게 되면 크나큰 과보를 받는다고 합니다. 수행승을 도와주는 것도 역시 보시이며, 삼보를 수호하는 것입니다. 보시란 주는 자와 받는 자, 그리고 베푸는 물건이 청정한 것이어야만 무량공덕을 받습니다. 물질적인 것도 중요하지만 정신적인 면으로 항상 삼보 수호에 대해 생각해야 합니다. 그러므로 재가불자들은 스님들의 수행생활에 필요한 의복이나 음식, 약, 금전 등을 공양하게 됩니다. 스님은 열심히 정진하여 참다운 부처님의 제자가 되고 신자들은 정성껏 스님들께 의지하며 청정한 스님들의 가르침을 통하여 사악하고 삿된 마음을 털어버리고 자비스러운 마음으로 올바른 삶을 살아나갈 때 부처님께서 말씀하신 화합하는 승가가 이루어질 것입니다.

106. 예불이나 법회에 참석했을 때 신자들이 지녀야 할 예절은

　예불(禮佛)은 아침저녁 부처님께 공경의 마음으로 예를 올리는 의식입니다. 절에서는 조석으로 예불의식이 행하여지는데, 재가불자도 가정에서 매일 예불을 드려야 합니다. 절에서 하는 예불에 참석했을 때 신자들이 지녀야 할 예절은 다음과 같습니다. 소리를 내어 염불을 하거나 부처님께 절을 할 때 소란스럽게 하지 않습니다. 부처님과 마주한 자리 즉, 어간에 위치하거나 스님들과 나란히 서지 않도록 합니다. 예불시작을 알리는 목탁소리가 울리면 법다웁게 동작하여 자리에서 일어나 대중과 함께 예불을 올립니다. 예불을 마치고 스님이 축원문을 낭송할 때에는 축원시작 직후 목탁소리에 맞추어 삼배를 올리며 삼배가 끝난 후에는 조용히 서서 마음으로 축원문을 깊이 생각합니다. 법당이 아니더라도 집에서 이와 같이 예불을 올려도 되며 기도기간중일 때에는 수행일과 시간에 꼭 예불을 하고 108배를 올립니다. 그리고 법회는 불자들이 모여서 부처님의 가르침을 배우고 익히는 자리로서, 스스로의 생활을 점검하고 올바른 삶의 자세를 가다듬는 중요한 기회입니다. 그러므로 불자들은 법회가 있을 때는 반드시 참석하여 부처님께 정성스런 마음으로 경배를 하고 스님들의 설법을 귀담아 들어야 합니다. 설법의 내용이 이미 알고 있는 것이라고 가볍게 여기거나 너무 어렵다고 포기해서는 안되며, 아는 것은 다시 한번 새겨서 실천하고 모르는 것은 더 공부해서 이해하도록 합니다. 아울러 그렇게 공부하고 수행한 내용은 주위의 이웃들에게도 널리 전해줄 수 있어야 하겠습니다. 스스로 부처님의 가르침을 열심히 배우고 익힐 뿐 아니라 남들에게도 관심을 기울여 가르침을 베풀고 그들을 부처님의 세계로 인도해가는 것이 불자의 올바른 자세이기 때문입니다.

107. 식사를 할 때 지녀야 할 신자들의 올바른 자세는

식사하는 것을 불교에서는 공양이라고 합니다. 공양을 할 때는 수저소리나 음식 먹는 소리가 나지 않게 조용히 하며, 음식을 떠서 입에 넣은 채로 사방을 돌아보거나 잡담을 하지 않으며, 바른 자세를 끝까지 지켜야 합니다. 또한 이 음식이 내 앞에 이르기까지의 중생의 노고를 생각해보아야 합니다. 우리들이 받는 음식은 농부의 피땀 흘린 노고와 탄광의 막장에서 일하는 광부의 노고, 가공하고 수송하는 노동자의 노고, 부엌에서 공양짓는 공양주의 노고 등등 수많은 이들의 노동으로 만들어진 것입니다. 이러한 음식을 내가 부끄러움 없이 받아먹을 자격이 있는가 생각해보며 오늘 하루의 생활을 돌이켜 깊이 반성해봅니다. 내가 이 음식을 먹는 뜻은 탐·진·치 삼독을 끊고 허물을 멀리하고 마음을 잘 다스려 중생의 은혜에 보답하기 위함입니다. 맛에 탐닉하여 공양하는 것이 아니라 오직 수행을 위한 좋은 약으로 먹는 것이므로 이 음식을 먹고 마땅히 도를 이루리라 다짐해야 하겠습니다. 또한 한 톨의 쌀도 함부로 버려서는 안되겠습니다. 이 세상에는 굶주려 죽는 사람들이 아직도 무수히 많습니다. 내 것이라 하여도 내 마음대로 한다는 생각을 해서는 안됩니다. 부처님의 연기법으로 세상을 볼 때 우리들이 음식을 낭비하면 그만큼 수입해야 하고, 수입을 하는 나라가 많으면 국제가격이 올라 가난한 나라는 적은 양만 수입하게 되어 그 국민들은 굶주리는 사람이 늘어나게 됩니다. 지금 나의 작은 낭비가 그들을 굶게 할지도 모른다는 사실을 인식한다면 한 톨의 쌀인들 낭비할 수 없을 것입니다. 일체의 생명이 나와 한 몸이라는 동체대비사상을 간직하고 헐벗고 굶주리는 사람의 고통을 나의 아픔으로 느낄 때 공양은 참된 자양이 될 것입니다.

108. 대중들과 식사를 할 때 외우는 의식문은 무엇인가

　수행하시는 스님들이 식사할 때 행하는 식사법을 발우공양이라 합니다. 단순한 식사법이 아니라 수행의 한 과정으로 행해지며, 많은 대중이 모여 사는 사찰에서는 필수적입니다. 이런 발우공양을 할 때 암송하는 경을 《소심경》이라 합니다. 그 《소심경》에는 부처님을 회상하면서 그 공덕을 찬탄, 공경, 예배하는 마음과 모든 중생의 노고와 은혜를 고맙게 여기는 감사하는 마음, 자신의 하루 수행생활을 돌아보는 반성하는 마음, 그리고 모든 배고픈 중생들과 함께 평등히 나누어 먹겠다는 자비의 마음이 들어 있습니다. 《소심경》의 순서는 다음과 같습니다. 먼저 발우를 가지고 자리에 앉고나서 불은상기게(佛恩想起偈) 또는 회발게(回鉢偈)라는 게송을 외웁니다. '부처님은 가비라에 탄생하시고, 마갈타나라에서 성불하시어, 바라나 녹원에서 설법하시고, 구시라 쌍림에서 열반드셨네.' 곧 공양을 들기 전에 부처님을 상기한다는 것입니다. 불은상기게를 한 후 발우 펴는 게송인 전발게(展鉢偈)를 하고, 발우를 편 후 십념(十念)을 외웁니다. 음식을 다 받은 후에 양손으로 발우를 눈썹 위까지 올린 후 봉발게(奉鉢偈)를 하고 발우를 내려놓고 다음과 같은 오관게(五觀偈)를 외웁니다. '온갖 정성 두루 쌓인 이 공양을 부족한 덕행으로 감히 받누나. 탐심을 여의어서 허물을 막고 육신을 지탱하는 약을 삼으며 도업을 이루고자 이제 먹노라.' 헌식을 하며 출생게(出生偈)를 외우고, 공양을 마치고 발우를 깨끗이 씻은 후 천수물을 앞에 놓고 절수게(折水偈)를 외웁니다. 끝으로 발우를 닦아 발우보로 묶은 다음 식필게(食畢偈)를 외워 공양을 마칩니다. '공양 들어 몸의 힘이 가득히 차니 그 위엄 시방삼세 영웅이로다. 인과가 생각 중에 있지 않으니 중생 모두 신통을 얻어지이다.'.

제9장

지극정성
기울여서

109. 예경이란 무엇이며 어떤 의미가 깃들어 있나

　부처님께 예경하는 첫번째의 단계가 절입니다. 절은 겸손한 마음과 경건한 마음의 표시입니다. 따라서 절을 하는 것은 바로 교만하기 쉬운 자신의 마음을 항복받는 것이며, 진정한 의미에서 자기 자신의 참나에게 공경하는 것이기도 합니다. 간혹 어떤 종교에서는 형상에 대해 절을 하는 것을 우상숭배라 합니다. 그러나 불상이나 어떤 성현의 초상에 절을 하는 것은 우상숭배가 아니며 부처님의 거룩한 존상과 자비와 지혜가 자기 자신의 심경 즉, 마음의 거울에 자신을 비추는 것이며, 성현들의 가르침을 경건한 뜻으로 받아들여 기억시키는 것입니다.. 일반적으로 절에 가면 부처님 앞에 절을 세번 올리게 됩니다. 이것은 몸과 입과 마음으로 짓는 잘못을 뉘우치고 청정하게 하겠다는 뜻으로 절을 하며, 불·법·승 삼보께 귀의한다는 뜻으로 절을 하는 것입니다. 그래서 기본적으로 절에 가면 부처님과 보살님, 그리고 성현들께 각각 3배를 하게 됩니다. 108배나 그 이상을 하여도 그 내용은 삼보에 대한 예경입니다. 예를 들어 7배의 경우를 말한다면 처음 1배는 석가모니부처님께, 두번째는 그밖의 모든 부처님께, 그리고 세번째는 부처님의 거룩한 가르침에 예배하는 것이며, 네번째는 문수보살, 보현보살, 관세음보살, 지장보살 등 그 밖의 많은 보살께 예경하고, 다섯번째는 부처님 당시의 수많은 아라한 등 성스러운 제자들에게 예배하며, 여섯번째는 부처님 때로부터 오늘에 이르는 수많은 조사님께 예경하는 것이고, 일곱째는 그밖의 스님들께 예경하는 것입니다. 이것이 숫자가 많아져서 108배 이상으로 점점 숫자가 불어나는데 점점 불어남에 따라 예경하는 대상이 구체화되어도 역시 기본은 삼보에 대한 예경의 의미를 갖고 있습니다.

110. 조석예불은 무엇이며 어떻게 행하나

불교에서 행하는 모든 의식은 깨달음과 중생구제를 위한 방편입니다. 따라서 불자들은 깨달음을 위한 수행과 중생구제를 위한 실천을 항상 게을리해서는 안됩니다. 예불도 마찬가지입니다. 아침저녁으로 하루에 두 차례씩 석가모니부처님을 비롯한 모든 부처님과 여러 보살님께 예경드리는 것을 조석예불이라 합니다. 웃어른께 아침 저녁으로 문안을 드리는 것과 비슷한 것으로 생각할 수 있습니다. 아침예불은 새벽 동이 틀 무렵에, 저녁예불은 해가 질 무렵에 드리는 것이 적당합니다. 조석예불은 특별한 날을 정해서 행하는 것이 아닙니다. 불자들은 아무리 바쁘고 피곤하더라도 조석예불을 잊어서는 안됩니다. 예불은 부처님에 대한 예경의 의미를 지닌 것이며, 자신을 위한 수행의 의미도 함께 지닌 것이기 때문입니다. 일반적으로 예불은 다음과 같은 순서에 의해 행합니다. 첫번째로 오분향례(五分香禮)는 삼보에 지극한 정성으로 공양을 올리며 예를 드린다는 의미를 가지고 있습니다. 두번째로 독경(讀經)은 일반적으로 천수경이나 반야심경을 소리내어 읽으며 그 뜻을 음미합니다. 세번째로 발원(發願)은 아침에는 청정하게 계율을 지키고 중생을 위한 자비의 하루가 되기를 서원합니다. 저녁에는 하루의 업을 참회하며 무사히 하루를 보내게 해주신 부처님의 자비에 감사하고 내일을 위해 발원합니다. 이상이 조석예불의 순서입니다. 때때로 아침예불에는 오분향례 대신 청정한 마음을 차(茶)에 담아 예를 올린다는 의미를 지닌 다게(茶偈)로 오분향례를 대신하기도 합니다. 사찰뿐 아니라 가정에서도 부처님을 모시고 예불을 올리는 것이 좋지만, 여건이 허락되지 않을 때에는 자신이 다니는 사찰의 법당을 향해 가정에서 예불을 드려도 무방합니다.

111. 불공이란 무엇이며 어떤 의미가 있나

　불공(佛供)은 부처님께 올리는 공양(供養)입니다. 공양이란 원래 공급(供給), 자양(資養)의 의미입니다. 즉 음식이나 의복 등의 물질로써 삼보에게 공급 자양하는 의미에서 비롯된 것입니다. 원래는 사사공양(四事供養)이라 하여 옷, 음식, 이부자리, 약을 공양하였습니다. 요즘은 향, 초, 꽃, 차를 올리는 것이 일반적입니다. 향, 초, 꽃 등은 마음을 청정하게 하고 번뇌를 제거하는 기능과 지혜로써 어두움을 밝히는 기능과 자비를 상징하는 기능을 의미합니다. 차나 과일 등의 공양은 석가모니부처님께서 고행만으로는 깨달음에 이를 수 없음을 아시고 수자타의 공양으로 자양을 받으신 이후에 성불하신 데서 비롯된 것으로 생각됩니다. 공양은 삼보에 대한 믿음과 믿음에 대한 내용을 갖추지만 또한 모두가 깨달음과 열반에 이르게 하는 방편적 의미도 담습니다. 불공에는 고통이 닥쳤을 때 하는 소원성취불공, 생일과 결혼 등의 기쁜 일이 있을 때 하는 공덕회향불공, 자신의 수행의지를 다지기 위한 원력기도불공 등이 있는데, 불공은 결코 물질적인 의미가 아니라 깨끗한 마음과 자비같은 정신적 의미를 지닌 것입니다. 《장아함경》에서는 '능히 진리를 알아 그 진리를 실천하는 것이 부처를 공양하는 것이다'라고 하여 불공의 참뜻을 알려주고 있습니다. 그리고 《화엄경》에서는 법공양이 으뜸이라 하였으며 법공양이란 '부처님의 가르침대로 수행하는 것이며, 중생을 이롭게 하는 것이며, 열심히 수행하는 것이며, 중생을 구제하려는 보살의 뜻을 저버리지 않는 것이며, 보리심(菩提心)을 잃지 않는 것이다'라고 설하고 있습니다. 그러므로 참된 불공이란 깨달음을 위한 수행에 정진하며 중생을 고통에서 구제하는 보살행을 실천하는 불자들의 자비행을 의미하는 것입니다.

112. 관음재일, 지장재일, 미타재일 등 재일이란 무엇인가

재(齋)란 원래 몸과 마음을 깨끗이 하는 것을 말합니다만 불교에서는 열심히 수행하는 것, 혹은 법회에 사용한 공양물을 의미하기도 합니다. 따라서 불교에서의 재일이란 부정한 것을 멀리 하여 몸과 마음을 깨끗이 하고 여러 부처님과 보살님들께 공양을 올리는 정기적인 날을 뜻합니다. 오늘날에는 매달 10가지 재일을 지키고 있습니다. 10가지 재일은 다음과 같으며 날짜는 음력으로 지킵니다. 1일은 정광불재일(正光佛齋日), 8일은 약사불재일(藥師佛齋日), 14일은 현겁천불재일(現劫千佛齋日), 15일은 아미타불재일(阿彌陀佛齋日), 18일은 지장보살재일(地藏菩薩齋日), 23일은 대세지보살재일(大勢地菩薩齋日), 24일은 관세음보살재일(觀世音菩薩齋日), 28일은 노사나불재일(盧舍那佛齋日), 29일은 약왕보살재일(藥王菩薩齋日), 30일은 석가모니불재일(釋迦牟尼佛齋日)입니다. 그런데 이러한 10가지 재일 중에서 오늘날 우리나라에서 특히 많이 지켜지고 있는 재일은 24일의 관음재일과 18일의 지장재일입니다. 예로부터 우리나라에서는 지옥 중생을 구원의 길로 인도하는 지장보살과 중생들의 모든 소망을 이루어주는 관세음보살이 대중과 무척 긴밀한 관계에 있었기 때문입니다. 관음재일이나 지장재일의 의식은 천수경을 독송하고 각각 관음예문과 지장예문, 그리고 정근과 발원의 순으로 행해집니다. 관음재일에는 자신의 죄를 참회하고 관세음보살의 자비를 구하는 예문과 정근을 합니다. 지장재일에는 돌아가신 분을 위한 발원과 정근을 합니다. 즉 돌아가신 영가의 왕생극락을 기원하는 것입니다. 재일의 의식도 수행의 한 방편이므로 여러 재일에 행하는 의식은 바로 불교신행과 직결되어 업장이 소멸되며 그 공덕이 자신과 가족 및 조상에게 돌아가게 되는 것입니다.

113. 불교의 사대명절은 무엇이며 어떤 의미가 있나

　불교의 사대명절은 석가모니부처님을 찬탄하고 그 뜻을 기리는 의미가 있습니다. 부처님을 중심으로 한 사대명절은 부처님오신날인 음력 4월 8일, 출가재일인 음력 2월 8일, 성도재일인 음력인 12월 8일, 열반재일인 음력 2월 15일입니다. 이 가운데 부처님오신날은 불교 최대의 명절입니다. 석가모니부처님의 탄생일이기 때문입니다. 오늘날에는 전세계적으로 부처님께서 세간에 오신 뜻을 기리기 위하여 다채로운 행사가 벌어집니다. 다음으로 진리를 구하기 위해 세상의 모든 권력과 부와 명예를 저버리고 출가하신 날 또한 마땅히 기념할 날입니다. 신라의 원측스님은 출가를 형출가(形出家)와 심출가(心出家)의 두 종류로 나누어 설명하고 있습니다. 형출가는 집을 떠나 조용한 곳에서 수행생활을 하는 것입니다. 그러나 승려의 지켜야 할 본분과 덕을 잃어버리면 진정한 출가가 아니라고 하였습니다. 심출가란 넓은 의미의 출가입니다. 세속에서 살지라도 청정한 계율을 지키고 살아간다면 참다운 출가라고 하였습니다. 중생구제를 위한 참다운 실천수행을 의미하는 출가의 참뜻을 받들어 오늘날에는 출가수행하는 스님들을 위한 스님의 날이란 의미도 갖습니다. 성도재일은 부처님께서 깨달음을 성취하신 날입니다. 깨달음이란 석가모니부처님만이 이룰 수 있는 것이 아니라 누구나 수행정진을 통하여 이룰 수 있는 것입니다. 그래서 성도재일을 전후해서 전국의 사찰에서는 부처님과 같은 깨달음을 얻기 위한 용맹정진을 합니다. 열반재일은 부처님께서 세속의 생을 마치신 날입니다. 그러나 부처님께서 세상에 나오신 것과 법을 설하신 것, 그리고 열반을 보이신 것 모두가 중생구제를 위한 방편일 뿐, 부처님과 부처님의 법은 시공을 뛰어넘어 언제나 영원하다 할 것입니다.

114. 초파일에 행하는 연등행사는 어떻게 유래되었나

부처님께 지극한 마음을 표현하는 공양에는 여러 가지 방법이 있습니다만, 부처님오신날인 사월초파일에 등을 밝히는 것은 무명에 휩싸여 암흑에 빠진 중생을 광명의 세계로 인도하는 부처님의 공덕을 찬탄하는 의미입니다. 부처님께 등을 밝혀 공양하는 것은 인도에서 전해지는 풍습인데, 옛날 인도의 사위국이라는 나라에서 난다라는 가난한 여인이 자신이 구걸하여 얻은 돈 전부를 들여 작고 초라한 등불을 공양했다고 합니다. 법회가 끝나고 다른 화려한 등이 모두 꺼진 뒤에도 이 여인의 등만이 꺼지지 않았습니다. 이에 목련존자가 부처님께 그 까닭을 물었습니다. 부처님께서는 이 여인의 등불은 지극한 마음과 큰 서원으로 켜진 등불임을 설명하시고 난다의 성불을 말씀하셨다고 합니다. 또한 등을 밝혀 공양하는 공덕과 의미에 대해 《화엄경》에서는 다음과 같이 설하고 있습니다. '마음을 심지로 삼고 자비를 기름으로 삼으며 생각을 그릇으로 삼고 공덕을 빛으로 하여 탐냄·성냄·어리석음의 삼독심을 없앤다.' 또 《대반열반경》에서도 '중생은 번뇌의 어두움 때문에 큰 지혜를 보지 못하는데 방편으로 지혜의 등을 켜서 보살의 열반에 들어간다' 라고 하여 등을 지혜의 의미로 설하고 있습니다. 등의 모양으로는 연꽃 모양을 가장 많이 사용하고 있는데, 이는 더러운 곳에서도 깨끗하게 피어나는 연꽃의 모습이 무명에 쌓여 있는 중생이 부처의 성품을 드러내어 부처가 되는 것을 상징하기 때문입니다. 우리나라에서도 신라에서는 정월에, 고려에서는 2월과 8월에 국가적인 연등행사를 했던 기록이 있습니다. 원래 등을 공양하는 것은 부처님오신날에 한정된 일이 아니지만, 우리나라에서는 사월초파일의 연등행사가 고유의 민속으로 정착된 것입니다.

115. 초파일에 사찰에서 행하는 관불의식은 어떤 것인가

종교의식이란 종교의 주체인 인간이 그 객체인 신앙의 대상에 대한 봉사의 마음가짐과 몸가짐을 갖추는 것입니다. 따라서 일상생활 자체가 곧 종교의 의례가 되어야 하며, 청정한 계율에 따라 일상생활을 영위하는 것이 최고의 종교의례인 것입니다. 이런 의미에서 수행과 중생구제의 방편으로 불교에서는 여러 가지 의례를 행하고 있습니다. 삼보에 공양을 올리고 기도를 하는 것도 같은 의미를 지니고 있습니다. 불교의 여러 의례 가운데 관불의식(灌佛儀式)도 부처님에 대한 공경을 표시하고 자신의 몸과 마음을 청정하게 하는 의미에서 행해지는 의식입니다. 관불은 청정한 감로수로 아기부처님의 몸을 씻는 의식입니다. 의식의 형식은 석가모니불정근을 하면서 차례로 회사하고 향수와 감로수로써 아기부처님을 목욕시키면서 성불을 발원합니다. 이것은 관정(灌頂)이라 하여 옛날 인도의 국왕이 왕위에 오를 때 4대해의 바닷물을 그 정수리에 뿌려 축하한 의식에서 유래되어, 후에 수계자나 일정한 지위에 오르는 수도자의 정수리에 향수를 끼얹는 의식으로 변형되었습니다. 석가모니부처님께서 탄생하실 때 하늘에서 깨끗한 두 줄기의 물이 흘러내렸는데, 한 줄기는 따뜻하고 다른 한 줄기는 차거워서 이 물이 아기부처님의 몸을 씻고 편안하게 해주었다고 합니다. 이 설화는 바로 부처님의 탄생에 대해 온우주와 삼라만상이 축복했음을 의미합니다. 오늘날 관불의식 속에는 부처님의 성도 과정을 상징할 뿐 아니라 참관하는 중생 개개인의 성불도 기원하는 뜻이 담겨 있습니다. 석가모니부처님의 탄생은 석가모니부처님만이 아니라 내 마음 속 불성의 탄생이기도 한 것입니다. 그러므로 관불의식을 행할 때에는 자신의 몸과 마음을 청정하게 한다는 자세로 지극한 정성으로 행하는 것입니다.

116. 우란분절은 어떻게 시작되었으며 어떤 의미가 있나

　수많은 불교행사의 주요목적은 사람들에게 바르게 살아가는 이상적인 길을 제시해주는 것입니다. 특히 효도는 사회적 질서로서 전통적으로 매우 중요한 덕목입니다. 불교의 행사는 전통적 우리 고유의 풍습과 결합되어 민속의 의미를 갖는 것이 있습니다. 우란분절은 음력 7월 15일의 백종(白踵)과 결합되어 효도의 중요성을 보여주는 불교의 명절입니다. 원래 부처님 10대 제자 가운데 한 사람인 목련존자가 지옥에서 고통받고 있는 어머니의 혼을 천도(薦度)한데서 우란분절이 유래하였다고 합니다. 살생과 삼보를 비방한 죄로 무거운 벌을 받고 있는 어머니의 혼을 음력 7월 15일에 여러 스님들께 공양을 올려서 그 스님들의 힘으로 구제하였습니다. 또한 음력 7월 15일은 스님들이 조용한 곳에 모여 수행을 하는 안거(安居)기간이 끝나는 날이며, 우리 고유한 풍습인 백종날이기도 합니다. 백종일은 전통적인 백의민족의 축제일로 모든 농민이 일손을 놓고 한바탕 잔치를 벌이는 날이었습니다. 불교의례로서 백종은 백 가지 과실과 음식을 차려 놓고 대중스님들께 공양을 올린다고 하여 백종(百種)이라고도 하는 것입니다. 이 공양으로 살아계신 부모와 돌아가신 7대 조상 친족이 고통에서 벗어나게 된다고 합니다. 우란분(于蘭盆)은 거꾸로 매달려 있는 것을 풀어준다는 의미가 있습니다. 《우란분경》에서는 우란을 지극한 고통으로, 분을 그릇으로 해석하여 우란분을 고통을 구제하는 그릇으로 보기도 합니다. 또한 《우란분경》에서는 부모의 공덕과 삼보의 공덕을 함께 중요시하고 있습니다. 오늘날 우란분절은 중생이 지은 악업의 무거움은 중생의 힘으로는 구제하기 어려움을 보여주고 삼보에 대한 지극한 믿음으로 효도를 실천하는 것을 일깨워주고 있습니다. ☞ 제45항 참조

117. 입춘, 동지 등의 절기와 불교의 관계는 무엇인가

불교가 단순히 외국에서 들어온 종교로 머물지 않고 민족종교로 자리잡을 수 있었던 가장 큰 이유는 우리 고유의 풍습을 받아들인 것이라 할 수 있습니다. 입춘이나 동지같은 세시풍속은 농경문화의 산물이며 일반서민들의 축제이기도 합니다. 입춘은 양력 2월 4일이나 5일에 돌아오는 절기입니다. 이날은 홍수, 태풍, 화재의 세 가지 재난인 삼재(三災)를 벗어나게 하는 삼재풀이를 하고 일년내내 풍요로움이 가득하기를 기원합니다. 동지(冬至)는 양력 12월 22일이나 23일로 팥죽을 쑤어 귀신을 쫓고 액땜을 합니다. 우리의 민간신앙에서는 귀신이 붉은 팥을 가장 무서워한다고 하기 때문에 팥죽을 쑤는 것입니다. 절기는 앞서 말한대로 농사를 짓는데 풍년을 기원하며 화를 멀리하고 복을 비는 우리 고유의 풍습입니다. 이것을 단순한 미신으로 오해하여 그 의미를 왜곡하는 경우가 있습니다. 불교의 깨달음의 목적이 개인의 열반에 있는 것이 아니라 중생구제를 위한 것이라면 세시풍속의 의미를 바르게 이해하여 중생을 고통에서 해방시켜주는 중생들의 축제로 이해하여야 합니다. 이러한 의미에서 불교전통의식은 아니지만 절기에 따른 입춘, 동지와 같은 행사는 교리와 교리의 실천수행적인 면과는 다르더라도 중생구제라는 의미를 담고 있는 불교의식의 차원에서 담아내야 할 내용인 것입니다. 불교의 행사를 고유한 불교행사만으로 좁혀서는 안되며 전통적 세시풍속도 고통스러운 현실에서 벗어나려는 중생의 소망으로 이해하는 자세가 올바른 불자의 자세라 하겠습니다. 특히 불교의 참뜻과 멀게 보이는 민간신앙과의 결합은 부처님의 본질적 가르침으로 돌아와 이 땅을 정토로 가꾸는 민족종교로서의 불교를 가능하게 했던 원동력으로 이해할 수 있습니다.

118. 점안식 또는 봉불식은 무엇이며 어떤 의미가 있나

불교신앙의 대상에 생명력을 불어넣는 의식을 점안식(點眼式)이라 합니다. 불상·불화·만다라·석탑·불단 등을 조성하거나 새롭게 개수할 경우, 대상에 공양하고 불구(佛具)의 근본서원을 개현하게 하는 의식을 말하는 것입니다. 불상·불화·석탑 등은 점안식을 행함으로써 비로소 영험을 나타낼 수 있는 신앙의 대상이 됩니다. 흔히 거행되는 점안식으로는 불상점안, 시왕점안, 사천왕점안, 조탑점안, 불화점안, 가사점안 등이 있습니다. 불상점안식의 경우에는 의식의 내용에서 부처님께서 지닌 32상과 80종호의 장엄을 나타나게 해 달라는 서원을 담습니다. 그 절차는 먼저 점안 의식을 행하는 도량을 정화한 뒤 새로 조성한 불상이 32상 80종호의 특징을 지니고 여래 10호의 특징을 지닌 원만구족한 모습으로 신앙의 대상이 되어 줄 것을 발원한 뒤 권공(勸供)을 하고 예배를 올립니다. 마지막으로 점안(點眼)의식을 합니다. 즉 불상의 눈을 붓으로 그림으로써 살아 계시는 부처님으로 모십니다. 점안을 하기 전에는 불상의 눈이 육안(肉眼), 천안(天眼), 혜안(慧眼), 법안(法眼), 불안(佛眼), 십안(十眼), 천안(千眼), 무진안(無盡眼)을 성취하여 청정하고 원만하기를 기원합니다. 다음으로 개안광명진언(開眼光明眞言), 시수진언(施水眞言), 안상진언(安相眞言) 등을 외워서 불상이 신비력을 갖게 합니다. 점안식은 불상을 비롯한 여러 가지 불구에 행하는 의식을 총칭하는 것인데 반해 봉불식(奉佛式)은 부처님을 새로 모셨을 때 삼신불에게 생명력을 갖춘 불상으로서의 증명을 받아 귀의의 대상으로 모시는 의식을 말합니다. 봉불식도 크게 점안식에 포함되는 것이므로 점안식의 절차를 밟습니다. 점안식, 봉불식은 모두 불교의 불구를 신앙의 대상으로 격상시키는 의례입니다.

119. 방생법회란 무엇이며 어떤 의미에서 행하나

　불교의 계율은 청정한 삶을 유지하여 마침내 깨달음에 이르게 하는 방편입니다. 그 가운데 살생을 금지한 불살생계는 가장 중시되는 계율이며, 방생(放生)은 불살생계를 좀더 적극적으로 지켜나가는 길입니다. 즉 살생을 피하는데 그치지 않고 죽게 된 생명을 구해냄으로써 보다 넓은 의미의 불살생계를 지키는 것이라 할 수 있습니다. 그러므로 불살생계와 마찬가지로 방생은 불자가 임의대로 선택할 수 있는 것이 아니라 마땅히 지켜야 하고 행해야 하는 의무인 것입니다. 이에 대해 경전에서는 '항상 방생을 행하고, 다른 사람에게도 방생을 할 수 있도록 해야 한다. 만일 사람들이 짐승을 죽이는 것을 보았을 때는 마땅히 방편을 써서 죽게 된 짐승을 살려주어야 한다'라고 설하고 있습니다. 원래 우리나라에서는 음력 3월 3일과 8월 보름에 방생을 해왔었는데, 오늘날에는 수시로 행해지며 요즘은 방생법회라고 하여 많은 사람들이 물고기를 사다가 풀어주어 자신과 자기 가정의 복을 기원하는 형식적인 것이 되어버린 듯합니다. 그러나 불자들은 본래 방생의 의미를 되새겨 자기만을 이롭게 하는 행위가 아니라 중생구제라는 수행의 방편으로 삼아야 합니다. 공덕을 바라는 행위가 아니라 공덕을 생각하기 이전에 이미 다른 생명을 구하려는 의식이 있어야 합니다. 따라서 가장 이상적인 방생은 한갓 미물을 방생하는 것도 중요하지만 부처님의 가르침을 받아 행하며 이를 널리 펴는 것이라 할 수 있습니다. 고통받는 중생에게서 고통의 여건들을 제거하여 복된 삶을 누릴 수 있도록 돕는 것이야말로 진정한 의미의 방생입니다. 이웃의 소외되고 억압받는 중생을 거기에서 벗어나게 하는 인간방생이야말로 부처님의 가르침을 올바로 지켜나가고자 하는 불자가 수행해야 할 참 진리의 길인 것입니다.

120. 생전예수재와 수륙재는 무엇이며 어떤 의미가 있나

재(齋)는 몸과 마음을 깨끗이 한다는 의미입니다. 즉 몸과 입과 생각으로 짓는 세 가지 업을 맑게 하여 악업을 짓지 않는다는 뜻입니다. 좀더 넓은 의미로는 삼보에 공양을 올리고 귀의하는 순수한 믿음을 표현하는 의식을 나타내기도 합니다. 그러한 의식 가운데는 조상이 아닌 원혼과 아귀 등을 위한 제사, 그리고 산 사람을 위한 제사도 있습니다. 이것은 수행의 방편이라는 불교적 의미가 의례에 반영된 것입니다. 수륙재(水陸齋)는 물이나 육지에서 방황하는 원혼과 아귀에게 음식을 공양하여 그들을 천도하는 의식입니다. 중국의 양나라 무제가 꿈에 수륙재를 베풀어 원혼을 제도하는 것이 공덕의 으뜸이라는 고승의 말을 듣고 지공(誌公)이라는 신하에게 《수륙의문(水陸儀文)》을 짓게 하여 재를 지낸 것에서 유래한다고 합니다. 우리나라에서는 고려 광종 때 수원의 갈양사에서 혜거국사가 최초로 지냈다고 전해집니다. 수륙재를 비롯한 모든 재가 죽은 사람을 위한 것인데 비해 예수재(預修齋)는 산 사람을 위한 것입니다. 살아있는 동안 미리 재를 지내어 죽은 후의 극락왕생을 기원하는 것입니다. 재의 내용도 살아있는 동안 지은 죄와 빚을 갚은 의식을 행합니다. 대표적으로 경전을 읽어야 하는 빚과, 돈으로 진 빚을 갚는 의식을 행합니다. 경전을 읽어야 할 빚은 예수재를 지내며 갚고, 돈으로 진 빚은 종이로 만든 돈을 명부전의 왕들께 올리는 것으로 갚습니다. 재를 올린 후 빚을 갚았다는 증표를 받아 한 조각은 불사르고 한 조각은 죽을 때 지니고 가서 명부의 왕들께 보여 극락으로 왕생한다고 합니다. 예수재는 살아있는 동안 진 빚 즉, 업을 죽기 전에 갚아 청정한 몸과 마음으로 죽음을 대비하는 넓은 의미의 수행의식이라 할 수 있습니다.

121. 사찰에서 결혼식을 올릴 경우 어떤 의식을 행하나

　부부는 사회구성의 최소단위인 가정을 이루는 중요한 관계입니다. 부처님께서도 부부의 인연이 중요함과 부부간에 서로 지켜야 할 예절을 설하셨습니다. 이것은 가정에서부터 중생이 함께 살아가는 공동체의식을 배워야 함을 의미합니다. 공동체의식이란 중생 누구나 고통없이 사는 것을 추구합니다. 함께 사는 공동체의식이 중생구제를 가능하게 하는 근거가 되기 때문입니다. 경전에서는 부부가 서로 지켜야 할 다섯 가지 의무에 대해 설하고 있는데, 서로 할 수 있는 일을 나누고 화합과 공경을 강조하고 있습니다. 이러한 부부의 인연을 맺는 결혼식에 대해 사찰에서 통일된 의식이 전해오지는 않습니다. 단지 일반적으로 다음과 같은 순서에 의해 행해지고 있습니다. 개회식, 주례법사 등단, 신랑신부 입장에 이어 새로 결혼하는 두 불자가 삼보에 귀의하면서 결혼이라는 의식에 들어갑니다. 고불(告佛)의식은 부처님께 결혼함을 알리고 자비광명을 기원하며 부부로서 또 도반으로서 청정한 삶을 서원합니다. 신랑신부 맞절에 이어 헌화에서는 신랑은 다섯 송이 꽃을 주례법사에게 드리고 주례법사는 꽃을 받아 동쪽의 불단에 올립니다. 신부는 두 송이 꽃을 준비하여 신랑을 통해 주례법사에게, 주례법사는 서쪽의 불단에 올립니다. 혼인서약에 이어 성혼선언에서는 여러 불·보살님의 증명 아래 결혼이 성립되었음을 주례법사가 선포합니다. 주례사, 축가에 이어 마지막으로 사홍서원을 할 때에는 옛적 선혜선인과 구리선녀의 이야기처럼 두 사람은 부부가 함께 성불하기로 네 가지 큰 서원을 발원합니다. 이상이 요즘 사찰에서 행해지는 결혼식 순서입니다. 불자는 결혼식을 불·보살님께서 증명하시는 가운데 하나의 법회의식으로 받아들여 신성한 부부의 인연을 시작하는 것입니다. ☞제175항 참조

122. 병이 났을 때 사찰에서 행하는 구병시식이란 무엇인가

구병시식(救病施食)이란 병에 걸린 사람을 위하여 사찰에서 행하는 일종의 재례의식으로서, 시식(施食)이란 지옥에서 굶주림에 고통받는 가엾은 고혼들에게 공양물을 베풀어 그들의 원한을 달래는 일입니다. 옛부터 불교에서는 우리 몸에 발생하는 병을 크게 두 가지로 나누어 설명해왔는데, 그 첫번째는 현세실조병(現世失調病)이라 하여 음식이나 몸가짐 따위를 고르게 조절하지 못해 생기는 44가지 병이고 두번째는 선세행업병(先世行業病)이라 하여 과거에 저지른 온갖 악업의 과보로서 나타나는 병입니다. 특히 누군가를 괴롭히거나 몹시 미워하는 마음을 가질 경우 그 업의 힘이 잠복해 있다가 현세에 자신의 몸에 병으로서 나타난다고 합니다. 그러므로 일단 우리 몸이 병들었을 때 육체적인 원인을 찾아 물리적으로 다스리는 처방도 중요하겠지만, 자신의 업에 대한 참회와 더불어 주변의 모든 원한관계를 해소하고 고통받는 중생들에게 자비를 베품으로써 병고로부터 벗어나기를 기원하는 것이 구병시식을 올리는 이유입니다. 또한 구병시식을 통해 질병을 치료하려는 것은 육체와 정신이 따로 떨어져 있는 별개의 실체가 아니라 서로 유기적인 연관관계 속에서 작용하고 있는 현상이라는 불교의 연기론적(緣起論的) 사고에서 유래하는 것으로서, 사실 구병시식을 통해 질병이 치유되는 경우를 우리들은 심심치 않게 봅니다. 왜냐하면 우리 몸의 질병 가운데는 정신적인 원인에서 발생하는 것도 적지 않기 때문입니다. 그러나 그렇다고 모든 병이 구병시식을 통해 치유될 수는 없다는 사실 또한 우리 불자들은 잊어서는 안되겠습니다. 불교는 어디까지나 있는 바 현실 그대로를 정확히 살피고 그 원인을 바로 알아 거기에 걸맞는 해결방법을 찾는 합리적인 종교이기 때문입니다. ☞제28항 참조

123. 상을 당했을 때 불교에서는 어떤 의식을 올려야 하나

불교에서 바라보는 죽음은 새로운 윤회의 시작을 의미합니다. 깨달음을 얻어 열반에 이르면 윤회의 업은 끝나지만, 아직 열반에 들지 않은 사람의 혼은 49일 동안 중유(中有)에 머물다가 생전에 지은 업에 따라 새로운 생을 받는다고 합니다. 시신은 화장을 하는 것이 불교 본래의 가르침에 맞는 것이나 우리나라에서는 화장과 매장을 아울러 행하고 있습니다. 그 의식절차는 크게 격식을 다 갖추어 행하는 법과 간단하게 약식으로 하는 방법이 있습니다. 약식으로 장례를 치룰 때는 죽은 사람의 혼이 극락왕생하도록 재를 올려 기원하는 천도의식과 영결식, 그리고 화장 또는 매장의 순서로 행해집니다. 격식을 다 갖추어 장례를 치를 때는 다비의, 염습의, 성복의, 영결의, 화장 또는 매장의 순서로 합니다. 각 순서의 세부내용은 다음과 같습니다. 다비의에서 다비는 범어로서 화장한다는 뜻이지만 일반적으로는 장례절차 전반을 의미합니다. 다비의에는 아미타불, 지장보살, 인로왕보살께 귀명함을 의미하는 거불과, 혼령에게 생전의 인연에 연연하지 말고 극락왕생하기를 기원하는 청혼(請魂), 그리고 입정, 독경, 아미타불 정근, 발원이 있습니다. 염습의에서는 시신을 깨끗이 씻어내고 수의를 입힙니다. 성복의는 제사상을 차리고 상주와 대중이 함께 영전에 삼배를 올리는 의식입니다. 영결의는 하직하는 인사로, 발인 준비가 다 끝나 곧 운구를 하려 할 때 기행합니다. 영결의에서는 개회, 헌향, 약력소개, 상주헌공, 발원문, 반야심경봉독, 조문, 추도가, 폐회, 발인 등의 의례가 있습니다. 끝으로 화장 또는 매장을 합니다. 이러한 모든 의식은 모두 영혼이 세속의 인연을 끊고 깨달음의 세계로 나아가도록 교화하는 길안내의 역할을 하는 것입니다. ☞제29항 참조

124. 천도재란 무엇이며 어떻게 진행되나

일반적으로 모든 종교들에서 행하는 갖가지 의례들은 인생의 현실 속에서 필연적으로 겪게 되는 여러 과정들과 연관되어 생겨난 것인 경우가 대부분으로서 역사적으로 불교에서 발전해온 수많은 의례들도 크게는 그와 같은 원인에 의해 발생된 것들이 적지 않습니다만, 특히 죽음과 관련한 불교의례를 천도재(薦度齋)라고 합니다. 다시 말해 천도재란 죽은 사람을 위하여 불교에서 올리는 재례의식들의 총칭으로서 수륙재나 49재, 영산재 등이 모두 천도재에 속하는 것들인데, 죽은 사람이 생전에 지었던 모든 악업이나 원한관계 등을 해소하고 청정한 마음을 회복하여 좋은 곳에 태어나도록 돕는다는 의미를 지니고 있습니다. 윤회와 업의 가르침에 의해 태어남과 죽음을 설명하는 불교의 입장에서는 사람이 죽으면 다시 다음 생을 받기 전까지 일정기간을 중유(中有)의 상태에 머문다고 하는데, 이때는 육신을 지니고 있지 않기 때문에 살아있을 때보다도 훨씬 총명해서 진리를 일깨워주면 평상시보다 쉽게 이해할 수 있다고 합니다. 그러므로 천도재의 주된 내용은 영가에게 《무상계》 등을 설하여 죽음이라는 현실은 만물이 변화하는 가운데 도래하는 자연적인 현상으로서 크게 안타까와할 일이 아님을 일깨우고 부처님의 바른 가르침에 따라 깨달음을 구하는 마음을 내서 아미타부처님의 극락세계에 왕생할 것을 권하는 설법으로 이루어지고 있습니다. 그런데 이와 같은 천도재는 중생구제를 위한 불교의 교화활동을 살아있는 사람들만이 아니라 죽은 사람들에게까지 확대하여 베푼다는 의미도 있지만, 보다 현실적으로는 가족이나 사랑하는 사람을 잃고 슬퍼하는 사람들에게 그 슬픔에서 하루속히 벗어나도록 도와주는 방편의 의미도 크다고 하겠습니다. ☞제256항 참조

125. 49재는 어떻게 지내며 어떤 의미가 깃들어 있나

　불교에서의 장례절차나 각종 천도재들은 죽은 이로 하여금 생전에 지어놓은 모든 악업이나 원한관계 등을 떨어버리고 청정한 마음을 회복하여 좋은 곳에 태어나도록 돕는다는 의미가 있습니다만, 그러한 모든 재례절차 가운데 일반인들에게 가장 잘 알려져 있는 것으로 49재를 들 수 있습니다. 49재란 사람이 죽은지 49일째 되는 날에 지내는 재로서, 하필 49일째 되는 날 거행하는데는 다음과 같은 유래가 있습니다. 즉 석가모니부처님의 가르침에 따라 윤회를 인정하고 있는 불교에서는 옛부터 사람이 죽은 후 다음 생을 받기 전까지의 과정이 상당한 관심의 대상이었고 그에 따라 여러 가지 학설들이 나타나게 되었는데, 그 대표적인 견해가 사람이 죽으면 인연에 의해 다음 생을 받기까지 중유의 상태에 머물며 그 기간이 길어야 49일을 넘지 않는다는 것이었습니다. 따라서 죽은 사람의 영가에게 부처님의 바른 가르침을 일깨워 깨달음을 구하는 마음을 내도록 하고 명복을 비는 일도 그 전에 행해야 하지만, 영가가 다른 모습으로 태어나는 날이 언제인지를 정확히 알 수 없으므로 죽은 이에 대한 추모의례를 최종적으로 49일째 되는 날 행하는 것입니다. 그런 다음에는 죽은 사람이 이미 다른 세상에 살고 있으므로 그 사람에 대한 미련을 남기지 않는다는 것도 49재가 지닌 또 다른 의미라고 하겠습니다. 한편 우리나라의 사찰에서는 49재를 지내기 전에 7·7재라고 해서 7일에 한번씩 재를 지내는 경우도 있고 보름에 한번씩 재를 지내는 경우도 있습니다만, 이것은 물론 49일 안에 재를 지내야 한다는 생각에서 비롯된 것입니다. 또한 100일재와 1주년, 2주년에 행하는 소상재와 대상재가 있는데, 이것은 효를 중시하던 유교적 관습이 불교에도 영향을 미쳐 생겨난 것입니다.

126. 범패와 바라춤은 무엇이며 어떤 의미가 있나

불교에는 순수한 믿음을 나타내고 삼보에 공경을 올리는 여러 가지 의식이 있습니다. 범패는 불교음악으로서 여러 가지 의례를 장엄하게 하고 불·보살의 공덕을 찬탄하며 법회에 참석한 대중을 청정하게 하는 의미를 가집니다. 범패는 인도의 옛말인 범어로 된 진언(眞言), 한문으로 된 시(詩), 우리말과 글로 된 화청(和請)과 회심곡(回心曲) 등으로 이루어져 있습니다. 이 가운데 범어로 된 것을 겉채비소리라고도 하는데, 실질적인 범패라 할 수 있습니다. 범패를 달리 범음(梵音)이라 하는데 범(梵)은 성스럽다는 뜻입니다. 따라서 범패는 성스러운 소리, 부처님의 공덕을 찬탄하는 소리를 뜻합니다. 부처님께서 세상에 계셨을 때에도 범패가 있었다고 합니다. 이 범패를 일컬어 '찬탄의 소리로서 맑고도 약하지 않고, 웅대하면서도 너무 맹렬하지 않으며, 흘러서 넘치지도 않고, 굳어서 막히지 않는다'고 합니다. 그래서 범패를 듣는데는 '신체가 피로해지지 않는다. 기억력이 좋아진다. 마음이 게을러지지 않는다. 음성이 흩어지지 않는다. 제석천이 환희한다'고 하는 다섯 가지 공덕이 있다고 합니다. 바라춤이란 전통불교의식의 하나인 승무(僧舞)의 한 종류입니다. 바라라고 하는 청동으로 된 악기를 들고 춤춘다고 하여 바라춤이라고 합니다. 부처님께 재를 올릴 때 바라를 치고 천수다라니를 외면서 춤추면 악귀를 물리쳐서 도량을 청정하게 하고 아울러 몸과 마음을 청정하게 해준다는 주술적인 의미를 갖고 있습니다. 따라서 의식절차상 특히 도량정화와 깊은 관계를 갖고 추어집니다. 종류로는 천수바라, 명바라, 사다라니바라, 관욕게바라, 막바라, 내림게바라가 있는데 빠른 동작으로 전진, 후퇴 및 회전을 하여 활발한 느낌을 주는 특징이 있습니다.

제10장

수행의 기쁨

127. 재가신자들이 집에서 행할 수 있는 수행에는 무엇이 있나

집에서 행하는 재가신자의 수행은 크게 두 가지 종류로 나누어볼 수 있습니다. 즉 일정한 형식을 갖춘 수행과 일상생활에서 하게 되는 수행이 있으며, 일정한 형식을 갖춘 수행이란 염불, 독경, 절, 참회와 기도 등을 들 수 있습니다. 형식없이 일상생활에서 하게 되는 수행은 예를 들면 자비, 보시, 인욕 등이 있습니다. 먼저 일정한 형식을 갖춘 수행은 특별히 일과시간을 정하여 하게 됩니다. 즉 삼귀의, 예경, 염불, 독경, 발원, 좌선 등을 시간과 장소를 정하여 규칙적으로 수행합니다. 매일의 수행일과가 이런 성격의 것이므로 그 시간은 하루의 시작인 아침이나 마무리 시간인 자기 전 시각이 좋을 것입니다. 아침의 기도는 그날 하루의 생활에 보람을 더하고 자기 전 기도는 잠든 시간에라도 평온한 상태를 유지하게 합니다. 그래서 깨어 있을 때나 잠들어 있을 때나 한결같은 수행을 기대하는 것입니다. 생활사정상 조석시간이 어렵다면 그밖의 시간도 무방합니다. 다만 강조하고 싶은 것은 되도록 일정한 시간을 정해놓고 지켜가는 것이 좋습니다. 두번째로 일상생활에서 하게 되는 수행은 모든 시간에 하는 것입니다. 자기 생명을 참되게 살아가는 것이 수행이라고 한다면 수행은 살아있는 시간이 전부 수행시간이라 할 수 있습니다. 그래서 평소의 모든 일, 그리고 모든 사람에 대하여 언제나 바라밀행을 실천하는 것입니다. 수행자가 지녀야 할 다짐은 다음과 같습니다. 현재 행하고 있는 일이 가장 중요한 일이며, 현재 만나고 있는 사람이 가장 중요한 사람이며, 현재의 행동을 올바르게 하는 것이 최대의 수행이라고 알고 그대로 행하는 것입니다. 불법수행은 생활하는 모든 시간에 항상 밝은 마음과 바른 말과 바른 행을 닦아 감에 따라 매일매일의 생활을 복된 생활로 바꾸게 됩니다.

128. 재가신자들이 지켜야 하는 계율에는 어떤 것들이 있나

계율을 지키는 것은 부처님의 행 즉, 깨달음의 행을 닦아가는 것입니다. 부처님 행을 행하며 부처님 공덕을 마음에서 이루면 이것이 깨달음으로 가는 올바른 수행이라 할 것입니다. 재가신자의 계율로서는 대표적인 것으로 오계와 칠불통계(七佛通戒), 삼귀의계(三歸依戒), 보살계(菩薩戒) 등이 있습니다. 오계는 첫째 생명을 존중하고 억압하거나 죽이지 말라는 것이고, 둘째 아낌없이 베풀어주고 결코 남의 물건을 빼앗지 말라는 것이며, 셋째는 청정행을 할 것이요 결코 사음을 하지 말며, 넷째는 진실한 말을 하고 결코 망령된 말을 하지 말며, 다섯째는 바른 마음을 지키고 술에 취해 마음을 어지럽히지 말라는 것이 그 내용입니다. 그러므로 오계를 적극적으로 행하는 것은 우리의 본분을 순수하게 지켜 본분공덕을 실현하는 길인 것입니다. 즉 오계는 선업을 낳을 수 있는 선행을 기본으로 합니다. 칠불통계는 과거 비바시부처님으로부터 석가모니부처님에 이르기까지의 일곱 부처님이 모두 전승하여온 함축된 계입니다. 즉 '모든 나쁜 짓 하지 말고 온갖 착한 일을 받들어 행하여 스스로 그 마음을 깨끗이 하는 것이 모든 부처님의 가르침이다'라고 하는 것입니다. 삼귀의계는 불교에 들어와 귀의하겠다는 자세를 보이는 것입니다. 즉 '부처님께 귀의합니다. 가르침에 귀의합니다. 교단에 귀의합니다' 라고 하여 부처님께 귀의하며 부처님께서 깨달으신 진리에 따르며 바른 법을 배우는 승가에 귀의한다는 것으로 모든 계의 기본이며 수행의 시작입니다. 보살계는 신자가 받는 가장 높은 계입니다. 보살계를 받을 수 있는 사람은 이미 삼귀의, 오계를 받아지니고 수행하는 신자로서 세속에 살면서도 출가수행승 못지않게 수행하는 사람입니다. 그러므로 거사, 보살이라 부르기도 합니다.

129. 갓 태어난 신생아도 계를 받을 수 있나

불교에서 베풀어지고 있는 계는 성인이 된 출가수행자와 재가수행자를 합해서 불교도 전체에 설해진 것으로, 수행자가 각각 좋은 습관, 좋은 행위로서 지켜야 할 사항을 가리키는 것입니다. 곧 악을 그치고 선을 하는 행위가 습관적으로 훈습되어 있는 경우를 계라고 말하는 것입니다. 말하자면 모든 나쁜 짓을 그만두는 것과 착한 일을 완수하는 것, 그리고 자기 마음을 깨끗이 하는 것이라는 커다란 목적이 있는 것입니다. 그리하여 지켜야 할 계의 내용도 오계의 경우 거짓말을 하지 말라, 사음을 행하지 말라, 다른 목숨을 해치지 말라는 등의 악행을 중지하고 선업을 행할 것이 강조됩니다. 그런데 갓 태어난 신생아의 경우에는 거짓말이나 삿된 음행이나 술을 먹는다는 등의 행위를 상상할 수 없습니다. 결국 계란 계를 지킬 가능성이 있고 그러한 필요를 가진 사람에게 주어지는 것입니다. 신생아에게 계를 주어 일찍부터 부처님 가르침으로 인도하고 싶은 부모의 심정도 이해할 수 있으나 받을 수 없는 계를 받기를 원하기보다는 신생아가 부처님의 가피 속에서 무럭무럭 자라서 마침내 성인이 되었을 때 자발적으로 계를 받을 수 있게끔 끊임없이 보살피며 기도하는 것이 필요한 때라고 봅니다. 요즘 일반 사찰에서는 계를 받기 어려운 국민학생들에게 삼귀의계를 주는 곳이 있습니다. 자녀가 크거든 어린이법회에 보내서 삼보에 귀의하여 어린 불자로서 수행을 시작하도록 관심을 가지시기 바랍니다. 부모가 아이에게 거는 기대는 바로 원력이 되어 현재의 생활과 자라면서 닥칠 온갖 일들에서 바른 길로 안내하는 힘이 될 것입니다. 성인이 되어 스스로 계를 지켜나갈 힘이 생길 때까지 부모의 꾸준한 기도와 보살핌이 필요하다 하겠습니다.

130. 계를 못지켜 부담이 되는데 어떻게 해야 하나

예전에 어떤 비구니스님이 선정에 들어 숙명통으로 과거생을 살핀 일이 있었습니다. 그 스님은 자신이 과거에 불법수행을 열심히 닦아 금생에 출가승이 된 줄 알았는데 전생을 알고보니 놀랍게도 승단을 비방하며 출가승들을 괴롭힌 못된 악녀였습니다. 그러나 그렇게 불교를 비방한 인연이 금생에 비구니스님이 된 인연으로 바뀐 것이었습니다. 이 이야기는 우리에게 불법과의 인연이 소중함을 일깨워줍니다. 즉 불자가 계를 받으면 설사 계를 파하였다고 해도 계받은 공덕이 있으므로 계를 지킬 수 있는 능력을 갖게 됩니다. 파계하는 과보는 받더라도 참회하여 필경 해탈인연을 만난다는 것입니다. 계를 받지 아니하면 죄를 지어도 과보가 없는 것이 아니라 과보에서 벗어나기가 어렵습니다. 열 가지 계를 받아 그 중 한 가지만을 지켜도 수승하고 지키지 못한 죄도 오히려 해탈인연이 되는 것이니 계를 받은 공덕은 참으로 큰 것입니다. 또 계 지키는데에 너무 부담을 갖지 말고 한 가지라도 지키도록 노력하십시오. 한 가지라도 성심껏 지켜나가려고 노력한다면 그것으로 다른 계도 자연스레 지켜지게 됩니다. 계를 받고나서 범하는 죄는 해서는 안된다는 규범의식이 있고 그것을 감히 침범한다는 점에서 고의성도 있고 해서 그 행위에 대한 마땅한 책임을 져야 하지만 계를 받지 않고 범하는 죄는 아무런 거리낌없이 행동하므로 거기서 오는 반사회적 파괴성은 참으로 큰 것입니다. 이와 같이 볼 때 계를 받지 않고 범하는 허물이야말로 계를 받고 범하는 것보다 그 허물이 중대한 것입니다. 계를 못지키는데에 너무 부담을 갖지 말고 계를 받은 자체가 해탈에 이르는 지름길임을 알아 자신감을 갖고 계행을 지키려는 노력을 한다면 언젠가는 청정한 계행을 닦게 될 것입니다.

131. 참회란 무엇이며 어떻게 해야 하나

　세상을 살면서 사람이 죄업을 짓지 않기는 어렵습니다. 그러나 그 잘못을 스스로 반성하고 다시는 그런 잘못을 범하지 않겠다고 다짐해야 합니다. 문제는 간혹 잘못을 범하는데 있는 것이 아니라 그 잘못을 반성하지 않고 도리어 합리화하려는 자세에 있습니다. 이것은 진실된 삶을 향한 전진이 아니라 현실에 안주하는 자세입니다. 다른 사람과 더불어 살면서 계를 범할 기회가 많기 때문에 청정한 계행도 중요하지만 파계를 했다 해도 바로 파계의 원인을 반성하고 다시 계를 지키겠다는 올바른 자세가 참회인 것입니다. 그리하여 하루 하루 그 날의 잘못을 생각하고 이를 뉘우치며 앞으로 닥쳐오는 모든 일들에 부처님의 행을 따라 청정한 생활을 이룩하도록 노력합니다. 과거의 잘못을 뉘우치는 것을 참(懺)이라 하고, 앞으로 닥쳐올 잘못을 미리 예방하는 것을 회(悔)라고 합니다. 참회는 근본적으로 나에 대한 집착을 버리고 마음을 말끔히 비우는 것을 뜻합니다. 나에 대한 집착 때문에 대립하고 그 사이에서 미워하고 원망하고 노여움도 갖습니다. 참회해서 그 마음을 말끔히 비울 때 거짓된 나에 대한 집착이 없게 됩니다. 그러므로 어떤 수행에서든 참회를 하여 마음을 비우는 것이 좋습니다. 그러기 위해서는 매일의 기도시간을 정하여 일심으로 수행하는 가운데 참회해야 합니다. 우리의 깊은 마음 속에 앙금처럼 가라앉은 지나간 일들에 대한 감정, 특히 분노, 원망, 증오 등은 일심으로 염불, 기도를 하면서 참회하여야 소멸됩니다. 일심으로 정진하여 깊은 마음에 이르러야 지금에는 잊고 있는 지난날의 허물들이 드러나고 참회하여 소멸되는 것입니다. 참으로 깊은 마음에 이르렀을 때 허물이 본래 없는 것을 알게 되니 이것이야말로 참된 참회에 이르는 길입니다.

132. 108배, 천배, 만배 등을 하는 이유는

　오랜 전생부터 지어온 온갖 죄업과, 현생에 길들여진 나쁜 가치관이나 습관들은 너무나 두터워 쉽게 그 업장을 소멸시키기 어렵습니다. 오랜 생 동안 익힌 탐욕과 갈애는 잠깐 동안의 기도나 몇번의 선행으로 가라앉게 할 수 없습니다. 그러나 올바르게 살려는 자신의 의지에 대한 믿음과 부처의 가피력을 입으려는 믿음의 표현으로 간절히 그리고 오래도록 기도한다면 전생업을 청산하고 지혜를 얻게 됩니다. 이와 같은 참회나 기도의 방법 가운데 불·보살님을 향하여 절을 하는 경우가 있는데, 한번의 절에도 공덕이 있으므로 천배, 만배에 이르러서 그 수행의 공덕은 말할 나위가 없습니다. 여러번 절을 하는 가운데 신체의 관절이 순리대로 꺾이듯이 자신의 모든 아만이 저절로 꺾이게 되고 자기 겸손에서 오는 경건한 마음이 항상 일어나며 절하는 순간순간 서원과 원력을 세우므로 탐내고 성내고 어리석은 삼독심이 자연스럽게 사라지게 됩니다. 삼독심만 없다면 곧 삼매이고 지극히 안정된 마음으로 편안한 생활이 이어지며 모든 괴로움의 속박에서 쉽게 벗어날 수 있습니다. 절을 하고 염불을 하게 되면 악업은 뉘우치게 되고 선업은 증장되므로 절을 하는 가운데 심신의 수련으로 정신통일은 물론 신체적 활동에 의한 건강증진과 신진대사의 촉진에서 오는 두뇌의 총명으로 질병예방과 치료에도 효과가 있습니다. 왜 큰스님들께서 절을 많이 시킬까요. 그것은 아무리 좋은 수행법과 비법이 있어도 그것을 꾸준히 실천하는 인내심이 없다면, 더 나아가 업력에 의한 장애로 수행이 잘 안된다면 성불할 수 있는 비결을 알고 있다 하더라도 소용이 없는 것이므로 업력의 장애를 막기 위해 업력의 덩어리를 땀으로 녹여내리기 위해 절을 시키는 것입니다.

133. 독경은 어떻게 하며 어떤 공덕이 있나

　경전을 읽는데에는 수행을 위한 독경(讀經)과 경전의 내용을 공부하기 위해서 읽는 것의 두 가지로 구분할 수 있습니다. 수행을 위한 독경은 전경(轉經)이라고도 하여 법문을 굴린다는 뜻을 지니고 있습니다. 일반적으로 독경은 경전을 소리내어 읽는 것을 가리키는 경우가 많습니다. 물론 소리를 내지 않고 읽어도 독경이지만 주로 정기적으로 일정한 경전을 소리내어 읽는 것을 말하며 사찰이나 가정에서 손쉽게 할 수 있는 수행방법입니다. 독경을 할 때에는 빠르지도 느리지도 않게 정성껏 읽어가야 합니다. 읽어가는 가운데 부처님과 자신이 부처님의 말씀으로 하나가 되므로 여기에는 부처님의 크신 법문을 열고 법문의 광명을 굴리는 뜻이 있으며 동시에 생생한 부처님의 목소리를 듣게 되는 것입니다. 부처님의 공덕은 장소와 시간에 상관없이 언제나 어디서나 원래로 충만합니다. 부처님의 공덕 밖에 있는 사람은 없습니다. 부처님 공덕을 받지 못한다고 하는 생각은 그 사람의 미혹에 의한 분별일 뿐입니다. 그러므로 독경수행하여 망견을 버리고 미혹을 돌리고 망념에서 벗어나야 하는 것입니다. 모든 대승경전에서는 그 경을 받아지니고 독송하며 남에게 설하여주는 공덕에 대하여 그 한량없음을 한결같이 찬탄하고 있습니다. 경전이란 공통적으로 무명번뇌의 어두운 세상을 넘어가게 하는 길잡이의 역할을 합니다. 지혜광명의 밝은 문을 열어주며 모든 악의 문을 닫고 열반으로 향하게 하는 경전은 성스러운 법문의 모음입니다. 그러므로 경전을 읽고 뜻을 관찰하면 저절로 마음이 열리고 슬기로워지므로 거칠고 사악했던 마음이 정화되어 깨달음의 씨앗을 심게 됩니다. 그래서 경을 읽어 외우면 모든 죄가 소멸되고 한량없는 공덕을 성취하여 필경에는 성불한다는 것입니다.

134. 독경을 할 때 지녀야 할 마음가짐이나 자세는

　독경을 할 때에는 경건히 불・법・승 삼보에 귀의하는 마음으로 모든 망념에서 벗어나야 합니다. 즉 마음을 비워야 합니다. 그러기 위하여 한참 동안 좌선 또는 염불하는 것이 좋습니다. 왜냐하면 일체 망념을 놓은 맑은 마음에서만이 부처님께서 설하신 진실한 진리의 내용이 그 뜻을 발하기 때문입니다. 경전을 독송하는 것은 내가 읽고 있지만, 실제로 경전 독송을 통해서 부처님의 목소리를 듣는 것이기 때문에 맑고 경건한 마음은 꼭 갖추어야 합니다. 그러므로 맑은 마음에서 일심으로 독경해야 하며 다른 잡스러운 갈등이나 삿된 망념이 없어야 합니다. 더우기 서두르거나 과도하게 소리치는 것은 독경의 태도가 아닙니다. 호흡을 자연스럽게 하면서 청정심으로 정성스럽게 반복 독송하면 진정 부처님의 자비하신 진리의 은덕이 우리의 몸과 마음에 넘쳐오는 것을 알 수 있습니다. 이렇게 독경을 행함에 따라 수행자는 재가이든 출가이든 경전을 지심으로 수지하고 독송하는데서 오는 무량무변한 공덕을 얻게 됩니다. 독경 수행하는 불자는 진지한 자세로 독경에 임해야 하며, 부처님 가르침을 생명의 진실로 진지하게 받아들여야 합니다. 이론으로 알아서 지식화하거나 관념적 이해로 만족하여 실천이 없고 자기 혁신이 없어서는 참된 독경의 마음가짐이라고 할 수 없습니다. 부처님께 예를 올린다는 경건한 몸가짐으로 독경을 하다보면 경에 설한 무궁한 진리와 내 마음의 고요하고 밝은 경지가 일치되어 모든 번뇌가 사라지고 또한 모든 분별을 잠재우게 됩니다. 그러므로 독경을 할 때에는 부처님 말씀과 부처님의 광대무변한 자비심에 예를 올린다는 공손한 자세로 나의 모든 집착을 내려놓은 상태에서 읽어나가는 것이 바람직하다 하겠습니다.

135. 독경을 할 때 천독, 만독 등이 지니는 의미는 무엇인가

　부처님의 가르침에 깊은 마음을 내고 감사하고 기뻐하는 마음으로 경전을 읽어나갈 때 일심으로 읽을 뿐만 아니라 여러번 반복하여 읽게 됩니다. 경전에는 부처님의 심오한 사상이 가득 담겨 있는데, 이 심오한 사상은 한두번 경전을 읽는 것으로 충분히 그 의미를 간파하였다고 할 수 없습니다. 더군다나 부처님의 말씀이란 우리의 번뇌업장에 가려져 있는 불성을 일깨우는 것이기 때문에 업장의 두께만큼이나 끝없는 반복적 수행이 요청됩니다. 경을 읽는 것은 내 마음 속에 있는 부처의 자각을 경전을 통하여 일깨우는 것이 되기에 번뇌업장이 두터울수록 번뇌에 가려진 불성을 일깨우는 노력은 거듭 되풀이되어야 합니다. 그러는 가운데 경전에 씌어져 있는 내용을 통하여 그 안에 함축되어 있는 사상이 가슴에 와닿게 되는 것입니다. 또한 경전을 천독, 만독하는 것은 염불과 더불어 훌륭한 수행방법이 됩니다. 경전을 반복하여 소리내어 읽어나감에 따라 수행하는 사람의 마음상태와 신체조건이 고양되어 부처님의 가르침을 받아들이기 쉽게 바뀌어갑니다. 천번, 만번 경전을 읽는다는 것은 지심으로 수행한다는 의미로서 소리내어 천번, 만번 고성염불하는 것과 마찬가지로 부처님의 온갖 위신력을 입는 훌륭한 수행방법입니다. 산과 들에서 수행하는 사람이 일심 독송하면 주변 성현이 가호하시며 가정에서 독경을 행하면 행복에 넘치는 즐거운 집안이 이루어집니다. 어느 곳에서나 어느 때나 일심으로 경전독경을 천번, 만번 지속하는 가운데 맑은 마음과 지혜광명이 나타나 부처님의 위덕이 작용하기 때문입니다. 그래서 독경은 수행이며 기도이며 부처님의 위신력을 받는 행위이며 자신과 주위를 밝히는 작업이므로 그 수행공덕은 말할 수 없이 큰 것입니다.

136. 경을 다 읽을 필요 없이 제목만 외워도 공덕이 있다는데

　옛날 어느 사람이 경전을 옮겨적는 사경(寫經)의 공덕이 크다고 하니까 부모를 천도하기 위하여 그 경전의 제목을 막 쓰자마자 부모가 벌써 지옥에서 천상으로 태어났다는 이야기가 있습니다. 그리고 또 어떤 사람은 경전을 서사하기 위해 시장에 가서 종이를 사는 데 그 순간에 부모가 천도되었다는 이야기가 있습니다. 이 이야기는 우리 인간이 올바른 한 마음을 냈을 때 그 가운데 이미 공덕이 성취되어 있음을 나타내보인 것입니다. 원래 우리는 본질적으로 우주만유의 진리와 하나로 통일되어 있기 때문에 한 마음을 낸 순간 이미 이루어지게 되어 있는 것입니다. 그러나 이러한 이야기에만 맹종하여 오직 마음내는 것만 중요시해서 독경 등의 수행과정을 무시한 채 그 공덕만을 바란다면 그렇게는 되지 않습니다. 공덕이 이미 이루어졌다고 해도 기도와 독경은 계속하여야 할 것인데, 간편한 것만을 선택하려고 한다면 그 사람의 수행은 공덕을 바랄 수 없습니다. 경전의 제목만 외워도 공덕이 있다는 것은 임종시 나무아미타불을 일곱번만 염송하여도 극락왕생할 수 있다는 말과 같은 일종의 방편 교설입니다. 경전을 읽을 수 없는 사람들을 위하여 그 제목만이라도 외우도록 한 것이지 경전을 읽을 필요가 없다는 말은 절대 아니라는 것을 알아야 합니다. 경전의 제목을 외운다는 것은 우리가 삼귀의를 했을 때의 대상인 불·법·승 가운데 부처님께서 설하신 경전의 제목을 외움으로써 법에 귀의한다는 수행의 의미입니다. 이는 부처님을 염하는 염불, 진언을 외우는 염송과 같은 기도의 의미를 지니고 있습니다. 그 경전의 제목을 외우면서 경전의 함축된 내용을 떠올리는 수행방법이지만, 여기에 덧붙여 경전을 독송하는 수행을 행한다면 더할 나위 없는 좋은 수행이 될 것입니다.

137. 사경은 어떻게 하며 어떤 의미가 깃들어 있나

사경(寫經)은 경전을 옮겨적는 것을 말합니다. 인쇄술이 발달하지 못하였을 때에는 붓으로 써서 오래 전하고 널리 퍼뜨렸습니다. 전도의 길에 나선 전법자가 법을 전하기 위해서는 어쨌든 경전을 적은 사본이 필요했습니다. 사경을 많이 할수록 법은 더욱 많은 사람들에게 전파되게 마련입니다. 그래서 한 권의 경전을 옮겨적는 일은 한 사람의 전법자로까지 비유되었습니다. 여러 경전에서는 경전을 서사하는 일에 대하여 그 공덕을 찬탄하고 있는데, 인쇄본이 나온 뒤에도 국가를 진호(鎭護)하기 위해서나 부모나 조상의 추복(追福)을 위하여 지성으로 사경하는 일이 이어졌습니다. 오늘날에도 기도의 한 방법으로 사경을 하는 사람이 많습니다. 경전을 독송하는 것과 더불어 사경도 훌륭한 수행방법이 되는 것입니다. 그러므로 사경을 할 때에는 기도하는 절차에 준하여 행하면 될 것입니다. 그런데 사경은 독경이나 염불에 비하여 시간이 많이 걸릴 수가 있습니다. 긴 경전은 이를 몇 등분하여 매일 일정한 양을 써서 전체를 완성할 수 있도록 계획을 세워야 합니다. 다 쓰고난 뒤에는 부처님께 공양하고 나서 몇 가지 처리방법이 있습니다. 첫째는 묶어서 책으로 만들어 가보로 보관하든가, 둘째로 다른 불자에게 선사하든지 병고나 재난으로 어려운 사람에게 보내줍니다. 셋째는 영가를 위하여 공양하는데, 이때는 조상님이나 임신중절한 태아를 위하여 불살라줍니다. 넷째는 사경한 경을 모아두었다가 절을 지을 때 중요한 부분 기초부에 밀폐하여 보관하거나 대들보 위에 안치합니다. 참고로 사경에도 종류가 있는데 이를 알아보면, 여러 날 동안 쓴 점사경(漸寫經), 하루에 다 쓴 돈사경(頓寫經), 한 사람이 큰 경전을 다 쓴 일필경(一筆經), 피로 쓴 혈사경(血寫經) 등이 있습니다.

138. 불교에서의 기도란 어떤 것이며 어떤 공덕이 있나

일반적으로 세계의 어느 종교든 간에 모두 기도라 하여 신자가 자신의 바램을 절대자에게 호소함으로써 절대자가 은총을 베풀어 소원이 이루어지기를 갈구하는 신앙의 행태들을 가지고 있습니다만, 불교에서의 기도란 본래 그와 같은 기원과는 조금 다른 차원의 것입니다. 즉 불교에서 행하는 기도란 기도를 하는 사람 스스로가 어떤 소원을 이루기 위하여 불·보살님의 무조건적인 가피를 청하는 것이 아닙니다. 물론 불교도 현실적으로는 인류문화 속에서 종교라는 하나의 형식을 띄고 있는 만큼 신자들 대부분은 스스로 무언가의 간절한 바램들을 가지고 임하는 것임에 틀림이 없지만, 그러나 그와 같은 바램을 이루기 위한 방법으로서 불교에서의 기도는 기원보다도 오히려 발원에 해당한다고 하겠습니다. 다시 말해 무언가가 이루어지기를 무작정 절대자에게 바란다는 측면보다도 그 무언가가 이루어질 수 있도록 스스로 어떠어떠하게 하겠다는 다짐의 의미가 강한 것입니다. 그러므로 기도의 방법 또한 자신이 바라는 바를 이러저러한 말로써 끊임없이 되뇌이기보다 일단 하나의 발원을 세운 다음에는 염불이나 절, 진언, 독경, 사경 등을 통해 정신을 집중하는 수행에 드는 것입니다. 그리고 그와 같이 기도를 행해나가는 가운데 기도를 하는 사람에게는 자기 자신의 바램이 얼마나 정당한 것인가에 대한 반성과 아울러 참으로 올바른 삶의 길이 어디에 있는가 하는 깨달음이 일어나게 됩니다. 이것은 불교에서 이야기하는 기도라는 것이 실제로는 스스로의 내면에 이미 구족되어 있는 불성을 회복해나가는 길인 동시에 기도를 통해 얻고자 하는 불·보살님의 가피력 또한 우주와 인생의 참된 이치 즉, 진리 그 자체 이외에 다른 것이 절대 아니기 때문입니다. ☞제24항, 37항 참조

139. 가정에서의 기도는 어떤 절차로 해야 하나

　불교에서의 기도란 일방적으로 무언가가 이루어지기를 바라는 기원이 아니라 스스로 바라는 바를 이루기 위해 어떠어떠하게 하겠다는 발원으로서, 다른 의미에서 기도란 그와 같은 발원을 보다 공고히 하기 위한 정신집중의 수행입니다. 그러므로 사찰에서 행하는 기도든 가정에서 행하는 기도든 특정의 절차가 있는 것은 아닙니다. 다만 일반적인 불교의 각종 의례들에 맞추어 가정에서의 기도절차를 생각해본다면 적어도 삼귀의와 참회, 발원, 정근, 회향의 순서는 있어야 할 것으로 생각됩니다. 다시 말해 삼귀의는 기도에 들어가기에 앞서 부처님과 부처님의 가르침 및 부처님의 가르침에 입각하여 참답게 수행하는 모든 이들에게 귀의의 마음을 표명하는 것으로서, 기도가 샷된 것이 되지 않도록 보살펴주기를 기원하는 의미도 있다고 하겠습니다. 두번째 참회는 우리들이 살아오는 동안 스스로 알게 모르게 저지른 모든 악업들에 대해 반성하는 것으로서, 말하자면 스스로의 이기적인 욕망들을 떨어버리고 마음을 비운다는 의미도 있습니다. 다음에 발원은 그 기도를 하게 된 이유나 스스로의 다짐 등을 불·보살님께 고하고 가피가 있기를 청하는 것입니다. 그리고 정근은 염불이나 진언, 절, 독경, 사경 등을 통한 삼매를 수행하는 것으로서, 이때는 스스로의 바램이나 자신이 세운 발원 따위에 정신을 집중하기보다는 그저 한결같은 마음의 상태를 유지하는데 초점을 맞추어야 합니다. 그러므로 염불을 하는 경우에는 염불에만, 또 독경을 하는 경우라면 독경에만 몰입하여 아무런 다른 생각이 침범하지 못하게 합니다. 이어서 마지막의 회향은 지금까지의 기도의 공덕이 두루 주변의 모든 이들에게도 돌아갈 수 있도록 기원하는 것으로서, 대개 사홍서원으로 대신해도 무방하다고 생각됩니다.

140. 기도에 임할 때 지녀야 할 몸가짐과 마음가짐은

우리 불자들이 가정에서도 원활한 기도를 수행하기 위해서는 우선 다른 일상생활에 지장받지 않고 몰두할 수 있는 시간을 선택하고 나름대로의 일정한 기도절차를 정하는 것이 좋겠습니다. 이런 준비가 되면 몸가짐으로서는 앉는 방법과 호흡이 중요합니다. 앉는 방법은 발원이나 참회를 할 때는 꿇어앉은 자세, 그 외에는 결가부좌(結跏趺坐)나 반가부좌(半跏趺坐)가 바람직합니다. 그러므로 옷차림도 신체의 어느 부위가 너무 조이지 않는 편안한 복장이 좋겠습니다. 기도를 할 때 앉는 방법을 중요시하는 것은 올바른 자세에서 올바른 호흡이 나오기 때문입니다. 또한 올바른 호흡이 중요시되는 것은 호흡이 안정되어 있을 때 자연히 정신상태도 안정이 되어 쉽게 집중을 이룰 수 있기 때문입니다. 그런데 실제로 독경이나 염불 등을 일심으로 행하다보면 특별히 자세가 흐트러지고 정신이 헤이해지지 않는 이상 호흡은 그 가락에 맞추어 자연스레 안정이 되므로 너무 호흡만을 의식할 필요는 없습니다. 다음에 기도에 임할 때 지녀야 할 마음가짐으로는 첫째 믿음이 중요합니다. 이 기도가 결코 헛된 것이 아니며 불·보살의 가피가 분명히 나와 함께함을 깊이 믿을 수 있을 때 기도도 올바른 공덕으로 이어지게 됩니다. 두번째 참회하는 마음이 필요합니다. 참회란 우리 자신의 평소 생활에 대한 반성이며 기도에 앞서 스스로의 마음을 비우는 것입니다. 그리고 세번째는 주변의 모든 이들에게 자비의 마음을 내는 것이 필요합니다. 세상의 모든 중생들이 나와 한 몸임을 깨닫고 그들 모두에게 평화와 안락이 깃들기를 바라며 누구에게도 원망이나 미움을 갖지 않는 것입니다. 이와 같은 마음가짐으로 기도에 임할 때 우리들의 기도는 참다운 공덕으로 그 위력을 발휘하게 될 것입니다.

141. 불교교리에 비추어볼 때 남을 위한 기도가 가능한가

　석가모니부처님은 한때 인간이 스스로 짓는 업과 그 과보에 대해 다음과 같은 비유를 들어 설명하신 적이 있었습니다. "커다란 바윗돌을 깊은 호수에 던져놓고 그 주위를 돌면서 '떠올라라, 떠올라라' 하고 기도를 한다면 그 바윗돌이 떠오를 수 있겠는가. 그와 마찬가지로 어떤 악인이 평생동안 나쁜 짓만을 일삼다가 죽었을 때 누군가가 아무리 그를 위해 기도를 하고 기원을 한다 해도 그를 좋은 곳에 태어나게는 할 수 없을 것이다. 또 기름이 가득 담긴 항아리를 호수 속에 빠뜨려놓고 그 주위를 돌면서 '가라앉아라, 가라앉아라' 하고 기도를 한다면 떠오르는 기름을 가라앉힐 수 있겠는가. 그와 마찬가지로 평생동안 바른 계율을 지키며 올바르게만 살던 사람이 죽었을 때는 누군가가 그를 미워해 나쁜 곳에 태어나라고 아무리 기도를 하고 기원을 한다 할지라도 그는 자신이 지은 업의 과보에 따라 필연적으로 좋은 곳에 태어날 수밖에 없을 것이다." 말하자면 인간은 스스로의 업에 의해서만 자신의 운명이 결정되는 것으로서, 스스로의 힘에 의하지 않는 이상 다른 사람이 아무리 그를 위해 온갖 정성을 다한다 할지라도 그의 운명을 바꾸지는 못한다는 것이었습니다. 그러므로 이와 같은 불교교리에 비추어볼 때 다른 사람을 위한 기도는 일견 불가능한 것처럼 보입니다. 그런데 이와 같은 가르침은 업과 그 과보의 관계에만 관한 것으로서, 사실 우리들이 살아가고 있는 이 세상에는 또 다른 면도 있습니다. 즉 감화 내지는 교화라는 것이 그것으로, 누군가가 다른 누구를 위해 절실히 기도하고 또 정성을 다해 계도하려 할 때 그런 노력이 전혀 무의미하지는 않을 것이기 때문입니다. 다만 그같은 기도와 정성이 얼마나 진실하고 올바른 것인가가 문제가 될 것입니다. ☞제31항 참조

142. 염불이란 무엇이며 어떤 공덕이 있나

염불(念佛)은 부처님을 생각하는 것입니다. 부처님은 끝없는 은혜이시고 걸림없는 위신력이시고 무조건의 대자대비인 것을 굳게 믿으며 이를 염하는 것입니다. 언제나 우리의 생명을 진리로써 충만하게 해주시고 대자비 은혜로 키워주시는 것을 믿고 마음의 눈으로 보듯이 오직 일심으로 부처님을 생각하는 것입니다. 일반적으로 염불수행하는 사람은 부처님의 한량없는 공덕을 믿고 일심염불하면 마음에서 일체 형상을 취하지 않고 큰 원을 세우고서 정진하게 됩니다. 정진하여나감에 따라 그동안 자신에게 쌓였던 모든 업장과 미혹들이 차례로 사라져 망념에서 벗어나게 되므로 바로 이것이 부처님의 공덕을 입게 되는 것입니다. 다시 말하면 불보살님께서는 일체 중생에게 차별없이 완전한 것을 주시지만 중생은 어리석고 미혹해서 알지 못하였는데 이제 염불수행을 함에 따라 그러한 미혹에 의한 분별을 제거하게 되는 것입니다. 그리고 한 가지 중요한 사실은 염불을 한다는 그 자체가 공덕 속에 포함되어 있다는 것입니다. 염불을 하면 호흡이 평상시보다 6~10배 정도 더 길어지게 되므로 자연적으로 심호흡이 되고 맥박도 평상시보다 느려지게 되므로 마음이 안정되어 장수하게 됩니다. 소리는 건강과 정력과 행운의 변화를 나타내는 지표입니다. 염불을 오래하면 자연적으로 아랫배 단전에서 소리가 나오게 되므로 건강하게 되고 기복없는 마음이 형성되므로 복도 누리게 됩니다. 염불을 수행함에 따라 나타나게 되는 마음의 평안과 신체의 조화는 그 사람에게 환경을 능동적으로 밝게 변화시켜나갈 힘을 줍니다. 그러므로 염불은 절과 더불어 호흡의 비결이며, 훌륭한 수행방법인 동시에 업을 소멸하는 최상의 공덕인 것을 알 수 있습니다.

143. 염불에도 여러가지 종류가 있다는데

　부처님을 염하는 염불에는 법신이신 부처님을 생각하는 법신염불(法身念佛)과 부처님의 공덕과 부처님의 덕성을 생각하는 관념염불(觀念念佛)과 부처님의 명호를 입으로 외우는 칭명염불(稱名念佛)이 있습니다. 그런데 일반적으로 염불이라고 하면 소리내어 외우는 칭명염불을 가리키는 경우가 많으며 특별히 관념염불과 칭명염불을 구분하지 않고 있습니다. 왜냐하면 이러한 세 가지 염불을 각각 따로 해야 하는 것은 아니기 때문입니다. 부처님께 귀의하고 예배 찬탄하며 부처님의 공덕을 생각하면서 그 명호를 염불하게 되면 번뇌가 일어나지 않고 마침내 열반의 도리를 얻게 됩니다. 이때 하는 염불은 관념염불과 칭명염불을 합한 방법입니다. 또한 깊은 삼매에 들어 염불하면 죄가 소멸되고 부처님을 뵈오며 불국에 왕생하게 되므로 이 염불을 왕생염불이라고도 합니다. 아미타불을 염하여 극락에 왕생하는데는 일반적으로 칭명염불을 중시하나 역시 부처님 공덕에 대한 관념을 빠뜨려서는 안될 것입니다. 극락에 왕생하는 것은 아미타불의 본원에 의한 원력왕생이므로 여기에는 오직 귀의와 칭명염불이 중요합니다. 또 염불에는 염불하는 사람의 마음에 따라 깊은 마음에서 염불하는 정심염불(定心念佛)과 산란한 마음으로 염불하는 산심염불(散心念佛)이 있고, 염불시간에 따라 매일 일과로 염불하는 일과염불과 시간과 장소를 가리지 않는 장시염불(長時念佛) 등이 있습니다. 소리의 높고낮음에 따라 고성염불과 저성염불, 그리고 무성염불을 나누기도 하는데, 염불은 큰소리로 하는 것을 원칙으로 하고 있으며 소리를 내는 고성염불에는 용맹스러운 정진심이 나며 모든 부처가 기뻐하시고 삼매력이 깊어지며 정토에 왕생하게 되는 등의 10가지 큰 공덕이 있다고 합니다.

144. 진언이란 무엇이며 어떤 수행법인가

　　진언(眞言)이란 다라니(陀羅尼)라 하며 총지(總持) 즉, 모든 공덕을 다 지닌다는 뜻과 능차(能遮) 즉, 모든 잘못을 다 막는다는 뜻을 가지고 있습니다. 총지라는 말이 보여주듯 진언은 모든 공덕을 다 갖춰 지닌 존재의 참모습인 부처의 덕성을 나타냅니다. 곧 관세음보살의 광대원만한 대비심이 드러내는 한량없는 공덕의 세계, 부처의 세계가 바로 진언이 상징하는 세계입니다. 그러므로 밀교에서는 모습 없는 비로자나법신을 모습으로 나타낸 여러 부처님의 근본이라 하고, 말 아닌 말인 진언이 모든 법이 의지하는 바라고 하고 있습니다. 또한 총지라는 의미는 모두 지닌다는 의미인데, 첫째 일체 나쁜 법을 일어나지 않도록 하고, 둘째 일체 좋은 법을 사라지지 않게 하며, 셋째 일체 나쁜 일을 없애고 깨끗한 법계를 깨닫도록 하므로 총지라 하는 것입니다. 또 이 총지는 세 가지로 분류되는데, 삼장총지(三藏總持)와 삼마지총지(三摩地總持), 그리고 문자총지(文字總持)가 그것입니다. 여기에서 삼장총지란 진언이 삼장 십이부경 등 모든 경전의 내용을 다 갖추고 있음을 나타냅니다. 곧 다라니 한 글자 가운데서 한량없이 깊고 묘한 뜻을 깨달아 한량없는 뜻을 자유자재로 설할 수 있기 때문입니다. 삼마지총지는 다라니를 받아지닌 힘으로 삼매가 나타나 백천 삼매를 다 깨칠 수 있음을 뜻합니다. 문자총지라고 하는 것은 다라니를 받아지닌 힘으로 다라니 한 글자 속에서 지금까지 듣고외운 바 경전의 말씀을 길이 잊지 않는 큰 지혜를 성취할 수 있다는 것입니다. 이러한 의미를 통해 보면 진언이란 바로 번뇌를 돌려 지혜를 이루어내는 수행입니다. 수행자는 진언행을 통하여 다함없는 공덕의 세계 곧 부처의 세계를 자신의 내면세계뿐 아니라 온우주에 드러내는 것입니다.

145. 옴 마니 반메 훔의 의미는 무엇인가

옴 마니 반메 훔은 관세음보살본심미묘육자대명왕진언(觀世音菩薩本心微妙六字大明王眞言)이라 하여 관세음보살의 미묘한 본마음인 여섯 자의 크게 밝은 진언이라고 합니다. 이 여섯 글자 진언을 외우면 그 위신력으로 육도(六道)가 공(空)해지고, 육도가 공한 곳에서 여섯 바라밀행이 나타나게 되는 것입니다. 그러므로 경전은 옴 마니 반메 훔의 공덕을 이렇게 말합니다. '이 진언을 외우면 머무는 곳마다 한량없는 부처님과 보살, 천룡팔부가 모여들고 한량없는 삼매법문을 갖추며 이 진언을 외우는 자의 권속과 후손들도 모두 해탈하고 뱃속의 벌레들까지 보살의 지위를 얻게 될 것이다. 만약 이 여섯 자의 크게 밝음을 얻는 자는 탐·진·치가 그를 물들이지 못하고 이 진언을 받들어 몸에 지니는 자는 탐·진·치의 병이 그를 붙들지 못하며 이 진언을 지니는 자의 몸과 손이 닿는 곳이나 눈이 보는 곳에 있는 모든 중생도 다 보살의 지위를 얻어 길이 생노병사의 고통을 받지 않을 것이다.' 그러므로 옴 마니 반메 훔이라는 진언을 외우면 큰 지혜를 얻게 되고 기타 모든 구하는 바를 얻지 못함이 없다고 합니다. 이 진언의 위신력이 온갖 장애와 질곡을 깨뜨려서 해탈법계를 이루게 하며 빈곤과 모자람을 뒤집어 풍요와 완성을 주기 때문입니다. 그리하여 스스로 성취한 뛰어난 복을 모든 대중과 함께 공유하게 되고 모든 대중이 함께 해탈의 길을 이루기를 서원합니다. 말하자면 이 진언을 외움으로 말미암아 자신과 타인이 함께 해탈의 길로 손을 맞잡고 나아가는 길에 들어서게 되는 것입니다. 특히 이 육자진언을 진언 가운데의 대명왕(大明王)진언이라고 하고 일체의 복덕지혜와 모든 행의 근본이라 하여 예로부터 우리나라에서는 천장이나 돌, 나무 등에 새겨 소중히 여겨왔습니다.

146. 경전을 독송하기 전에 외우는 정구업진언의 의미는

　　정구업진언(淨口業眞言)인 '수리수리 마하수리 수수리 사바하'는 입의 업을 깨끗이 하는 진언이란 의미입니다. 불자가 경전을 독송할 때 먼저 정구업진언을 외우게 되는데, 거짓의식이 아닌 깨달음의 마음, 거짓말이 아닌 참된 말, 뒤틀리고 닫혀진 일이 아닌 해탈의 일을 생활 속에 일으키기 위해서는 진언을 통해 먼저 그동안의 낡은 습관, 뒤바뀐 의식, 더럽혀진 언어생활을 청산하여야 하기 때문입니다. 왜냐하면 진리의 언어, 세계의 실상을 열어내는 참된 말을 받아들이기 위해서는 먼저 입으로 잘못된 업을 맑게 해야 하기 때문입니다. 불교에서 가르치는 인간이란 활동으로 나타나는 인간이며 이 세계도 지금 나의 일상생활 속에 비치고 일상활동으로 드러나는 세계인 것입니다. 그러므로 지금 나의 뒤틀린 업을 바르게 하고 물든 생활의 습관을 정화한다는 것은 자아와 세계가 새로워지기 위한 전제가 되는 것입니다. 이제 불자는 거룩함, 깨끗함의 뜻을 담고 있는 '수리'를 외움으로써 낡은 언어생활, 닫혀진 몸을 새롭게 바꾸어갑니다. '수리수리 마하수리 수수리 사바하'를 외움으로써 나는 참말을 머금은 새로운 자아로 되어나옵니다. 지금 새로운 나는 과거의 나를 떠난 것은 아니지만 이미 과거의 내가 아닙니다. 나는 진언을 외움에 의해 새로워진 것입니다. 이 진언은 고통 속에 있는 중생들의 참 모습을 인식하여 대중을 섬기고 공양하며 생활 속의 잘못을 반성하고 대중과 더불어 해탈을 함께 누리려는 큰 뜻을 세우고 경전 속에 담긴 가르침을 올바로 받아지니려는 불자가 독송 전에 꼭 외워야 할 자기정화 작업인 셈입니다. 불자는 정구업진언을 통하여 경전에 들어가 경전에 가득찬 지혜를 만나고 이를 깨달아 보현의 원을 발하여 광대한 실천을 일으키게 됩니다.

제11장

참나를 찾아서

147. 참선이란 무엇이며 어떤 유래가 있나

참선(參禪)은 화두(話頭)를 들고 불도를 수행하는 선정(禪定)의 한 방법입니다. 말하자면 몸가짐과 마음가짐을 안정시킨 가운데 불법의 대의를 파악하기 위하여 내면적으로 깊이 침잠하는 수련법입니다. 참선은 원래 인도의 선정사상에서 유래되었습니다. 선은 인도의 옛말로는 선나(禪那)로 조용히 생각한다는 뜻입니다. 조용히 생각한다는 것은 진리가 무엇인지 알려고 하는 지혜와 안정된 정신상태 즉, 선정을 일치시켜 정혜를 함께 닦는다는 뜻입니다. 그러므로 참선수행을 할 때 큰스님의 가르침이나 화두는 부처님의 가르침의 중심내용을 몇 마디의 말이나 상징적인 게송으로 던져 대중으로부터 진리에 대한 강한 의심을 내게 하는 것입니다. 불법을 수행하는 대중들은 진리를 담고 있는 화두의 내용에 끊임없이 정신을 집중하고 불법의 핵심을 직접적으로 파고들어가 본래 갖추고 있는 청정하고 평등한 마음의 경지를 찾게 되는 것이 바로 참선인 것입니다. 참선은 거슬러올라가면 석가모니부처님께서 보리수 아래에서 고락의 극단을 피하고 중도의 깨달음을 성취하신 수행방법입니다. 부처님께서는 선을 사선(四禪)으로 나누어 차제적 수행단계로 설명하셨고, 대승불교에 이르면 반야경을 위시하여 여러 경전에서 육바라밀 중에 선바라밀을 넣어 반야바라밀을 얻기 위해 보살이 수행해야 할 덕목으로 중시하였습니다. 이러한 인도의 사상이 달마대사에 의해 중국으로 넘어오게 되는 것입니다. 달마대사는 중국으로 선사상을 전파하면서 불립문자(不立文字)의 선사상을 크게 일으켰습니다. 불립문자는 경전이라는 글에 집착하지 않고 마음으로 깨달음의 요체로 들어간다는 뜻으로 후대 중국과 우리나라의 선사상에 많은 영향을 주었습니다.

148. 참선을 할 때 올바른 자세는 무엇인가

　　참선은 화두를 들고 하는 것이므로 일단 화두를 믿고 의지해야 합니다. 화두는 갖가지 삿된 생각이 끊긴 경계이므로 생각으로는 알 수 없는 경계입니다. 진리로 바로 들어가 언어도 끊어지고 모든 망견이 끊긴 그 자리에서 새롭게 자리잡은 불성, 그 자체인 것입니다. 그러므로 참선을 할 때는 반드시 부처님과 여러 조사스님께서 깨치신 법성을 그대로 이어받은 선지식에 의지하여 그분의 가르침에 따라 닦아가야 합니다. 문자를 의지하지 않고 마음으로 곧장 들어가는 것이 참선의 수행방법입니다. 글로 쓰여진 교리를 수행법이라 생각하면서 일상생활을 진실하게 행하지 않는다면 처음부터 이정표를 잃게 됩니다. 대개의 화두는 그 내용에서 근본의심을 담게 됩니다. 그러나 무엇이 근본의심인지, 무엇이 바로 마음으로 들어가는 길인지도 모르는 상태에서 참선수행하는 것은 잘못된 방법입니다. 석가모니부처님께서도 지관일치(止觀一致)의 수행으로 깨달으신 것이니만큼 그저 아무 것도 모르는 상태에서 마음에 의지하신 것은 아닙니다. 즉 지(止)라는 마음을 항상 평등하게 유지하는 수행과 관(觀)이라는 진리가 무엇인가 아는 지혜를 함께 일치시켜 우주만유에 흐르는 참진리를 알고자 하는 자세에서 출발하셨습니다. 달마대사도 불교교학을 모두 통달하시고 불립문자(不立文字), 교외별전(教外別傳), 직지인심(直指人心)의 사상을 선수행의 목적으로 하신 것입니다. 그러므로 참선수행을 하는 불자들은 가르침의 법인 교학을 함께 하면서 마음을 닦는 선수행을 하셔야 합니다. 그리고 참선수행을 하더라도 부처님과 조사스님들께서 깨달으신 법을 그대로 체현하신 선지식의 지도를 반드시 받아 일심으로 화두를 들고 안정된 좌법과 호흡으로 행해야 합니다.

149. 참선을 할 때 올바른 호흡방법은 무엇인가

참선을 하는 것은 몸과 마음을 안정시켜 진리 그 자체를 보는 수행방법입니다. 법 자체를 직접 보고 자신의 원래의 참모습을 찾는 참선은 일상적으로 항상 하면서도 의식하지 못하는 호흡을 한결같이 하여 의식의 안정을 취하는 것이므로 무엇보다도 호흡방법이 중요합니다. 호흡을 하면서 끊임없는 번뇌망상을 잠재우고 의식 깊은 곳에 숨어 있는 맑고 청정한 깨달음의 성품을 발견해나가는 것이 참선수행입니다. 그러므로 올바른 호흡방법은 깨달음의 성품을 보는 데 매우 중요한 것입니다. 좌선입정중의 호흡에 대해서는 풍(風), 천(喘), 기(氣), 식(息)의 네 가지 방법이 있습니다. 이 가운데 식의 호흡방법이 올바른 좌선방법입니다. 즉 숨소리도 없고 거칠지도 않고 숨쉰다는 의식도 없는 상태에서 하는 호흡입니다. 이렇게 하려면 먼저 정신을 아랫배에 집중시켜야 합니다. 그리고 호흡을 한두번 토해낸 다음에 이어 서서히 들이쉽니다. 고르고 깊은 호흡이 되도록 힘쓰며 다 들이쉰 다음에는 잠시 멈추었다 서서히 코로 토해냅니다. 특히 호흡할 때는 무리해서는 안되며 생각과 힘이 호흡과 함께 움직여야 합니다. 호흡의 속도는 각자의 편한 속도로 맞추되 처음의 의식적 호흡에서 무의식적 호흡으로 바꾸어가야 합니다. 숨을 들이쉴 때는 비교적 천천히 하면서 내쉴 때는 단전에서 배로 가슴으로 향해 코로 토해냅니다. 숨은 단전까지 들이마셔야 하지만 억지로 힘을 주지 말아야 하며 들이쉰 숨도 부자연스럽게 오래 머무르게 하거나 빠르게 하지 않습니다. 이러한 호흡방법을 계속하면 처음에는 익숙하지 않다가 점차로 안정을 찾게 됩니다. 그리하여 호흡에 집중하여 참선을 하고 이것이 익숙해지면 스스로 의식하지 않아도 자연스럽게 올바른 호흡이 되므로 정신이 점차 안정되게 됩니다.

150. 방하착하라는 말은 무슨 뜻인가

　방하착(放下着)은 손을 내려 밑에 둔다는 뜻입니다. 이 말의 뜻은 일상적인 단순한 행동을 나타내지만 선가에서 화두로 쓰였습니다. 원래는 《오등회원(五燈會元)》〈세존장(世尊章)〉의 일화에서 방하착이라는 용어가 나옵니다. 흑씨범지(黑氏范志)가 합환(合歡)한 오동꽃을 받들어 세존께 공양하자 부처님께서 범지를 불러 '방하착하라'고 말씀하셨다는 일화가 있습니다. 석가모니부처님께서 방하착을 단순히 손을 내려놓으라는 의미에서 범지에게 말씀하신 것은 아닐 것입니다. 꽃을 공양했다는 집착된 마음마저 내려놓으라는 말씀일 것입니다. 이러한 방하착의 의미가 선종에서는 막다른 질문으로 던져져 깨달음으로 직입할 수 있는 실마리인 화두로 쓰였습니다. 조주선사를 찾아간 한 선사가 묻길 '한 물건도 가지고 오지 않을 때는 어찌합니까' 하니 조주선사께서는 '방하착하라' 하셨습니다. 선사께서 되물어 '이미 한 물건도 가져오지 않았는데 또 무엇을 내려놓으란 말입니까' 하자 조주선사께서 '방하하지 말고(내려놓지 말고) 다시 지고 가거라' 하셨습니다. 그때 선사는 크게 깨달았다고 합니다. 여기에서 방하착의 의미는 언어를 떠난 의단이므로 말로 풀 수 없는 것이나 굳이 세속적인 말을 사용하여 풀이한다면 이미 한 물건은 물건 그 자체에 공성인 법성을 담고 있으므로 내려놓을 것도 가져갈 것도 없다는 뜻입니다. 또한 원만하고 원융무애하므로 내려놓을 수도 가져갈 수도 있는 것입니다. 선사는 이미 없는 한 물건을 내려놓으라고 하고 다시 지고 가라고 하는 방하와 불방하의 의미 속에서 진정한 한 물건에 대해 깨친 것입니다. 그러므로 선을 닦는 불자들은 화두를 받아 의단을 낼 때 한 물건이라도 어떠한 한 물건인지 논리적 의단에서 화두를 잡아야 합니다.

151. 참선을 하려고 하면 자꾸만 망상이 일어나는데

　처음 참선을 할 때에는 깨달음을 위한 문제가 주어집니다. 이 문제를 바로 화두(話頭)라고도 하고 공안(公案)이라고도 합니다. 화두와 공안의 특징은 깨달음이란 불도수행의 목적이자 진리 자체의 내용을 담고 있으므로 방편적인 비유나 이것저것을 비교분석하는 분별심으로는 접근할 수 없다는 것입니다. 화두나 공안은 탐하고 싶은 탐심과, 탐하려는 대상이 원만히 이루어지지 않을 때에 화가 끓는 진심과, 어리석은 무지를 낳는 치심을 가라앉히고 원래 갖춘 청량한 불성이 드러나게끔 하는 근본질문인 것입니다. 그러므로 참선을 할 때에는 화두나 공안에 충실하는 것이 가장 중요합니다. 우리의 마음은 이미 오래전부터 훈습된 나에 대한 집착과 바라보는 대상에 대한 집착으로 쉽게 번뇌망상이 없어지지 않습니다. 마음이 안정되지 않을 경우에는 더욱 더 망상이 일어나게 됩니다. 특히 처음 참선수행할 때에는 더욱 번뇌망상이 많이 일어나서 참선공부가 힘들 때가 많습니다. 그러나 참선수행은 불도의 참다운 이치인 진여의 세계 속으로 바로 들어가는 길이므로 수행방법만 옳게 유지한다면 망상 또한 쉽게 가라앉습니다. 대개 망상은 탐·진·치의 삼독심과 과거에 대한 회상과 집착, 또는 사리에 맞지 않는 환상에서 일어나게 됩니다. 그러므로 계속 망상이 들끓어 수행에 장애를 주면 일단 불교교학적 측면에서 마음과 의식과 분별심이 어떻게 일어나는지 먼저 공부하고 참선공부를 해도 좋은 것입니다. 중생이 범부로서 깨닫지 못하고 계속 번뇌를 낳는 미혹에 머무르는 것은 법에 대한 무지에서 생기는 것이기 때문입니다. 불법에 대한 공부와 마음을 닦는 참선수행을 함께 한다면 오히려 지혜가 밝아져 사리분별의 망상을 쉽게 잠재울 수 있을 것입니다.

152. 간화선과 묵조선은 무엇이며 어떻게 다른가

　마음을 통일하여 잡념을 일으키지 않아 자기의 참모습을 볼 수 있는 견성(見性)이 불교의 궁극목적이므로 선은 자신의 본성에 의지하고 귀의하여 부처님과 동등한 입장이 되고자 하는 수행입니다. 이런 입장에서 선가에서는 문자를 세우지 않는다는 불립문자(不立文字)와 경전의 가르침 외에 달리 전한다는 교외별전(教外別傳)과 직접 사람의 마음을 더듬어 들어간다는 직지인심(直指人心)을 도의 내용으로 표방한 것입니다. 선가의 초조 달마대사로부터 혜가, 승찬, 도신, 홍인선사를 걸쳐 6조 혜능대사 때에는 선사상의 전성기를 이룹니다. 혜능 이후에 법통은 회양, 마조, 백장, 황백 다음에 임제선사로 이어지는데, 임제선사는 처음으로 수선법의 공안을 제자들에게 주었다고 합니다. 간화선(看話禪)은 수행방법에 있어서 공안(公案)을 참구하는 선수행이며 묵조선(默照禪)은 묵념부동의 좌선을 닦는 선수행입니다. 선의 실천에는 지혜와 수행이 일치해야 하므로 체험을 통하지 않으면 교리적 이해는 사상누각에 불과하다고 봅니다. 임제선사의 공안은 간화선의 초기적 형태입니다. 간화선은 수행의 철저한 실천을 한결같이 하기 위해 의식활동의 강한 부정을 던지는 의단(疑團)을 줍니다. 밖으로 향해 있던 의식을 안으로 돌려 본질적 본성을 알게 하는 의단을 공안을 통해 선수행으로 연결하는 것이 간화선의 실천입니다. 이에 반해 묵조선은 강한 정신적 전환동기보다는 오직 마음을 쉬게 하는 수행방법입니다. 마음을 쉬게 하여 끊임없이 집착하는 기능을 없애게 합니다. 즉 끊임없이 사량분별하여 대상에 경계를 짓는 의식을 맑은 마음으로 바꾸는 작업입니다. 간화선과 묵조선은 모두 불성을 발견하기 위한 수행방법이며 실천을 통하여 깨달음에 이르는 길입니다.

153. 화두란 무엇이며 어떻게 받는 것인가

　화두(話頭)는 수행자에게 주어지는 일종의 과제로, 강한 의심에서 정신적 변화를 가져오게 하는 의단(疑團)입니다. 화두의 원래 의미는 말머리라는 뜻이지만, 공문서를 뜻하는 공안(公案)과 같은 의미로 쓰입니다. 의단으로 주어진 화두는 잘못된 인식의 습관으로 생긴 번뇌망집을 깨우치는 작용을 하면서도 진리의 요체를 담고 있으므로 미혹한 생각으로는 알 수 없는 것입니다. 특히 화두는 미혹한 생각도 마음도 표현도 끊긴 자리에 묘하게 드러나는 진리의 묘유(妙有)를 상징하므로 생각이 있지도 없지도 않은 상태를 나타냅니다. 진리를 분별하는 생각을 버리고 진리 그 자체의 이치를 알려고 하는 각성에서 화두는 풀리는 것입니다. 대개 화두의 내용은 언어로 이해하기 어렵습니다. 몇 마디 말에 핵심적 사상을 담고 있기 때문입니다. 선종의 3조 승찬대사와 2조 혜가대사 사이의 유명한 선문답에서 화두의 예를 볼 수 있습니다. 승찬선사께서 혜가선사를 찾아가 '해탈의 법을 가르쳐 주십시오'라고 청하니 혜가선사는 '누가 너를 구속했는가'라고 반문하셨습니다. 이에 승찬선사는 '사람은 구속됨이 없습니다'라고 대답하니 혜가선사께서 '그렇다면 어째서 다시 해탈을 구하는가'고 하였습니다. 이 대화 속에서 승찬선사는 깨달음을 얻었다고 합니다. 여기서 '누가 너를 구속했는가'와 같은 질문이 화두에 해당됩니다. 승찬선사께서 마음의 구속함이 없는데 해탈법을 물으니 혜가선사께서는 의식의 전환적 차원에서 '누가 너를 구속하였는가'라는 질문을 던진 것입니다. 이렇듯 화두는 불도를 수행하는 과정에서 본질에 대한 의구심을 이끌어내는 질문인 것입니다. 그러므로 화두를 받는 것은 교학과 수행을 함께 하면서도 알 수 없는 의문을 선지식에게 물어 그 해결책을 마음으로 받는 것입니다.

154. 화두에는 분명한 정답이 있는 것인가

　선수행을 하면서 주어지는 화두는 부처님의 깨달으신 내용이고 우주만유의 이치이며 여러 조사와 선사께서 부처님의 종지를 받은 진리이므로 아무리 언어로 표현한다 해도 분명한 표현은 불가능합니다. 화두의 내용은 무한의 표현이며 원만자재한 구경의 경지를 담고 있으므로 범부들의 삿된 소견으로는 헤아리기 어렵습니다. 또한 그 대답을 선각자가 언설로 표현한다고 해도 진리를 분별하려는 생각을 지닌 중생들의 입장에서는 이해하기 힘듭니다. 석가모니부처님 당시로 거슬러올라가면 그 정도와 깊이의 차이는 있지만 무수한 화두가 있었습니다. 부처님의 제자들은 부처님께 각기 다른 관점에서 각기 다른 질문을 하면서 진리를 구했습니다. 석가모니부처님께서는 이런 다양한 제자들의 질문에 대해 그들의 근기가 각기 달라 질문도 다르다고 인정하시고 근기에 맞는 대기설법을 하셨습니다. 묻고 대답하는 과정을 서술한 대부분의 경전에서 우리는 화두적 요소를 많이 발견합니다. 특히 후일에 거염화(擧拈花)의 화두라 불리는 부처님과 가섭존자 간의 염화미소(拈花微笑)의 일화는 유명합니다. 석가모니부처님께서 영산회상에서 설법하실 때 꽃 한 송이를 들어 대중에게 보이시니 그 뜻을 아무도 알지 못하고 오직 가섭존자만이 부처님의 뜻을 알아 빙그레 웃음으로써 대답하였다고 합니다. 염화미소의 일화 속에 하늘에서 내린 꽃 한 송이가 화두에 속하며 이 꽃 한 송이가 담는 화두의 뜻을 부처님의 마음에서 가섭존자의 마음으로 이어졌으므로 언어가 끊어진 이심전심의 전달인 것입니다. 가섭존자의 미소는 꽃 한 송이가 담는 일진법계(一眞法界)의 의미와 진리 그 자체로 이해할 수 있겠지만, 이 화두의 내용은 미소가 담는 의미만큼 쉽게 풀어지는 것이 아닙니다. ☞제25항, 26항 참조

155. 견성성불이란 무엇을 일컫는 말인가

자신이 지닌 마음의 불성을 철저하게 보는 것을 견성(見性)이라 하며, 마음의 부처와 같은 성품을 봄으로써 스스로 부처를 이루게 된다는 것이 견성성불(見性成佛)입니다. 부처를 이룰 수 있는 중생의 성품은 중생과 부처가 둘이 아닌 성품이며, 일체중생과 일체제불의 본성이며, 근원의 자성입니다. 이 성품은 원래 고요하고 청정하며 보편타당한 진리성을 지니고 있으므로 마음을 닦으면 자연스럽게 드러나며 그 자리에서 부처님과 같은 깨달음을 성취하게 되는 것입니다. 견성성불을 표방하는 선가에서는 인간의 근원적 정신을 추구해나가는데는 문자나 언설은 한낱 수단에 불과하다고 하여 경전에서 말하는 교설을 방편 이상으로 보지 않습니다. 즉 부처님의 종지는 경전의 언어적 표현을 뛰어넘은 절대주체의 자아인 자성청정심의 성품에서만 볼 수 있는 경지라는 것입니다. 선가에서 불립문자, 교외별전, 직지인심을 표방한 것은 문자를 사리분별하는 차원을 넘어 원래 청정한 성품의 진면목을 보라는 의미이지 부처님 말씀을 서술한 경전 자체를 부정하라는 것은 아닙니다. 범부들은 목전에 진리가 있지만 진리를 진리 그대로 보는 것이 아니라 번뇌망상으로 길들여진 훈습에 의해 사리분별하기 때문입니다. 사리분별심은 계속적으로 연기하고 윤회하게 하는 원동력이 되므로 선가에서는 이를 방지하기 위해 마음을 직접 보고 닦는 직지인심의 견성성불을 주장하는 것입니다. 그러므로 본래 구족된 진실한 자아를 닦는다 하여도 원래 자아는 없는 것이므로 부처님의 근본교설 공부도 충실히 해야 하는 것입니다. 그러므로 견성성불은 지혜가 바르게 서있는가를 끊임없이 경전이나 큰스님을 통해서 묻고 되묻는 꾸준한 수행을 통해서만 이루어질 수 있습니다.

156. 심우도란 그림으로 참선공부의 과정을 설명하던데

  심우도(尋牛圖)란 십우도(十牛圖)라고도 하며 마음을 닦는 일을 소먹이는 일에 비유한 그림입니다. 십우란 ①심우(尋牛) ②견적(見蹟) ③견우(見牛) ④득우(得牛) ⑤목우(牧牛) ⑥기우귀가(騎牛歸家) ⑦망우존인(忘牛存人) ⑧인우구망(人牛俱忘) ⑨반본환원(返本還源) ⑩입전수수(入廛垂手)를 말합니다. 선종에서 자기의 본심을 발견하여 깨달음에 이르기까지를 10가지의 비유로 설명한 것으로, 특히 본심을 소로 비유하고 있습니다. 첫째 심우는 소를 찾는다는 뜻으로 처음 보리심을 내는 것입니다. 소의 자취를 보고난 후 소를 보고 소를 얻어서 소를 길러 소를 타고 집으로 돌아온다는 내용을 담은 둘째 견적과 셋째 견우와 넷째 득우와 다섯째 목우와 여섯째 기우귀가는 수행의 과정을 나타냅니다. 일곱번째 소를 잊고 사람만이 있는 망우존인은 소승불교인이 자아에 대한 집착을 버린 후에 보리를 성취하는 단계를 나타냅니다. 여덟번째 사람과 소를 모두 잊는다는 인우구망은 대승을 따르는 불교인이 자아에 대한 집착과 자아의 대상인 법에 대한 집착을 모두 버린 후에 보리를 성취하는 단계를 나타냅니다. 본래의 근원으로 돌아오는 아홉번째 반본환원은 열반에 들어가는 단계를 나타내며 세속으로 들어가 방편을 베푸는 열번째의 입전수수는 방편구경(方便究竟)의 단계를 나타냅니다. 마음을 수련하는 일을 소 기르는 일에 비유한 것은 선종에만 있었던 것이 아닙니다. 《아함경》중에서는 목우12법(牧牛十二法)을 설하였고 《대지도론》에서는 십일사(十一事)를 밝혔습니다. 소를 비유로 하는 설법이나 그림 또는 공안은 마음을 찾고, 찾은 마음을 닦아 진정한 해탈을 얻고 그 해탈정신을 다시 대중에게 회향하는 보리의 정신을 표현하고 있습니다.

157. ○은 무엇이고 어떤 의미가 깃들어 있는가

　선가에서는 깨달음의 도에 들어가도록 하기 위해 문제의 실마리를 깊게 읽는 공안을 줍니다. 공안은 화두라고도 하며 고칙(古則)이라고도 합니다. ○은 일원상이라고 하는데, 일종의 공안으로 선을 닦는 사람들에게 공부의 내용을 주어 심오한 깨달음의 세계로 들어가게 하는 도리에 대한 핵심문제입니다. 또한 ○은 불교의 가르침의 내용이자 깨달음을 보인 선지식의 가장 수승한 준칙 가운데 하나입니다. 공안에는 경전에서 취한 것과 조사들의 어록에서 취한 것, 공안을 설한 사람이 누구인가를 분별하는 설주적인 것이 있습니다. 또한 초하룻날이나 보름날, 진산날(주지취임), 퇴산날(주지사직)에 대중을 법상에 모아놓고 엄숙한 의식 아래 종지를 설법하는 상당공안과 훈계적 설법을 하는 소참공안이 있습니다. 이밖에도 글자로 된 공안, 뜻을 담는 공안, 참구적인 공안 등등 무려 1700개나 됩니다. 그러나 이 모든 공안은 말로써 설명되거나 이해되는 내용이 아니면서도 일상생활 아닌 것이 없습니다. 결국 화두는 성품의 원래 편만하고 자유자재하며 맑고 밝은 그곳을 향해 가므로 생각으로 어림잡을 수 없으면서도 내가 지니고 있는 자성을 표현합니다. 이런 의미에서 ○자 화두는 처음도 없고 끝도 없는 실마리에서 근본을 추구하는 공안인 것입니다. 전일한 마음과 정신집중의 한결같음에서 그 내용은 풀릴 것입니다. 다만 참선수행에서 행하는 화두는 본래 있지만 있는 것을 계속 수행하다 보면 있는 것도 아니고 없는 것도 아닌, 말과 이론을 떠난 불가사의의 진리를 담습니다. ○자의 의미를 아는 길은 부처님께서 깨달으신 원융무애한 법을 믿어 여러 선사나 조사께서 득오하신 공안의 진리를 믿고 기필코 알려는 발심을 깨달음의 요체인 ○에 의지해 본래모습으로 통일시키는 것입니다.

158. 참선을 잘못하면 상기병이 생긴다는데

　참선을 할 때에는 좌선작법의 요령에 따라 수행을 해야 합니다. 좌선작법에는 여러 가지가 있지만 무엇보다도 올바른 스승 밑에서 공부하는 것이 가장 중요합니다. 상기병은 흔히 올바른 스승의 가르침을 받지 않고 혼자서 책을 참구하거나, 경험이 충분하지 않은 사람에게 지도를 받았을 때나, 지도는 받았으나 실행이 안된 경우 호흡이 고르지 못해 심신의 안정을 잃어 생기는 병을 말합니다. 호흡을 통해 안정을 취하면서 의정을 내어 문제의 핵심으로 도달하는 수행이 참선수행인 만큼 호흡을 무리하게 한다거나 자세를 잘못 취했을 때는 공부하는 화두를 놓치게 됩니다. 참선은 호흡의 리듬과 신체의 리듬과 화두를 일치시키는 정신통일에서 나오는 무한한 힘과 안정을 근본으로 합니다. 그러므로 좌선할 때 자세와 호흡과 화두를 일치시키는 과정을 올바르게 밟게 되면 상기병은 생기지 않습니다. 상기병이 일단 생기면 머리가 아프거나 몸이 무겁고 끊임없는 망상이 화두를 괴롭히게 됩니다. 이때는 화두를 잠시 놓고 고요히 호흡하면서 바른 자세를 잡는 것이 중요합니다. 좌선을 행하지 않을 때에는 몸을 가볍게 움직이면서 맑은 공기를 마시는 것도 좋은 방법입니다. 특히 상기되었을 때는 상기되었다는 집착으로 오히려 더 큰 장애를 가져오는 경우도 있으므로 주의해야 합니다. 상기병은 한번 생기면 치유될 수 없는 치명적인 병은 아닙니다. 처음에 좋은 선지식을 만나 지도를 받고 의정을 내는데도 바른 이치로 내어 화두를 한결같이 하면 결코 상기병은 일어나지 않습니다. 참선을 공부하는 사람은 공부하는 도중에 일어나는 일체의 모든 경계에 마음을 두어서는 안되며 오직 의식이 하나로 흐를 수 있도록 바른 자세와 호흡과 화두에 전념하는 것이 가장 중요합니다.

159. 참선수행만 하면 되지 특별한 믿음의 행위가 필요할까

　참선수행은 불도수행의 수승한 방법 중에 하나이지만 그렇다고 해서 불교의 진리가 무엇인지, 부처님께서 깨달으신 법의 내용이 무엇인지 전혀 모르고 하는 수행은 아닙니다. 옛날 인도에서 중국으로 선을 전한 달마대사께서도 불교의 교리적 수행을 다하셨고 여러 선사들도 대대로 《능가경》이나 《금강경》을 종지로 하여 정법을 전달하였습니다. 다만 교외별전이라 하여 가르침 이외에 달리 마음을 전한다는 선가의 전통적 사상은 문자에 너무 매달리지 말고 가르침의 요의를 통찰하라는 의미에서 나온 말인 것입니다. 이러한 의미를 잘못 받아들여 일부에서는 교학은 무시하고 다만 참선만을 하면 깨달을 수 있다고 하여 불교발달에 엄청난 폐단을 끼쳤습니다. 깨달음의 실천수행도 진정한 깨달음의 내용을 먼저 듣고 배워야 자신의 수행과 일치하는데 의심이 없게 되는 것입니다. 석가모니부처님께서 깨달으신 연기의 내용과 공의 논리가 무엇인지도 모르면서 '이 무엇고'를 아무리 찾은들 진정한 의정이 나올 리 없습니다. 불교의 가르침인 팔만사천 법문은 하나의 도리를 설명하지만 범부들의 번뇌에 덮힌 어지러운 마음으로는 알기 힘든 것입니다. 불교는 종교입니다. 종지를 세운 부처님께서는 모든 중생들에게 보편타당하고 걸림이 없는 진리를 설하셨습니다. 우리는 그분의 가르침에 기초하여 보편타당한 진리를 수행해야 하는 것입니다. 선수행도 부처님의 가르침에서 나온 것이지 아무 근거도 없고 관계도 없는 수행은 아닌 것입니다. 좌선하고 화두를 들었다면 그 속에는 이미 부처님 가르침의 종지인 청정한 마음에 의지한 것입니다. 경을 읽으면서 마음을 닦아도 참선이고 염불을 하면서 마음을 닦아도 참선이고 바라밀행을 하면서 일여한 마음을 닦는 것도 참선인 것입니다.

160. 불교의 여러 수행법 가운데 참선이 특히 강조되는 이유는

　참선은 본래 석가모니부처님 당시부터 행해져온 불교의 전통적 수행법 가운데 하나로서, 불교수행의 기본원리를 계·정·혜의 삼학으로 나누어본다면 정에 해당하는 것입니다. 즉 계가 일종의 행위규범으로서 올바른 도덕률에 따라 행실을 바르게 함으로써 몸과 마음을 적절히 조율하는 것이고 혜가 올바른 관찰법에 의해 세계와 인생을 바라보는 지혜의 눈을 기르는 것인데 비해 정은 말 그대로 자세나 호흡 등의 조절을 통해 마음을 가라앉히고 번뇌망상을 잠재우는 수행법입니다. 그런데 오늘날 우리들에게 전승되고 있는 참선은 이와 같은 부처님 당시부터의 선정수행에 중국에서 발달한 선종의 사상적 측면이 첨가된 것으로서, 참선수행 그 자체가 마음을 관조하여 곧바로 우주와 인생에 스며 있는 절대의 진리를 발견하고 부처를 이루는 길이라고 하고 있습니다. 그러므로 이와 같은 참선수행이 다른 여러 불교의 수행법들 가운데서 특히 강조되고 있는 이유는 특별히 중국에서 선종이 발달한 원인에서부터 찾아보아야 할 것 같습니다. 즉 불교는 석가모니부처님에 의해 창시된 이후 인도와 중국을 거치면서 이미 2,000년에 가까운 세월동안 발달에 발달을 거듭한 결과 교학사상이라는 측면에서 엄청나게 방대하고 세밀한 것이 되었습니다만, 그와 같은 지식의 축적이 불교 본연의 목적, 다시 말해 진리의 자각과 윤회로부터의 해탈에 어떤 도움을 주고 있는가 하는 심각한 고민이 제기되었던 것입니다. 그리고 그 결과 불립문자를 표방하며 스스로 자신의 내면을 참구하여 깨달음의 본질에 접근하는 실제적인 수행이 선종의 발달과 더불어 강조된 것입니다. 아무튼 참된 마음의 여유가 좀처럼 드문 현대사회를 생각할 때 참선수행의 필요성은 오늘날에도 대단히 절실하다 하겠습니다

161. 참선과 오늘날 유행하는 명상수련의 차이점은 무엇인가

　인도는 먼 옛날부터 인간의 내면세계에 깊이 침잠하여 평소 현실생활에서 체험할 수 없었던 초월적 경지나 진리 등을 탐구하는 요가나 명상의 수련이 널리 행해지던 나라로서, 석가모니부처님이 창시하신 불교도 넓게는 그와 같은 문화적 토양 위에서 성립된 것이라고 할 수 있습니다. 또 그러한 인도의 정신문화는 오늘날까지도 면면히 계승되어 우리들에게도 잘 알려진 크리슈나무르티나 라즈니쉬, 마하리쉬 등의 성자들이 자신들의 가르침을 전파하며 전세계적으로 활동하고 있는 것입니다. 그러므로 불교의 참선수행과 오늘날 우리 사회의 일각에서도 유행하고 있는 요가나 명상수련은 그 뿌리에 있어서 동일한 것이며 유사한 면도 대단히 많이 갖추고 있습니다. 그러나 불교가 인도라는 문화적 전통에 기반하여 성장했다고는 할지라도 인도의 전통사상들과는 분명히 다른 사상과 수행법을 지니고 있는 것처럼 이들 인도적 전통에서 출발한 여러 수행법들이 그대로 불교 고유의 수행방법인 참선과 같은 것은 아닙니다. 다시 말해 호흡을 조절하는 방법이나 앉는 자세 등에 흡사한 점들이 많고 정신의 집중을 중요시하는 면 등이 비슷한 것같아도 참선과 요가수련 사이에는 엄격히 불교와 인도의 다른 사상들 만큼의 차이가 존재하는 것입니다. 흔히 불교사상의 독자적 특성이 삼법인(三法印)이라 하여 모든 것은 끊임없는 변화의 과정 속에 있고 세상만물에는 독자적인 실체랄 것이 없으며 탐욕과 무지에 뒤덮혀 무비판적으로 살아가는 우리 인생의 현실은 괴로움일 수밖에 없다는데 있는 것처럼 참선수행도 그와 같은 인식을 전제로 하고 있는 것입니다. 그러므로 수행과정상에 나타는 여러 현상이나 경지에 집착하거나 그것을 절대시하지 않는 것이 참선의 독특한 면이라 하겠습니다.

제12장

신심이
깃든 삶

162. 절에 나가지 않고도 신행생활이 가능한가

　불자들이 절에 다니는 이유는 부처님과 부처님의 말씀과 그 말씀을 전해주는 스승이 계시기 때문입니다. 그러나 밝은 눈으로 보면 산하대지 어디에나 부처님께서 안계신 곳은 없으며 나에게 다가오는 모든 분들이 부처님 아닌 분이 없어 모두가 나를 피안의 세계로 인도하는 역할을 하십니다. 단지 나의 눈이 어두워 그 가르침을 잘못 이해하기에 혹은 나에게 해를 끼치는 듯이 보이고 나를 시기하는 듯하기도 하며 관심 없는 태도를 보이기도 합니다. 이 모든 가르침은 되새겨보면 나의 정진과 인욕과 널리 베푸는 보시, 청정한 행위인 지계, 그리고 밝은 지혜를 계발시켜주기 위한 방편임을 알게 됩니다. 부처님의 법을 바로 배우고자 할 때에는 그 가르침이 오래된 경전 속에서만 나오는 것이 아니라 살아있는 모든 부처님의 형상에서 흘러나오며 그 형상은 다름아닌 바로 나의 가족과 이웃, 직장의 동료, 그리고 이 사회의 모든 분들인 것입니다. 그러므로 절에 꼭 나갈 수 없는 상황에서도 불자들은 신행생활을 할 수 있습니다. 다만 다음의 세 가지를 꼭 지키기 바랍니다. 첫째, 평소에 항상 불자라는 자각을 하기 바랍니다. 나의 말과 나의 행동, 그리고 나의 마음이 바로 부처님의 말과 행동과 마음임을 알고 어떠한 일을 당하더라도 '이런 일을 부처님께서 당하신다면 어떻게 하실까'라고 자신에게 되물어보고 그와 같이 행동하십시요. 둘째, 매일의 수행일과를 정해놓고 지키기 바랍니다. 정근, 독경, 염불 등의 기도일과를 정해진 시간에 하기 바랍니다. 셋째, 가끔씩 가까운 절이나 포교당에 가서 그동안의 정진과 수행에 대하여 스님이나 법사님께 상담을 하기 바랍니다. 그리고 그동안의 여러 잘못을 참회할 기도도 함께 한다면 절에 나가지 않고도 신행생활이 가능할 것입니다.

163. 여러 절에 다니고 있는데 상관없는가

　불자들 가운데는 성지순례라고 하여 전국의 명산대찰을 찾아다니며 기도와 여행을 겸하고 있는 사람이 많이 있습니다. 이분들에게는 찾아가는 절마다 갖고 있는 특색이 신행활동에 큰 도움이 되고 있습니다. 그렇지만 평소에 정기적으로 일정한 절을 찾는 것이 아니라 이 절, 저 절을 마구 다니다보면 각 절마다 종파가 다르고 법문의 내용이 다르고 수행방법이나 기도방법이 달라 문제가 됩니다. 특히 초심자의 입장에서는 여러 절에 자주 옮겨다니는 것보다 한 절에서 일정한 법사의 정기적인 설법을 듣고 이를 축척해나가는 것이 수행과 불교교리 습득에 큰 도움이 될 것입니다. 예를 들면 이 곳, 저 곳의 샘물에서 물을 길어 먹는 것보다는 하나의 좋은 샘물에서 꾸준히 맑은 물을 길어 마시는 것이 소화에도 지장이 없고 건강에도 좋은 것과 같습니다. 다니는 여러 절이 비록 한 종파의 절이라도 그 절의 스님에 따라 가르치는 바가 조금씩 다를 것이니 다니는 절을 한 곳으로 고정하고 가르침을 오랫동안 받아들여 자기 것으로 만들어나가기를 권해드립니다. 그렇게 해서 자신도 모르는 사이에 오랫동안 훈습된 가르침은 어느덧 자신의 심층의식에 자리잡고 생활하는 가운데 자연스레 드러나게 됩니다. 그리하여 참다운 가르침이 몸에 배이게 되면 불자로서 부처님의 가르침에 맞는 삶을 누리게 되는 것입니다. 부처님의 가르침과 나의 생활을 억지로 꿰어맞추는 것보다 이처럼 저절로 몸에 밴 보살의 행동을 나타내는 것이 바람직합니다. 그러기 위해서라도 진실하게 수행하는 불자들이 있는 가까운 절에 고정적으로 다녀서 기도와 수행을 일심정성으로 다할 때 그 기도는 결코 허망하지 않을 것이며 기도의 성취도 빠르게 나타나는 것입니다.

164. 오랫동안 다니던 절을 옮기면 안된다는데

　우리가 불법을 만나 생활하는데는 다니는 절을 일정하게 정해놓고 정기적인 법회에 참여하며 신행활동을 하는 것이 일반적인 예입니다. 그리하여 신행활동이 계속되면서 오랫동안 다니는 절이 있게 되는데, 특별한 사유가 생겨서 다니던 절을 다른 곳으로 옮길 경우가 있습니다. 이사를 간다든가 하는 것이 대표적인 이유가 되겠습니다. 이주하는 지역이 먼 지방이면 오랫동안 다니던 절을 다시 다닐 수는 없겠지요. 이주하는 지역이 비교적 가까운 곳이면 대부분의 불자님들은 교통시간이 비록 더 걸리더라도 예전에 다니던 절에 다니는 것이 상례입니다. 그러나 이러한 이유 외에 절에 대해서 싫증이 난다든가, 절의 스님이 싫다든가 하는 등의 사소한 이유 때문에 절을 옮겨서는 안됩니다. 기왕에 다니던 절을 옮기고자 할 때에는 옮기는 이유가 타당한 것인가 곰곰히 따져보고 판단하기 바랍니다. 물론 어느 절이나 부처님을 모시는 것은 매한가지이고 보면 절을 옮기는데에 중요성을 두지 않을 수도 있으나 배우고 수행하는 입장에서는 일관된 법문과 교리와 수행체계로 지속적인 정진을 하는 것이 바람직합니다. 지금까지 다니던 절에는 이미 익숙해져서 모든 기도나 수행을 원만하게 하는 법을 잘 알고 있을테지만 새로 옮기는 절에서는 또다시 적응하는데 시간이 걸리게 됩니다. 기도의 측면에서 보았을 때에도 한 군데에서 오래 정진하는 것이 기도의 감응이 빠르게 나타납니다. 절이라면 다 마찬가지가 아니겠느냐 하는 불자도 있겠지만 오랫동안 수행한 절에는 그동안의 기도의 힘이 잘 조화되어 있으므로 기도가 빨리 성취되는 것입니다. 더불어 여러 법우들과 함께 하는 기도라면 더욱 오래 다닌 절이어야 하며 많은 좋은 법우를 알고 있는 곳이 적당하다 하겠습니다.

165. 가정에서 불상을 모시고 싶은데 어떻게 해야 하나

우리들이 불상을 모시는 것은 일찍이 우주와 인생을 관철하는 최고의 진리를 깨닫고 참으로 완성된 삶을 성취하신 부처님의 형상을 눈앞에 모시고 예경함으로써 그분의 높으신 덕과 위대한 성품을 기린다는 의미를 지니고 있습니다. 물론 불상이 아니더라도 부처님의 대자대비하신 정신을 되새기지 못할 바는 아닙니다만, 항상 올바른 가르침은 쉽게 잊어버리고 삿된 유혹에 빠지기를 잘하는 우리 중생들로서는 시각적으로 원만하고도 자재하신 부처님의 눈부신 형상을 가까이 모심으로써 우리 자신도 부처님을 본받아 부처님처럼 올바른 삶을 살아가겠다는 서원을 지니고 매진하는데 많은 도움을 받게 됩니다. 그러므로 가정에서 불상을 모신다 할지라도 특별한 격식이나 그 어떤 의례같은 것이 필요한 것은 아닙니다. 왕왕 사찰에서는 처음 불상을 모실 때 점안식 혹은 봉불식이라 하여 부처님의 형상에 생명력을 부여한다는 특별한 법요를 행하기도 하지만, 사실상 그와 같은 의례를 통해 불상에 그 어떤 신비적인 힘이 담겨지는 것도 아니고 그렇게 의례를 거친 불상만이 우리들의 신행생활에 도움을 주는 것도 아닙니다. 다만 사찰에서 모시는 불상은 주로 여러 신자들의 합심에 의해 조성되게 된 것이고, 따라서 그동안 수고한 많은 사람들의 노고를 서로 치하하며 불상의 완성을 기념하는 의미가 깊은 것입니다. 그런데 여기서 한 가지 명심해야 할 것은 그렇다고 해서 가정에 불상을 모신다는 것이 일종의 장식품을 들여놓는 것과 동일하지는 않다는 사실입니다. 가정에서 불상을 모신다면 더불어 불상을 모신 가족들의 마음 속에 부처님을 우러르는 신심이 담겨 있어야 할 것이고 불상에 대한 꾸준한 예경을 통한 올바른 신행의 서원이 살아있어야 할 것입니다. ☞제7항, 84항 참조

166. 불상을 새긴 목걸이나 염주 등은 어떻게 착용하나

염주는 불·보살님께 예경할 때 손에 쥐기도 하고 염불할 때나 진언을 외울 때 그 수를 헤아리기 위하여 돌리는 수행의 도구입니다. 염주에는 일반적으로 108염주, 천주가 가장 많이 쓰이는데 기도할 때에 염주 하나를 굴리면 동시에 하나의 번뇌가 끊어진다는 의미를 갖게 됩니다. 그래서 불자는 기도나 염불 등을 할 때 하나씩 염주를 굴리며 수행을 하는 것입니다. 그러던 것이 손목에 차면 알맞게끔 작은 단주가 나와서 많은 불자들이 손목에 염주를 차고 다니게 되었으며 그밖에 부처님 상호를 새긴 목걸이나 옴마니반메훔의 진언을 새긴 반지 등 여러 가지 종류의 장신구가 생겨났습니다. 심지어는 자동차의 백미러에 매다는 불상을 새긴 장식품까지 생겨나서 이를 걸고 다니는 운전자들도 많습니다. 어떤 것이든 부처님을 항상 가까이 모시고 부처님의 은혜와 가피를 얻고자 하는 신심의 발로인 것만은 분명합니다. 그리고 불자라면 불상을 새긴 목걸이나 염주 등을 다른 장신구처럼 가볍게 취급하지도 않을 것입니다. 그러나 엄격히 말해서 작게 만들어서 목에 걸고 다니더라도 불상은 예배의 대상이며, 손목에 차고 다녀도 염주는 수행의 도구입니다. 불자들의 성불을 도와주는 수행을 위한 방편들인 것입니다. 부처님께서는 본래 심지어 털구멍 속의 중생세계라도 안계신 곳이 없지만 이 사실을 깨우치지 못한 중생들은 항상 불안해 하고 두려워합니다. 불자는 작은 불상을 새긴 목걸이나 염주 등을 지님으로써 일종의 의지로 삼고 있습니다만, 기왕에 지닐 때는 부처님의 광명이 언제나 나와 함께 하고 있다는 굳은 믿음을 가지기 바랍니다. 이를 몸에 지닐 때에는 특별히 지정된 법칙은 없습니다. 신성시해서 떠받들 필요까지는 없더라도 항상 경건한 마음으로 지니면 될 것입니다.

167. 스님에게 불심이라는 액자를 받았는데 어떻게 모셔야 하나

불심(佛心)이라고 쓰여진 글자에 부처 불(佛)자가 들어갔다고 하여 특별히 모시는 방법이 따로 있는 것은 아닙니다. 불·법·승 삼보 가운데 부처님의 명칭이 담겨 있고 이를 스님에게서 받았다고 하는데 의미를 둘 수도 있으나 단지 소중히 간직하면 될 것입니다. 불심 즉, 부처님의 마음은 부처님께서 우리에게 가르침을 열어보이시는 자비의 마음이기도 하지만, 우리의 본성으로서 스스로 깨달음을 열어가며 다른 사람을 위해서 부처님의 말씀을 전하겠다고 하는 나의 발심을 뜻하기도 합니다. 우리가 부처님의 가르침을 따르고 그 가르침대로 행하며 널리 이웃에게도 그와 같은 부처님의 가르침을 전하여 다함께 성불하도록 노력하는 것이 바로 불심입니다. 그렇다고 하면 불심이 되도록 노력하는데 그 가치가 있는 것이지 불심이라는 글자를 적은 액자에 무슨 신령한 힘이 있을 리는 없을 것입니다. 방안에 불심이라는 액자를 걸어놓고 매일 이를 보면서 하루하루의 정진 즉, 부처의 마음을 스스로 내는 것을 확인해본다면 아주 훌륭한 수행이 될 것입니다. 여러 경전에 말씀하신 부처님의 가르침은 바로 우리의 진면목이 그대로 불성이며 진여실상임을 밝히신 것입니다. 동시에 이 경전을 널리 유포하라고 하신 말씀은 모든 불법을 따라 수행하는 자에게 해당되는 말입니다. 그러므로 부처님의 가르침을 바로 배우고 힘써 행하며 널리 권하여 이 땅에 하루속히 불국정토가 구현되도록 애쓰는 불심을 낸다면 불심이라는 액자를 받은 보람이 더할 것입니다. 집안에 따로 불상을 모시지 않았으면 불심이라는 액자를 향하여 기도일과를 수행하는 것도 좋은 방법입니다. 액자를 보관하는 입장에서는 이 액자가 습기나 먼지 등으로 해서 더럽혀지지 않도록 잘 보관하면 됩니다.

168. 욕심을 없애고 싶지만 마음대로 되지 않는데

　불교에서는 탐·진·치라고 하여 우리가 갖고 있는 근본적인 번뇌의 근원으로 세 가지를 들고 있습니다. 욕심과 성냄과 어리석음이란 모든 집착의 뿌리이며, 이 근본미혹을 제거하는 것이야말로 열반에 이르는 길입니다. 이 가운데 욕심은 크게 다섯 가지 종류가 있는데, 재물욕·성욕·식욕·명예욕·수면욕을 말합니다. 이 모두는 생명의 기본요건을 유지하는 면도 있으나 지나치면 자신과 남을 해치게 됩니다. 우리의 생명을 유지시키고자 하는 기본욕구가 지나쳐서 다른 사람에게 피해를 주는 경우가 있는데, 이는 욕심이 사람을 부린 경우가 됩니다. 그러므로 자신의 욕심을 잘 알아 다룰 줄 아는 것이 욕심을 다스리는 방법입니다. 그 방법은 일심으로 기도하고 수행하여 마음을 닦게 되면 자연히 지혜로써 비추어보게 되어 욕심이 조절됩니다. 지혜로 비추어진 바에 따라 많은 사람에게 이익을 줄 원대한 꿈을 가지고 기도과 수행을 열심히 한다면 큰 힘을 얻게 되며 반드시 성공합니다. 그러나 기도수행을 하면서 애써 욕심을 없애려고 하면 오히려 더욱 강해진 욕심을 보는 경우가 있습니다. 즉 욕심은 버리려고 애쓸수록 집착이 남게 됩니다. 그러므로 욕심을 조절하고자 수행하는 사람은 욕심이라고 하는 경계에 집착하지 말고 욕망에 휩쓸리지도 말아 끊임없는 기도와 정진으로 그 마음을 바로 닦고 큰 소망을 세워간다면 자연히 욕심은 우리가 바라는 대로 조절되어 갈 것입니다. 그리하여 수행정진하여나감에 따라 탐·진·치 삼독은 자연히 사라지고 편안하며 적정한 경지에 이르게 됩니다. 경에 말씀하시기를 '구하면 괴로움이 가득하고, 구함이 없으면 모두 즐거움뿐이라' 하였으니 욕심이 사라져 더이상 구함이 없는 수행이야말로 참수행이라 할 수 있습니다.

169. 노여움을 참기 힘든데 어떻게 다스려야 하나

억울하거나 답답하거나 괘씸하거나 기타 여러 가지 이유에서 노여움이 발생하고 그렇게 발생된 노여움은 대개 주변상황을 어렵게 이끌어갑니다. 그러므로 노여움이 생길 때에는 '무엇이 자신으로 하여금 이렇게 노엽게 하였는가' 먼저 생각해볼 필요가 있습니다. 그러나 대부분의 경우에는 노여움이 즉각적으로 일어나기에 생각해볼 여유가 없을 것입니다. 이럴 때 좋은 방법이 있습니다. 노여움이 나거든 숨을 크게 들이마시고 아랫배에 힘을 가득히 모으고 '나무석가모니불'이나 '나무아미타불'을 한번만 해보기 바랍니다. 즉 그 노여움의 발생을 한 순간 정도 늦추는 것입니다. 두번, 세번 하는 가운데 노여움은 차츰 가라앉고 냉정한 이성을 되찾게 됩니다. 그리하여 지금 당하고 있는 일이 비록 나쁜 일이라 하여도 거기에는 소중한 교훈과 향상의 길잡이가 숨겨져 있음을 알게 됩니다. 나쁜 상황을 당하고 바로 노여움을 낸다고 하여 불평과 불만의 환경이 개선되는데는 아무 도움이 되지 않습니다. 그러므로 일시적 감정을 버리고 잠시라도 기도하는 마음으로 돌아가서 '나무석가모니불' 또는 그 외의 다른 염불이나 진언을 외우면 노여움이 가시고 원만한 해결책을 찾게 될 것입니다. 염불과 진언은 이것이 바로 부처의 마음을 내는 것이어서 어떤 충격적인 상황을 만나도 요동하지 않는 밝은 마음을 지키게 됩니다. 더욱 좋은 것은 평소에 수행을 열심히 하여 노여움을 가져오는 요건이 본래 없는 것이라 생각하여 미움도 노여움도 낼 것이 없다는 것을 굳게 믿는 것입니다. 그리고 매사에 항상 감사하는 습관을 들여서 간혹 내 마음에 거슬리는 일이 있다면 이는 나의 수행부족으로 일어난 것임을 깨닫고 그때마다 자기수행, 자기향상의 계기로 삼아 더욱 열심히 정진하기 바랍니다.

170. 나도 몰래 사악한 마음이 드는데 어떻게 해야 하나

사악한 마음이 드는 것은 자신의 몸 가운데 어느 부분이 병들고 있다는 증거입니다. 더불어 약한 마음이 방황하고 있다는 것을 알 수 있습니다. 이럴 때 정진을 하면 마음이 평온하게 되고 감정이 순화되며 기쁘고 활발한 상태를 가져와 당연히 심신기능이 정상으로 돌아오게 됩니다. 우리는 부처님과 같은 공덕을 갖추었으면서도 그것을 모르고 망념에 끄달린 채 고통세계를 만들어왔습니다. 나도 모르게 사악한 생각으로 온세상을 어둡게 하고 말았습니다. 그러나 우리가 정진하게 되면 자기 생명의 진실한 진리인 부처님 공덕을 드러내게 되어 나의 생명이 원래로 부처님의 공덕세계임을 알게 됩니다. 그러므로 우리가 망념을 버리고 부처님을 믿고 일심으로 정진할 때 일체 악한 그림자는 사라지고 그 마음에는 밝음이 찾아들며 건강과 기쁨이 솟아나는 것입니다. 대자대비하신 부처님의 위신력이 우리에게 본래부터 있는 것을 정진을 통해서 보게 되고 발휘하게 되는 것입니다. 정진이 이런 것임을 알 때 사악한 마음은 오로지 일심정진을 통해서 정화될 수 있습니다. 정진하는 사람은 순수한 자비심으로 정진하여야 할 것입니다. 부처님의 대자대비를 생각하고 그 은혜로운 위신력이 자기에게 부어지고 있는 것을 생각하고 부처님께 감사하는 마음으로 정진해야 합니다. 감사하는 마음, 자비로운 마음, 기도하는 마음에 사악한 생각이 일어날 리 없습니다. 망념이란 원래부터가 없는 것임을 안다면 그동안 의식 속에 뿌리깊이 박혀 있었던 사악한 마음의 그림자는 봄철 눈 녹듯이 사라지고말 것입니다. 경전에는 부처님의 명호를 일심으로 외우거나 경전을 독송하거나 진언을 외우면 일체의 삿된 망념이 없어지고 밝은 지혜가 생겨난다고 한결같이 설하고 있습니다.

171. 원력을 세우는 것도 일종의 욕심이 아닐까

　원력이란 보통 맹세를 말하며, 특히 자신과 이웃에게 복을 주는 것, 수행과 보살행에 적합한 덕목을 세우는 것입니다. 그리고 정진하는데 따라 자신의 능력이 그에 맞추어 계발됩니다. 그러므로 원력의 크기는 바로 그 사람의 능력의 정도입니다. 부지런히 수행정진한다면 자리와 이타의 원력은 클수록 좋은 것이며 결코 욕심이라고 부를 수 없습니다. 대체로 기도에 임할 때 처음에는 자신의 병 치유, 또는 가족의 안녕과 행복을 발원하게 됩니다. 초발심에서 당장 자신에게 필요한 부분을 찾는 것은 당연한 일입니다. 그러나 점점 수행이 깊어감에 따라 기도하는 사람의 마음에는 나의 행복만이 아니라 이웃과 사회, 국토에 그 시선이 가게 됩니다. 이전에는 불행하게만 보였던 나의 처지가 언제나 부처님의 광명에 감싸여 있다는 것을 알게 되고 또한 다른 모든 이웃에게도 부처님의 변함없는 감로의 비가 내려지고 있다는 것을 알게 됩니다. 더불어 아직 그러한 부처님의 은혜를 모르고 자신이 참생명의 주인임을 알지 못하는 이웃의 현상을 목격하게 됨에 따라 그 이웃의 자각을 위하여 자신의 원력을 쓰게 됩니다. 그때의 원력이란 내 이웃 모두에게서 여래의 무한공덕이 드러나도록 원을 세우고 실천하는 것입니다. 그러므로 보살의 원력은 이러한 수행의 깊이와 더불어 증진되는 것을 알 수 있습니다. 원력이 증진됨에 따라 이 국토 구석구석이 여래의 덕성으로 빛나게 되니 거기에는 미움과 갈등과 다툼과 투쟁이 있을 수 없습니다. 바로 영원불변의 평화낙원이 건설되는 것입니다. 바른 인생관과 바른 세계관을 가지고 각자에게 본래부터 갖추어져 있는 참생명인 불성이 드러나도록 일깨워주고자 하는 원력은 아무리 크다 하여도 중생계가 다함이 없으므로 끝이 없습니다.

172. 관절염 수술을 받은 후 절하기가 불편한데

　우리가 불상을 향해 절을 하는 것은 부처님의 거룩하신 가르침에 귀의하고 그 가르침을 받들어 생활하겠노라는 의지의 표현입니다. 더불어 지극히 겸손한 마음으로 시방세계 일체의 중생에게 그와 같은 예경을 베풀어 언제나 공경하는 마음으로 나와 타인의 성불을 발원하는 것입니다. 그러나 관절염 수술이나 기타 이와 비슷한 이유로 인하여 절을 하지 못할 때에는 앉은 채 지극한 정성으로 반배를 하기 바랍니다. 비록 절을 하지 못한다 하여도 정성스런 마음은 절을 한 것과 마찬가지입니다. 참고로 절에 대하여 알아보면 오체투지는 나의 모든 고집스런 마음, 사악한 마음, 탐욕스런 마음 등을 모두 땅바닥에 내던지고 철저한 하심(下心) 즉, 겸손한 마음으로 부처님과 이웃과 살아있는 모든 생명체에게 공경하는 마음을 내고자 하는 실천의 시작입니다. 그러므로 반배를 하더라도 이러한 마음을 내어 실천하겠다고 하는 의지를 다짐하면 오체투지의 공덕과 다를 바가 없습니다. 관절염으로 인하여 오래 앉아 있는 것도 불편할 때에는 누워서라도 그 마음을 내기 바랍니다. 그렇지만 자세가 흐뜨러진다고 하여서 마음마저 흐뜨러져서는 안됩니다. 원래 수행 가운데에 마음과 자세와 호흡의 세 가지는 언제나 일치합니다. 마음이 통일되면 올바른 자세와 호흡이 나오고 올바른 자세에서는 마음이 통일되며 호흡이 자연스럽습니다. 호흡이 잘 될 때에는 자세와 마음이 통일됩니다. 그러나 절하기 어려운 상황에서는 편히 앉아서 호흡에 정신을 통일하고 마음속으로 부처님께 무수한 절을 하기 바랍니다. 그러한 가운데 자연 마음이 안정되면 관절염으로 아프다는 사실도 잊게 되며 아픔을 잊을 때 관절염 수술로 불편했던 다리가 자신도 모르게 빨리 정상으로 돌아올 수도 있습니다.

173. 시각장애자인데 절에 가서 부처님 형상을 만져도 되나

　부처님께서 언젠가 천상세계의 중생들에게 법을 설하시기 위하여 얼마동안 사바세계에 돌아오지 않으신 적이 있었습니다. 그때 어떤 왕이 부처님을 뵙지 못함을 애통해하다가 부처님의 모습을 본떠 나무로 부처님상을 만들었다는 이야기가 있습니다만, 오늘날 세계 각지의 사찰에서는 부처의 형상을 본뜬 불상이 모셔져서 스님과 신도들은 이 불상을 향하여 기도를 하고 예불을 올립니다. 이와 같이 법당에 모셔진 불상은 불자들의 신심을 일으키기 위하여 부처님의 형상을 본떠 만든 상징입니다. 보지 못하기에 만져서라도 거룩한 신심을 낸다면 그렇게 해도 무방합니다. 그렇지만 《금강경》에 나오는 다음 게송을 꼭 생각하시기 바랍니다. '만약 형상으로 나를 보려거나 음성으로 나를 찾으려 하면 이 사람은 사도를 행함이라 여래는 보지 못하리라.' 즉 부처님의 형상은 우리의 육안으로 보거나 귀로 분별할 수 있는 대상이 아닙니다. 부처님은 범부인 우리 인간의 인식과 생각을 초월하여 우주에 두루 가득차 계십니다. 불상이란 단지 중생들을 제도하기 위한 방편적 상징임을 아시고 형상에 얽매이지 않는 지혜의 눈으로 부처님을 보시기 바랍니다. 육신의 눈 대신에 지혜의 눈으로 부처님을 보신 분 가운데 부처님의 제자 아나율이 있습니다. 그는 부처님께서 설법하실 때 꾸벅꾸벅 졸다가 부처님께 호된 꾸지람을 받았습니다. 그때부터 아나율은 잠자지 않고 수행하여 눈을 멀게 되었습니다만, 열심히 정진하여 보통사람은 얻을 수가 없는 천안을 얻었다고 합니다. 이 천안이란 바로 부처님을 형상에 얽매이지 않고 볼 수 있는 내 마음의 눈입니다. 이 마음의 눈으로 볼 때 부처님은 바로 본래부터 갖추어져 있는 내 마음의 모습임을 알게 될 것입니다. ☞제27항, 84항 참조

174. 불교에서는 결혼과 이혼을 어떻게 설명하고 있나

두 사람이 만나 결혼하여 부부가 된다는 사실은 참으로 큰 인연입니다. 오랜 겁 이전부터 맺어온 사이가 아니고서는 부부라는 인생의 가장 중요한 인연을 이루어낼 수 없을 것입니다. 이 인연은 부처님께서 맺어주신 인연이며 부처님의 자비위력으로 성숙될 서로의 인연인 것으므로 더할 나위없이 소중한 것입니다. 반면에 이혼이란 이러한 지중한 인연의 도리를 무시하고 부처님께서 맺어준 인연을 저버리는 처사가 됩니다. 물론 만남이 있으면 헤어짐이 있고 사랑할 때가 있으면 미워할 때가 있겠지만 부부라는 인연은 한평생을 같이 하고자 하는 굳은 서원으로 일시적인 감정을 초월해야 합니다. 설사 부모의 강권이나 다른 이유로 해서 억지로 결혼했다 하더라도 이미 주어진 인연이라는 사실에 긍정하고 성숙한 인내력으로 원만한 결실을 얻기 위하여 지속적으로 노력해야 합니다. 결혼의 행복이란 서로를 존중하고 아끼고 섬기는데서 가능한 것입니다. 그러므로 두 사람은 완전한 부부, 행복한 가정을 마음에 두고 끊임없이 기도하고 찬탄하여 원만한 결합의 길을 지속하여야 합니다. 한 가정의 행복은 바로 한 가정에 불국토를 건설함이며, 그 자녀의 불성을 자라나게 하는 밑거름이 됩니다. 만약 이혼한다면 당사자들과 어린 자녀들에게 돌이킬 수 없는 업보가 미치게 됨을 생각하십시오. 그러나 이미 이혼을 했다면 이혼의 상처로 너무 괴로워하지 말고 새 삶을 찾도록 노력하는 것도 중요합니다. 다만 이미 행해진 행위라도 그 원인을 분석하여 다음의 행동을 올바르게 하며 과거의 행위에 집착하지 않는다면 밝은 미래가 나타날 것입니다. 결혼이라고 하는 것이 하나의 훌륭한 수행의 도량이듯이 이혼하고난 뒤의 생활도 언제나 수행을 지속시켜야 할 삶의 방식인 것입니다.

175. 부부는 전생에 어떤 인연이었는지 알고 싶은데

　불교는 흔히 일반인들에게 인연의 가르침이라고도 알려져 있을 정도로 인연을 특히 중요시하는 종교입니다만, 불교에서 가르치는 인연이라는 말은 본래 인(因)과 연(緣)이 합해진 단어로, 말하자면 어떤 결과에 대한 직접적인 원인과 간접적인 조건 모두를 통틀어 일컫는 것입니다. 다시 말해 이 세상의 모든 사물이나 현상들은 전부가 그럴 만한 원인과 조건에 의해 이루어졌다는 사실을 일깨우는 것이 바로 인연이라는 말로서, 불교에서는 우리들의 인간관계 역시 무수한 인연이 합해진 결과라고 가르치고 있습니다. 그러므로 부부처럼 긴밀한 관계는 오랜 동안 더없이 깊은 인연이 이어져온 결과임을 알 수 있겠습니다만, 불교의 가르침 가운데 특별히 어떤 인연을 맺으면 부부가 된다는 공식이 있는 것은 아닙니다. 다만 불교에서는 옛부터 전생과 내생의 인과관계에 대하여 욕지전생사 금생수자시 욕지내생사 금생작자시(欲知前生事 今生受者是 欲知來生事 今生作者是)라고 해서 전생의 일을 알고자 하거든 금생에 받은 결과를 살피고 내생의 일을 알고자 하거든 금생에 짓고 있는 업을 살피라고 하고 있습니다. 말하자면 현재 빚어지고 있는 현실은 어떤 것이든 모두가 과거에 자신이 지어놓은 업의 결과일 뿐 아니라 내생은 다시 지금 이 순간에 짓고 있는 업에 의해 결정될 것이라는 가르침입니다. 그러므로 지금의 부부관계가 어떠한 인연에 의한 것인지를 알려고 하기보다 이미 맺어져 있는 인연을 보다 생산적이고 복된 것으로 가꾸어가려고 노력하는 자세가 보다 바람직하다 하겠습니다. 어떤 부부관계는 과거세의 악연의 소산일 경우도 있겠습니다만, 그러한 악연을 다시 좋은 인연으로 만들어갈 수 있는 것은 우리 자신의 앞으로의 노력일 것이기 때문입니다. ☞제268항 참조

176. 절에 너무 자주 간다고 남편이 싫어하는데

절에 가도 되나 너무 자주 간다고 싫어하는 남편이라면 우선은 절에 가는 것에 대하여 그다지 반대하는 분은 아닙니다. 남편 생각에 조금 지나친 듯하여 그러한 것같습니다. 그러면 과연 남편은 무엇 때문에 절에 지나치게 간다고 하는지 생각해볼 필요가 있습니다. 절에 자주 가는 일로 인하여 빠뜨리거나 소홀히 한 일은 없습니까. 가사나 자녀, 부모공양 등의 여러 문제에서 혹은 상의할 일이 있을 때 아내가 절에 가고 없어서 서운하게 했던 점은 없었는지 곰곰히 그 원인을 생각해보아야 합니다. 대개는 몇 가지 사소한 일이 계속 쌓여서 싫다는 감정을 불러일으켰을 것입니다. 그러므로 평소의 행동을 잘 생각해보아 부족한 부분을 보충하면 일차적인 문제해결이 될 것입니다. 두번째로는 남편과 함께 절에 갈 수 있도록 노력합시다. 절에 함께 다니게 되고 아내의 입장을 이해하게 된다면 더이상 싫어할 일은 없을 것입니다. 오히려 훌륭한 외조자로 변하게 될 것입니다. 그리고 세번째로 남편 및 가족들을 위하여 기도하십시오. 남편이 밝은 마음과 미소로 절에 가는 일을 기뻐하도록 남편의 성공과 발전을 기원하십시오. 부부는 일심동체이니 한쪽이 기도하며 축원하고 존중할 때 다른 한쪽이 싫어하고 미워하며 원망할 리 없습니다. 참다운 사랑으로 남편을 대한다면 절에 너무 자주 간다고 싫어하는 일은 더이상 하지 않을 것입니다. 더불어 생각하여야 할 것은 가정이야말로 온가족의 참다운 수행처가 되어야 합니다. 절에서만 기도하고 집안에서의 수행을 게을리할 수는 없습니다. 집에서도 매일 조석으로 일정한 기도일과를 정해놓고 기도한다면, 그리고 그 기도를 남편과 함께 한다면 부부간에 쌓였던 사소한 오해는 말끔히 사라지고 앞으로도 다시 생길 여지가 없을 것입니다.

177. 남편이 낚시광이라 자주 갈등을 빚는데

　살아있는 생명을 죽이지 말라는 계율은 오계 가운데 으뜸이 됩니다. 어떤 생명이라도 타고난 수명을 해쳐서는 안되는 것입니다. 더우기 낚시라고 하는 것은 원래는 어부들의 생활수단이었던 것이 오늘날에는 취미가 되어서 물속의 생명이 한갓 여가를 즐기기 위한 대상으로 바뀌었습니다. 꼭 필요하지 않은데 단지 심심풀이로 살생하는 일을 한다면 이는 무거운 죄에 속합니다. 생명을 약탈하는 것은 결코 취미도 여가활용도 되지 못합니다. 살아있는 생명에게 자신의 명대로 살 수 있도록 하는 것이 부처의 자비입니다. 어떤 사람들은 물고기란 사람이 먹어주어야 그 공덕으로 하루빨리 축생의 몸을 벗어 성불하게 된다고 하는 사람도 있습니다. 그것은 인간이 제멋대로 생각한 것입니다. 인과업보의 필연성은 내가 다른 생명체를 죽이고 그 고기를 먹었다면 다음생에는 반대로 내가 죽고 나의 고기가 뜯겨져야 합니다. 남편이 낚시광이라면 이러한 인과의 원칙과 생명의 존엄성을 잘 설명해주시고 다른 건전한 취미로 바꿀 수 있도록 협조해주시기 바랍니다. 더불어 남편의 마음이 돌아설 수 있도록 기도한다면 언젠가는 생명을 귀하게 여기어 낚시대를 버리고 새로운 취미생활을 할 것입니다. 생명을 귀하게 여긴다는 것은 나의 생명뿐 아니라 남의 생명 또한 귀하게 여기는 것입니다. 그것은 시간적으로 오래 산다거나 부귀영화를 누린다거나 하는데 있는 것이 아닙니다. 그 **짧은** 생명을 어떻게 충실하게 사느냐, 생명을 어떻게 보람있는 일을 위해 쓰느냐 하는 문제라고 생각됩니다. 거기에서 가치를 발견할 때 우리는 영원을 보는 것입니다. 남의 생명을 상대로 여가활동을 하는 생활이 아니라 나와 남, 모든 생명의 보존과 성숙을 위하여 노력하는 생활인이야말로 참생명을 사는 사람인 것입니다.

178. 바람난 남편의 마음을 어떻게 붙잡을 수 있나

어떤 가장이 바람이 나서 가정을 돌보지 않고 아내를 미워할 때 어떻게 대처하면 좋은가 하는 것은 자주 일어나는 일입니다. 이럴 때는 행복해야 할 결혼생활에서 남편이 바깥으로 눈을 돌리게 만든 요인이 무엇인가 먼저 생각해볼 필요가 있습니다. 그 이유가 옳은 것이든 잘못된 것이든 간에 가장이 집안에서 편안함을 찾지 못하고 불안해하는 요소는 없는지 살펴보아야 합니다. 아무리 어리석은 사람이라도 남의 허물을 보는데는 지혜롭고, 아무리 지혜로운 사람이라도 자신의 허물을 발견하기는 어렵습니다. 남편이 이유도 될 수 없는 사소한 일이나 또는 오해에 의해서 외도를 했다고 하여도 남편 마음에는 자신이 절대 옳다는 주장이 있을지 모릅니다. 그러므로 논리적으로 설명해서 돌아오게 한다거나 물리적인 방법은 문제에 대한 치유가 될 수 없습니다. 결혼 자체가 이치로 따져서 성립한 것이 아닌 만큼 사랑을 회복할 수 있는 방법이 필요합니다. 이 문제를 해결할 수 있는 가장 좋은 방법은 기도입니다. 매일 기도하면 일단 내 마음이 안정되어 미워하는 마음이 가라앉게 되며 기도의 공덕은 남편의 마음을 돌아서게 할 것입니다. 기도할 때에는 특히 남편의 외도에 대해 망상을 하지 말아야 합니다. 그러면 미워하는 마음이 더욱 심해져서 현상을 악화시키는 결과를 초래합니다. 그 미움이 꺼지지 않고 계속 일어난다면 108배, 천배, 만배를 하십시오. 열심히 절하고 땀흘리는 가운데 마음에 맺혀 있던 갈등이 서서히 사라져갈 것입니다. 갈등이 사라지면 자연 부처님과 같은 자비한 마음이 드러나게 되며 내 마음의 변화는 남편에게도 미쳐져서 그의 마음 가운데에 있는 불성의 종자를 끄집어내어 올바른 사고력을 되찾게 하는 효력이 있습니다.

179. 재가불자도 성불을 위해선 애욕과 음행을 자제해야 한다던데

우리 불자는 모두 보살입니다. 보살이란 바로 깨달음을 향하여 나아가는 수행자를 말합니다. 그러므로 불자는 부처님의 가르침대로 새롭게 인생과 환경을 개척해가는 사람입니다. 부처 이루기를 원을 세우고 부처님의 말씀을 통해 성불하는 길에 들어선 보살에게는 성불하기 위하여 청정한 계행의 준수가 필요합니다. 그 계행은 보살로 하여금 모든 괴로움에서 벗어나 안온하게 성불을 향하여 나아갈 수 있게 합니다. 재가불자가 지켜야 할 계행 가운데 불사음계(不邪淫戒)가 있습니다. 삿된 애욕과 음행을 경계하라는 의미입니다. 이 애욕과 음행은 그 근본이 탐욕에서 생깁니다. 탐욕의 근본은 또한 헛된 망상일 뿐입니다. 원래 있지 않은 헛된 망상이 온갖 괴로움을 만들어냅니다. 애욕과 음행이라는 헛된 집착을 버림으로 해서 괴로움을 벗어날 수 있는 것입니다. 그러나 그렇게 되면 세상에서 결혼이라든가, 출산이라고 하는 일마저도 애욕과 음행에 해당하느냐 하면 그렇지는 않습니다. 재가불자로서 애욕과 음행은 정상을 벗어난 과도한 욕망과 외도를 말합니다. 그리고 재일(齋日)이나 기간을 정해서 하는 기도시에는 금욕하면 됩니다. 《법구경》에 '애욕의 강은 어디에나 흐르고 덩쿨은 싹을 내어 우거진다. 그 덩쿨이 나는 것을 보거든 지혜로써 그 뿌리를 끊어라. 나무뿌리가 상하지 않고 견고하면 나무는 잘려도 또 자란다. 이처럼 애욕의 미혹을 끊지 않으면 되풀이해서 고통이 생긴다'고 하였습니다. 우리가 갖고 있는 근본망념 가운데 애욕의 뿌리는 깊고도 깊습니다. 이 깊은 뿌리를 잘라내지 않는 한 애욕으로 인한 고통은 끊임없이 발생하여 자신과 주위 사람들에게 슬픔의 그림자를 드리웁니다. 불자는 모름지기 청정행으로 이 애욕의 헛된 뿌리를 뽑아내야 하겠습니다.

180. 사고로 아들을 잃었는데 어떻게 기도해야 하나

　봄, 여름이 지나면 가을과 겨울이 오고 그리하여 한 해가 마감되듯이 사람은 태어나고 성장하고 또 병들고 죽어갑니다. 만물의 생성 변화가 그와 같으므로 나고 죽는 것은 살아가면서 부딪히게 되는 피할 수 없는 변화 가운데 하나입니다. 그렇지만 부모의 입장에서 사고로 먼저 간 아들을 생각한다면 이는 더할 나위 없이 비통한 일임에 틀림없습니다. 그러나 봄이 지났다고 하여 아주 없어져버린 것은 아닙니다. 겨울에 온갖 초목이 다 얼어붙었다고 하여 신록이 사라진 것은 아닙니다. 설사 육체적으로는 죽었다 하더라도 우리의 참생명은 죽지 않는 것입니다. 우리가 죽는 모습을 보이고 떠나는 모습을 보이는 것은 실은 과거에 혹은 현재에 지은 업의 결과로 떠나가기도 하고 다시 오기도 하는 것입니다. 왜냐하면 부처님 말씀대로 우리의 모든 생명은 원래가 진리의 생명이기 때문입니다. 이 사실을 모르는 영혼을 위하여 천도재를 지내줍니다. 천도라고 하는 것은 미혹한 생명의식이 그릇된 소견을 버리고 집착을 놓으며 공덕을 닦아 밝은 법성을 깨닫게 하는 것을 말합니다. 그렇게 해서 미혹한 상태로 죽어간 넋이 미혹을 버리고 안정을 찾아 좋은 인연을 만나며 밝은 깨달음을 만나게 됩니다. 그러므로 사고로 먼저 간 아들을 위하여 천도재를 지내주고 염불독경하여 그 공덕이 그에게 돌아가도록 하기 바랍니다. 영가천도는 사후의 영에 대하여 인도하고 깨닫게 하고 마음을 밝게 하여 생전업에 새로운 변경을 더하게 되니 그 영혼이 얻을 세계가 또한 훌륭한 공덕세계가 될 것입니다. 천도재를 지낸 후에는 매년 백중날 또는 매월 지장재일에 영가를 위하여 독경, 염불하며 평소에도 꾸준히 기도하면 그 영가가 다른 생을 받고 태어났어도 그 공덕이 전달된다고 합니다. ☞제124항 참조

181. 살생하지 말라는데 쥐나 바퀴벌레도 죽이면 안되는지

옛날 우리 스님들께서는 육환장이라고 하는 지팡이를 짚고 다니면서 벌레들이 육환장으로 땅을 두드리는 소리를 듣고 발에 밟히는 일이 없도록 하였습니다. 게다가 스님들이 신고 다니는 짚신은 헐겁게 짜여 있어서 미처 피하지 못한 벌레라도 그 짚신 틈새에 끼여 눌리지 않도록 신경을 썼습니다. 육식을 금하는 것은 물론이고 손발이 닿는 곳에 있는 모든 미물들이 해를 입지 않도록 조심하며 불살생계를 철저히 지키고자 노력하였습니다. 우리들이 거주하는 주변에는 쉽게 쥐나 바퀴벌레, 모기 등을 만나게 되는데, 이 해로운 생명체를 제거하지 않으면 나의 가족과 이웃의 건강한 생활을 보장할 수 없으므로 여기에 불교의 불살생계와 더불어 미묘한 갈등이 생겨나게 됩니다. 그런데 우리가 과연 살생하지 않고 생존할 수 있을까요. 우리가 한번 호흡하는 가운데에도 공중에 떠다니는 세균이 그 호흡으로 인하여 죽는다고 합니다. 우리 몸 안에서도 수없이 많은 세균이 생겨나기도 하고 또는 백혈구 등에 의해서 죽어가고 있습니다. 인간의 생존 그 자체는 삶과 죽음이 뒤범벅된 상태에서 살아가고 있는 것입니다. 그렇다면 우리에게 주어진 선택은 최선을 다하여 부당한 살생을 피하고 널리 대부분의 생명체에 유용한 방식으로 사는 것입니다. 쥐나 바퀴벌레 등은 해로운 세균을 사람과 가축에게 옮겨서 무서운 병을 일으킬 수 있습니다. 쥐나 바퀴벌레가 그 자체로서는 악하거나 선하거나 할 수 없겠지만 일단은 많은 해로움을 끼치므로 가족과 이웃을 위하여 제거해야 합니다. 이것은 살생을 위한 살생이 아니라 집과 이웃을 깨끗이 하기 위한 마음을 쓰는 것입니다. 그러나 더욱 좋은 일은 집 안팎과 동네를 청결히 하여 쥐나 바퀴벌레가 서식하지 못하도록 하는 것이 될 것입니다.

182. 불자들은 개고기를 먹으면 안된다는데

　불교의 오계 가운데에 불살생계가 있습니다. 모든 살아있는 생명을 존중하는 것은 불교의 가장 기본이 되는 덕목입니다. 개고기뿐 아니라 살생을 가져오는 모든 육식을 금하고 있는 것이 스님들의 계행입니다. 특히 개라는 짐승은 늘 우리와 함께 지내면서 마치 가족처럼 사는 경우가 많습니다. 사회적인 통설로서 조상 가운데 한 사람이 그 집안의 개로 태어난다고 하는 고사가 많은 것을 보아도 일반적으로 꺼려하는 음식이 개고기입니다. 이러한 생각이 저변에 깔려 있을 때 개고기를 먹게 되면 마음 한구석에 죄의식이 싹트게 됩니다. 결과적으로 신체는 튼튼해질지 몰라도 정신건강에는 해롭다는 결론을 내릴 수 있습니다. 굳이 다른 사람의 혐오를 불러일으키면서까지 몸보신을 위하여 개고기를 먹는다는 것은 스스로 재앙을 맞이할 준비를 하는 것과 같습니다. 재가신자의 입장에서는 전혀 육식을 하지 않고서는 생활하기가 불편하게 되어 있습니다만, 그 가운데에서도 가려야 하는 음식이 있는 법입니다. 세간에서 유행되는 특별한 음식물들, 예를 들면 보약, 강장제 등의 음식은 그 자체 안에 특별한 약효가 있기보다는 오히려 고단백질 음식에 가깝습니다. 이는 타인의 혐오감을 유발할 뿐더러 대개는 위생상태나 효력에 의문이 가는 것이 많습니다. 이러한 음식을 먹고 몸에 좋다고 하여도 좋은 것은 단지 한 순간일 뿐 나의 영원한 생명을 이어주지는 못합니다. 순간적인 즐거움과 만족을 위하여 길고 긴 과보를 받는다면 이는 하지 않는 것보다 못합니다. 물질적인 영양을 몸에 흡수하기보다는 세계가 일념을 벗어난 것이 아니며 모든 것이 오직 마음 안에 머물 뿐이라는 사실을 아시고 그와 같은 무의미한 행동은 하지 마시기 바랍니다.

제13장

더불어 사는 삶

183. 여성은 성불할 수 없다는데 과연 그런가

석가모니부처님 재세시에 처음 교단을 형성한 중심세력은 비구스님이었습니다. 그리고 당시 인도사회의 제반여건을 살펴보면 계급차별제도인 카스트가 철벽같았고 여성은 종교사상적 문화를 접할 기회도 없이 카스트제도와 남존여비의 이중적 제약에서 벗어날 길이 없었습니다. 석가모니부처님께서는 성도하신 후 카스트제도를 전면 부인하시고 모든 계급의 출가를 허락하셨지만 처음에 여성출가를 늦추신 것은 당시 사회상황을 고려하셨던 이유에서 해석될 수 있습니다. 석가모니부처님의 대표적인 교설인 연기사상으로 이해하면 그분은 문제해결에 있어 절대로 단편적인 상황에 국한하거나 순리를 벗어나거나 이해불가능한 인식차원은 넘지 않으셨습니다. 카스트제도를 부정하셨다면 모든 계급의 성불을 인정하신 것인데 어떻게 여성만을 제외하셨겠습니까. 다만 순차적이고 중생의 상황과 근기에 맞게 방편적 차원에서 남성의 출가를 먼저 인정하신 것입니다. 후에 어머니인 왕비 마하파자파티와 아내인 야소다라의 출가를 허락하신 것은 모든 계급의 성불을 단계적으로 실현하시려 했던 뜻과 여성출가의 시기가 일치하여 이루어진 것입니다. 또한 비구니교단을 비구교단에 이웃한 장소에 있게 하신 점은 비구니교단을 항상 보호하기 위한 뜻으로 보입니다. 그리고 출가한다는 것은 기본적으로 남·녀를 떠나 성불의 실현을 위한 목적을 지니는 것이므로 비구니교단의 존재는 일단 여성의 성불을 인정하신 것입니다. 특히 대승불교시대에 이르면 이러한 석가모니부처님의 큰 뜻을 살려 승만부인이란 여성이 부처님을 대신하여 불법을 교설하고 일체중생의 성불을 기원하는 경전도 등장합니다. 여성은 성불할 수 없다고 한 것은 모든 중생의 성불이라는 부처님의 교리에 맞지 않는 주장입니다.

184. 부처님께서 처음엔 여성의 출가를 반대하신 이유는

석가모니부처님께서는 항상 세계와 인생의 존재에 관해 영원한 실체를 주장한 이론인 상견(常見)과 세상의 존재는 영원한 것이 아니며 단멸하여 허무로 돌아가는 것이라고 주장한 이론인 단견(斷見)을 모두 거부하셨습니다. 부처님 재세시 인도에 풍미했던 단상이견(斷常二見)의 모든 사상을 배격하시고 석가모니부처님께서 주장하신 교설은 보편타당한 진리를 인식하고 실천하며 인식과 실천에서 오는 정신의 고요하고 안정된 상태를 유지하는 중도(中道)사상이었습니다. 중도사상의 자각은 어느 한 계급에 국한되는 것은 물론 아니었고 남성만이 깨달을 수 있는 영역은 더욱 아니었습니다. 그러나 중도라는 말뜻에서도 알 수 있듯이 극단을 피하였습니다. 당시 인도사회의 많은 사상과 종교는 대개 남성들의 전유물이었습니다. 그리고 사상적 철학적 남성위주의 종교는 이미 사회제도 속에 철저하게 기반을 잡고 있었습니다. 예를 들어 인도의 정통 바라문교에서는 인간의 생애를 네 기간으로 나누어 수행했는데 그중 임서기에는 처자를 버리고 집을 나와 산림에서 살며 철학적, 종교적인 실천수도를 행하는 기간으로 상정하였습니다. 이렇듯 남성위주의 경험범위는 생활 전반을 차지했습니다. 석가모니부처님은 이러한 상황을 주지하셨고 기반이 넓은 남성계층의 출가를 먼저 인정하신 것입니다. 여성 스스로 이해가능한 사상적 기반을 무시하고 비구교단과 함께 비구니교단을 바로 성립시켰다면 오히려 큰 장애가 일어났을 것입니다. 중도사상의 관점에서 종합적인 인식과 판단이 없는 방법은 모두 옳지 못한 방법입니다. 그러므로 처음에 여성의 출가를 반대하신 이유는 당시 여성 위치의 급격한 변화보다는 체계적이고 합리적인 교단을 이끌기 위한 방편적 입장이라 볼 수 있습니다. ☞제46항 참조

185. 직업상 살생을 하지 않으면 안되는 경우가 많은데

불교에서는 모든 대중에게 신자가 되는 조건으로 오계라는 꼭 지켜야 할 실천덕목을 제시하고 있습니다. 그중에서도 가장 중요한 계가 불살생(不殺生)입니다. 불살생계는 사람에게만 적용되는 것이 아니라 생명을 지닌 모든 생물체에 적용되고 있습니다. 그러나 사회가 발전하고 경제생활이 복잡해지고 직업이 분화되면서 도살업같은 직업적으로 특수한 영역이 생기게 되었습니다. 뿐만 아니라 미물의 살생은 도처에서 일어나 식상화된 느낌마저 줍니다. 불교의 내용이 살생을 금지한다고 하여도 세속적 생활을 하면서 꿈틀거리는 벌레 하나 죽이지 않고 살긴 힘듭니다. 그러나 자신이 불자이길 원하고 불자로서 통일된 마음과 태도를 일관하고자 한다면 무엇보다 계를 지키고자 하는 마음이 선행되어야 합니다. 계를 지키는 마음은 인위적으로 해서는 한계가 있습니다. 모든 생명을 지닌 생명체는 세세생생 살면서 나와 같은 생명을 받을 수 있다고 생각하면 우리는 이름모를 풀 한 포기에서도 생명의 원기를 느낄 수 있습니다. 계를 지키는 것은 세상의 진리를 생활에 실천하는 것입니다. 부처님의 교설은 생명을 지닌 그 어느 것 하나에도 소홀하지 않으셨습니다. 그러나 복잡한 경제생활의 도구로서 살생하는 일을 직업으로 갖게 되었다면 살생시 대상의 성불을 기원하는 것을 잊지 말아야 하겠습니다. 일체생류에게는 부처님과 같은 불성의 뿌리가 있으므로 업에 따라 한갓 미물의 몸을 지니고 있다 해도 그 깊은 곳에는 부처님의 자비심이 자리하고 있기 때문입니다. 모든 사람이 만물의 조화를 불성으로 바라볼 때 살생을 전문으로 하는 직업 자체가 없어질 것입니다. 다만 직업상이라 할지라도 살생을 하는 일이 마음에 계속 앙금을 남긴다면 일단 직업을 바꾸는 것도 좋을 것입니다.

186. 임신중절을 불교의 입장에서 어떻게 생각하나

생명을 중히 여기고 살아있는 모든 생명체의 미래의 무한한 가능성을 인정하는 종교가 바로 불교입니다. 특히 우리가 알고 있는 모든 생명 속에는 불성이라는 대단히 소중한 원기가 있다고 선언한 불교가 어떻게 사람의 생명인 태아를 소홀히 여길 수 있겠습니까. 흔히 옷깃을 한번 스쳐도 몇 겁의 인연이라고 하는데 부모자식의 연을 맺겠다는 태아의 인연은 말로 표현할 수 없는 인연일 것이 분명합니다. 부파불교의 여러 학파에서는 사람이 죽은 다음에 다음생을 받는 과정을 매우 자세히 설명합니다. 그러한 학파에서는 우리가 죽는 것은 육신의 인연이 다했다는 것을 의미하지 결코 영혼의 인연마저 다한 것은 아니라고 주장합니다. 물론 성불깨달음을 얻어 부처님이 된다면 사바세계와 인연을 다해 윤회에서 벗어나겠지만, 그렇지 않을 경우 영혼은 계속 육신이라는 옷만 갈아 입으며 끊임없이 활동한다는 것입니다. 이것을 쉽게 과학적으로 비유하면 고체에너지가 액체에너지로, 액체에너지가 기체에너지로 모습이 계속 바뀌어도 에너지 자체는 없어지지 않는 것과 같은 논리입니다. 사람으로 태어날 태아는 항하사의 모래만큼 많은 중생을 제도할지도 모를 귀중한 부처님의 자식입니다. 법왕자가 될 수도, 전륜성왕이 될 수도 있습니다. 지옥중생을 모두 제도하지 않으면 결코 성불하지 않겠노라는 서원을 세운 지장보살과 같은 원력보살일 수도 있습니다. 그러므로 임신중절은 어떠한 명분이 있어도 그 업보를 받게 됩니다. 그러나 한편으로는 식량위기와 인구급증이라는 현실을 외면하느냐의 문제에 봉착합니다. 그럴수록 생명의 존귀함을 생각하고 미리 올바른 가족계획을 실천하여 재가신자로서 계·정·혜의 삼학을 일치시켜야 하겠습니다.

187. 불교의 입장에서는 자살을 어떻게 보아야 하나

우리의 생명은 인연에 따라 인연이 다하는 만큼 살아갑니다. 인간으로 태어난 우리의 생명은 육도(六度)중에서 천(天)과 가까운 인간계로서 지옥, 아귀, 축생보다 수승한 단계에서 태어난 것입니다. 무엇보다도 우리의 생명은 항상 진리를 지니고 있으므로 만물의 근원이 되며 우주의 핵심적 역할을 담당합니다. 많은 경전에서는 인간으로 태어나는 복덕을 강조하고 있습니다. 인간의 생명은 무엇과도 바꿀 수 없는 절대진리의 담지자이기에 우리의 일심은 육도의 모습을 스스로 지어 보인다고 합니다. 그리고 일심의 청정성을 깨닫지 못했을 때 지옥중생이나 아수라의 세계에서 볼 수 있는 갖가지 극한적인 상황이 전개됩니다. 마음에서 빚은 고통은 현실을 고통의 세계로 끌고갑니다. 이러한 고의 상황은 좌절과 심한 정신적 공허를 낳게 하여 죽고 싶은 심정까지 일으킵니다. 그러나 생명에 자의든 타의든 강제성을 주면 후에 엄청난 업을 받게 됩니다. 인간으로 태어났으면 세계의 진리를 알 권리가 있고, 알려고 노력하고 수행하면 아무리 눈앞의 고통이 크다 해도 고의 원인은 바로 해결되며 원래 지니고 있던 마음의 평정을 유지한다고 보는 것이 불교의 입장입니다. 즉 눈앞에 있는 괴로움의 원인을 객관적으로 살피고 그 원인을 반성하고 반성된 마음을 모든 일에 적합시켜 한결같은 마음상태를 유지하는 것입니다. 자살행위는 자신의 문제를 마땅히 풀어야 함에도 불구하고 미루거나 포기하여 훗날 더 나쁜 조건에서 해결해야 하는 결과를 초래하는 것과 같습니다. 괴로운 상황은 고의 현상을 정확히 바라볼 수 있어 오히려 깨달음으로 가는 지혜를 열 수 있습니다. 이럴 때일수록 올바른 견해와 마음가짐, 언어, 행위, 생활, 노력, 생각, 선정을 하는 8정도(八正道)의 수행이 필요하다 하겠습니다.☞제34항 참조

188. 안락사에 대해서 불자들은 어떤 입장을 취해야 하나

　존재하는 것 모두는 오온(五蘊)으로 이루어져 있고, 물질로서 육체를 대표하는 색온은 4대(四大) 즉, 지수화풍(地水火風)으로 이루어져 있습니다. 또한 색온으로서의 육체와 달리 우리의 정신은 행위의 모든 경험을 짊어지고 있는 마음이라는 것에 해당하는 아뢰야식에 지배되고 있습니다. 죽음을 말할 때 불교에서는 색온인 육체의 멸과 더불어 인식의 기능인 아뢰야식이 특정한 육체에서 활동을 멈춘 상태를 가리킵니다. 그러나 의학계에서는 육체적 감지작용 등이 미세하고 뇌의 기능이 거의 멈추었을 때 즉, 식물인간의 상태일 때 안락사의 문제를 갖고 시비가 분분합니다. 이 점에 대해 불교에서는 육체의 기능과 정신의 기능을 사대와 아뢰야식으로 나누어 설명합니다. 즉 색온이라는 육체의 근육과 내장기능은 단지 사대에 불과해 죽고나면 각기 지수화풍으로 분화되어 육체 고유의 것들은 아무 것도 없다고 합니다. 반대로 정신작용인 영혼 즉, 아뢰야식은 업력을 지녀 다음생을 받는 주체로 작용합니다. 아뢰야식은 전생의 모든 행위를 훈습해온 종자를 간직해 선인선과(善因善果) 악인악과(惡因惡果)의 싹을 낳는다고 봅니다. 이렇게 볼 때 뇌의 활동을 하고 있는 환자는 아뢰야식이 아직 활동하고 있다는 증거가 되므로 진정으로 죽은 것이 아닙니다. 또 육체의 기능도 아뢰야식과 관계하므로 육체의 기능이 감지되면 진정으로 죽은 것은 아닙니다. 인간의 육체는 아뢰야식이라는 인식기능이 함께 자리할 때 중요한 것이지 마음이 떠났을 때는 한갓 지수화풍에 불과합니다. 그러므로 아뢰야식의 기능이 활동을 한다면 안락사는 강제로 인식작용을 끊는 것이므로 불교적 입장에서는 타살의 경우와 같습니다. 미세한 기능이라도 아뢰야식의 기능이 감지되면 인연이 스스로 다하도록 지켜보는 것이 불자의 도리가 될 것입니다.

189. 장기기증을 불교의 입장에서는 어떻게 보아야 하나

　대승불교의 대승이란 큰 수레라는 뜻입니다. 큰 수레란 한 사람이 타고가는 것이 아니라 나와 내가 이웃한 모든 사람이 함께 피안의 세계 즉, 깨달음의 세계로 간다는 뜻입니다. 그러므로 대승불교의 중심내용은 자기의 성불만이 아니라 타인의 성불까지 담아내는 실천도를 중시합니다. 특히 자리이타(自利利他)의 실천도인 육바라밀의 덕목은 대승불교의 가장 큰 특징입니다. 육바라밀 중에서 첫째 항목인 보시바라밀은 깨달음의 첫걸음으로 강조되고 있습니다. 보시란 나와 다르지 않은 남을 바라보고 나와 같은 입장에 있는 상대를 아무런 보상없이 도와주는 것을 말합니다. 바라밀이란 구극의 완성으로 진리 자체를 뜻합니다. 그러므로 보시바라밀을 행할 때 우리의 마음은 불심의 원천인 자비심에 곧장 이르러 자비심은 대자대비를 발현하게 됩니다. 보시바라밀은 자비심을 바탕으로 하여 재물보시, 지혜보시, 법보시 등등의 여러 가지 형태를 띨 수 있습니다. 육바라밀의 보시정신에 입각해본다면 장기기증도 자신의 신체의 일부를 타인의 생명과 건강에 기증하는 것이므로 보시바라밀에 해당합니다. 특히 이러한 보시는 범부들이 유일한 자기 것으로 집착하는 육신의 일부를 타인의 육신에 기증하는 것이므로 불교적 입장에서는 매우 훌륭한 보시라 볼 수 있습니다. 좀더 기증자에게 바란다면 장기기증을 행할 때 상대가 당면한 고통에서 벗어나 지혜바라밀을 닦을 수 있도록 법보시를 함께 해주면 최상의 보시가 될 것입니다. 범부가 집착하는 육체라는 현상은 온갖 것과 대립하며 자기이기를 고집하여 이 세상의 본래 모습이며 영원한 진리인 진실상을 스스로 가립니다. 그러나 다른 한편으로 육체의 기능은 참다운 정신이 깃들 때 무한한 자비보시의 주체가 되는 것입니다.☞제40항 참조

190. 정당방위의 살인은 용인될 수 있는 것인지

불교의 계율은 강제성보다는 몸과 마음의 상태를 일정하게 조정하는 수행의 성격을 갖고 있습니다. 그렇기 때문에 계를 바르게 지킴으로써 정신통일의 선정을 얻을 수 있고 바른 선정을 얻음으로써 충분한 지혜를 얻을 수 있는 것입니다. 계를 잘 지키려면 무엇보다도 바른 언어생활, 신체적 행동, 정신적 생활을 영위해야 합니다. 즉 어행청정(語行淸淨), 신행청정(身行淸淨), 의행청정(意行淸淨)이 필요한 것입니다. 불교계율의 관점에서 본다면 정당방위의 살인이라 할지라도 특히 생각으로 짓는 지계가 얼마나 청정했는가 먼저 반성해 보아야 합니다. 아무리 정당방위에 의한 살인이라 할지라도 그 원인은 결코 일시적이거나 단편적이지 않을 것입니다. 피해자와 가해자 사이에 보이지 않는 반목과 갈등, 공격, 악의, 변명 등등 다방면의 상황을 분석해야 참다운 원인이 나올 것입니다. 마음속의 의도가 청정했더라도 신체적 행위가 남의 생명을 빼앗았다면 신업(身業)을 지은 것이므로 행위에 대한 과보는 받게 됩니다. 사회의 법률로 정당방위가 입증되어 가해자는 살인죄에 저촉되지 않는다 해도 피해받은 영혼은 서로 맺었던 악연을 쉽게 풀 수 없습니다. 불교에서는 어떠한 행위든 극한상황을 만들지 않게 하기 위해 십선계(十善戒)를 중시하고 있습니다. 또한 가해자의 심적 고통을 덜어주고 피해자의 영혼의 갈등을 덜어주기 위해 천도재라는 불교의식을 행하고 있습니다. 살인으로 죽은 영혼은 특히 육체에 대한 강한 집착으로 우리가 흔히 겪는 정신불안상태 이상의 혼란을 겪습니다. 이런 영혼에게 반목을 풀고 불생불멸의 깨달음을 주어 새로운 삶으로 나가게끔 도와주는 의식이 천도재입니다. 영혼이 천도의 공덕으로 새로운 삶을 받게 되면 가해자는 과보에서 벗어날 수 있습니다. ☞제29항 참조

191. 사형제도에 대해 불교는 어떠한 입장을 취하는가

　불교에서는 인간으로 태어났으면 누구나 불성 즉, 부처님과 같은 성품이 숨어 있는 여래장(如來藏)이 있다고 합니다. 이 여래장은 번뇌에 덮혀 있어 진리를 알지 못하고 미혹한 세계에 놓여 있지만 기본적으로 자성이 청정한 마음을 지니고 있기 때문에 진리를 인식하고 실천하면 본래의 마음을 찾을 수 있는 전변의 기능도 있습니다. 그러므로 《열반경》을 위시한 여래장 계통의 경전에서는 일체중생실유불성(一切衆生悉有佛性)을 선언하면서 모든 중생이 성불할 수 있다는 사실을 강조하는 것입니다. 뿐만 아니라 대승을 비방하는 등의 5역죄를 저지른 중생과 이찬티카라는 선근이 끊어진 중생도 모두 성불할 수 있다고 합니다. 이러한 불교의 불성사상에서 볼 때 사형제도는 사회기강 확립과 민생보호라는 명분이 있다 해도 폐지되어야 합니다. 어떠한 극악무도한 범법자라도 그 마음 깊은 곳에는 객진번뇌에 가려진 자성청정심이 있기 때문입니다. 석가모니부처님께서는 앙굴라마라는 수많은 사람을 살해한 살인마에게도 교단입단을 허락하셨습니다. 앙굴라마는 참회하고 부처님의 가르침에 따라 수행하여 아라한의 경지까지 오르게 됩니다. 부처님께서 살인마에게 출가를 허락하신 것은 인간 생명에 흐르는 본원은 살인을 일삼던 앙굴라마의 것이나 부처님의 불성이나 깨달으면 모두 똑같다는 점을 아셨기 때문입니다. 살인자가 교화되지 못한 이유는 선지식과 불법을 만날 기회가 없었던 것입니다. 오탁악세 속에도 부처님께서는 현현하십니다. 이런 점에서 사형제도는 병리를 처단한다는 경각심보다는 주변의 병리에 대한 환경적 요소와 사회적 제도를 개선함으로써 보다 구체적 방안으로 대체되어야 할 것입니다. 악인을 선한 방법으로 다스려 선과를 맺는 것이 부처님의 인과의 이치이기 때문입니다.☞제37항, 279항 참조

192. 요즘 세상 착하게만 살면 손해를 본다는데

　현대생활은 물질문명이 발달했다고 하지만 정신세계가 발맞춰 발달한 것은 아닙니다. 정신세계가 발달하고 풍요롭게 되는 것은 인간의 마음상태를 기준으로 본래 선한 마음을 찾는 것입니다. 선한 마음이란 무지를 벗어난 청정심이 상대방에게 자연스럽게 이입되어 경계가 없는 상태를 가리킵니다. 그러나 요즘은 복잡한 경제생활이 물질적인 토대만을 세워 물질과 물질을 환원할 수 있는 돈이 최고의 가치라고 보는 경향이 짙습니다. 물질은 정신적 기반에서 형성된 것이고 정신작용도 물질을 의지해야 생활 자체가 조화롭게 균형이 잡힙니다. 이런 관점에서 보면 마음의 보시는 물질의 보시와도 통하며 물질의 보시는 마음의 보시를 동반해야 선행이라 볼 수 있는 것입니다. 불교적 입장에서 선하게 산다는 것은 지혜롭게 무상보시를 베풀되 베풀었다는 마음조차 잊는 일여평등한 마음을 지니는 것입니다. 이러한 일여평등한 마음에서는 손해라는 용어조차 성립하지 않습니다. 준 만큼 받지 못하면 손해라고 무지한 범부들은 생각하지만, 손해 그 자체가 이익이 될 수도 있습니다. 진여인 일심에서 자연스럽게 선행을 하고 선행을 했다는 생각도 없는데 어떻게 손해라는 감정이 들겠습니까. 이런 선행에는 옳은 도리를 다하고 행한 일에 대해 갈등이 없으므로 마음속에 위없는 보리심이 자리하게 됩니다. 사회가 혼탁해질수록 만연된 이기심은 그것을 반성하기보다 오히려 이기심이 없는 상대를 바보로 만듭니다. 이럴 때일수록 부처님의 근본정신을 상기해야 합니다. 선한 마음을 갖는 것은 나부터 실천하고 이웃과 함께 한다면 청정한 마음은 빛이 있으므로 이웃에 환하게 비출 것입니다. 선행은 항상 일여한 마음을 의지하므로 손해라는 갈등을 빚지 않습니다.

193. 보증 서주기를 거절하고나서 마음이 아픈데

　현대는 산업사회이므로 경제활동의 원활한 소통과 편리를 위해 각종 경제제도가 생겨나게 됩니다. 그러나 목적과 수단이 전도되듯 제도 자체가 우리의 생활 자체를 흔들고 가끔은 질곡에 빠지게도 합니다. 예를 들어 보증제도는 어떤 한 개인의 신분이나 재산능력을 대신하여 책임성을 지니고 보증하는 것이지만, 상호 믿음이 깨지거나 피보증인의 경제파탄으로 인해 보증인은 엄청난 피해를 받게 되는 경우가 있습니다. 이윤을 추구하고 이윤을 함께 한다는 경제원칙 하에서는 보증제도뿐 아니라 여타의 많은 경제제도도 필요합니다. 그러나 지나친 사업확대나 개인적인 영리를 위한 상대방의 도움은 바람직하지 못합니다. 석가모니부처님께서는 2500년전에 이미 경제적 활동을 인정하셨습니다. 그러나 경제활동 자체를 공익으로 보았기 때문에 상인계급이 불교와 매우 밀접할 수 있었던 것입니다. 우리는 흔히 경제목적의 수단인 각종 제도나 구조, 장치라는 메카니즘에 빠져 가장 중요한 목적을 잃습니다. 이미 예를 든 보증제도는 그것이 왜 필요한가, 제도가 지닌 목적이 무엇인가 확실히 알 필요가 있겠습니다. 상대방을 믿고 상대방이 하는 일이 옳고 정확하다면 적극 도와주는 것이 바람직하겠지만, 상대방이 하는 일에 대해 정확히 모르고 옳지 못하다고 판단되면 어떠한 친분이라도 위험한 일은 하지 않는 것이 좋은 방법입니다. 간혹 가까운 친분관계에서 상대가 하는 일에 판단이 서지 않아 도와주지 못해 마음이 아플 경우에는 서원을 세워 기도해주는 것도 좋은 방법입니다. 상대방의 일에 대해 기원해준다면 본인의 마음은 평화를 찾을 수 있을 것입니다. 그리고 어떠한 일이라도 결정해야 할 사안이 목전에 닥치면 그 일에 대해 정확히 판단하는 지혜가 중요하겠습니다.

194. 돈을 빌려주었는데 인연에 따라 마냥 기다려야만 하나

　우리들이 만나는 복잡한 환경과 관계들은 미혹한 범부들이 이미 과거에 지은 업연(業緣)의 결과입니다. 그러나 이러한 업연의 결과도 인식과 인식대상의 관계를 통일시키고 통일시킨 관계를 실천하면 창조적으로 바꿀 수 있습니다. 인과나 인연은 남이 만들어준 것이 아닌 스스로가 만든 것이기 때문에 그 결과 또한 스스로 바꿀 수 있는 것입니다. 즉 앞으로 취하는 행동과 마음을 바로 지금 정확히 인식하여 지혜롭게 판단하면 앞에 펼쳐질 길은 환하게 보이기 때문입니다. 이러한 길을 불교에서는 해탈의 길이라고 합니다. 인과의 속박이나 인연의 괴로움을 느끼는 것은 현실의 상황을 고정적이거나 또는 피할 수 없는 것이라 바라보고 무기력할 때 오는 것입니다. 인연에 순응하지 말고 지혜롭게 바라보면 오히려 무한한 해결책이 나옵니다. 이러한 원칙은 우리의 생활 어디에나 적용됩니다. 간혹 돈을 빌려주고 받는 경우에도 인연의 창조적 논리는 적용됩니다. 필요에 의해 돈을 꿔주고 상대가 돈을 빨리 안갚는다고 해서 계속 초조해하고 상대를 미워한다면 그 미움은 돈을 떠나 마음이라는 인식의 저장소에까지 영향을 줍니다. 인식의 저장소는 미워했다는 사실을 정확히 기록하므로 그에 상당한 과보는 스스로 받게 됩니다. 그러나 상대가 빚을 빨리 못갚는다 해도 그 원인을 살피고 솔직한 대화로 문제를 해결하면 두 사람의 관계는 이전보다 훨씬 돈독해지고 돈을 떠나 마음의 안정을 찾게 됩니다. 인연은 오는 대로 그냥 기다리는 것이 아닙니다. 인연은 이미 지어놓은 원인에 대해 타당한 관계로 오는 것이며 새로운 인연을 낳는 또 하나의 토대가 됩니다. 과거보다 미래를 바람직하게 맞이하겠다는 생각을 가진 불자라면 지금 이 순간의 인연을 악인선과로 만드는 지혜를 발휘하여야 할 것입니다. ☞제31항 참조

195. 기업을 경영하고 있는데 불자로서의 자세는

　기업은 생산과 영리를 목적으로 하는 사업을 말하나 부처님의 정법을 믿는 불자라면 생산과 영리 자체가 어떤 것인가를 먼저 생각해야 합니다. 무엇보다도 생산에 있어 기업은 소비자가 있으므로 물건을 팔아주고 생산 자체를 가능하게 해주며, 소비자는 기업의 생산활동의 대가를 얻게 되므로 기업가와 소비자의 관계는 상부상조의 관계입니다. 또한 기업가는 많은 사람의 경제생활의 기반을 마련해 주는 한편으로 영리를 얻음으로써 피고용인과 동생동거의 관계를 이루어갑니다. 그러므로 자본을 투자하게 되는 기업가는 투자자본에 의한 영리를 얻게 되면 반드시 확대재생산으로 또 다른 영리를 추구해야 하지만 수요자나 피고용인과의 관계가 있으므로 재투자는 대중에게 회향하는 방법이어야 할 것입니다. 그러나 종종 기업가들은 처음 자본투자의 주체로서만 생각하고 피고용인이나 소비자와의 상부상조의 관계를 망각하여 엄청난 소득불균형으로 사회적 불안을 일으키기도 합니다. 그러나 재창출된 부란 사실은 사회공동체의 상호협력과 피고용인의 땀의 결실입니다. 그러므로 기업은 생산투자로 얻은 영리를 사회의 바람직한 변화나 대중의 절대적 빈곤의 퇴치를 위해 재투자하거나 환원해야 합니다. 석가모니부처님 당시의 부호 수닷타장자는 기원정사(祇園精舍)를 교단에 바쳤고, 《유마경》의 유마장자는 재물만큼 풍부한 지혜로 많은 중생을 구제했습니다. 오늘날과 같이 사회의 경제영역이 확대됨에 따라 상대적 빈곤이 정신까지 피폐시키는 상황에서 경제담당자들은 물질의 평등이 얼마나 중요한 것인가 다시 한번 생각해보아야 할 것입니다. 그리고 정의실현의 원칙으로 정신의 절대적 평화를 실현하면서 피고용인을 동반자로 승화시켜야 하겠습니다.

196. 장사하는 사람이 지녀야 할 불자로서의 마음가짐은

　상업은 생산자와 수요자 사이에서 유통의 편의를 제공하는 직업을 말합니다. 또한 상업은 가까운 수요자에게 물건을 파는 판매행위를 담당하며 영리를 목적으로 합니다. 생산자와 소비자의 중간다리 역할을 하는 상업은 일반대중에게 직접적 편의를 제공하는 중요한 역할을 담당합니다. 간혹 경제가 흔들릴 때 상거래에서 가장 많은 문제점이 드러나는 것도 상업형태 자체가 민생과 매우 밀접하기 때문입니다. 그래서 불자는 상행위를 할 때 매점매석 등의 유통을 마비시키는 일은 영리의 차원을 넘어 민생의 피폐마저 낳기 때문에 철저히 금해야 하겠습니다. 불자로서 상업적 직업을 가진 사람은 상거래가 담당하는 사회적 역할을 생각하고 고객을 불보살로 바라보며 섬기는 마음이 무엇보다도 중요하겠습니다. 고객을 불·보살이라 여기면 불·보살님들은 상점에서 받은 친절과 정성을 결코 잊지 않고 자주 찾아가 더 많은 도움을 주게 됩니다. 그러나 처음부터 고객을 불·보살이라 보긴 힘듭니다. 한번 내 존재에 대해 넓게 생각해 보고 선각자인 부처님의 원만자재한 자비심을 바라볼 때 주변의 모든 사람들이 바로 내가 서 있는 자리를 제공해주고 있음을 발견할 수 있습니다. 이런 바른 인식은 손님을 사고파는 관계로만 보지 않게 합니다. 불·보살은 먼 곳에 계시는 존재가 아니라 바로 내 앞의 손님으로 현현하십니다. 고객을 불·보살이라 생각하면 은혜는 구체적으로 뚜렷하게 현실로 드러납니다. 고객을 불·보살로 섬기는데 어떤 고객이 이 상점을 멀리 하겠습니까. 상업뿐 아니라 모든 직업에서도 대중을 위한 봉사하는 마음과 친절한 태도는 더 많은 신용과 은혜를 받게 합니다. 그러므로 불자는 판매할 때나 물건을 살 때에 항상 감사하는 마음으로 상대방을 대해야 하겠습니다.

197. 노사간의 대립에 대해 불교인은 어떻게 대응해야 하나

사회가 형성되려면 여러 계층에 여러 역할이 달리 주어져야 합니다. 개개인은 계층과 역할이 다르더라도 독특한 기능으로 사회의 일익을 담당하므로 사회의 어떤 역할도 우위로 둘 수 없이 모두 중요합니다. 기업의 경우에 있어서도 마찬가지입니다. 기업이 현실생활에서 필수불가결하게 존재해야 한다면 고용주와 고용인의 구분이 있게 되는 것은 순리입니다. 그러므로 기업과 고용주와 고용인의 관계는 어느 하나 소홀히할 수 없는 3박자의 관계가 되는 것입니다. 다만 고용주는 숫자적으로 적고 고용인은 국민 대다수를 점유하므로 노사대립의 경우 고용주는 다수의 여론과 요구를 절대 무시해서는 안되겠습니다. 노사관계는 계급적 관계가 아닙니다. 어느 한 역할도 절대적 위치가 될 수 없습니다. 고용인이 없으면 생산 자체가 마비되며 고용주가 없으면 기업관리와 재투자에 문제가 나타납니다. 노사관계의 대립은 대개 서로를 계급적 관계로 도식화했을 때 빚어집니다. 특히 고용주의 계급적 우위라는 사고와 더불어 기업의 개인화는 사회의 커다란 부작용을 낳고 있습니다. 석가모니부처님께서는 철저한 신분제도인 카스트제도도 타파하셨는데 어떻게 공생의 관계인 기업에서 신분적 우위가 있겠습니까. 다만 고용주는 자신의 역할을 맡은 바 직분으로 바라보고 고용인은 생산활동의 담당자로서 주인의식을 갖는다면 대립적이던 기업의 노사관계는 충돌보다는 대화로 풀릴 것입니다. 노사의 문제가 생기더라도 노사 양측이 올바른 양식을 저버리지 않는다면 감정보다 이성적 판단으로 풀릴 것입니다. 한쪽이 사욕을 버리면 다른 한쪽이 더많은 이익을 얻는 것이 아니라 다른 한쪽도 사욕을 버리는 결과를 낳게 되니 이것이야말로 진정한 불법의 화합정신인 것입니다.

198. 소득불균형이 극심한 오늘날의 사회를 어떻게 보아야 하나

　석가모니부처님께서는 상업과 같은 영리를 남기는 직업을 긍정적으로 평가하셨습니다. 상인계층의 영리추구를 인정하신 것은 사회변화를 수용하면서 개인의 영리가 대중에게 회향될 수 있다고 보셨기 때문입니다. 그러나 영리추구에 있어서 대중에게 자리잡고 있는 탐심, 진심, 치심의 삼독심을 항상 경계하라고 가르치셨습니다. 인간 마음의 근저에 흐르는 남의 것을 탐내는 탐심, 화를 내는 진심, 어리석은 치심의 세 가지는 인간의 착한 마음을 죽이는 독이라 표현하셨습니다. 삼독심 가운데 탐욕은 가장 없애기 어려운 것으로 모든 사회악을 낳는 근본입니다. 미혹한 현상세계에 펼쳐지는 모든 고통은 자기 것으로 취하려는 탐욕에서부터 시작하는 것이라 보셨습니다. 이렇듯 탐욕은 채워지지 않았을 때 고통을 동반하며, 더우기 탐욕은 다음 탐욕으로 끊이지 않으므로 계속 중생의 마음을 어둡게 하는 것입니다. 탐욕을 버리지 않는 한 물질의 부유함을 떠나 고통과 불만은 없어지지 않습니다. 오늘날 우리의 경제생활은 물질적 풍요로움을 너무 누려 물질적 탐욕이 또 다른 탐욕을 낳아 대중의 정신마저 타락시키고 있습니다. 정도 이상의 물질적 탐욕은 물질의 풍요로움으로 끝나는 것이 아니라 남의 것도 과감히 취하려는 사악한 마음을 낳게 합니다. 우리 사회의 극심한 소득불균형도 그 원인을 깊이 성찰해보면 남의 도움으로 얻은 이윤을 환원하지 않고 고통과 무명만을 일삼는 탐심과 치심의 소치입니다. 역사적으로 어느 사회나 한쪽 계층의 일방적인 부의 점유는 항상 반대급부를 형성하여 투쟁과 갈등을 낳아왔습니다. 우리 사회가 투쟁과 갈등이란 아수라와 같은 혼란 속으로 들어가기 전에 탐욕의 퇴치를 위해 그 부를 이웃과 나누는 보시의 정신이 절대 필요하다 하겠습니다.

199. 오늘날에도 사회정의가 승리한다고 믿을 수 있을까

　사회정의의 승리를 판단하기 전에 사회정의에 대한 올바른 규정이 선행해야 합니다. 불교적 입장에서 사회의 정의란 불국토를 이룩하는 것입니다. 이 국토에 태어나는 모든 중생이 무애자재하고 대비원만한 마음을 지니면 바로 정토세계는 이룩되는 것입니다. 그러나 아무리 둘러보아도 우리 사회는 사바세계인 예토의 모습을 그대로 지니고 있어 불국토의 실현은 불가능해 보일지 모릅니다. 그러나 우리 곁에는 위대한 선각자이신 부처님께서 항상 함께 계십니다. 석가모니부처님께서는 룸비니동산에서 태어나서 쿠시나라에서 열반에 드신 것이 사실입니다. 그러나 그분의 가르침과 법은 영원히 살아움직이기에 대자대비한 그분의 위신력은 항상 빛을 발합니다. 현실이 아무리 혼탁하여도 부처님께서는 세간의 모든 고난받는 곳에 나타나서 성불상을 보이십니다. 그러므로 천백억의 화신은 중생을 교화하고 국토의 청정을 위해 광명으로 세계를 비추는 것입니다. 부처님께서 국토를 성스러운 지혜로 이끄시는 한 언젠가는 이 땅의 모든 갈등과 투쟁이 사라지고 사회의 정의가 실현될 날이 반드시 올 것입니다. 불자로서 우리는 부처님의 위신력을 믿고 가르침을 올바로 배우고 실천하는 길만이 정의사회 건설에 빠른 행보가 될 것입니다. 우리의 본성은 부처님의 불성과 지혜를 깨달을 수 있기에 미래의 셀 수 없을 만큼의 부처님의 출현은 가능한 것입니다. 작금의 현실을 바라볼 때 미혹한 세계가 펼쳐지면서 끊이지 않는 사회악을 낳고 있어 사회의 정의실현은 힘들게 보일지 모릅니다. 그러나 미혹할 세계일수록 부처님의 가르침은 더욱 빛나는 것입니다. 나부터 정법을 믿고 따르며 그 실천을 위해 노력한다면 사회정의의 실현은 먼 미래의 일이 아닙니다.

200. 스님들의 정치참여를 어떻게 보아야 하나

석가모니부처님 당시에는 교단내 불제자들의 정치참여가 금지되어 있었습니다. 그러나 불교의 교리 자체가 중생을 교화하고 원만한 사회의 정의실현과 번영을 추구하는 내용을 담고 있으므로 국민의 사회, 경제, 문화를 통치하는 정치가 종교적 성역과 완전히 분리되기는 힘듭니다. 특히 오늘날같이 정치가 사회의 곳곳에 영향을 주고 국민 개개인의 사고영역까지 그 세력을 미치는 상황에서는 더욱 그러하리라 생각됩니다. 마음을 닦는 것이 불교의 주요내용이나 마음에서 빚어낸 구조를 마음의 중심에서 해결하는 것도 불교의 주요내용입니다. 그러므로 중생을 제도하는 스님들이 중생들이 가져야 할 윤리적 태도와 더불어 가치관에 대해 언급하는 일은 당연하다고 볼 수 있습니다. 출가한 스님은 세속을 떠나 해탈을 목적으로 수행하는 것을 원칙으로 하나 불법수행의 회향은 중생을 올바른 세계로 이끄는 것인 만큼 세속사의 모든 일에 무관심할 수 없습니다. 중생교화는 중생이 속한 사회의 교화와도 연결됩니다. 그러므로 중생과 사회구제를 위한 정치적 발언과 참여는 사회악에 대한 근본적 치유책으로 제시되어야 할 것입니다. 요즘 정당이나 정치단체는 자신의 이데올로기나 집단이익에 눈이 어두워 정치가 과연 국민의 여론을 대변하고 역사의 진보적 입장을 담보해내는가 의심을 하게 합니다. 종교는 이들과 출발부터 다릅니다. 위대한 성인의 가르침이 있고 그 빛이 어디에서나 어느 때나 비추고 있습니다. 그러므로 스님들의 정치참여는 인간 존재의 영원한 자유와 평화를 위해 방편적으로 수행되어야 합니다. 특히 중생교화와 중생제도를 위한 정치참여는 부처님의 대기설법과 같이 그때그때의 중생상황에 맞는 정치적 지도가 요청된다 하겠습니다.

201. 정치지도자의 비리에 대해 불자들은 어떻게 대응해야 하나

　정치란 말 그대로 사회 전반을 모두 다스리는 것이므로 우리의 생활영역 어디에나 치세의 영향은 매우 큽니다. 핵심적 위치에 있는 정치지도자가 그 역할을 올바르게 해내지 않는다면 정치에 영향받는 국민 대다수가 혼란을 겪게 되는 것은 기정사실입니다. 우리나라와 같이 민주적 정치사가 짧은 나라에서는 정치철학이 형성이 안되어 과거 혼미를 거듭해온 것이 사실입니다. 특히 정치지도자는 정치를 주도해나가는 인물이므로 올바른 가치관에 입각하여 역사에 대한 바른 인식과 실천이 필요합니다. 그러나 국민의 의견을 무시하는 도덕성이 결여된 정치지도자는 불자로서 당연히 비판할 수 있습니다. 불교의례 중에는 자신의 잘못을 비판받고 또한 남의 잘못도 공정히 비판해주는 좋은 의례가 있습니다. 자자와 포살의식이 그것입니다. 자자의식은 율의 가르침을 지키고 그것을 깨뜨린 일이 없었는가를 서로 반성하고 참회하여 마음과 몸을 모두 결백하게 하는 행사를 말합니다. 포살의식은 계본을 읽으면서 죄과에 대한 고백과 참회를 하는 행사를 말합니다. 여기에서도 볼 수 있듯 올바른 인식과 판단에서 남의 잘못을 비판해주어 반성하고 사과하게끔 하는 일은 심신을 다스리는 합리적인 태도입니다. 자자와 포살의 의례로써 자신의 잘못 또한 객관적으로 대중 앞에서 비판받게 됩니다. 이러한 포살과 자자의 특징은 서로가 서로에게 도움을 주는 상호관계를 중시하고 절대 비난의 성격을 지니지 않는다는 것입니다. 그 성과 모두를 대중에게 돌리는 회향의 정신이 있기 때문입니다. 정치권의 문제도 불자로서 비난이 아니라 공정한 비판으로 대하면 오히려 올바른 비판은 서로의 신뢰를 구축하여 함께 질곡에서 벗어나는 길이 될 것입니다.☞제52항 참조

202. 전쟁에 대한 불교의 입장은 어떤 것인가

　부처님께서는 나와 너의 경계가 없는 사회, 계급과 계급의 차별이 없는 사회를 위해 국가와 국가가 실리로 반목하지 않는 불국토상을 보이셨습니다. 영원한 불국토건설을 위해 중생은 옳게 보고 판단하고 실천수행하라고 가르치셨습니다. 각자 세계의 잘못된 모든 현상을 진실된 눈으로 바라볼 때 나만의 경계는 사라지게 될 것입니다. 또한 모든 중생이 평등한 마음을 갖게 될 때 미륵불의 용화세계나 아촉불의 동방묘희국은 이땅에 그 모습을 드러낼 것입니다. 정토와 극락의 모습은 아주 먼곳에 있는 것이 아닙니다. 가까운 우리 사회의 중생이 보다 큰 평화를 바라보고 개인을 떠나고 지역사회와 국가사회를 떠나 세계동포주의를 이룬다면 이 땅이 바로 정토요 극락이 되는 것입니다. 《미륵성불경》에서는 '정토는 지극히 가까운데에서 작은 일로부터 완성되어간다'라는 구절이 있습니다. 이 말씀은 정토는 인간이 만들 수 있는 장엄상이라는 내용입니다. 그러나 전쟁은 인간의 마음을 정토에서 고통만으로 가득찬 사바로 전락시키는 파괴행위입니다. 특히 대량파괴와 살상은 인간의 존엄성 자체를 말살시키므로 엄청난 과보를 가져옵니다. 역사적으로 전쟁은 우위확보와 사상적 강요를 대동한 집단이기주의에서 비롯된 것이 대부분이었습니다. 정신의 피폐는 모든 악의 요소를 저항없이 받아들이게 합니다. 그러나 부처님께서는 근본악을 없애는 마음의 평화를 가르치셨고 전쟁을 피할 수 없는 상황에서도 화평을 구할 것을 강조하셨습니다. 물질을 원할 때 물질을 주어 평화를 유지하거나 방편적 힘의 우위를 확보하는 방법을 취해서라도 평화를 유지하라 하셨습니다. 모든 생명을 귀하게 여기신 부처님의 가르침은 투쟁관계에 있는 모든 국가들에게 교훈이 될 것입니다.

203. 환경보호에 대해 불교인은 어떻게 보아야 하나

우리가 사는 이 국토는 부처님께서 항상 법신을 나투셔서 중생을 교화하며 머무시는 세계입니다. 그러므로 우리가 가르침대로 이 국토를 장엄하고 깨끗이 가꾸면 정토의 모습은 현실로 다가오는 것입니다. 실제로 불국토의 장엄상은 정토삼부경을 비롯한 아미타신앙을 담은 여러 경전에서 매우 이상적으로 기술되어 있습니다. 《대품반야경》에서는 '사리불아, 너희 보살은 중생을 구제하라. 부처의 나라를 청정히 성취하라'라고 설하십니다. 이 내용은 불국토를 건설하기 위해서는 먼저 국토에 사는 중생을 정법으로 제도하고 국토에 속한 모든 산하대지를 청정히 하고 사랑하라는 뜻입니다. 결국 중생의 마음이 청정해지면 국토 자체는 자연히 청정해지는 것입니다. 현실적으로 생각해보아도 사람의 마음이 불심으로 가득하다면 자연의 질서를 무너뜨린다거나 훼손하지 않을 것입니다. 정토의 장엄상은 주변의 나무와 물과 새의 밝고 맑고 청정한 모습에서 시작되는 것입니다. 정토의 모양에 대해 《무량수경》에서는 '대지는 금·은·유리·산호·호박·마노의 칠보로 되어 아름답게 광명이 비치고 있고 대해와 호수, 크고작은 계곡은 평탄하고 칠보로 된 수목이 정연하게 무성하며 나무가지와 잎과 꽃과 열매는 칠보로 빛나고 있을 뿐만 아니라 시원한 바람이 칠보로 빛나는 나무들 사이에 불면 기묘한 음악을 연주한다'라고 표현하고 있습니다. 이처럼 불국토의 모든 장엄상은 인간 마음의 장엄상이면서 국토를 의지하는 모든 환경의 장엄상인 것입니다. 즉 인간과 자연환경은 서로 떨어진 관계가 아닌 것입니다. 그러므로 불자들은 마음을 청정히 하여 번뇌를 없애고 지혜를 일으키듯 주변환경을 소중히 여겨 세속적 환경을 정토의 장엄상으로 바꿔나가야 하겠습니다.

204. 불교의 최종목적인 열반은 현실생활에서 어떻게 가능한가

열반이란 원래 인도의 옛말 니르바나를 소리나는 대로 옮긴 말로, 번뇌의 불이 모두 꺼진 상태를 의미합니다. 그러나 한때 소승불교에서는 아라한을 성취해도 육신이 남아있는 한 번뇌의 불은 아직 남아 있다고 보았습니다. 그래서 완전한 열반을 성취하기 위해 목숨을 인위적으로 끊는 비화가 발생하기까지 하였습니다. 그러나 대승불교에 이르면 열반의 왜곡된 의미를 다시 회복하여 번뇌의 불을 다 없애고 깨달음의 지혜인 보리를 완성한 상·락·아·정의 네 가지 덕을 갖춘 것을 열반이라고 했습니다. 여기에서 상·락·아·정이란 영원하고 안락하며 주체적이고 청정함을 의미하는 것으로, 열반의 경지가 바로 그와 같음을 가리키는 것입니다. 또한 열반은 해탈과도 같은 의미로 쓰입니다. 해탈에는 혜해탈(慧解脫)과 심해탈(心解脫)이라는 두 가지 해탈이 있습니다. 혜해탈은 모든 존재에 실체가 본래 없는 것을 깨달아아는 것입니다. 심해탈은 삼매의 수행을 통해 번뇌를 멸하는 것입니다. 그리고 이와 같은 혜해탈과 심혜탈이 모두 갖추어졌을 때 열반은 실현되는 것입니다. 그러므로 열반이란 올바른 인식과 실천으로 연기법의 진리를 알아 일체의 고통과 불안을 벗어난 적정한 상태를 의미합니다. 연기법의 진리를 알아 미혹과 망집을 타파하고 옳은 것을 세워 실천하면 열반의 원만하고 위없는 진리의 세계가 드러나는 것입니다. 이때 중생에 대한 무한한 자비심이 열리게 되며, 고요하고 적정한 중도행은 이타행으로 이어집니다. 열반은 목숨이 다한 곳에, 사바세계에서 멀리 떨어진 곳에 있는 것이 아닙니다. 내 마음자리가 깨끗한 곳에, 나와 너의 경계가 없는 곳에 있으며, 가까운 이웃에 대한 보살행이 바로 열반을 현실생활에서 실현하는 것입니다. ☞제8항, 33항 참조

제14장
자랑스런 우리 불자

205. 종교를 바꾸면 집안에 우환이 든다는데

　부처님께서도 출가하시고나서 처음에는 여러 외도들의 가르침을 받았습니다. 그리고는 그들이 제시하는 가장 높은 경지까지 올라갔으나 그 가르침이 완전하지 못함을 아시고 그들을 떠나 홀로 보리수 아래에서 깊은 명상에 잠겨 있던 중 마침내 크나큰 깨달음을 성취하신 것입니다. 만일 부처님께서 외도가 일러주는 가르침에만 만족하셨다면 지금 우리가 부처님의 가르침을 듣고 배우는 일은 없을 것입니다. 우리의 신행활동 또한 이와 마찬가지입니다. 우리는 가장 훌륭하고 완전한 가르침에 귀의하여야 합니다. 종교를 바꾸면 집안에 우환이 든다고 하는 말은 불교에서 나온 말은 아니라고 봅니다. 합리적인 이성을 갖추지 않은 종교집단에서 자신들의 권익을 지키기 위하여 신도들에게 불안감을 줄 목적으로 그러한 말을 하였을 것입니다. 그러나 정작 우환은 잘못된 가르침을 받고 그 가르침에 맹신할 때 오는 것이지 올바른 믿음에 귀의할 때는 오히려 온갖 복덕이 더할 것입니다. 오늘날과 같은 현대사회에서도 비합리적이고 권위적인 종교가 판을 친다는 것은 아무래도 인간의 심성이 나약할 대로 나약해진 현실에 그 원인이 있다고 봅니다. 올바른 가치관과 주관이 결여되었을 때 여러 가지 걸리는 장애가 많아지는 것입니다. 결과적으로 자신이야말로 참된 불성을 갖춘 불자라는 사실을 망각하게 되고 삿된 말에 끄달리게 됩니다. 그러므로 불자는 모름지기 진리는 부처님이며 참으로 존재하는 것은 진리뿐이라는 사실을 확신하여 마음에서 일체 두려운 생각과 근심걱정을 몰아내야 합니다. 그리하여 종교를 바꾸면 집안에 우환이 든다는 식의 그릇된 사회적 통념에서 벗어나 언제나 활기차고 건강하며 끊임없는 창조로써 보람있는 인생을 개척해나가야 할 것입니다.

206. 가족들에게도 부처님의 가르침을 전하고 싶은데

　　부처님의 가르침을 받아들여 생활하는 가정은 참으로 복된 가정입니다. 온가족이 다함께 기도하며 다함께 불심을 낸다면 그 가정에는 언제나 화합과 기쁨과 경사가 넘칠 것입니다. 그러나 아직 부처님의 가르침을 받아들이지 않은 가정에서는 먼저 전법하려고 하는 당사자가 전법의 마음가짐을 갖추어야 합니다. 전법의 마음가짐이란 첫째로 온가족의 행복을 기원하고, 둘째로 나의 정성을 기울여 끊임없이 기도하며, 셋째로 부처님의 가르침을 꼭 전하고야말겠다는 원력을 세우는 것입니다. 이러한 전법의 자세를 갖추고나서 말보다는 행동으로 가족간의 화합에 힘쓰십시오. 그리하여 가족들의 마음에 불자의 생활방식을 느끼게 한 후에 가까운 사찰에 가족들과 함께 찾아가 자연스럽게 불교를 받아들이도록 하면서 부처님의 가르침에 대하여 거부감 없도록 이야기하면 될 것입니다. 가정에서 하는 전법은 결코 이론을 앞세워서는 안됩니다. 밝고 따뜻하며 성실한 행동으로 가족들에게 친절히 대하며 가족 모두가 불·보살님의 위신력을 받아 건강하고 행복하고 보람있는 뜻을 성취할 것을 끊임없이 기도한다면 부처님의 가르침을 받아들여 생활하는 가정이 이룩될 날은 멀지 않습니다. 전법은 말로만 하는 것이 아니라 일상생활 속의 마음가짐, 몸가짐 하나하나에 있습니다. 염불하고 감사하고 독경하는 불자의 기도는 소리없이 집안을 부처님 광명으로 채우게 합니다. 이러한 기도를 정해진 일과에 따라 끊임없이 해나간다면 설령 집안에 불교를 반대하는 사람이 있다고 하더라도 결국은 부처님 품안으로 돌아오고야말 것입니다. 이리하여 복된 가정, 부처님의 광명이 넘치는 밝은 가정, 항상 감사와 기쁨 속에 사는 가정을 바로 수행하고 기도하며 전법하는 불자가 이룩해가는 것입니다.

207. 이교도인 친구를 불교로 인도하고 싶은데

　부처님의 가르침을 따르라고 권하기 이전에 친구간의 우정을 더욱 도타웁게 하기 바랍니다. 그리고 부처님께 기도하기를 이교도인 친구가 언젠가는 불교에 귀의하여 행복하고 보람있는 삶을 살도록 기원하십시오. 대화를 하거나 같이 있을 때에는 항상 친구의 입장이 되어 생각하고 친구에게 도움이 되고자 노력하시기 바랍니다. 어떤 사람이 자신과 다른 종교를 권할 때에는 대개 그 종교보다는 사람을 먼저 보기 마련입니다. 결국 종교라고 하는 것도 인간관계로부터 비롯되는 것인 만큼 항상 따뜻하며 의젓하고 믿음직스러우며 성실한 태도로 친절히 대한다면 그 친구의 불교에 대한 견해는 긍정적으로 바뀔 것입니다. 이미 종교를 갖고 있는 친구에게 이론적으로 어떠한 종교는 다른 종교보다 좋다는 식의 설명은 설득력이 없습니다. 틀림없이 그 친구도 반박을 하게 되어 원치 않는 언쟁이 될 가능성도 있습니다. 그보다는 불교의 넓은 포용력을 발휘하여 그 친구와 함께 서로의 종교모임에 번갈아 참가하도록 해서 친구가 자연스럽게 불교와 인연이 닿도록 하십시오. 친구는 필경 불교로 귀의할 사람인 것을 깊이 믿고 꾸준히 기도하고 전법한다면 이교도인 친구가 불자로서 새롭게 태어날 때가 곧 올 것입니다. 설령 친구의 고집이 완고하여 불법을 받아들이기를 거부하고 전법에 대하여 반감을 갖는다면 친구에게 직접적인 전법행을 삼가더라도 기도만은 끊임없이 하여야 합니다. 한 사람의 불자를 만드는 일은 모든 창조행위 가운데 가장 숭고한 것입니다. 스스로의 신앙을 완성할 뿐만 아니라 바로 이 국토를 불국토로 바꾸는 거룩한 보살행이어서 전법을 일컬어 세상의 온갖 번뇌를 쉬게 하는 최상의 묘약이라고도 하고 있는 것입니다.

208. 포교하고 싶지만 잘못된 법을 전할까 두려운데

　불교의 경전은 흔히들 팔만사천법문이라고 합니다. 방대한 가르침 가운데는 무척 어려운 뜻도 모를 말씀이 있어서 불자는 배워도 배워도 한이 없음을 느끼게 됩니다. 그리하여 자신이 과연 불교를 올바로 알고 있는가 의문을 가질 때가 많습니다. 언제나 부족한 점을 느끼고 힘써 배우려고 하나 아직 성불의 길은 멀고도 험한 것같습니다. 그래서 만에 하나라도 내가 남에게 잘못된 법을 전하지나 않을까 하여 두려움을 갖는 것은 어찌 보면 당연합니다. 그러나 포교를 하겠다고 하는 불자의 마음에는 부처님의 가르침에 대한 깊은 믿음이 있습니다. 나와 남과 모두에게 밝은 가르침을 열어보이는 부처님에 대한 깊은 신뢰가 있습니다. 여기에서 옳게 이해하고 많이 안다는 것보다 더 중요한 믿음의 중요성이 드러납니다. 불자의 믿음은 부처님께서 정각을 이루셨으며 언제나 중생을 위하여 감로의 비를 내리신다는 사실을 확신하는 것입니다. 그리하여 우리 모두가 필경에는 성불할 사람이라는 사실도 알게 됩니다. 그렇다면 내가 남에게 잘못된 법을 전할까 하는 두려움은 부처님께서 우리를 밝은 길로 인도하신다는 엄연한 사실을 철저히 자각하지 못한데서 오는 것에 불과합니다. 믿음은 바로 깨달음에 상당합니다. 부처님께서는 나에게 지혜의 눈을 주시고 강철과도 같은 든든한 신념을 주십니다. 무엇보다도 굳은 믿음은 처음에 발심했을 때부터 보살행을 일으키어 부처님의 말씀을 전하여 이 세상 모든 사람이 불교에 귀의하도록 도움을 주고자 하는 것입니다. 흔들림 없고 변함없는 믿음으로 전법하는 일에 두려워하거나 주저하는 일이 없어야 하겠습니다. 자신감을 갖고 부처님 말씀인 경전에 근거하여 꾸준히 공부해나감과 아울러 열심히 법을 전하기 바랍니다.

209. 다른 사람에게 보시를 권하고 싶은데

우리 몸의 일부가 곪았을 때 우리는 모든 정성을 쏟아 그 아픈 부위를 치료합니다. 그 부위 때문에 다른 신체부분이 불편하게 되어도 이를 원망하지 않습니다. 이것은 바로 그 아픈 부분이 나의 몸이라는 의식이 있기 때문입니다. 그러나 다른 사람의 아픔과 고통에 대하여 우리는 비정할 정도로 무관심하기도 합니다. 본래 너와 나의 생명은 부처님의 동일생명이며 동일한 법계 안에 존재하는 오직 한 마음뿐이지만, 이 사실을 모를 때 너와 나의 차별이 있게 되고 이웃의 고통이 자신과는 전연 관계없는 듯이 외면하게 되는 것입니다. 보시란 이와 같은 모든 중생계가 오직 한 마음뿐인 것을 아는 것에서부터 출발합니다. 그래서 내 신체의 아픈 부위를 치료하듯 어렵고 고통받는 사람을 돕게 되는 것입니다. 다른 사람에게 보시를 권하고 싶을 때는 이와 같이 온우주가 동일생명이라는 사실을 일깨워 그로 하여금 한량없는 자비의 마음이 일어나도록 하면 됩니다. 타인을 돕는 보시행은 가르치거나 배워서 얻는 것이 아니라 마음속에서 자비심을 일으켰을 때 자연스럽게 나타나는 것입니다. 보시행을 실천하도록 하는 것은 설득이나 권장해서 되는 일이라기보다 마음속에서 자발적으로 일어나야 합니다. 그러므로 보시행을 권하고 싶은 사람에게는 이쪽에서 먼저 법보시를 하여 부처님의 가르침을 알게 하면 됩니다. 보시를 권할 때에는 보시하는 사람이 먼저 그를 지혜의 길로 인도하고 부처님 법문을 전해주어야 하는 것입니다. 그 점을 고려하지 아니하고 편의대로만 남을 돕자고 했을 때, 때로는 보시의 권고를 받는 측에서 부담을 가져 보시를 하더라도 참된 도움이 되지 않는 경우도 있게 됩니다. 자발적으로 보시행을 할 수 있도록 법보시와 함께 자연스럽게 권해보기 바랍니다.

210. 불교를 믿으면 지옥간다고 다른 종교에서 가르치던데

　대부분의 종교에서는 착한 일을 많이 한 사람은 죽어서 하늘나라에 태어나고 나쁜 일을 많이 한 사람은 지옥에 태어난다고 합니다. 그리고 하늘나라나 지옥에 한번 가게 되면 영원히 즐거움을 누리거나 고통을 받게 된다고 합니다. 그러나 불교에서는 현생에 지은 과보에 따라 극락에 나기도 하고 지옥에 나기도 하는데, 그 지은 업만큼의 과보를 받고난 뒤에는 다시 다른 세계에 태어나게 됩니다. 극락이나 지옥에 가더라도 영원한 것이 아니라 똑같은 윤회선상에 있는 것입니다. 그런데 그 지옥에는 오랜 옛적부터 지옥중생을 모두 성불시키기 전에는 결코 성불하지 않겠노라고 서원하신 지장보살님이 계십니다. 악행을 일삼는 중생이 아직 남아 있고 그 과보를 치뤄야 할 지옥이 남아 있는 한 지장보살의 서원과 보살행은 그칠 날이 없습니다. 지장보살뿐 아니라 우리 불자들도 지장보살의 원력을 따라 지옥중생을 모두 건지기로 서원해야 할 보살인 것입니다. 그러나 업보에 의해서 끌려가는 것이 아니라 지옥중생을 제도하기 위하여 가는 것이 다릅니다. 지옥에 가서 지옥중생을 남김없이 제도하여 부처님의 가르침으로 인도하였을 때 지옥세계가 사라지면 그때 보살의 원과 행이 다할 것입니다. 그리하여 모든 중생이 해탈을 얻게 되면 지옥도 극락도 존재하지 않게 됩니다. 하늘나라와 지옥을 엄연히 구분하는 종교에 따른다면 하늘나라에 태어난 사람이 만약 자신의 가족이나 친구 가운데 한 사람이라도 지옥에 떨어졌다는 사실을 알게 되었을 때 즐겁기만한 생활을 누릴 수는 없을 것입니다. 그보다는 지장보살의 원력으로 지옥중생이 남김없이 제도되어 더이상 고통받는 중생이 없도록 하는 불교의 가르침이야말로 영원하며 참된 즐거움의 천상세계로 이끄는 길입니다.

211. 딸의 배우자감이 타종교인인데 어떻게 해야 할지

다른 종교인 간의 혼인의 문제는 좀더 깊이 성찰해보면 두 집안의 생활문화나 가풍의 차이까지가 문제로 등장할 수 있습니다만, 그러한 가운데에서도 결혼하는 당사자 사이에 아무 문제가 되지 않는다면 딸의 배우자감이 타종교인이라고 해서 걱정하실 필요는 없습니다. 불교가 아닌 다른 종교인 경우에 그들의 종교 외에는 절대 인정하지 않는다는 태도를 보이는 경우가 많습니다만, 그러한 종교적 갈등에도 불구하고 두 남녀가 결혼하려 한다면 두 사람 사이에서 문제가 원만히 해결된 것으로 보아도 좋을 것입니다. 오히려 사위가 될 사람에게 전법할 수 있는 기회를 만나게 된 것을 아시고 불법에 귀의할 수 있도록 도와주시기 바랍니다. 원만한 성품을 가진 진정한 종교인이라면 종교문제로 서로 배척하는 태도보다는 서로가 이해하며 감싸는 입장을 갖게 됩니다. 종교의 우월성을 내보이는 일은 어느 종교인이 보다 더 자비한 마음과 포용력을 발휘하느냐에 달려 있습니다. 종교가 다르기에 서로 헐뜯고 비방한다면 스스로 자신의 종교가 형편없음을 드러내는 행위가 됩니다. 특히 불교의 입장에서는 마치 시냇물이 모여서 결국에는 바닷물이 되며 그 바닷물은 어디에서나 똑같은 한 맛이듯이 다른 종교의 가르침을 따르던 사람도 인연이 닿게 되면 마침내는 불법에 귀의하여 복된 삶을 누리게 됨을 가르치고 있습니다. 그러므로 딸의 배우자가 지금은 타종교인이라도 언젠가는 부처님께 귀의할 불자임을 확신하고 하루속히 행복한 불자가정을 이룩하길 기원하십시오. 기도와 염불의 힘, 그리고 평소 불자로서의 포용력과 자비심으로 대하는 다정한 몇 마디의 말이 씨앗이 되어 사위가 복된 불자가 되는 인연은 멀지 않은 장래에 현실로서 이루어질 것이 틀림없습니다.

212. 며느리가 분가한 후 타종교에 다니는데

며느리가 시부모와 함께 살 때에는 시댁의 종교를 따르다가 분가한 후에 원래 자신이 믿던 종교로 되돌아간다고 하는 것은 며느리 나름대로 집안의 화목을 지키기 위하여 노력했다고 볼 수 있습니다. 그렇다면 며느리와 불화하면서까지 불교에 귀의하도록 강요할 필요는 없으며 넓은 포용력으로 감싸서 며느리가 자신이 믿는 종교에서 마음의 평안을 얻고 종래에는 부처님의 가르침으로 돌아올 수 있도록 기원하기 바랍니다. 가끔 며느리와 함께 절에 가보거나 또는 며느리가 신앙하고 있는 종교의 사원에도 같이 가서 며느리가 스스로 불교에 되돌아올 수 있도록 도와주면 됩니다. 여기에서 억지로 불교로 돌아오기를 권한다면 오히려 나쁜 결과를 가져올 수 있습니다. 그런데 원래 신앙이 없던 사람이 시집와서 불교에 귀의했다가 분가한 후에 다른 인연을 만나서 그쪽으로 간 것이라면 집안의 화목을 위해서라도 불교에 돌아오도록 권유하기 바랍니다. 혹시 며느리가 일부러 다른 종교를 택한데에는 시어머니에 대한 감정적인 반발이 있지 않았는지 생각해보고 며느리가 성숙한 성인으로서 사소한 감정의 응어리를 버리고 부처님의 가르침에 밝게 돌아올 수 있도록 보살펴주기 바랍니다. 분가한 가정의 행복을 위하여 며느리와 함께 기간을 정해서 기도를 하는 것도 매우 효과적인 방법일 것입니다. 그러나 먼저 다른 종교를 믿다가 그 종교로 복귀하였든 분가해서 새롭게 다른 종교를 선택하였든 종교문제에 대하여 너무 심하게 추궁할 필요는 없습니다. 종교를 선택하는 것은 개인의 고유한 권리인 점을 인정하고 좋은 가르침에 귀의할 수 있도록 도움을 주며 행복한 불자가정이 될 수 있도록 기원하여 어디까지나 자신의 의지에 따라 부처님의 가르침에 귀의하도록 하는 것이 좋겠습니다.

213. 기독교 가정에서 종교문제로 가족들과 갈등을 겪고 있는데

가족의 구성원들이 모두 기독교인인데 혼자서만 불교를 신앙하고 있다면 가족들로부터 심한 정신적 갈등을 겪게 되는 것은 흔히 있을 수 있는 일입니다. 많은 가정에서 종교적인 문제로 인하여 대립 반목하는 경우가 종종 발생하는 것은 그들이 종교의 본질적인 부분에 대하여 잘 모르기 때문입니다. 고등종교의 경우에 그 종교윤리로서 선을 행하고 악을 금하는 것은 공통적인 사항입니다. 그러한 윤리관을 갖고 있음에도 불구하고 배타적인 태도가 그 종교의 교리에 명시되어 있는 경우에 선악이라는 사려분별이 확대적용되어 다른 종교는 악이라고 정의하는 오류를 발생시키고 있는 것이 작금의 현실입니다. 종교지도자의 무분별한 가르침이 낳게 되는 이러한 배타적인 태도는 신앙인들의 이성적인 판단을 흐리게 하고 급기야는 가정에서 두 가지 종교가 양립할 수 없는 상황으로까지 몰고 갑니다. 종교가 평화와 사랑을 추구하기는 커녕 투쟁과 갈등을 불러일으키는 원인이 되어 가족들의 마음에 어두운 그림자를 만들어놓게 됩니다. 사랑과 화합을 창조해야 할 종교라면 독선적인 입장은 재고되어야 합니다. 투쟁과 갈등을 일으키는 종교라면 종교로서의 가치를 재평가받아야 합니다. 그러나 유일신 신앙을 갖고 있는 사람에게는 어떠한 논리적 설명도 소용이 없습니다. 이럴 때에는 불교의 화합정신을 발휘해서 절대 직접적인 대립을 피하기 바랍니다. 함께 대화하는 가운데 '원수도 사랑해야 할' 종교의 본질이 평화에 있음을 주지시키고 가정간의 화목에 서로 노력하는 방향으로 나아가야 할 것입니다. 다른 가족보다 더 열심히 기도하고 가정생활에서나 직장생활에서나 더욱 열심히 한다면 언젠가는 가족들도 종교 때문에 한가족끼리 대립하는 어리석은 행동을 하지 않을 것입니다.

214. 천주교에 다니던 분인데 절에서 천도재를 지내도 되는지

　중생은 그가 어떠한 종교를 믿든 또는 종교가 없든 간에 모두가 미혹의 결과로 인하여 생사의 수레바퀴를 돌게 됩니다. 그가 미혹함을 그대로 지니고 있다면 몸을 벗어 영이 되어도 마찬가지입니다. 언제나 방황하게 되고 공포와 고난에 시달리게 됩니다. 천도재는 이러한 영을 위하여 지내게 되는데, 불교는 종교의 다름을 따지지 않고 중생을 위하여 그 고통을 없애주고 어리석음을 깨우치며 밝은 길로 인도합니다. 그러므로 천주교에 다니던 분이든 기타 다른 종교의 신앙을 가진 분이든 상관없이 모두 천도가 됩니다. 이는 마치 병들어 있는 사람이 종교가 다르다고 해도 의사가 모두 치료를 하는 것과 마찬가지입니다. 길잃은 사람을 인도하는 불자는 그 사람이 누구든지 상관없이 불·보살님의 대자비 위신력을 빌어서 안정을 얻게 하고 온갖 공덕을 닦아서 그 영의 복을 지어주며 선지식의 인도를 받아서 망념을 쉬고 밝은 빛을 만나도록 해주어야 합니다. 다만 인도하는 사람을 믿지 않는 사람이라면 천도하는데 어려움은 있으나 대개는 육신의 몸을 갖고 있었을 때보다 식이 맑아서 사리판단을 분명히 하므로 그 천도를 받아들이게 될 것입니다. 천도 공양을 받은 결과 불안과 고통이 쉬고 안정된 생을 받거나 인연있는 곳에 태어나게 되면 그야말로 보람된 일이 될 것입니다. 그럴 때에는 천도 공양을 받은 공덕으로 내생에는 불자로서 참답게 수행할 인연을 만날 것입니다. 그러므로 우리가 천도재를 지내어 염불독경하고 공경심과 자비심과 깨달음의 밝은 마음을 그를 위하여 바친다면 그의 종교에 상관없이 바로 감응이 있게 되며 또한 자비심과 공경심으로 천도재를 지내준 공덕을 닦은 사람은 현세와 내세에서 복을 받게 됩니다.

215. 큰집에 제사를 지내러 가면 기독교식으로 해야 하는데

　제사를 기독교식으로 한다는 말은 기독교식 추모기도에다 유교식의 제사법을 일부 받아들인 것이 될 것입니다. 순수한 기독교식의 제사가 아니며 기독교에서 우리의 전통문화를 일부 흡수한 형태로 보시면 될 것입니다. 큰집에서 이렇게 기독교식으로 제사를 지낸다면 일단은 따를 수밖에 없습니다. 기독교식이 옳지 않다고 하여 따로 불교식으로 제사를 지낸다고 하는 것은 합당하지 않습니다. 제사라고 하는 것은 고인을 기리는 것뿐 아니라 살아있는 후손이 한 자리에 모인다는 의미도 있기에 더욱 그러합니다. 제사를 통하여 한 집안임을 확인하며 서로의 우애를 두텁게 하기 위한 자리에서 종교 문제로 화합하지 않는 것은 후손된 도리로 옳지 않습니다. 기독교식으로라도 제사를 지내며 다른 가족들에게 전법하여 불교를 받아들이도록 꾸준히 노력해야 하겠습니다. 기독교식의 제사는 고인에게 그 공덕이 잘 회향되지 않기에 그 영혼이 떠돌다가 망령이 되는 경우도 있으니 이 점을 납득시킨다면 불교식 천도의식으로 바꿀 수 있을 것입니다만, 일반적으로 기독교 집안에서 받아들이기 어려울 것입니다. 그보다는 큰집의 제사에는 꾸준히 참가하면서 불자의 가정에서 제사가 아니라도 고인을 위해 염불과 독경을 하십시오. 고인의 영혼이 제사를 통해 천도를 받지는 못하더라도 후손의 꾸준한 염불과 독경의 힘으로 극락왕생하며 좋은 인연을 만나 수승한 곳에 다시 태어나는 복덕을 얻게 됩니다. 그러나 무엇보다도 좋은 것은 큰집을 비롯한 모든 후손들이 부처님께 귀의하고 제사의식을 불교식으로 바꾸는 것입니다. 불자는 하루속히 모두가 원만하고 행복한 불자가정이 이룩되기를 발원하고 끊임없이 이를 위하여 기도하여야 하겠습니다.

216. 이교도의 적극적인 전도를 받을 때 어떻게 대처해야 하나

 스스로의 수행이 모자라고 신심이 굳건하지 않을 경우 이교도로부터 적극적인 전도를 받게 되면 솔깃하여 마음이 흔들리기 쉽습니다. 특히 그 종교가 내세에 대하여 단순할 정도의 인과론을 주장하거나 말세를 이야기할 때는 듣는 이의 마음에 두려움과 불안이 앞서게 됩니다. 그리하여 과연 내가 믿고 있는 종교가 진실된 것인가 의심이 가는 것은 사람이라면 누구나 가질 수 있는 생각입니다. 이럴 때에는 적극적인 전도를 하는 이교도와 그의 종교에 대하여 냉철한 이성을 갖고 비판할 줄 알아야 하겠습니다. 신이라는 것이 있고 없음을 떠나서 일상생활에서나 모든 사리판단에서 합리성이 결여되었을 경우 참다운 종교인이라고 할 수 없습니다. 오히려 신앙에 대하여 맹목적인 광신자가 아닌지 따져볼 필요가 있습니다. 그리고 그 사람을 그렇게 몰고가는 종교의 가르침이 과연 온당한 것인가도 생각해보아야 합니다. 종교란 우리의 생활과 합리적으로 조화를 이룰 때 종교로서의 가치를 갖고 있는 것이지 생활과 사회적인 도덕 규범을 무시한 종교우월주의는 언제나 억지와 위선이 가득찬 종교인을 만들어낼 수 있습니다. 인간의 보다 나은 생활과 행복을 위하여 종교가 존재하는 것이지 종교를 위하여 또는 종교의 교조를 위하여 인간이 존재하는 것은 아닙니다. 왜냐하면 종교는 인간이 만들었기 때문입니다. 그러므로 종교는 영원한 생명에 뿌리하고 진정한 지혜의 삶을 키우는 높고 깊은 진리의 종교이어야 합니다. 이교도의 전도를 받을 때는 오히려 자신과 이웃을 진리로 바꾸고 국토에 진리를 실행할 수 있는 길인 부처님의 가르침을 전해서 우리 자신이야말로 진리이며 무한자이며 절대자며 부처님이라는 사실을 알려주기 바랍니다.

217. 타종교의 말세론에 대해 어떻게 받아들여야 하나

 타종교의 말세론에 앞서 불교에서 전하는 말법사상을 알아보면 다음과 같습니다. 부처님께서 열반하신 뒤 세월이 흘러감에 따라 부처님의 가르침을 법답게 수행하기 어렵게 된다는 역사관에 근거하여 세상을 정법시대, 상법시대, 말법시대로 나누고 말법시대가 끝나면 부처님의 법을 만나기 힘들다고 하는 것이 불교의 말법사상입니다. 즉 부처님의 교법과 그 실천수행과 교법의 증득이 모두 갖추어진 시대를 정법시대라 하고, 교설과 수행만이 있는 시대를 상법시대라 하며, 교설만이 있는 시대를 말법시대라 하고 있습니다. 대개는 정법 오백년, 상법 일천년, 말법 일만년을 말합니다. 그렇다고 하면 부처님께서 입멸하신지 천오백년이 훨씬 지났으므로 현재는 말법시대에 해당합니다. 그래서 사방에서 말법시대라고 하는데 다른 종교에서는 말법과 더불어 인류의 멸망과 구세사상 등을 설하여 중생을 미혹시키기도 합니다. 그렇지만 부처님께서 일찌기 방편으로 열반을 보이셨을 뿐 열반하신 것이 아니며 부처님의 법이 숨은 적이 없다는 사실을 볼 때 현재를 말법시대로 보는 것은 범부들이 현상에 집착한 잘못된 견해입니다. 원래 정법은 영원하다 할 것이며 우리들은 영원한 정법을 믿고 수행하기를 한결같이 해나갈 때 그와 같은 수행은 정법, 상법, 말법의 집착된 견해를 뛰어넘어 언제나 정법 가운데에서 여실히 수행하는 불자가 되는 것입니다. 이렇게 볼 때 타종교의 말세론은 어리석은 중생들을 공포와 불안으로 몰아넣어 자기 종파의 이익만을 추구하려는 수단으로밖에 볼 수 없습니다. 절대로 근거조차 없는 말세론에 빠지지 말고 아직 그 속에서 헤매고 있는 사람이 있다면 부처님의 자비하신 가르침이 언제나 빛나고 있는 정법시대임을 일러주기 바랍니다.

220. 무당이 부처님을 모시는 절에 다니고 있는데

　기복신앙을 거부하는 현대인들은 사주나 점을 치는 무당의 행위 등을 미혹한 행위로 보고 이러한 행위를 하는 절이나 무당집은 삿된 곳이므로 가지 말아야 한다고 하며 올바른 부처님의 말씀에서 벗어난 것이라 하여 배척합니다. 그러나 이를 거부하고 부정만 할 것은 아니라고 봅니다. 종교민속학적 견지에서 본다면 불교는 이 땅에 들어와서 널리 전파되기 위하여 이 땅의 토속신앙과 결합을 했습니다. 무당집에 부처님을 모시는 것도 불교가 이 땅에 토착화된 예이며 사찰에 산신각이 있는 것도 불교가 민속신앙을 포용한 하나의 예입니다. 불교를 전하기 위한 방편으로 대중들에게 이미 친근감을 지니고 있던 신앙과 결합을 했던 것입니다. 그리하여 민속신앙을 가진 사람들이 자신도 모르게 불교의 교리를 생활 속에 받아들이게 되어 유구한 역사 속에서 불교는 민족사상의 뿌리로 자리잡아왔습니다. 그렇게 된데는 다른 신앙과 사상을 배척하지 않고 널리 포용하여 불교 안에 존립하도록 한 불교포교자의 역할이 컸던 것입니다. 이렇게 볼 때 무당이 부처님을 모시는 절이라고 하여 거부하기보다는 차라리 그러한 행위를 자신도 모르게 하고 있는 무당에게 부처님의 올바른 가르침을 전하여주는 것이 바람직합니다. 무당이 있는 절에 다니던 신자의 입장에서는 어려울지 몰라도 참된 가르침을 받아들이고 전하는데는 신분의 차별이 있을 수 없습니다. 신념을 가지고 무당으로 하여금 진실한 불법에 귀의할 수 있도록 도움을 주기 바랍니다. 더불어 스스로도 참되지 않은 가르침을 떠나 바른 가르침으로 돌아와야 할 것입니다. 부처님께서 말씀하시기를 부처님의 가르침은 뗏목과 같아 알고난 다음에는 버려야 한다고 하셨습니다만, 불법 아닌 것에 있어서야 말할 나위도 없습니다. ☞제66항 참조

221. 사주나 점, 궁합, 택일 등을 어떻게 보아야 하나

사주와 점, 궁합, 택일 등은 모두 우리 생활에서 화를 피하고 복을 바라는 심정에서 보게 됩니다. 앞날의 자기 인생이 어떻게 되어갈까 하는 불안감에서 사주나 점을 보게 되고, 결혼할 배우자와 과연 행복할까 하는 불안감에서 역시 궁합을 보며, 이사갈 날짜 등에 액운이 끼면 어쩌나 하는 불안감에서 택일 등을 하는 것입니다. 어찌보면 이는 인간의 나약한 심성을 그대로 표출하는 행위라 할 것이며 나름대로의 인생을 창조적으로 개척해나간다고 하는 입장에서 보면 아주 어리석은 행동이 됩니다. 스스로 판단하는 능력이나 고난을 물리치려고 하는 의지는 사주나 점 등을 보려고 할 때에 사라지고, 그 대신 알지도 못하는 어느 미혹한 점술가의 견해가 자신의 인생행로에 결정적 영향을 미치게 됩니다. 점점 점술가의 판단이 자신의 판단이 되어버리고 어느새 자신은 아무 것도 스스로 할 수 없는 무력한 인간이 되어 있는 것을 보게 됩니다. 조그마한 불안감에서 복을 바라며 점을 보던 일이 오히려 화를 자초하여 이제는 돌이킬 수 없도록 자신의 능력을 앗아가버렸기에 진리를 모르는 범부들의 인생은 번뇌가 쉬지 아니하며 고통과 불안이 끊일 사이 없어 순간 순간이 두려움이며 죽음을 향한 진행뿐입니다. 무릇 인생이란 스스로 창조하고 개척해나가는데 의의가 있습니다. 이 우주의 주인이 바로 나이며 일체의 현상은 모두 내 마음의 그림자라는 사실을 안다면 내 마음을 다른 이에게 내어주는 어리석은 일은 더이상 하지 않아야 합니다. 이제 신앙을 굳게 가진 불자는 바로 나 자신이 참된 부처님의 진리를 따라 스스로가 운명을 창조적으로 개척하는 주인공이라는 신념을 갖는다면 사주나 점, 궁합, 택일 등을 따로 시간과 금전을 소비하면서까지 볼 필요는 전혀 없을 것입니다.

222. 본인의 의지와 관계없이 신병을 앓고 있는데

어떠한 고난을 당하였을 때라도 먼저 원인을 밖에서 찾지 말고 자신을 향하여 살펴보기 바랍니다. 지금 받고 있는 과보는 반드시 현재나 과거에 지은 업보의 영향입니다. 신병을 앓고 있을 때에는 과거에 누군가를 미워하고 대립하고 원망하고 성을 내고 슬퍼하는 등 무엇인가 잘못된 까닭이 있기 때문입니다. 그리하여 현재의 과보가 과거의 업을 청산하는 계기가 되므로 나타났다가는 다시 사라지게 마련입니다. 그러나 오랫동안 신병이 계속된다면 조상 가운데에 잘못된 분이 계시지 않았나 생각해볼 문제입니다. 이런 분을 위하여 조상천도를 권해드립니다. 조상 가운데 안정을 얻지 못한 망령이 있을 때 자손에게 영향이 올 때가 있습니다. 조상만이 아니더라도 가까운 친족 가운데서 안정을 얻지 못하여 고통 속에 있는 망령이 있어 인연있는 가족 주변을 떠나지 못할 때 살아있는 가족에게 병고 등 장애가 생기는 수가 있다고 합니다. 이럴 때는 망령을 위하여 천도재를 지내면서 평소에 수행을 열심히 하기 바랍니다. 수행은 염불입니다. 힘들여서 염불해야 합니다. 힘들여 일심으로 염불하는 사람은 염불의 힘을 얻게 됩니다. 염불의 힘이란 바로 법의 힘이며 참마음의 힘이며 흔들리지 않는 신념의 힘입니다. 염불하는 가운데 이 힘이 성장합니다. 그래서 어떤 어려운 일을 만나도 능히 헤쳐나가는 밝은 마음을 갖게 됩니다. 밝은 마음과 아울러 염불의 힘이 조화를 이룰 때 원인을 알 수 없는 신병이라는 과보는 소멸되게 마련입니다. 이렇게 염불의 힘으로 마음의 안정을 얻고 독경하고 발원하여 모든 조상이나 인연있는 망령들에게 회향할 때 그와 같은 망령들은 부처님의 자비위신력에 힘입어 밝은 생을 얻어가게 되고 따라서 신병은 자연히 치유가 될 것입니다.

223. 풍수지리에 대해 어떻게 보아야 하나

　우리나라의 지형은 어느 곳이나 산과 내와 들판이 있습니다. 특히 산이 많은데 같은 산이라도 북쪽면에는 해가 비치는 시간이 적고 기온도 낮으므로 남쪽면에 비하여 밭작물 등의 수확이 적은 것이 사실입니다. 그리고 농경사회였을 때는 물이 생활에 필수적인 요소였습니다. 사방이 절벽으로 둘러싸인 갑갑한 곳이나 땅의 양쪽에 내가 있어서 언제나 습기찬 곳을 좋은 곳이라고 할 수는 없겠지요. 말하자면 사람이 거주하기 좋은 곳을 찾는 선조들의 노력이 풍수지리라고 하는 전통신앙을 만들어왔습니다. 일종의 생활과학인 셈입니다. 좋은 환경이 마련되는 곳에서 자연히 지역사회의 발전이 이루어지기 마련입니다. 이는 마치 까치가 자신에게 알맞은 높은 나무에 둥우리를 틀고, 물고기가 스스로 살기 알맞은 물을 찾아 움직이는 것과 같습니다. 사람이 생활하기 좋은 곳이 바로 풍수지리에서 말하는 명당자리가 될 것입니다. 이것을 미신으로 돌리기보다는 선조들의 지혜를 십분 활용하는 것도 좋은 일입니다. 그러나 부처님의 가르침대로라면 이 우주 어디에도 부처님의 감로비가 내리지 않는 곳이 없으며 불국토 아닌 땅이 없습니다. 특히 오늘날과 같이 사람은 많고 땅은 좁은데 저마다 좋은 자리를 차지하려고 한다면 비록 남과 다투어서 명당을 확보한다 해도 이미 남과 다툰 잘못을 범한 자에게는 어느 곳도 명당이 되지 못합니다. 참된 좋은 자리는 이웃과 화합하며 자신과 이웃의 모든 가정이 함께 부처님 가르침을 믿고 따르는 불자가정이 많이 모인 곳일 것입니다. 그렇다면 굳이 좋은 자리를 찾기 위해 동분서주할 것이 아니라 바로 지금 살고 있는 곳을 불국토로 가꾸어나가는 보살행을 하는 것이야말로 이 시대에 요청되는 불·보살의 풍수지리라 할 것입니다.

224. 부적은 인간의 운명을 바꿀 수 있는 것인가

　인간의 마음이라고 하는 것은 온갖 변화를 만들어내는 조물주로서, 그 생각 여하에 따라서 세상만사가 천 가지 만 가지로 변화해갑니다. 좋은 생각을 지으면 좋은 방향으로 나아가게 되며 나쁜 생각을 지으면 역시 나쁜 방향으로 환경이 바뀌어갑니다. 부처님께서는 열반에 드시면서 자기 자신에 의지하고 법에 의지하라고 분명히 말씀하셨습니다. 우리의 마음이 바로 우리의 주인이고 모든 변화하는 환경의 개척자인 것입니다. 그렇다면 우리의 마음을 법다웁게 바로 쓸 때에 밝은 환경의 건설이 가능한 것이지 삿된 행위나 말에 마음이 끄달린다면 그 삿된 언행에 지배받는 피동적인 삶이 되풀이될 것입니다. 부적이 인간의 운명을 바꿀 수 있느냐 하는 문제는 바로 이와 같이 우리의 마음이 환경을 창조하느냐, 환경에 지배받느냐 하는 문제에 직결됩니다. 부적이 자신의 마음보다 더 위대하고 신령하다고 믿는 분이라면 틀림없이 그 부적에 의해서 자신의 운명이 변화될 것입니다. 언제나 부적에 매달려 더욱 신통한 부적을 구하기 위해 노력할 것이고 그러는 가운데 자신의 환경을 능동적으로 개척할 힘을 잃어버려 마침내는 부적의 노예가 되어 사는 삶으로 자신의 운명이 바뀌는 것을 알게 될 것입니다. 세상 모든 일은 오직 마음에서 지어낸다 하였습니다. 부적의 힘을 믿는다면 부적의 영향을 스스로 지어 자신의 운명을 바꿀 것이고, 부적 따위는 아무 것도 아니고 오직 내 마음이 우주만물의 주인이라고 확신한다면 그에게는 어떠한 장애나 고난도 다 물리칠 수 있는 능력이 생겨 능동적으로 운명을 개척해나갈 것입니다. 어딘가에 의지하고 싶은 나약한 심성을 버리고 오직 존재하는 것은 내 마음의 불성임을 깊이 확신한다면 부적으로 인하여 운명이 바뀐다는 일은 결코 있을 수 없습니다.

제15장

성스러운 가르침

225. 불교의 경전은 어떻게 성립되었나

불교의 경전은 부처님께서 45년간 당신이 깨달으신 진리를 중생들에게 설법한 내용을 기록한 성전입니다. 오늘날 우리가 접하는 경전은 대부분 한문으로 번역된 것이거나 한역경전을 한글로 번역한 것입니다. 그러나 원래는 인도의 고대 언어인 산스크리트어 즉, 범어나 지방방언인 팔리어 등으로 기록되었다가 불교의 확산과 함께 각 나라 언어로 번역되었습니다. 그래서 한자문화권인 우리나라에서는 한문경전을 사용하게 된 것입니다. 경전이 처음 만들어진 것은 부처님께서 열반하신 직후였습니다. 그때까지만 해도 경전이라는 형식이 없었는데, 그것은 부처님 스스로 당신 자신이 가르친 내용을 기록 또는 어떤 방법으로도 보관하거나 명문화시키려고 하지 않았기 때문입니다. 그래서 불교의 교의는 그 가르침을 들은 제자나 신도들의 기억에 의하여 정리되고 전달되어왔을 따름이었습니다. 그러다가 부처님이 돌아가시자 각자가 기억하고 있던 내용과 그것에 대한 견해를 통합시켜야 할 필요성이 대두되었습니다. 왜냐하면 부처님의 말씀을 제멋대로 해석하려는 무리들이 나타났기 때문입니다. 이리하여 제자들 중에서 최고제자인 마하가섭을 중심으로 계율을 가장 잘 지켰다고 하는 우바리존자가 계율 하나하나의 항목을 외우고 설법을 제일 많이 들은 아난존자가 교리 부분을 암송하여 모임에 참석한 오백 비구 전원의 승인을 받아 공식적으로 확정지었습니다. 이것을 제1결집이라고 하는데, 이후에도 여러 차례의 경전편찬회의가 더 있었습니다. 이와 같이 공인된 설법내용들은 암송에 의해 전해져오다가 기원전 1세기경부터 문자로 정착되고, 이것이 중국, 티벳, 실론, 동남아 등지로 퍼져나가 그곳의 언어로 번역되어 오늘날에 이르고 있는 것입니다. ☞제45항 참조

226. 경·율·논의 삼장은 무엇이며 어떻게 다른가

일반적으로 불교경전이라 하면 보통 삼장(三藏)을 일컫고 있습니다. 그러나 엄격하게 구별해보면 경전은 삼장을 이루는 한 부분입니다. 삼장이란 첫째 제1결집 때 아난존자가 암기해낸 부처님의 가르침 즉, 교리를 내용으로 하는 경장(經藏), 둘째 우바리존자가 구술한 출가자의 계율과 승단의 규율 등이 담긴 율장(律藏), 셋째 경장에 대한 해석과 연구를 체계화한 논장(論藏)의 세 가지를 가리킵니다. 다시 말하면 경장과 율장은 부처님께서 돌아가신 직후에 제자들이 모여 편찬한 부처님께서 생전에 직접 말씀하신 가르침과 불도수행의 규범을 말합니다. 그리고 사회가 변화발전함에 따라 교단 내에 여러 부파가 생겨 전승되어오던 법과 율에 대해 제나름의 해석을 하게 되었는데, 각각의 입장에서 올바른 이해를 위한 주석서가 등장하였습니다. 이들을 묶어서 논장(論藏)이라고 합니다. 이 세 가지를 좁은 의미에서의 삼장이라고 할 수 있는데, 오늘날 원문으로 남아있는 가장 완전한 형태는 팔리어 삼장뿐입니다. 현재 스리랑카, 태국 등 동남아시아 국가들에서 불교의 성전으로서 전승되고 있습니다. 한편 티벳, 중국, 우리나라, 일본 등 대승불교를 신봉하는 지역에서는 삼장의 의미를 좀더 넓게 보고 있습니다. 이들 나라에서는 석가모니부처님 당시의 가장 원초적 경전인 《아함경》의 근본취지는 모든 중생이 불도를 함께 성취하여야 하는 것이라고 생각합니다. 그래서 이런 취지가 강한 대승경전을 경장 가운데 최고로 취급합니다. 왜냐하면 그 내용이 부처님이 직접 말씀하신 가르침을 좀더 발전적으로 선양하고 있기 때문에 경장으로서의 권위를 갖는 것입니다. 그리고 논장에는 인도 고유의 것뿐만 아니라 중국이나 우리나라 등의 고승들이 쓴 논소(論疏)들이 많이 포함되어 있습니다.

227. 대장경이란 무엇이며 어떤 것들이 있나

　대장경은 불교의 경전과 논서를 모은 총서로서, 경·율·논의 삼장을 한꺼번에 모아 정리한 것입니다. 그래서 중경(衆經) 또는 일체경(一切經)이라고도 합니다. 현재 우리가 볼 수 있는 대장경은 세 가지 부류가 있습니다. 첫째, 팔리어 삼장은 스리랑카 및 동남아시아 각국에서 근본성전으로 받들어지고 있습니다. 팔리어 삼장은 한역이나 티벳어역의 10분의 1 정도밖에 안되는 분량이지만 삼장을 가장 오래된 형태로 보존하고 있으며, 그중에서도 특히 《법구경》이나 《숫타니파타》《자타카》 등은 우리에게도 잘 알려져 있습니다. 둘째, 티벳대장경은 인도에서 불교가 쇠퇴하면서 많은 경전이 티벳으로 옮겨졌고, 특히 인도 후기불교의 문헌들이 많이 포함되어 있어서 그 가치가 높이 평가되고 있습니다. 7세기 무렵 티벳의 왕이 인도로부터 불교를 받아들이기 위해 파견했던 학자들이 귀국하여 불교전수를 위한 티벳 고유의 문자가 필요함을 인식하고 인도문자를 모방하여 티벳문자를 만들고, 또 문법을 제정한 뒤에 역경을 시작했습니다. 그러므로 인도 범어로 된 원전을 매우 충실하게 따르고 있으며 경전의 규모도 한역대장경과 거의 비슷합니다. 셋째, 한역대장경은 우리에게 가장 친숙한 것으로서 고려대장경도 여기에 포함됩니다. 고려대장경과 거의 같은 내용을 담고 있는 중국의 대장경은 10세기 후반 송나라 때 모든 경전을 망라하여 만들어낸 것이 그 시초입니다. 본래 중국의 역경작업은 1세기부터 시작되어 천여 년간 꾸준히 이루어졌는데 이후로도 중국, 우리나라, 일본에서 여러 차례에 걸쳐 대장경이 만들어졌습니다. 그러므로 대장경은 부처님의 팔만사천 법문을 총망라한 경전들의 총서로서, 모든 대·소승 경전을 모아놓은 것을 말하는 것입니다.

228. 위경이란 어떤 것이며 어떻게 성립되었나

부처님의 이름을 빌어 위조된 경전을 위경(僞經) 또는 의경(疑經)이라고 합니다. 다시 말하면 인도에서 전래되어 번역된 것들을 모두 진경(眞經)이라 하고 중국이나 우리나라, 일본에서 새로 제작된 경은 위경이라 하는 것입니다. 결국 진경과 위경을 가리는 기준은 원전이 인도에서 제작되었고 그 원전의 언어가 고대 인도의 언어인가 아닌가에 달려 있습니다. 중국에는 매우 많은 양의 위경이 있었던 것으로 알려지고 있습니다. 불교가 중국에 유입되면서 기존의 사회사상이나 관습 등이 불교사상과 접합하여 부처님 말씀이라고 하여 크게 유통되었던 것입니다. 특히 수나라와 당나라 시대는 위경의 전성기였습니다. 그러나 그 권위를 인정받지 못함으로써 극히 일부를 제외하고는 대부분이 대장경에서 모습을 감추고 그 이름만이 남아 있습니다. 위경은 어려운 불교교리를 일반대중에 맞도록 평이하게 설명하여 신앙심을 고취하거나 도교나 민간신앙의 영향을 받아 현세의 복락에 중점을 두기도 하며 통치자와 승려의 비행을 바로잡아 나라를 지키려는 의도 등으로 만들어진 것이 대부분입니다. 그러므로 위경이라 하여 무조건 배척하는 것은 잘못입니다. 또한 대승불교의 경전들에 대해서도 부처님의 가르침이 아니라는 주장이 있습니다. 이것은 인도에서 대승불교가 성립할 때부터 있었던 논란인데, 《아함경》만을 부처님의 가르침으로 인정하려는 의도에서 비롯되었습니다. 그러나 대승경전이든 위경이든 석가모니부처님께서 설법하신 가르침의 근본정신을 담고 있는 경이라면 모두 부처님의 뜻을 바르게 이었다고 보아야 합니다. 특히 대승경전은 부처님의 말씀과 뜻을 더욱 선양하여 발전시켰기 때문에 중국과 우리나라 등에서는 오히려 최고로 숭앙하고 있습니다. ☞제58항 참조

229. 해인사에 모셔진 팔만대장경은 어떤 것인가

중국의 송나라 이후 우리나라와 일본에서도 여러 종류의 대장경이 만들어졌습니다만, 그 중에서도 가장 우수한 것으로 고려에서 만들어진 팔만대장경을 꼽고 있습니다. 고려시대에는 적어도 세 차례의 대장경 판각이 있었습니다. 현종 때에는 중국 다음으로 우리나라에서 최초로 대장경의 판본을 만들었으나 몽고군의 침입으로 타버렸습니다. 문종 때에는 중국은 물론이고 일본에까지 조사단을 파견하여 사라진 문헌들을 수집하여 속장경을 판각하였으나 역시 전쟁으로 말미암아 대부분이 사라져버렸습니다. 현재 해인사에 보관되어 있는 고려대장경은 부처님의 가호로 외적의 침입을 막고자 고종 때에 완성했는데, 경판의 수가 81,137개에 달하므로 흔히 팔만대장경이라고 합니다. 고려대장경은 다음과 같은 특징과 장점을 지니고 있습니다. 첫째, 현재 전하는 대장경판 중에서는 가장 오래된 것이며 여러 차례의 교정을 거친 가장 정확한 경판입니다. 둘째, 최초의 대장경판인 송나라 대장경과 거란족이 만든 거란판 대장경의 내용을 아는데 중요한 자료가 될 만큼 풍부하고 정확한 내용을 담고 있습니다. 셋째, 다른 곳에 전하지 않는 중요한 문헌들이 담겨 있습니다. 이곳에 실리지 않았더라면 영구히 후세에 알려지지 않았을 문헌들의 상당수가 팔만대장경을 통해 빛을 보게 된 것입니다. 특히 해인사의 팔만대장경은 한역으로 된 다른 어떤 대장경보다 내용이 정확하며 글자의 판각이 정확하고 오자가 없는 점이 우수합니다. 오늘날 가장 많이 이용되고 있는 대장경은 1930년 일본에서 만든 대정신수대장경인데, 그 근간이 된 것이 바로 고려 팔만대장경입니다. 현재 국보 제32호로서 우리 민족의 불교적 소양과 문화적 역량을 상징할 정도로 가치가 높은 문화유산입니다.

230. 숫타니파타란 어떤 경전이며 어떤 내용을 담고 있나

《숫타니파타》의 숫타는 경(經), 니파타는 모음이라는 뜻이므로 우리말로는 '경의 모음'이라고 할 수 있습니다. 이 경은 주로 길고 짧은 시들로 구성되어 있으며 오직 팔리어 대장경에만 실려 있습니다. 그리고 경전 중에서도 가장 먼저 성립되었으므로 인간적인 모습의 부처님과 초기의 불교형태를 아는데 중요한 자료이기도 합니다. 보통 경이라고 하면 어딘지 모르게 딱딱하고 어려운 느낌을 갖게 되고 현대적인 감각과는 동떨어진 인상을 받게 되지만, 숫타니파타는 첨단과학시대를 살아가는 우리들에게도 그 귀절 하나하나가 그대로 와닿는 강력한 호소력을 가지고 있습니다. 더우기 불교의 전문적인 용어를 거의 사용하지 않으면서도 불교의 진수를 문학적으로 드러내보이는 것이 마치 부처님 곁에서 말씀을 듣는 듯한 느낌을 갖게 합니다. 이 경은 모두 5장으로 나누어져 있으며 천여 편의 시가 수록되어 있습니다. 이 가운데 제4장은 《의족경(義足經)》이라는 이름으로 한역되었습니다. 제1장은 수행자의 모습을 '마치 뱀이 묵은 허물을 벗어버리는 것'과 같다고 하여 《사경(蛇經)》이라고도 합니다. 사경에는 '무소의 뿔처럼 혼자서 가라'고 하는 유명한 귀절이 나옵니다. 제2장에는 부처님께서 라훌라에게 '부처님의 아들이라 해서 함께 있는 다른 비구들을 가볍게 보거나 교만한 마음을 내어서는 안된다'고 간곡히 타이르는 대목이 있습니다. 이와 같이 우리 주변에서 늘상 접할 수 있는 문제들에 대한 간명하면서도 정곡을 찌르는 지혜로운 해답들이 풍성하게 담겨 있는 것이 바로 《숫타니파타》입니다. 특히 《숫타니파타》는 원시불교 성전 중에서 가장 오래된 작품이어서 석가모니부처님 당시의 순수하고 소박한 불교사상과 최초기 교단의 상태를 알 수 있는 중요한 자료입니다.

231. 아함경이란 어떤 경전이며 어떤 내용을 담고 있나

아함이란 인도의 옛말 아가마를 소리나는 대로 번역한 것으로 '전해옴'이라는 뜻입니다. 그러므로 부처님의 말씀으로 전해오는 권위 있는 경전이라고 할 수 있을 것입니다. 일반적으로 우리나라에서는 《아함경(阿含經)》을 소홀히 하는 경향이 있습니다만, 원래는 우리가 익히 알고 있는 《법화경》이나 《화엄경》《반야경》의 사상의 뿌리도 이 《아함경》에 있습니다. 모든 불교교리의 기본이라고 할 수 있는 5온(五蘊), 12처(十二處), 18계(十八界), 12연기(十二緣起) 등의 초기교설은 《아함경》 안에서 무수히 반복되면서 설해지고 있는 내용입니다. 더구나 실제적이고 일상적인 교훈을 알기 쉬운 비유나 문답 형식으로 담아 이해하기 쉽게 되어 있습니다. 부처님께서 중생 개개인의 가르침을 이해할 수 있는 정도에 따라 그 대상에 맞는 적절한 표현과 비유로써 이해를 도운 것입니다. 오늘날 올바르게 부처님의 가르침을 접하고자 한다면 먼저 《아함경》부터 읽어야 할 것입니다. 《아함경》은 길고 짧은 2,000여 개의 경을 모아놓은 것으로 그 길이에 따라 《장아함》《중아함》《잡아함》 그리고 《증일아함》의 네 가지가 있습니다. 《아함경》에 전하는 부처님은 악함과 괴로움에 찌든 사바세계에서 지혜와 사랑을 모두 갖추시고 모든 중생에게 번뇌를 벗어난 한결같은 행복의 완성을 향한 길을 제시하는 자상한 교사의 모습을 보여줍니다. 다시 말하면 참다운 인간완성의 길 곧 깨달음의 길을 향해 차근차근 적절한 단계를 밟아나아갈 수 있도록 안내하는 역할을 합니다. 그리고 부처님 자신의 숭배보다는 어느 극단도 피한 중도행의 법을 지킬 것을 강조하셨습니다. 《아함경》에 설시된 법의 내용은 모두 보시, 인욕, 바른 지혜, 중생제도, 바른 도리에 대한 인식과 실천의 가르침입니다.

232. 불소행찬이란 어떤 경전이며 어떤 내용을 담고 있나

《불소행찬(佛所行讚)》은 불교시인이라 불리워지는 마명(馬鳴)스님께서 쓰신 석가모니부처님의 생애에 관한 장편 서사시입니다. 원전명은 《붓다차리타》이며 서기 1세기경에 서술된 것으로 알려지고 있습니다. 그 내용의 중심부분인 빔비사라왕과의 회견과 두 선인의 방문, 항마(降魔)까지가 마명의 저작이라 하며, 나머지 뒷부분은 후에 부처님의 일대기로 정형화되었다고 합니다. 특히 《불소행찬》은 석가모니부처님의 일대기 중에서 가장 뛰어난 작품이라 평가받고 있습니다. 부처님의 생애를 사실에 바탕하면서도 적당하게 이상화하여 아름다운 시를 읽는 것처럼 교의와 인격이 감동받도록 표현되어 있습니다. 다른 불전에서 나타나는 부처님의 생애가 다소 단편적이고 역사적 기술에 그친 것에 비해 《불소행찬》은 석가왕족의 계보와 석가모니부처님의 탄생으로부터 입멸과 사리분배에 이르기까지 전과정이 불교교의와 부처님의 발자취로 생생하게 표현되어 있습니다. 즉 석가모니부처님께서 정각을 이루기 전까지 걸으신 고뇌의 도정과 자각자로서 살아온 여정이 여실히 묘사되어 절실하면서도 감동적 느낌을 받게 합니다. 《불소행찬》은 대부분의 경전에서 찾을 수 없는 석가모니부처님의 탄생, 성장, 인생에 대한 고뇌와 탐구, 4문유관과 출성, 출가, 왕과의 대화, 당시의 사상가와의 대론 등을 불교사상의 차원에서 부처님에 대한 찬탄과 함께 문학적으로 다루고 있습니다. 특히 《불소행찬》은 다른 경전과 같은 교의적 질문보다는 부처님의 인생과정을 통해 교의의 농축과 그분의 경험을 담고 있는 것이 특징입니다. 화려한 미사여구의 웅대함으로 받게 되는 시적 감동과 다양한 소재로 연결되는 생애에 대한 기록은 문학적 흥미와 전기에서 주는 사실감을 함께 느낄 수 있게 합니다.

233. 본생담이란 어떤 경전이며 어떤 내용을 담고 있나

《본생담》은 《본생경》이라고도 하고 팔리어 삼장에 수록되어 있는데, 그 원래 이름은 《자타카》라고 하며 석가모니부처님의 전생에 관한 이야기를 모은 것입니다. 부처님께서 깨달음을 얻을 수 있었던 원인은 무수한 과거세에서부터 이미 온갖 종류의 선행을 닦고 공덕을 쌓았기 때문이라고 생각하여 당시에 민간에 널리 유포되고 있었던 전설과 우화를 이용하여 부처님의 전생 이야기를 엮은 것입니다. 한역에서 《생경》이라는 것이 있지만 팔리어 《자타카》와는 형식이나 내용에 약간의 차이가 있습니다. 오늘날 전해지고 있는 팔리어 삼장 속의 《본생담》은 547가지 이야기로 이루어져 있으며, 인도 고대 서사시인 《마하바라타》나 《라마야나》 또는 각종 이야기집 속에도 비슷한 내용의 우화나 설화가 많이 등장하고 있습니다. 특히 본생담은 다양한 소재를 지닌 이야기 형식이므로 인도문학뿐만 아니라 세계 고대문학에도 많은 영향을 주었습니다. 형식으로는 다음과 같이 세 부분으로 나누어집니다. 첫째, 현재세 이야기에서는 부처님이 어떤 인연에 의해서 전생의 이야기를 하게 되는지 그 계기를 설명합니다. 둘째, 과거세 이야기에서는 전생의 이야기가 나오는 본생설화의 중심부분으로 석가모니부처님의 전신인 보살이 다양한 모습을 취하면서 등장합니다. 즉 보살은 과거 전생을 거듭하면서 인간의 모습뿐 아니라 귀신이나 동물 등에 이르기까지 온갖 생명을 거치게 됩니다. 그때마다 선행을 닦아 보살행에 대한 공덕을 쌓아가는 여러 가지 설화, 우화 등이 풍부하게 이야기됩니다. 셋째, 마지막 부분은 과거세와 현재세가 결합된 부분으로, 부처님은 방금 설했던 이야기 속의 누구이고 이야기의 계기가 된 사람은 누구라고 인과관계를 밝히는 결론으로 되어 있습니다. ☞제21항 참조

234. 법구경이란 어떤 경전이며 어떤 내용을 담고 있나

《법구경》은 《숫타니파타》와 함께 가장 오래된 경전의 하나로서, 팔리어로는 《담마파다》라고 하며 '진리의 말씀'이라는 뜻입니다. 세계적으로 가장 널리 알려져 있고 또 애송되고 있는 경전을 들라고 하면 그것은 아마 《법구경》일 것입니다. 이 경은 한 마디로 시집이라고 할 수 있습니다. 물론 부처님께서 직접 읊은 것은 아니지만 석가모니부처님의 가르침의 본뜻이 시의 형태로 엮어져 경구처럼 암송하기 쉬워서 당시 교단에서 널리 유포되었던 것입니다. 시편 하나하나가 윤리적, 종교적으로 높은 가치를 지니고 철학적으로도 간결하고 이해하기가 쉬운 내용을 담고 있습니다. 또한 사상성이 깊어 불자뿐만 아니라 《법구경》을 문학작품으로 대하는 모든 사람들에게도 감동을 주고 있습니다. 이런 점에서 다른 불교경전에서도 《법구경》의 말씀을 자주 인용하고 있으며, 특히 후대에 이르면 《법구경》과 같은 내용을 담은 경전들도 등장하게 됩니다. 가령 《법구비유경》은 《법구경》의 게송이 설해지게 된 사정과 인연을 비유를 들어 설하고 있으며, 《출요경》은 싯구에 담긴 교훈을 부처님 당시의 상황과 관련시켜 실례를 들고 있습니다. 가장 오래된 팔리어 《법구경》은 26가지 주제로 나누어져 모두 423편의 게송을 싣고 있으며, 부처님께서 열반에 드시고난 뒤 약 1, 2백 년 뒤에 편집된 것입니다. 첫장은 마음을 바르게 가지라는 가르침으로 시작하고 있습니다. '경전을 아무리 적게 알아도 법을 따라 도를 행하고 탐심과 성냄과 어리석음을 버려 지혜가 바르고 마음이 해탈해서 이승에도 저승에도 집착이 없으면 그야말로 부처님의 제자'라는 귀절이 있습니다. 이 귀절에서도 볼 수 있듯이 평이하면서도 읽을수록 깊은 감화를 주는 것이 《법구경》입니다.

235. 사십이장경이란 어떤 경전이며 어떤 내용을 담고 있나

《사십이장경(四十二章經)》은 중국에 불교가 전래된 이후 최초로 한역되었고 당시의 황제를 비롯하여 지식인들이 널리 연구하고 수지독송했다고 전하는 경전입니다. 특히 중국 송나라 이후 선종에서는 일상생활의 교훈서로서 대단히 중요하게 여겨왔다고 합니다. 《사십이장경》은 원래 하나의 독립된 경전이 아니라 《아함경》을 비롯한 여러 경전에서 42가지 덕목을 발췌하여 엮은 경전입니다. 그리고 각 장마다 알기 쉽게 비유를 들어 설명하고 있는 것이 이 경의 특징입니다. 《아함경》이 무상(無常), 고(苦), 무아(無我) 등의 문제를 주로 설하여 나에 대한 집착과 대상에 대한 집착을 버리게 하는 것과 같이 이 경에서도 역시 이와 같은 문제들이 중심이 되어 탐욕을 끊고 애욕을 버리는 정신이 처음부터 끝까지 일관해서 흐르고 있습니다. 좀더 구체적으로 말하자면 인생은 태어나는 것 그 자체가 고통인데 그러한 고의 원인은 무엇이며 그 고를 없애는 방법은 과연 무엇인지를 우리에게 제시해주고 있습니다. '사람은 태어나면 늙게 되고 늙으면 병들게 마련이며 병들면 죽음이란 숙명을 피할 수 없으니 그 고가 한량이 없다. 마음의 번뇌가 끊이지 않고 매일매일 일어나는 죄는 날로 더해 생사의 윤회가 끊일 날이 없으니, 그 고를 말로 어찌 다 표현할 수 있으랴'라고 하여 생노병사 속에서 고통의 원인과 고통의 누적을 표현하고 있습니다. 그리고 '인간은 애욕에서 근심이 생기고 근심에서 두려움이 생긴다'고 하여 애욕이 고와 윤회의 근원임을 설파하고 있습니다. 한편 그러한 애욕으로부터 어떻게 벗어날 수 있는지에 대하여서는 끊임없는 정진과 꾸준한 인욕, 가난하면서 하기 어려운 보시행, 철저한 참회 등의 실천도를 우리에게 제시해주고 있습니다.

236. 불유교경이란 어떤 경전이며 어떤 내용을 담고 있나

　이 경은 부처님께서 열반하시기 직전에 제자들에게 남긴 최후의 설법을 그 내용으로 하고 있습니다. 옛부터 선종에서는 《사십이장경》《위산경책》과 함께 《불조삼경》이라 하여 귀중하게 여겼던 경전입니다. 교리적인 설명을 떠나 불교의 근본정신을 매우 간결하게 표현하고 있습니다. 석가모니부처님은 최초의 설법에 의해 다섯 비구를 제도하고 45년이 지난 후 마지막으로 수발타라를 제도하여 그것으로 마땅히 제도하여야 할 인연 있는 중생제도는 모두 마치신 것입니다. 그리하여 사라쌍수 밑에서 곧 열반에 드실 것임을 먼저 선포하고 다음과 같이 최후의 설법을 시작하셨습니다. '계율을 잘 지켜라. 계율은 너희들의 큰 스승인 줄 알라. 항상 마음을 억제하라. 만약 오근(五根)을 놓아두면 5욕의 불길이 끊임이 없어 걷잡을 수 없게 되리라. 음식을 조절하라. 음식을 먹되 다만 몸을 지탱하기 위해서 먹는 것이라고 생각하여야 하느니라. 잠을 너무 많이 자지 말라. 성내지 말라. 교만하지 말라. 아첨하지 말라. 헛된 욕심을 갖지 말라. 자기의 분수를 지켜라. 정돈된 생활을 하라. 힘써 노력하라. 좋지 못한 생각을 하지 말라. 정신을 집중하라. 지혜를 쌓으라. 너희들은 마땅히 듣고 생각하고 닦음에 의해 스스로 정진하여야 하느니라. 내가 열반에 든다고 해서 슬퍼하지 말라. 만약 내가 이 세상을 한 겁을 더 산다고 해도 만나면 반드시 헤어지는 법이다.' 이와 같이 제자들을 위로하고난 뒤 다음과 같이 끝을 맺었습니다. '너희들은 이상으로써 그치고 더 말하지 말라. 시간이 다가오면 나는 열반에 들고자 하니, 이것이 곧 내가 최후에 남긴 말이 되리라.' 이렇듯 《불유교경》에 담긴 내용은 석가모니부처님이 열반 직전에 남기신 불자가 지켜야 할 교리와 계율에 관한 골자입니다.

237. 반야심경이란 어떤 경전이며 어떤 내용을 담고 있나

《반야심경》의 정식 명칭은 《마하반야바라밀다심경(摩訶般若波羅密多心經)》이고 줄여서 《심경》이라고도 합니다. 우리나라에서는 각종 법회나 의식 때 의례 이 경을 독송하므로 가장 친근한 경입니다. 그러면서도 600권이나 되는 《대품반야경》의 반야사상을 260자로 압축시켜놓은 만큼 그 해석이 그렇게 용이한 것은 아닙니다. 그래서 이 경에 대한 수많은 주석서가 전해지고 있는 것입니다. 반야는 범어 프라즈냐를 소리라는 대로 옮긴 것으로서, 대승불교사상을 대변하는 중요한 낱말입니다. 그 뜻은 '큰 지혜' 또는 '완전한 지혜'로서, 판단하고 추리하는 이성적인 지혜가 아니라 오히려 그 근본이라고 할 수 있는 인간 본래의 깨끗하고 맑은 마음을 말합니다. 본래 깨끗한 이러한 마음은 너와 나라는 분별에 의해 더럽혀져 있습니다. 그래서 바라밀다가 필요하게 되는 것입니다. 바라밀다는 '저쪽 언덕에 도달하는 것'이라는 뜻입니다. 즉 이쪽 언덕의 더럽혀진 마음을 본래의 깨끗한 상태인 저쪽 언덕으로 건너가는 것입니다. 그러므로 그것은 그냥 아는 것만으로는 안되며 실제로 건너가는 지혜로운 실천과 수행이 있어야 합니다. 그러한 실천이 곧 반야바라밀다입니다. 그러므로 《반야바라밀다심경》은 저쪽 언덕으로 건너가는 지혜로운 가르침과 실천의 핵심을 밝혀놓은 경전으로, 세상 만물은 인연 따라 발생하는 연기(緣起)의 관계에 놓여있으므로 사물들 자체로는 홀로 서지도 못하고 존재할 수도 없다는 이치 즉, 공(空)의 도리를 깨달아야 한다고 합니다. 다시 말해서 번뇌가 많은 인생을 연기에 따라 규명해가면 그 근거가 무명에 이르게 되므로 연기의 공함을 자각하여 무명을 소멸할 때 깨달음을 얻어 반야가 실현되며 열반에 도달한다는 것을 설하고 있습니다. ☞제28항 참조

238. 금강경이란 어떤 경전이며 어떤 내용을 담고 있나

　원래의 이름은 《금강반야바라밀경》 또는 《능단금강반야바라밀경》입니다. 우리나라에서는 《반야심경》 다음으로 널리 읽히고 있는 경전으로서, 이미 기원 1,2세기 무렵 인도에서 대승불교가 흥기하면서부터 매우 중요하게 생각된 경전입니다. 중국에서는 육조 혜능대사가 아직 출가하기 전에 어떤 사람이 이 《금강경》을 독송하는 것을 듣고 발심했다고 할 정도로 선종, 특히 남종선에서 귀하게 여기고 있습니다. 우리나라 조계종에서도 이 경을 소의경전으로 하고 있는데, 불교교리의 핵심적 내용이 간결하게 설해져 있어서 평소에 혼자 독송을 하거나 또는 남에게 부처님 말씀을 알리는데 적합한 경이기도 합니다. 《금강경》은 금강석과 같이 견실한 지혜의 배를 타고 생사미혹의 세계에서 깨달음의 세계로 도달할 것을 가르친 경전입니다. 견실한 지혜를 얻기 위해서는 사물이나 사람에게 집착하는 마음을 없애고 대가를 바라지 않는 보시를 행해야 한다고 합니다. 그래서 지혜를 닦는 반야바라밀과 자비심을 베푸는 보시바라밀을 중하게 여깁니다. 보통 사람들이 세상에서 착한 일을 할 때에는 대개 그 자취를 남기거나 또는 자기의 이익을 챙기려고 하는 경우가 많습니다. 그러나 그것은 진정한 보시가 아닙니다. 또 나아가 나는 사람들을 잘 인도했다고 하는 생각도 일으키지 않아야 합니다. 왜냐하면 거기에는 집착이 있기 때문입니다. 집착을 떠나서 하는 착한 행위가 바로 보시이고 그러한 보시를 해서 얻는 견실한 지혜가 바로 반야이며 깨달음에 도달하는 길입니다. 이것을 《금강경》에서는 '응무소주이생기심(應無所住而生其心)'이라는 유명한 귀절로 잘 표현되고 있습니다. 즉 '마땅히 머무는 바 없이 그 마음을 내라'는 뜻으로 집착이 없는 마음을 강조한 것입니다.

239. 법화경이란 어떤 경전이며 어떤 내용을 담고 있나

부처님께서 열반하시고 수백 년이 지나자 불교교단은 신앙과 포교보다 교리 중심의 형식적이고 분석적인 방향으로 기울어져 대중들로부터 멀어져갔습니다. 그리하여 부처님 본연의 뜻인 중생구제를 추구하려는 움직임이 재가불자들과 일부 진보적인 승려들 사이에서 일어났습니다. 이들은 강렬한 신앙심을 가지고 부처님의 사리탑을 중심으로 하여 새로운 불교부흥운동을 일으켰는데, 이것을 대승불교라고 합니다. 그리하여 대승과 소승 간에는 치열한 대립이 발생합니다. 바로 이 무렵에 대중들에게 쉽게 부처님의 말씀을 전달할 수 있는 일승불교(一乘佛敎)라는 내용의 경전이 나와 대승과 소승의 갈등을 교리적으로 통일시켰는데, 이 경이 바로《법화경》입니다. 인도뿐 아니라 대승불교권에서는 이 경을 깊이 연구하여 많은 주석서들이 남아 있습니다. 특히 중국의 천태대사는 이 경을 근간으로 하여 천태사상을 선양함으로써 후에 화엄사상과 더불어 중국불교사상의 쌍벽을 이루게 됩니다. 이 경에서는 부처님의 경지는 범부에게 쉽게 이해되지 않기에 편의상 3승의 가르침을 설하셨다고 합니다. 그러나 3승은 모두 부처님의 일승으로 돌아간다고 하여 소승을 대표하는 성문·연각과 대승불교에서 새롭게 부각되는 보살의 입장을 통일시키고 있습니다. 즉 부처님의 입장에서는 3승이 모두 중생구제를 위한 수단이지만, 결국에는 부처님의 품에서는 일불승(一佛乘) 하나로 귀착된다는 것입니다. 그리고 나아가 부처님의 본래의 참모습은 시공을 초월한 영원한 우주적 생명이므로 이미 먼 옛날에 성불한 법신불이라 하여 부처님의 상주불변을 설하고 있습니다. 특히《법화경》은 모든 불교경전 중에서 가장 넓은 지역과 많은 민족이 수지독송해온 대승경전의 꽃이라고 할 수 있는 경전입니다.

240. 열반경이란 어떤 경전이며 어떤 내용을 담고 있나

《열반경》에는 《소승열반경》과 《대승열반경》이 있습니다. 《소승열반경》은 부처님의 열반을 중심으로 하여 그 전후의 경과를 서술한 것이고 《대승열반경》은 부처님의 열반이 갖는 의미를 밝힌 것인데, 물론 대승불교권에서는 보통 《열반경》이라고 하면 《대승열반경》을 지칭하며 《소승열반경》은 《유행경》이라 하여 달리 분류하고 있습니다. 《대승열반경》에서는 대체로 다음과 같은 세 가지 사상을 전하고 있습니다. 첫째, 불신(佛身)이 상주한다고 합니다. 즉 부처님의 본래 모습은 우리가 보는 것처럼 나고 늙고 병들고 죽는 것이 아니라 법신 그 자체로서 영원히 존재한다고 설합니다. 둘째, 열반은 상락아정(常樂我淨)이라고 합니다. 이것은 부처님께서 가르치신 '몸은 깨끗하지 않다, 느낌은 고통이다, 마음은 무상하다, 법은 무아이다'라는 전제를 뒤집어놓은 것입니다. 곧 인생에 대한 부정적 소극적인 견해를 뛰어넘어 긍정적 적극적인 태도를 고취하는 인생관의 대전환을 이루고 있습니다. 즉 불교의 기본교설인 무상, 고, 무아, 부정을 철저히 거치고나서 맞이하게 되는 항상하고 즐겁고 진정한 나의 실체와 깨끗함의 세계를 발견하는 진리를 상·락·아·정으로 표현하고 있습니다. 셋째, 일체중생은 모두 불성(佛性)을 가지고 있다고 합니다. 그러면서도 '일체중생에게 반드시 불성이 있다고 하면 그것은 집착이요, 불성이 없다고 하면 그것은 허망한 것'이라고 하여 어떠한 상에도 집착하는 것을 경계하고 있습니다. 즉 여기서 불성이라고 하는 것은 언어적 표현을 떠난 중도를 말합니다. 일체중생이 모두 부처님과 같은 깨달음의 성품이 있다고 분명하게 체험하기 위해서는 누구든지 부처님이 가르친 대로 믿고 수행하여야 한다고 설하고 있는 것입니다.

241. 화엄경이란 어떤 경전이며 어떤 내용을 담고 있나

원래 이름은 《대방광불화엄경》으로서 여러 가지 아름다운 꽃으로 만든 화환으로 부처님을 장엄한다는 뜻입니다. 화엄경은 부처님께서 깨달으신 내용을 그대로 드러내 보여주는 경이므로 옛부터 대승경전의 왕이라고 일컬어지고 있습니다. 이 경에 나오는 각각의 품은 독립해서 따로 성립되었다가 뒤에 하나의 경으로 집대성된 것입니다. 범어원전이 남아 있는 것은 〈십지품〉과 〈입법계품〉뿐이며, 한역으로는 그 권수에 따라서 《40화엄》《60화엄》《80화엄》의 세 가지가 있습니다. 이중 《40화엄》은 〈입법계품〉만을 다른 원전에 의해 번역한 것으로 〈보현행원품〉이라고도 합니다. 그리고 유명한 《화엄일승법계도》는 의상대사가 화엄경의 뜻을 알기 쉽게 요약한 210자의 법성게를 가지고 도표로 만든 것입니다. 《화엄경》에서 석가모니 부처님은 비로자나불과 일체가 되어 침묵의 설법으로 그 절대의 경지를 드러내보이십니다. 그러자 주위의 수많은 보살들이 일어나 부처님의 한없는 공덕을 찬양함으로써 이 경은 시작합니다. 그리고 여러 보살들이 등장하면서 법계의 오묘한 법을 설해갑니다. 그뒤 장소를 천상으로 옮겨 보살의 수행단계인 십주·십행·십회향·십지 등이 차례로 설해지는데, 특히 십지는 지혜와 자비가 완성되어가면서 나타나는 양상들을 단계적으로 잘 풀어주고 있습니다. 십지의 수행 단계에서 보살에게는 자기 자신을 위한 깨달음뿐 아니라 다른 사람들도 깨달음으로 향하게 하는 이타행이 중시되고 있습니다. 그리고 마지막으로 선재동자가 출현하여 선지식을 찾아 구도의 길을 떠납니다. 그가 만나는 선지식 중에는 온갖 부류의 사람들이 등장하나 외형적인 것보다 보리심을 내는 그 마음을 중히 여기고 있어서 대승불교의 이상을 잘 나타내고 있다고 하겠습니다.

242. 화엄경 보현행원품은 어떤 내용을 담고 있나

이 품은 《60화엄》과 《80화엄》의 〈입법계품〉에 내용이 보다 첨가된 《40화엄》을 가리킵니다. 《화엄경》이 부처님의 깨달으신 내용, 광대한 공덕, 그리고 보살수행의 길 등을 설하고 있다면 〈보현행원품〉에서는 그와 같은 공덕을 성취할 수 있는 실천적인 방법을 이야기하고 있습니다. 선재동자가 깨달음을 얻기로 발심하여 53명의 선지식을 찾아다니면서 법을 묻고 배우는 구도역정의 과정 속에서 마지막 차례에 보현보살을 만나게 됩니다. 여기서 보현보살이 선재동자에게 보현행원을 설하여 그의 기나긴 여행은 막을 내립니다. 행원(行願)이란 수행과 서원을 뜻합니다. 부처님의 공덕을 성취하려면 다음과 같은 10가지 커다란 서원과 실천을 닦아야 한다고 합니다. 첫째, 모든 부처님께 예배하고 공경하겠습니다. 둘째, 부처님을 찬탄하겠습니다. 셋째, 널리 공양하겠습니다. 넷째, 업장을 참회하겠습니다. 다섯째, 남이 짓는 공덕을 기뻐하겠습니다. 여섯째, 설법하여 주시기를 청하겠습니다. 일곱째, 부처님이 이 세상에 오래 계시기를 청하겠습니다. 여덟째, 항상 부처님을 따라 배우겠습니다. 아홉째, 항상 중생을 따르겠습니다. 열째, 지은 바 모든 공덕을 널리 회향하겠습니다. 이와 같이 부처님의 가르침은 이론이나 관념에 있는 것이 아니라 구체적이고 현실적인 행위에 있습니다. 그리고 이 10가지 행원은 그 하나하나가 그대로 완전한 것이며 행하는 순간마다 여래공덕의 성취인 것입니다. 이것은 보살의 대서원이라고 하며 한번 뜻을 세워 나아가는 굳은 신심을 말해주는 것이라 할 수 있습니다. 우리는 세상을 살아가면서 많은 일을 계획하지만, 이와 같은 열 가지의 보현행원은 우리가 실천해야 할 보살의 마음가짐과 보살행의 덕목을 모두 담고 있다고 보여집니다.

243. 아미타경이란 어떤 경전이며 어떤 내용을 담고 있나

이 경은 《무량수경》《관무량수경》과 함께 정토3부경이라 하여 정토종에서 근본성전으로 삼고 있습니다. 정토신앙이란 극락세계에 상주하는 아미타불을 신앙하여 선근공덕을 닦고 한 마음으로 아미타불을 부르면 극락세계에 왕생한다는 내용을 중심으로 합니다. 《아미타경》은 《소무량수경》 또는 《소경》이라고 하고, 《무량수경》은 《대무량수경》 또는 《대경》이라고도 할 정도로 《아미타경》은 《무량수경》을 간결하고 유려하게 요약하여 중국, 우리나라, 일본에서 널리 읽히고 있습니다. 이 경에서는 먼저 극락세계가 매우 장엄함을 설하고 있는데, 그곳에는 지옥·아귀·축생의 3악도가 없으며 부처님의 광명과 수명을 헤아릴 수 없고, 또한 아미타불을 계속 염불하면 임종 때에 아미타불의 영접을 받아 극락에 왕생할 수 있다고 합니다. 그리고 《무량수경》에서는 아미타불의 극락정토를 건설하게 된 이유와 그 과보를 설하고 있습니다. 즉 아미타불이 법장보살이었을 때 48서원을 세워 '누구나 자신의 원력을 믿고 따르는 자는 반드시 구제하여 극락세계에 태어나게 하리라' 하고 맹서합니다. 그리하여 오랜 세월의 수행을 거쳐 법장보살은 소원을 성취하여 아미타불이 되고 극락세계가 건설되는 것입니다. 《아미타경》에서는 '부처님의 광명은 무량하여 시방을 모두 비추어도 장애가 없기 때문에 아미타라고 한다'라고 설하고 있습니다. 그래서 누구든지 아미타불이라는 이름을 듣고 신심을 내어 지성으로 극락세계에 나기를 원하면 아미타부처님께서는 그 원력으로 인하여 극락세계에 태어나게 한다고 합니다. 또 아무리 근기가 낮은 사람이라도 지극한 마음으로 아미타불을 생각하며 그 이름을 10번만이라도 외우면 극락세계에 태어나고자 하는 원을 이룰 수가 있다고 합니다.

244. 유마경이란 어떤 경전이며 어떤 내용을 담고 있나

이 경은 《유마힐소설경》 또는 《불가사의해탈경》이라고도 합니다. 유마힐거사 즉, 유마거사가 설법한 경이라는 의미인데, 원래 경이란 부처님의 가르침을 뜻하지만 여기에서는 유마거사가 부처님을 대신하여 설했다고 생각하여 경이라는 글자를 붙인 것입니다. 《유마경》의 특징은 재가 중심의 보살사상이 부각되는 점입니다. 모든 경전이 출가승에게 교설되는데 비해 이 경은 출가 위주의 집착을 타파하여 재가불자인 유마거사가 지혜제일이라는 사리불과 기타 소승불교인을 논파하고 있습니다. 유마거사는 거리의 도인이라고 할 만한 인물인데, 많은 재산을 가지고 있었으며 노름판이나 화류계 출입도 사양치 않았고 왕족・종교인・자산가・평민・천민 등을 가리지 않고 널리 교류를 하였다고 합니다. 그러면서도 불교의 이치에 통달하여 중생제도에 힘써 주위의 누구나 그를 존경하지 않는 사람이 없었습니다. 인도의 여러 논서들에서도 《유마경》의 문장이 자주 인용될 만큼 일찍부터 중요시되었던 대승불교의 이상적인 인물이라고 할 수 있습니다. 그리고 그 이후에 중국에서는 선승들에게 커다란 영향을 끼쳐 선종과도 관련이 깊습니다. 현대를 살아가는 우리들에게는 지혜와 자비와 방편과 유모어를 두루 갖춘 인간미 넘치는 모습으로 가르침을 샘물처럼 베풀고 있습니다. 《유마경》은 병으로 누워 있는 유마거사와 문병온 부처님의 제자들 사이의 대화를 줄거리로 하고 있습니다. 문병을 꺼리는 부처님의 제자들을 대동하고 온 문수보살에게 '나의 병은 사람들에 대한 자비심에서 나온 것'이라고 하여 동체대비의 보살도를 강조합니다. 그리고 상대와 차별을 넘어선 절대평등의 경지인 불이(不二)에 대하여 무언의 설법을 하는 등 대단히 깊은 대승사상의 진수가 전개되고 있습니다.

245. 승만경이란 어떤 경전이며 어떤 내용을 담고 있나

이 경의 원래 이름은 《승만사자후일승대방편방광경》입니다. 《유마경》과 더불어 일상생활 속에서 불교의 이상을 실현하려는 대승불교의 특색인 재가주의를 분명하게 드러내는 대표적인 경전입니다. 더구나 승만부인은 인도 아유타국의 왕비였습니다. 당시 여성의 사회적 위치가 매우 낮았음을 생각할 때 여성이 법을 설하고 부처님이 이를 인가하는 형식으로 쓰여진 이 경은 불교경전 가운데에서도 매우 독특한 것입니다. 그리고 우리나라의 선덕여왕과 진덕여왕의 이름이 승만이었던 점으로 보아도 《승만경》이 신라불교와 그 사회에 끼쳤던 영향을 짐작할 수 있습니다. 《승만경》에서 승만부인은 섭수정법(攝受正法)이라는 큰 서원을 세웁니다. 그것은 정법인 부처님의 깨달음과 그 가르침을 굳게 지키며 결코 잊지 않겠다는 것입니다. 섭수정법은 보살의 실천행인 6바라밀을 뜻하며 이것이야말로 깨달음에 이르는 올바른 길이므로 자신의 몸이나 생명, 재산까지도 기꺼이 포기할 수 있는 상상 이상의 비상한 노력이 있어야 합니다. 그리고 모든 사람들은 깨달음을 얻을 수 있는 가능성을 가지고 있다고 합니다. 그러한 가능성이 없다면 모든 것을 포기하면서까지 수행을 하여야 할 까닭이 없습니다. 다만 사람들이 그것을 자각하지 못하고 있을 따름입니다. 사람이 태어날 때부터 갖고 있는 순진무구한 그 본성을 여래장이라고 하는데 《승만경》에서 여래장은 항상 법신과 함께 하지만 중생은 이것을 알지 못해 생사윤회한다고 합니다. 그러므로 마음이 본래 청정하다는 것과 마음이 오염되었다는 것은 부처님의 지혜에 의해서만 알 수 있는 부처님의 경지라고 하는데, 여래장의 경지에 이르고자 한다면 우리는 확고한 믿음과 실천수행이 필요한 것입니다. ☞제183항, 184항 참조

246. 능엄경이란 어떤 경전이며 어떤 내용을 담고 있나

이 경의 원래 이름은 《대불정여래밀인수증요의제보살만행수능엄경》인데, 줄여서 《대불정수능엄경》 또는 《대불정경》이라고도 합니다. 우리나라에서는 《원각경》《금강경》《대승기신론》과 함께 4교과라 하여 스님들의 수련과정에서 필수적으로 배우는 경전입니다. 《능엄경》은 특히 수행하는 방법을 구체적으로 서술하고 있어 선가에서 중시하고 있습니다. 이 경은 처음에 부처님의 제자 아난이 마등가여인의 주력에 의해 마도에 떨어지려는데서 시작합니다. 《능엄경》의 특징으로는 선정의 힘과 다라니의 공덕이 찬양된다는 것을 들 수 있습니다. 그래서 다라니에 의해 마장을 물리치고 선정에 전념하여 깨달음을 얻어 생사의 미혹한 세계를 벗어나야 한다고 가르치고 있습니다. 처음 아난존자가 부처님에게 구출된 뒤 다음과 같이 간청하여 이 경은 전개되고 있습니다. '지식만을 숭상하고 도력이 없었기 때문에 이 지경에 이르렀사오니 부처님께서 성불하신 궤도인 사마타와 삼마와 선나의 첫 방편을 보여주소서.' 여기서 사마타는 마음을 훈련시켜 일체의 바깥에 있는 대상과 어지러운 생각에 움직이지 않고 하나의 대상에 집중하여 바르게 관찰하는 것을 가리킵니다. 즉 부처님의 말씀을 머리속으로 이해하는데 그치지 않고 그러한 경지를 자신이 직접 체득하여 힘을 갖는 것을 말합니다. 그러기 위해서는 번뇌를 끊어야 하는데, 그 방법은 눈·귀·코·혀·몸·생각이라는 6근을 원통(圓通)하게 하는 수도의 길뿐이라고 설시됩니다. 그리고 이러한 수도과정 중에는 마장 즉, 장애가 나타나게 되는데, 그것을 식별하여 퇴치할 수 있도록 그 방법을 자세히 설명하고 있습니다. 그러므로 《능엄경》에서의 깨달음은 곧 마장의 세계에서의 탈출을 의미합니다. ☞제144항 참조

247. 원각경이란 어떤 경전이며 어떤 내용을 담고 있는가

　원래의 이름은 《대방광원각수다라요의경》으로, 크고 바르고 광대한 내용을 가진 원각을 설명함이 모든 수다라 즉, 경 중에서 으뜸이 되는 경이라는 뜻입니다. 이 경에는 문수, 보현 등 12만명의 보살이 차례로 등장하여 부처님에게 가르침을 청하고 있습니다. 이러한 질문과 답변을 통하여 대원각의 묘한 이치와 그것을 깨닫기 위한 수행법을 상·중·하 근기의 중생에 맞추어 풍부한 비유를 들어 설명합니다. 원각은 큰 다라니를 나타냅니다. 다라니로부터 청정과 진여와 보리와 열반과 바라밀이 나와서 보살들을 가르치므로 모든 여래는 이 다라니인 원각을 원만히 비춤으로써 무명을 영원히 끊고 불도를 이룬다고 합니다. 원각은 모든 중생의 진리이자 근원이지만 무명이 중생을 덮고 있어서 중생에게 번뇌와 무지로부터 말미암은 병이 생기는 것입니다. 그렇다고 무명이라는 것은 어떤 실체가 있는 것이 아닙니다. 마치 눈병이 났을 때 허공에 꽃이 보이거나 달이 두 개로 보이는 것과 같이 실제로는 없지만 있는 것처럼 보이는 환영입니다. 그러므로 원각도 따로 있는 것이 아니라 나무가 다 타서 없어지면 재도 날아가고 연기까지 사라지는 것처럼 모든 집착과 분별이 영원히 없어진 그 자리를 말합니다. 이런 이치를 깨닫기 위해서는 선정을 쌓고 계행을 굳게 지키며 대중과 함께 살면서 집착을 떠난 지혜로운 관찰을 계속해야 합니다. 무명이 사라진 세계만을 생각하고 추구하는 것이 바로 '방편없는 방편'이며, 이러한 마음을 닦아서 깨달음을 성취하면 거기에는 닦을 것도 성취할 것도 없는 것입니다. 특히 《원각경》은 학문적 교학과 선정을 일치시키는 교선일치론(敎禪一致論)의 입장이어서 우리나라의 불교계에서는 매우 존중되는 경의 하나입니다.

248. 육조단경이란 어떤 경전이며 어떤 내용을 담고 있나

원래는 《육조법보단경》인데, 줄여서 《법보단경》 또는 《단경》이라고도 합니다. 이것은 중국 선종의 제6조인 혜능선사가 조계산에서 제자들에게 설법한 것을 기록한 자서전적인 경전입니다. 원래 경은 부처님의 말씀을 기록한 것이므로 조사의 어록은 엄밀하게 말하면 경일 수가 없습니다. 그러나 선종에서는 부처님의 교설이 언어로 표현되었으므로 모두 방편이라 보고 부처님의 종지는 알 수 없는 마음으로 전달된다고 합니다. 이런 의미에서 혜능선사가 설하신 마음의 도리를 경의 차원까지 끌어올린 것같습니다. 이 경은 어떠한 대승 경전보다 중국과 한국불교의 형성에 막대한 영향을 끼치고 있습니다. 인도에서의 선정의 수행방법을 중국적으로 적용시킨 것이 바로 선인데, 이런 중국적 선정을 확립시킨 사람이 선종의 6대 조사인 혜능선사입니다. 《육조단경》은 이러한 혜능선사가 돈오(頓悟)와 견성(見性)을 기치로 남종선을 부각시키는 경전입니다. 그리고 우리나라의 보조국사 지눌스님께서는 고려불교의 교종과 선종의 분열 속에서 혜능선사가 머물던 산의 이름을 딴 조계산의 송광사에서 정혜결사를 열었습니다. 그때 후학들을 가르치는 교과서로 삼았던 것 중에 하나가 《육조단경》입니다. 우리나라의 불교에서 육조단경은 금강경과 더불어 선종의 전통적인 소의경전이므로 이 경이 갖는 위치는 지대한 것입니다. 특히 육조단경은 일체법의 무상무념을 밝힌 귀절이 유명합니다. '깨달음에는 본디부터 나무가 없고 맑은 거울도 역시 바탕이 아니다. 본래 활짝 열려 아무 것도 없는데 어느 곳에 먼지나 티끌이 있을쏜가.' 이 귀절의 뜻은 선은 어지러운 마음을 안정시키고 단단히 하여 본래 혼란하지 않은 자성 그것에 눈뜨고 그것을 밝히는 것입니다. ☞제147항 참조

249. 천수경이란 어떤 경전이며 어떤 내용을 담고 있나

원래의 이름은 《천수천안관자재보살광대원만무애대비심대다라니경》인데, 우리말로 풀어보면 '한량없는 손과 눈을 가지신 관자재보살의 넓고 크며 걸림이 없는 대자비심을 간직한 큰 다라니에 관한 부처님의 말씀'이라고 할 수 있습니다. 여기에서 관자재보살이란 관세음보살의 다른 이름으로서, 천수천안 관자재보살은 천 개의 손과 천 개의 눈을 갖고 중생들의 어려운 속사정을 낱낱이 파악하여 적절하게 도와주는 보살입니다. 그리고 다라니는 진언 또는 주문이라는 뜻으로, 경전의 내용은 이것을 외우는 공덕이 넓고 크며 모난 곳이 없어 너그러우며 걸림이 없고 자비로운 마음을 가질 수 있게 한다는 내용을 담고 있습니다. 즉 이 경은 관자재보살이 '모든 중생이 안락을 얻게 하기 위하여, 모든 중생의 병을 없애주기 위하여, 그들이 수명과 풍요를 얻게 하기 위하여, 일체 악업중죄와 모든 작난을 여의고 일체 청정한 법과 모든 공덕을 증장시키고 일체 모든 착한 일을 성취시키기 위하여, 모든 두려움을 멀리 여의고 구하는 바를 만족시키기 위하여' 부처님의 허락을 얻어 설한 것이라고 합니다. 이와 같은 《천수경》은 중생들이 스스로 지은 죄업을 소멸하고 악한 귀신으로부터 보호받아 부처님을 한 마음으로 생각할 수 있으며 살아 있는 동안에는 부귀영화를, 죽은 후에는 극락왕생을 보장하는 내용을 담고 있습니다. 부처님의 가르침을 많이 아는 것보다 하나를 알아도 그것을 바르게 실천하여 우리 생활에 유익하게 하는 것이 중요한 것입니다. 그래서 《천수다라니경》은 경전에 대한 믿음을 도와주며 일념으로 정진할 수 있도록 설해진 것입니다. 그러므로 《천수경》을 염송함으로 인해 관세음보살의 가피력으로 크게 깨닫거나 소원을 성취한 사람이 많았다고 전해집니다.

250. 지장경이란 어떤 경전이며 어떤 내용을 담고 있나

 이 경의 원래 이름은 《지장보살본원경》인데, 《대승대집지장십륜경》《점찰선악업보경》과 함께 일반적으로 지장3부경의 하나로 손꼽히고 있습니다. 《지장경》과 《십륜경》에서는 주로 지장보살의 사상과 그 원력이 설해져 있으며 《업보경》에서는 중생의 업보를 점쳐 지장보살에게 참회함으로써 모든 업장을 소멸케하는 실천법을 설하고 있습니다. 지장보살은 미혹한 중생들이 하나도 남김없이 모두 성불하기 전에는 결코 성불하지 않겠다는 비할데 없이 큰 서원을 세우고 끊임없이 실천하고 계신 원력보살입니다. 석가모니부처님이 열반하시고난 뒤부터 미래의 부처님인 미륵불이 출현하시기 전까지의 부처님이 계시지 않는 동안 오탁악세에서 번뇌와 죄업으로 고통받는 중생들을 제도하여 해탈케 하는 일을 부처님에게서 위촉받아 천상·아수라·인간·축생·아귀·지옥등 육도의 어떤 곳에라도 몸을 바꾸어 나타나서 중생을 구제하고 계신 분이 바로 지장보살입니다. 특히 가장 고통이 많은 지옥에 떨어진 중생들을 구하기 위해 혹은 염라대왕으로, 혹은 지옥의 옥졸로, 혹은 함께 지옥에 떨어져 고통받는 중생의 몸으로까지 몸을 나투어 설법을 하기도 합니다. 그러므로 이러한 지장보살이야말로 지금의 우리들에게 가장 인연이 깊은 보살이라고 할 수 있을 것입니다. 경의 내용에서는 지장보살이 본생(本生)에서 세웠던 서원과 그 이익을 밝히면서 경전 자체가 지닌 무한하며 불가사의한 이익을 강조합니다. 특히 《지장경》의 일구일게를 독송하고 듣더라고 무량의 죄업을 소멸한다고 강조합니다. 우리 나라에서는 이와 같은 장엄한 원력의 내용이 담겨 있는 《지장경》을 지옥중생을 제도하는 이타정신의 극치로 여겨 영가천도 때 자주 독송하고 있습니다.

251. 부모은중경이란 어떤 경전이며 어떤 내용을 담고 있나

이 경의 원래 이름은 《불설대보부모은중경》으로, 불교사상이 중국에서 전통적 유교사상과 결합되어 성립된 경입니다. 옛부터 우리나라에서는 부모님의 여러 가지 은혜에 관한 삽화를 곁들인 판본이 많이 유통되었습니다. 이 경에서 부모의 은혜는 한량없이 커서 왼쪽 어깨와 오른쪽 어깨에 각각 아버지와 어머니를 업고 가죽이 닳아서 뼈가 드러나고 골수에 이르도록 수미산을 백천번 돌더라도 그 은혜를 다 갚을 수 없다고 합니다. 이것을 구체적으로 10가지 커다란 은혜라고 하여 다음과 같이 들고 있습니다. 첫째 뱃속에 품고 잘 보호해주시는 은혜, 둘째 해산을 하면서 그 고통을 이겨내시는 은혜, 셋째 자식을 낳고는 그때까지의 고통을 모두 잊어버리시는 은혜, 넷째 자신의 몸을 축내면서도 젖을 먹여 기르시는 은혜, 다섯째 진 자리 마른 자리를 가려주시는 은혜, 여섯째 손발이 닳도록 깨끗하게 씻어주시는 은혜, 일곱째 쓴 것은 삼키고 단 것은 뱉아 먹이시는 은혜, 여덟째 자식을 위해 나쁜 일도 마다하지 않고 기꺼이 하시는 은혜, 아홉째 자식이 먼길을 떠나면 줄곧 걱정해주시는 은혜, 열째 끝까지 불쌍히 여기고 사랑해주시는 은혜. 이것은 마치 유마거사가 중생이 앓기 때문에 나도 앓는다고 한 보살정신과도 통하는 것으로, 바로 이러한 부모의 마음이 곧 부처님의 마음이요 보살의 마음인 것입니다. 《부모은중경》은 그 은혜를 갚기 위해 우란분(盂蘭盆) 공양을 행하고 이 경을 수지독송할 것을 권하고 있습니다. 특히 《은중경》을 지니고 읽는 것을 통해 부처님의 법을 들을 수 있다고 합니다. 《부모은중경》은 부처님께서 직접 설한 경전은 아니지만 부모에 대한 효성을 중시하며 효도를 불도수행의 하나로 여기는 우리나라와 중국에서 많이 읽혀왔던 경전입니다. ☞제116항 참조

252. 삼세인과경이란 어떤 경전이며 어떤 내용을 담고 있나

인과(因果)란 말 그대로 원인과 결과에 관한 가르침으로서, 이 세상의 모든 일에는 그럴 만한 원인이 내재되어 있으며 미래 또한 지금 만들어지고 있는 원인에 의해 결정된다는 사상입니다. 그런데 특히 불교에서는 삼세인과(三世因果)라 해서 그와 같은 인과의 사슬이 과거와 현재, 미래로 이어진다는 가르침이 있습니다. 즉 우리들의 직접경험만으로는 쉽사리 원인이나 결과를 확인할 수 없는 인생의 여러 현상들, 예를 들면 사람들이 각기 좋고 나쁜 환경에 태어나게 되는 이유나 착하게 혹은 악하게 살다가 죽은 사람들이 사후에 어떤 결과를 받는지 따위에 대해 전생의 업의 결과가 금생이고 금생의 업의 결과가 내생이라는 입장에서 설명하는 것입니다. 말하자면 인과의 가르침을 삼세에 걸친 것으로 확대해석함으로써 인생의 여러 가지 궁금증을 해소시켜주는 가르침이 바로 삼세인과설이며, 이와 같은 가르침에 입각하여 설해지고 있는 대표적인 경전이 《삼세인과경》입니다. 그런데 경전의 내용 가운데는 삼강오륜 등 중국적인 요소들이 등장하는 것으로 보아 이 경은 석가모니부처님의 이름을 빌어 설해지고는 있지만 중국에서 만들어진 위경임에 틀림이 없습니다. 또한 금생에 귀한 벼슬을 하는 사람은 전생에 불상에 개금을 많이 한 공덕이라거나 금생에 좋은 옷을 입는 사람은 전생에 스님들께 옷을 많이 베푼 공덕이라거나 혹은 금생에 가난한 사람은 전생에 보시를 게을리했기 때문이라는 등 다소 허황한 교설이 반복되고 있어 불교사상적인 측면에서는 다소 철학성이 떨어지는 것도 사실입니다. 그러나 전체적인 내용이 인과응보라는 면에서 선행과 불법에 대한 믿음을 강조하고 있어 민중들의 교화에 지대한 공헌을 한 경전이 바로 《삼세인과경》입니다. ☞제29항 참조

253. 고왕경과 몽수경은 어떤 경전이며 어떤 내용을 담고 있나

《고왕경》의 본래 이름은 《관세음보살구생경》으로, 우리나라에서는 관음신앙이 널리 홍포되면서부터 많이 독송되기 시작한 경입니다. 대부분의 불교경전이나 의례에서는 불·법·승의 삼보에 먼저 귀의를 표하고나서 관세음보살이나 기타의 보살들에 귀의하는 것이 일반적이지만, 이 《고왕경》은 삼보에 귀의하기에 앞서 관세음보살께 먼저 귀의할 정도로 관세음보살에 더 큰 비중을 두고 있는 관음신앙 위주의 경전입니다. 원래 관음신앙은 《법화경》〈관세음보살보문품〉 등에 의해 비로소 성립된 불교신앙의 한 형태로서, 관세음보살은 대자대비한 마음으로 폭넓은 중생구제를 서원한 분이므로 누구든 고난에 처하여 그분의 이름을 일심으로 부르면 그가 어떤 사람이고 어떤 처지에 놓여있든 간에 찾아와서 가피력을 베풀어 현세의 고통에서 구원해준다는 믿음입니다. 그러므로 이것은 중생구제를 최우선으로 하는 대승불교의 정신이 고도로 발달한 단계에서 발생한 신앙이기도 하지만, 다른 일면에서는 역사적으로 불교신행을 지나치게 현세위주의 기복적 차원으로 통속화시켜버린 감도 없지 않습니다. 왜냐하면 관음신앙의 참다운 본질은 어디까지나 관세음보살의 대자대비한 서원을 본받아 우리 자신도 관세음보살과 같이 중생구제에 매진할 것을 일깨우는데 있기 때문입니다. 그러나 아무튼 민간에서의 관음신앙은 재앙을 멀리하고 복을 구한다는 민중들의 현실적 욕구에 입각하여 발전해왔는데, 거기에 편승하여 널리 보급되어온 위경 중의 하나가 바로 《고왕경》인 것입니다. 그리고 《몽수경》은 《고왕경》에서 다시 핵심의 부분만을 간추린 것으로, 이 두 경은 모두가 대단히 짧아서 누구나 간편하게 외워 염송할 수 있었기 때문에 옛부터 특히 널리 보급될 수 있었다고 생각됩니다.

254. 천지팔양신주경이란 어떤 경전이며 어떤 내용을 담고 있나

《천지팔양신주경》은 당나라 삼장법사 의정(義淨)스님이 번역한 것이라고 전해지지만, 실제로는 불교사상과 도교사상이 결합되어 중국에서 만들어진 위경입니다. 이 경의 정식 명칭은 《불설천지팔양신주경》이며, 일반적으로는 《팔양경》이라고도 부릅니다. 특히 이 경에 대해서는 조선후기 경화스님이 쓴 《천지팔양신주경주》가 있어 우리나라에서도 오래 전부터 대중들 사이에 널리 홍포되어왔음을 알 수 있습니다. 이 경의 내용은 무애보살이 부처님께 정법을 제대로 아는 사람이 적고 무지한 사람이 많으며 신(神)을 구하는 사람이 많고 계를 지키는 사람이 적은 등 중생세간의 혼탁한 상황을 고하고 중생들을 고통으로부터 구원하기 위한 올바른 가르침을 설해 주시기를 부탁하는데서부터 시작됩니다. 그때 부처님께서는 이 《팔양경》을 설하셨다고 하는데, 경전 안에 나오는 이야기대로 하면 이 경이야말로 모든 부처님의 가르침의 핵심이고 진실이어서 이 경을 듣기만 해도 신심이 후퇴하지 않고 모든 장애를 여의며 수명이 연장되는 등의 복덕을 얻고, 특히 서사하고 수지독송하는 공덕은 한량이 없어서 죽은 후에 성불할 수 있다고 합니다. 그리고 재가의 보살이 이 경을 세번만 읽으면 모든 귀신이 물러가 대길하며 복도 무량하다고 설하고 있어 옛부터 모든 길흉사가 있을 때마다 민간신앙의 차원에서 재앙을 멀리하고 복을 빌기 위한 수단으로서 이 경이 특별히 자주 독송되어왔던 것입니다. 그러나 경의 명칭을 풀이하여 천지팔양의 의미를 천은 양이고 지는 음이며 팔은 분별이고 양은 명해(命解)라고 하는데서도 알 수 있듯이 이 경전은 부처님의 가르침을 빙자했을 뿐 분명히 정통의 불교사상을 담고 있는 것도 아니고 올바른 불교신행의 길을 일깨우고 있는 것도 아닌 것입니다.

255. 초발심자경문이란 어떤 것이며 어떤 내용을 담고 있나

《초발심자경문》은 보조국사의 《계초심학인문》과 원효대사의 《발심수행장》과 야운선사의 《자경문》을 합본하여 조선시대 이래 우리나라 강원의 필수과목으로 전수되고 있는 불교공부의 기본서입니다. 먼저 《계초심학인문》은 승려들의 수행청규를 담고 있습니다. 특히 처음 부처님의 법을 배우려는 마음을 낸 사람들에게 경계하여야 할 일들을 간추려서 제시해준 글입니다. 무슨 일이나 그렇지만 처음이 잘못되면 자신에게도 해로울 뿐아니라 전체에게도 막대한 해악을 끼칠 수 있기 때문에 부처님의 법을 배우는 것도 처음부터 계율에 의지하여 잘 익혀야만 나중에 큰 법을 성취할 수가 있다고 가르치고 있습니다. 계율을 가볍게 여기면서 큰 깨달음을 얻은 사람은 결코 없음을 강조합니다. 《발심수행장》은 부처님이 되고자 마음을 일으킨 참된 수행자의 길을 밝혀놓은 교훈서입니다. 발심 즉, 마음을 일으키는 것과 수행은 서로 떨어져 있는 것이 아니라 동전의 앞뒷면과 같이 하나입니다. 발심 없이 수행이 있을 수 없고 수행이 따르지 않는 발심은 헛된 망상에 불과합니다. 이러한 이치를 잘 알아 무상한 세월을 아껴 정진해야 한다고 가르치고 있는 것이 발심수행장의 근본취지입니다. 《자경문》은 스스로 잘못을 뉘우치고 반성하여 스스로를 일깨우고 경책하게 하는 글입니다. 곧 자신의 본래 면목이 바로 부처인 줄 몰랐던 허물을 크게 반성하고 다시는 잘못된 생각에 빠지지 않도록 경계하는 글입니다. 나아가 몸과 입과 생각으로 짓는 악업을 반성하여 선업을 쌓을 수 있도록 부지런히 노력해야 한다고 지극한 정진을 당부하고 있습니다. 그러므로 《초발심자경문》은 모든 초심자들을 위한 불교의 입문서로서, 우리 한국불교의 입장에서는 더없이 소중한 책입니다.

256. 무상계란 어떤 것이며 어떤 내용을 담고 있나

《무상계(無常戒)》는 불교의례의 과정에서 자주 읽혀지는 문장으로, 무상한 현실에 대한 경계의 내용을 담고 있습니다. 대개 예불을 드릴 때는 《천수경》으로 시작하여 《장엄염불》을 올리고 각 단의 예불과 더불어 《마하반야바라밀다심경》《관세음보살보문품경》《고왕경》《팔대보살명호》《백팔다라니》《법성게》 등이 읽혀집니다. 불교의식은 이러한 과정을 통해 종교적 대상에 대한 형식적 차원을 넘어 수행법으로 실천해야 하는 교리의 핵심을 담습니다. 우리가 의지해야 할 귀의처에 예경을 올리면서 자신의 성품을 닦는다는 점에서 의식이 바로 목적이 되는 것이 특징입니다. 불교의식이 목적이 되기 위해 부처님과 여러 보살들께 예경한 후에 발원문과 불도수행의 계를 올립니다. 이때 올리는 《무상계》는 영가에게 무상을 설한 계입니다. 《무상계》의 내용은 '무상계란 열반에 드는 중요한 문이며 고해의 험난함을 넘게 하니 일체의 모든 부처님께서도 이 계로 인하여 열반에 드시고 일체중생도 이 계로 인하여 고해를 넘는다'고 하는 귀절로 시작됩니다. 그리고는 영혼들에게 부처님의 무상정계(無上淨戒)를 지킬 것을 권하면서 육체의 모든 부분은 흙으로, 물로, 불로, 바람으로 돌아가고 흙, 물, 불, 바람의 사대 또한 각각 머무를 곳이 없다고 설합니다. 그리고는 무명으로 말미암아 늙고 죽는 등 인생의 모든 슬픔과 괴로움이 일어난다는 것을 열두 가지 과정으로 나누어 설명하는 12연기를 설합니다. 이어서 무명이 없어지면 종국에 모든 괴로움이 사라진다는 역관의 12연기설을 다루어 도리를 깨닫는 과정을 설하고 불타계와 달마계와 승가계에 귀의할 것을 설합니다. 그리고 마지막으로 영혼이 부처님의 무상정계를 받으면 극락에 왕생한다는 부처님의 가피력의 내용을 담고 있습니다.

257. 의상조사 법성게란 어떤 것이며 어떤 내용을 담고 있나

　의상대사(義湘大師)는 신라 때 원효스님과 쌍벽을 이루며 신라 화엄학을 창도하신 종주입니다. 661년에 당나라에 유학하여 화엄종의 제2조 지엄화상 문하에서 7년간 화엄학을 공부하셨습니다. 7년간 공부한 화엄의 교학을 집대성하여 《화엄일승법계도기(華嚴一乘法界圖記)》를 저술하여 중국불교계를 놀라게 하였다고 합니다. 《화엄일승법계도기》는 《법계도》 또는 《법성게》라 하고 《화엄경》의 광대무변한 참뜻을 포괄한 내용이라고 전해옵니다. 해인삼매의 교의를 하나의 도면 속에 압축하여 30구의 게송을 지었으므로 《법성게》라고 하는 것입니다. 《법성게》의 30구 210자의 내용은 절대평등한 법성은 유정, 무정 등의 일체를 초월하여 깨친 자가 아니면 알 수 없을 뿐만 아니라 불변하면서 인연을 따라 일체만유를 창조하고 있다고 합니다. 하나와 많음이 장애함이 없고 크고 작음이 자재하여 시공을 초월한 절대적인 법신이라는 뜻에서 끊어지지 않는 도면에 진리를 담은 것입니다. 또한 《법성게》는 《해인도》라고도 일컬어지는데, 이는 의상대사가 귀국하여 영주의 부석사를 창건하고 화엄종을 세우니 그 제자들이 해인게를 전해 훗날 가야산의 해인사를 세웠다고 하는 유래에서 나온 것입니다. 이렇듯 의상대사의 《법성게》는 화엄의 원융무애하고 상즉상입하는 교의를 담고 있으며 한국 화엄학의 뿌리이기도 한 것입니다. 우리나라에서는 불교의식을 집행할 때 반드시 법성도의 원을 그리며 법성게를 주송하면서 대중에게 화엄의 진리를 회향하고 있습니다. 특히 의상대사는 한국 화엄학의 지주이기도 하지만 엄청난 화엄의 교의를 이론적으로 정립였습니다. 화엄의 방대한 교의를 법성게에서는 심층세계에 대한 실천과 회향정신의 길로 다루고 있어 더욱 돋보이고 있는 것입니다.

258. 화엄경약찬게란 어떤 것이며 어떤 내용을 담고 있나

《화엄경약찬게》는 《법화경약찬게》와 더불어 불교의식에서 많이 읽혀지는 《화엄경》을 요약한 게송입니다. 용수보살이 《대방광불화엄경》의 대의를 간략히 줄여 화엄의 가장 중요한 요의만을 서술했다고 전해지나 용수보살께서 직접 저술했는지는 밝혀지지 않고 있습니다. 우리나라 대중불교의 신행생활에서 관음신앙이 많이 신봉되었던 것과 더불어 교학적으로는 화엄학이 크게 융성하였습니다. 그래서 《화엄경약찬게》는 일반불자에까지 널리 보급되었습니다. 《화엄경약찬게》의 내용은 《화엄경》의 주불인 비로자나부처님께 귀의하는 것으로부터 시작됩니다. 그리고 이어서 모든 부처님과 일체 대성인이 근본화엄의 법륜을 굴려서 해인삼매의 세력으로 보현보살과 무수한 신들과 여러 비구, 우바새, 우바이, 선재동자가 운집하는 모습을 열거합니다. 《화엄경》에서 등장하는 인물과 법을 설한 장소를 나타내는 것입니다. 다음으로 선재동자는 선지식을 만나고 문수사리는 지혜가 제일이며 덕운, 해운은 수승한 승가에 머무는 등 모든 부류의 대중이 각기 다른 수승한 경지를 얻은 모습을 설하고 있습니다. 또한 《화엄경》의 각각의 품의 명칭을 열거하여 각 품의 교리를 매우 간략히 소개하고 있습니다. 마지막으로 이 《화엄경》을 수지독송하면 처음 발심할 때에 깨달음의 정각을 이룬다고 합니다. 그리고는 이와 같이 정각을 얻으시고 국토해에 안좌하신 분이 바로 비로자나불이라 하고 있습니다. 이처럼 《화엄경약찬게》는 80권이나 되는 방대한 《화엄경》을 등장인물과 설한 장소, 보살의 행적, 각각의 품명만을 들어 각 품에서 설하는 교리의 핵심내용을 밝히고 있습니다. 약찬게의 내용만으로 《화엄경》의 교리를 다 알기는 어려우나 경의 요의는 알 수 있습니다.

259. 백팔대참회문이란 어떤 것이며 어떤 내용을 담고 있나

《백팔대참회문》은 108개의 참회를 담고 있는 문장입니다. 참회문의 저자는 알려지지 않고 있으나 우리나라에서 널리 독송되며 예불의식에서 《무상계》와 더불어 행해지는 참회게송입니다. 108개의 게송은 다음과 같은 내용을 담고 있습니다. 불·법·승 삼보에 귀의하는 것은 스스로의 복을 얻거나 천상에 나며 성문·연각·보살의 지위를 구함이 아니라 오직 최상승에 의지해 일체중생과 함께 아뇩다라삼먁삼보리를 얻기 위한 것이라고 합니다. 그래서 일체제불과 일체의 존귀한 법과 일체의 현성한 스님과 그밖의 여러 부처님께 지성으로 예를 올린다고 합니다. 진심으로 예를 올린 후에 중생 각자가 지은 죄를 나열하면서 태산같은 죄로 오는 과보는 지옥·아귀·축생 등으로 떨어질 것이므로 부처님께 모든 죄상을 참회한다고 합니다. 그리고 부처님께서 일체 지으신 바 온갖 공덕을 회향하듯 모든 중생들도 스스로 닦은 보시공덕, 정행공덕, 선근공덕, 수행공덕, 큰지혜의 공덕을 모두 모아 보리도에 회향한다고 예를 올립니다. 회향의 참회문 다음에는 보현보살의 행원을 예경하고 부처님 설법을 찬탄하며 꽃과 향, 촛불 등을 일체의 여래께 공양하면서 참회합니다. 그리고 삼독심과 신·구·의의 삼업을 참회하고 모든 중생과 성문·연각의 모든 이승인(二乘人)과 일체의 부처님과 모든 보살의 온갖 공덕을 찬탄합니다. 마지막에서는 부처님께서 미묘한 법문을 설하시며 오랜 동안 세상에 머물러 중생을 이롭게 하시기를 청하고 중생의 참회한 온갖 선근도 중생과 보리도에 회향한다고 합니다. 《백팔참회문》은 이와 같이 중생이 지은 모든 죄업을 참회하고 부처님과 대보살께 공덕을 올리고 스스로 공덕을 쌓은 온갖 선근을 중생과 깨달음으로 회향한다고 하는 기도문입니다.

260. 이산혜연선사발원문이란 어떤 것이며 어떤 내용을 담고 있나

 우리들이 흔히 《이산혜연선사발원문》이라고 알고 있는 발원문의 저자는 본래 당나라 때 스님인 이산 교연(怡山皎然)선사이며, 이산 혜연이라고 전해지는 것은 잘못된 것입니다. 아무튼 이 발원문의 우리말 번역본은 고려시대 나옹스님의 발원문과 함께 오늘날의 불교의례에서 가장 많이 읽혀지는 발원문입니다. 불교의 핵심적 교리를 쉬운 한글로 풀어 듣는 이로 하여금 함께 발심하여 대서원을 내게 합니다. 발원문의 초두는 삼보께 귀의하며 자비하신 원력으로 살펴주실 것을 간청하는 것으로 시작됩니다. 이어서 참회의 내용이 나옵니다. '저희들이 참된성품 등지옵고 무명속에 뛰어들어 나고죽는 물결따라 빛과소리 물이들고 심술궂고 욕심내어 온갖번뇌 쌓았으며 보고듣고 맛봄으로 한량없는 죄를지어 잘못된길 갈팡질팡 생사고해 헤매면서 나와남을 집착하고 그른길만 찾아다녀 여러생에 지은업장 크고작은 많은허물 삼보전에 원력빌어 일심참회 하옵나니'라는 참회문은 4·4조의 음율로 이어지면서 중생이 무명 속에서 지은 모든 업을 참회하고 있습니다. 다음으로 서원의 내용이 나옵니다. '부처님이 이끄시고 보살님네 살피옵소 고통바다 헤어나서 열반언덕 가사이다 이세상에 명과복은 기리기리 창성하고 오는세상 불법지혜 무럭무럭 자라나서 날적마다 좋은국토 밝은스승 만나오며'라고 하여 수명과 복덕, 불법의 지혜 등을 기원합니다. 다음으로 대승의 지혜를 닦고 관음보살의 대자비를 서원합니다. '불법인연 구족하며 반야지혜 드러나고 보살마음 견고하여 제불정법 잘배워서 대승진리 깨달은뒤'라고 하고, 마지막으로 중생의 극락세계왕생을 기립니다. '고통받던 저중생들 극락세계 왕생하여 나는새와 기는짐승 원수맺고 빚진이들 갖은고통 벗어나서 좋은복락 누려지다.'

261. 나옹화상발원문이란 어떤 것이며 어떤 내용을 담고 있나

나옹화상(懶翁和尙)은 고려말의 변혁기를 살다간 선승입니다. 공민왕의 왕사로도 활약하다가 여주 신륵사에서 입적하셨습니다. 특히 나옹화상은 임제종을 도입하면서도 임제의 방편만을 통하여 이룩하는 선은 우리가 바라는 정종(正宗)이 아니고 방편을 넘어선 본지의 계합만이 정종이라고 강력히 주장하였습니다. 또한 수행방법에 있어서는 염불은 매우 중요시하였습니다. 염불을 청정한 마음으로 계속 해나간다면 모든 중생들은 삼악도를 벗어나 정각의 지름길로 갈 수 있다고 보았습니다. 이런 의미를 담고 있는 나옹화상께서 쓰신 발원문은 우리나라 불교의례에서 자주 염송되는 서원문 중 하나입니다. 그 내용은 다음과 같습니다. '원컨대 저희로 하여금 세세생생 나는 곳마다 언제나 반야의 큰 지혜로부터 물러나지 않게 하시와 본사 석가모니부처님처럼 용맹한 지혜를 얻게 하오며 노사나부처님처럼 큰 깨달음을 얻게 하소서. 문수보살처럼 큰 지혜 찾게 하고 보현보살처럼 광대한 원행을 가지며 지장보살처럼 끝없는 몸을 나투고 관세음보살처럼 32응신을 갖추어서 시방세계 어디든지 마음대로 다니면서 널리 중생들을 무위도에 들게 하며 나의 이름 듣는 이는 다 삼도의 괴로움을 여의고 나의 형상을 보는 이는 다 해탈을 얻게 하소서. 이와 같이 교화하여 무량토록 제도하여 필경 부처 중생 없는 세계 이룩하게 하소서. 모든 천룡과 팔부중이 나를 항상 지켜주고 옹호해주므로 아무리 어려운 곳에서도 어려움 없게 하오며 이같은 큰원을 능히 성취할 수 있게 하소서.' 이와 같이 이 발원문은 석가모니부처님, 문수보살, 보현보살, 관세음보살처럼 중생들을 제도하고 중생 모두 해탈할 수 있도록 어떤 어려움이 있어도 큰 원이 성취되게 해달라는 내용을 담은 기도문입니다.

262. 회심곡이란 어떤 것이며 어떤 내용을 담고 있나

《회심곡(回心曲)》은 조선시대 휴정(休靜)스님이 쓰신 불교가사입니다. 영조 52년 해인사에서 펴낸 목판본 《보관염불문》에 실려 전해지고 있습니다. 이본으로는 《조선가요집성》과 《석문의범》 등에 실려 있는 것이 있으며, 총 232구의 장편가사입니다. 그 내용은 불교의 사상을 조선시대에 풍만했던 유교사상이나 중국의 노장사상에 접합시켜 당시 흉흉한 사회의 세태를 정화하는 가사를 담고 있습니다. 즉 말세적인 풍속에 물들어 있는 충효신행(忠孝信行)과 애욕과 탐욕에 의한 골육상쟁을 지양하고 자신의 마음을 바로 알아 지켜나가기 위해 일념으로 염불하며 수행하여 깨달음을 얻어 극락연화대에 올라 태평곡을 부르자는 내용을 담고 있습니다. 이 노래는 임진왜란과 병자호란의 양란을 겪으면서 민심이 피폐해지자 불자들의 신심을 정화하고 고취시키고자 읊어졌다고 합니다. 회심곡에는 휴정스님이 지은 것 이외에 서산대사(西山大師)가 지었다고 알려지는 《회심곡(悔心曲)》도 있습니다. 이 회심곡의 내용은 모든 사람은 석가여래의 공덕으로 부모의 몸을 빌려 이 세상에 태어났다가 이생에서 부처를 믿고 좋은 업을 많이 지으면 극락세계로 가고 악업을 많이 지으면 지옥으로 떨어지게 된다는 선인선과(善因善果) 악인악과(惡因惡果)의 인과논리를 담고 있습니다. 또한 경기명창들이 부르는 회심곡은 《부모은중경》의 내용을 가사로 하여 노래합니다. 이밖에도 불교가사와 관계되는 회심곡은 여러 가지가 있습니다. 각 지방에서 상여소리로 부른 회심곡은 대개 《부모은중경》의 내용에 사설 일부를 넣어 부르는 것이 일반적입니다. 사찰에서 주로 읊어지는 회심곡은 불교의 교리를 대중적 포교 차원에서 쉬운 운율가사에 담아 민요선율에 얹어 부르는 음악가사입니다.

263. 장엄염불이란 어떤 것이며 어떤 내용을 담고 있나

　장엄염불은 한국불교의례에서 정토신앙의 시식의례의 차원에서 행해지는 염불입니다. 정토신앙은 염불수행에 의하여 아미타부처님의 극락세계에 왕생하게 된다는 타력신앙입니다. 정토식 불교의례에서는 첫째는 나무아미타불의 십념(十念)을 독송하고, 둘째는 장엄염불을, 셋째는 나무아미타불 후송염불을, 넷째는 문외법주창 등의 원왕생게를 독송합니다. 그런데 이 가운데 첫째 나무아미타불의 십념에 대해 원효대사께서는 보살부터 범부중생에 이르기까지 다같이 왕생할 수 있다고 강조하면서 임종에 이르러 열번의 염불로써 생사의 죄를 면제받고 극락세계에 왕생할 수 있다고 설하셨습니다. 십념은 칭명염불로서 정중하게 아미타불의 명호를 열번 칭념하는 것입니다. 둘째 장엄염불에서는 아미타불의 정토가 오색의 아름다운 일곱 가지 보석으로 장엄된 세계임을 설하고 이 극락세계는 법장비구의 중생구제의 본원력에 의해 장엄된 것임을 밝히고 있습니다. 따라서 법장보살의 본원을 믿는 사람은 누구나 이 정토에 왕생한다고 합니다. 그러므로 염불왕생의 신심은 정토장엄에 의해 성립되고 본원으로 이룩된 장엄정토는 중생들의 염불왕생의 신심에 의해 회복되는 것입니다. 장엄염불의 주요내용으로는 처음에 아미타부처님의 거룩한 모습을 나타내고 아미타부처님께서 법장비구였을 때 세운 48서원을 찬탄하면서 그 법력으로 성불할 것을 기원합니다. 다음으로 아미타부처님의 공덕은 한량없으므로 아미타부처님께 의지할 것을 관구한다는 내용을 담고 있습니다. 셋째 후송염불은 아미타불의 명호를 계속 부르는 것이며, 넷째 원왕생게는 일종의 발원문입니다. 그러므로 정토의식의 장엄염불은 아미타불에 귀의하고 그의 세계를 장엄하게 예찬하는 염불인 것입니다.

제16장

깨달음을 향하여

264. 나무석가모니불, 나무아미타불, 나무관세음보살의 나무란

　원래 석가모니부처님의 말씀은 그 당시에는 글로 표기되지 않고 전형적인 경의 형태도 갖추지 않은 채 구전되어왔습니다. 그러다가 석가모니부처님이 입멸하신 후 교설을 일정한 형태로 편집하여 인도의 옛말인 산스크리트어나 팔리어로 기록되었습니다. 우리들이 흔히 나무석가모니불, 나무아미타불 하는 나무라는 말은 인도 고대어의 나마스라는 용어를 한문으로 소리나는 대로 옮겼을 때의 표기어입니다. 나무는 한자로 남무(南無)가 일반적인 용례로 쓰이지만, 중국에서는 남모(南牟), 나모(那謨), 나마(那摩) 등 여러 가지로 음사하였습니다. 그러므로 나무는 한자 그 자체로 해석하는 것이 아니라 범어의 나마스로 해석해야 합니다. 그러면 나마스의 뜻은 무엇일까요. 나마스란 예경한다는 뜻을 지닌 말입니다. 대개는 예경의 대상과 함께 쓰여 예경대상에 대해 귀의하여 믿고 따른다는 의미를 나타냅니다. 그래서 나마스는 뜻에 따라 번역할 때는 귀명(歸命), 경례(敬禮), 귀례(歸禮)로 한역되었습니다. 예불할 때 '거룩한 부처님께 귀의합니다. 거룩한 가르침에 귀의합니다. 거룩한 스님들께 귀의합니다' 라고 하는 삼귀의(三歸依)의 귀의는 모두 범어의 나마스를 뜻으로 번역해서 표기했을 때의 용례입니다. 한글로 표기했을 때 우리는 대부분 한자어를 그대로 사용하므로 나무라 하는 것입니다. 그러므로 나무석가모니불, 나무아미타불, 나무관세음보살의 나무는 석가모니부처님 또는 아미타부처님이나 관세음보살께 귀의하여 그분들을 믿고 따르겠다는 뜻입니다. 나무라는 말은 여러 부처님과 보살의 명호 앞에서만 쓰이는 것이 아닙니다. 경전의 이름 앞에도 쓰여 한 특정한 경전의 가르침에 귀의한다는 뜻으로도 자주 쓰이는 것입니다.

265. 성불하세요라는 인사말의 참뜻은 무엇인가

석가모니부처님께서는 완전한 깨달음을 이루시기 전에 여러 가지 수행을 하셨습니다. 천상에 태어나기 위해 신체적 고통을 일삼는 고행주의와 정신작용을 정지시키는 선정법에 의한 수정주의(修定主義) 등 모든 수행을 하셨지만, 이 가르침들에 모두 만족하지 못하셨습니다. 고행주의는 현세보다는 죽은 후 내세를 위한 수행이므로 버렸고, 수정주의는 정신통일의 상태에서만 안락이 가능하고 거기에서 깨어나면 다시 현실의 고통이 계속되므로 버리셨습니다. 그러면 그 당시 사상계의 주요 수행방법을 다 버리고 석가모니부처님께서 이루신 깨달음이란 무엇일까요. 그것은 고통이 없는 편안한 정신이 변함없이 유지되는 나와 진리가 일치하는 상태였습니다. 석가모니부처님께서는 육체의 고행과 정신의 수행이라는 양극단의 수행법을 버리고 육체와 정신수행의 어디에도 국한되지 않는 인간의 무한한 자유와 고통없이 편안한 행복을 찾으셨습니다. 그것은 바로 육체와 정신을 일치시키고 나와 진리가 일치되는 원래의 성품을 찾는 것입니다. 그 결과 인간의 생노병사의 근본고통은 인간의 마음 깊이 깃들어 있는 진리에 대한 무지에서 비롯된 것을 발견하셨습니다. 인간은 누구나 부처님처럼 고통없는 최상의 행복을 누릴 수 있는 성품을 지니고 있는데도 불구하고 단지 고통의 근본원인을 모르고 일시적으로 무지에 덮혀 있기 때문에 괴로운 결과를 낳는다는 것을 깨달으신 것입니다. 부처님께서는 인간의 깊은 내면에 깔린 무지의 원인을 규명하여 원래 있는 밝고 맑은 성품을 성취하셨으므로 성불하셨다고 하는 것입니다. 그러므로 성불하세요라는 말은 불교 궁극의 진리를 부처님과 같이 깨달으라는 말로 상대방에게 본래 있는 마음의 청정상을 성취하도록 기원하는 인사말입니다.

266. 중생의 근기에 상·중·하의 차이가 있다는데

　모든 사람에게는 깨달음을 얻을 수 있는 성품과 지혜가 이미 갖추어져 있습니다. 이 깨달을 수 있는 지혜는 반야이며, 깨달을 수 있는 성품은 불성입니다. 반야와 불성은 분리할 수 없는 불가분의 관계로, 인간으로 태어났으면 누구나 지니고 있습니다. 그러나 미혹한 중생은 진리가 있다 하나 들으려 하지 않고 지혜가 있다 하여도 닦으려 하지 않습니다. 이에 무지는 번뇌를 낳고 번뇌에 덮힌 마음은 어떤 지혜의 화살을 쏘아도 닿을 수 없는 번뇌장이라는 갑옷을 입게 되는 것입니다. 번뇌장이 두터워지면 깨달을 수 있는 기회는 점점 줄어들게 되므로 상·중·하의 근기라는 차별적 용어가 성립한 것같습니다. 그러나 원래 근기라는 뜻 속에는 불성의 성품과 반야의 지혜를 근본적으로 담고 있습니다. 그러므로 사람마다 지닌 불성 자체에는 차별이 없습니다. 누구나 진리의 법을 듣고 수행하면 깨달을 수 있기 때문입니다. 즉 반야의 지혜는 누구에게나 크고 작은 차별이 없습니다. 다만 번뇌가 쌓인 번뇌장의 두께에 차이가 있을 뿐입니다. 상·중·하 근기의 차이는 반야지혜와 불성의 개인차를 말하는 것이 아니라 범부들의 번뇌의 정도차를 말하는 것입니다. 6조 혜능선사도 반야지혜를 갖추는데 있어 누구에게나 지혜의 차별은 없다고 말씀하셨습니다. 우리가 주로 하근기 중생 또는 상근기 중생이라 하는 것은 진리에 어두운 정도를 말하므로 성품을 닦고 지혜를 발견하면 번뇌장의 갑옷은 그 순간부터 없어지는 것입니다. 《원각경》에서는 '정법의 바른 수행문을 만나면 근기의 대소차별에 상관없이 모두가 성불한다'고 하고 있습니다. 상·중·하의 여러 근기도 정법의 가르침을 만나면 결국은 깨달음의 한 길로 이르게 되는 것입니다. ☞제37항 참조

267. 유심이란 무엇을 의미하나

유심(唯心)은 일체의 삼라만상이 오직 마음에 의해서 변화되고 마음을 떠나서는 어떠한 것도 존재할 수 없다는 사상을 말합니다. 오직 마음만이 있고 모든 대상은 마음에서 빚어낸 영상일 뿐입니다. 유식학자들은 마음에 의하여 인식할 수 있는 삼라만상의 모든 세계를 마음이라는 주체에 의해 반영된 객관세계라 합니다. 인간의 심성과 육체, 외부의 물질세계를 광범위하게 설명하는 유심사상은 대체적으로 상(相), 성(性), 위(位)로 분류되고 있습니다. 첫째, 상은 무한히 펼쳐져 있는 현상계 즉, 선행과 악행을 반복하면서 살고 있는 인간의 현실과 더 나아가서는 번뇌망상으로 윤회하고 있는 중생의 현상 등을 규명하는 것입니다. 둘째, 성은 인간의 본성과 삼라만상의 실상을 규명하는 것입니다. 이는 불성(佛性), 진여성(眞如性), 열반성(涅槃性) 등으로 표현되기도 합니다. 불성이 드러나는 진리의 세계는 오염된 번뇌의 마음을 정화하여 지혜의 마음으로 환원시킬 때 비로소 나타나는 것입니다. 이때 진리를 식(識)이 변화하여 얻어지는 지혜라 하여 전식득지(轉識得智)라고 합니다. 셋째, 위는 마음을 정화하고 중생을 구제하는 등의 실천수행을 뜻합니다. 이때 실천수행이라는 것은 자신의 구제에 그치지 않고 남을 구제하여 사회를 정화하는 이타정신을 지니고 있습니다. 이러한 보살도를 실천함으로써 오염된 마음을 정화하여 성소작지(成所作智), 묘관찰지(妙觀察智), 평등성지(平等性智), 대원경지(大圓鏡智)의 네 가지 지혜를 얻을 수 있다고 합니다. 이렇듯 유심불교에서는 우리의 선행과 악행은 물론 외부의 모든 객관세계와 접촉하면서 다가오는 모든 인과가 마음에 의해 좌우된다고 봅니다. 특히 유심불교에서는 아뢰야식(阿賴耶識)이라는 것이 모든 인식의 주체라고 합니다.

268. 인연이라는 말의 올바른 뜻은 무엇인가

인연을 사전적 의미로 풀이하면 인(因)은 결과를 생기게 하는 내적인 직접원인이며, 연(緣)은 직접원인을 돕는 간접적인 원인입니다. 말하자면 인연이란 모든 현상의 직접적인 원인과 간접적인 원인을 통틀어서 가리키는 말로서, 특히 인연은 석가모니부처님의 최고 교설인 연기사상과 통하고 있습니다. 즉 이 세상에 존재하는 모든 것은 인연에 의해서 생기고 인연에 의해서 멸한다고 합니다. 이때 일체 모든 것이 인연에 의해 생기는 것이 연기입니다. 그리고 인연에 의해 생기고 멸하므로 일체 모든 것에는 고유한 자성이 없습니다. 그러므로 인연생멸의 도리는 공(空)의 도리가 되는 것입니다. 그러면 인연생멸의 변화하는 현상을 우유의 예로 살펴보겠습니다. 우유가 발효하면 치즈나 버터가 됩니다. 우유가 치즈나 버터로 되기 위해서는 발효조건이 갖추어져야 하는데, 이때 발효조건이 동력인(動力因)으로 인이 되고 우유 자체는 질료인(質料因)으로서 연이 되는 것입니다. 그러므로 동력인인 발효조건에서 인간이라는 주체가 발효조건을 달리 했을 때 우유 자체의 결과는 요구르트로도 치즈로도 될 수 있는 것입니다. 사물이 생멸변화하는데 인과 연의 화합에 따라 달라지고 변화하므로 불교에서는 일체 존재하는 모든 것은 무상하다고 보는 것입니다. 그러나 망집에 사로잡힌 범부들은 변화하고 생멸하는 진리를 모르고 존재하는 일체를 고정관념으로 집착하여 생노병사를 거치는 육체를 자신의 것이라 집착하여 스스로 고통을 낳습니다. 이 고통과 망집은 인연의 무상한 이치를 알게 됨으로써 모든 사물에 실체가 없다는 사실에서 나오는 또 다른 인연의 무한성을 발견하게 됩니다. 그러므로 새로운 인연의 인식에 의한 공의 창조성은 무한한 삶의 기쁨으로 연결되는 것입니다.

269. 번뇌망상이란 무엇이며 백팔번뇌라는 말의 뜻은

　번뇌망상이란 중생의 몸과 마음이 무명이라는 번뇌에 의해 걱정하여 고통받고 혼란되어 미혹되고 오염되는 정신작용의 잘못된 집착상을 말합니다. 중생은 번뇌에 의해 업을 일으켜 고통스런 업보를 받아 미혹한 생사의 세계에서 윤회하게 됩니다. 불교의 목적은 번뇌가 업을 일으켜 괴로움의 업보를 받는 혹(惑)·업(業)·고(苦)의 삼도(三道) 윤회를 끊고 열반의 깨달음을 얻게 하는 것입니다. 그러나 범부들은 진리를 올바르게 보지 못하고 삿된 소견으로 허망하게 분별하여 마음의 청정상을 스스로 흐리는 경계상을 짓습니다. 결국 무명은 번뇌를 낳고 번뇌는 일체 대상을 끊임없이 분별하는 망념(妄念)과 망집(妄執)을 낳아 고통이 끊이지 않는 것입니다. 그러므로 번뇌는 무지에서 시작되는 것입니다. 구사종에서는 번뇌에 대해 삼계 즉, 욕계·색계·무색계에 견혹(見惑)이 88개가 있고 수혹(修惑)이 10개가 있다고 하여 98개를 들고 있습니다. 이 중 대표적인 번뇌를 들면 다음과 같습니다. 치심(痴心)은 어리석은 마음으로 진리를 착각합니다. 방일(放逸)은 나쁜 일에 참여하고 착한 일에 등한시합니다. 해태(懈怠)은 나쁜 일에 탐익하고 선법을 닦지 않으며 매사에 의욕이 없습니다. 불신(不信)은 번뇌로 인하여 매사에 확신을 갖지 않습니다. 도거(悼擧)는 마음이 고요하지 못하고 흔들립니다. 이렇듯 번뇌는 탐하는 탐심, 화내는 치심, 어리석은 치심을 기본으로 하며 바르지 못한 마음과 행동을 나타냅니다. 108번뇌는 98번뇌에 10전(十纏)이라는 10개의 번뇌를 합친 것을 의미합니다. 결국 부처님의 팔만사천 법문은 98번뇌, 108번뇌, 더 나아가 중생 각자의 팔만사천 번뇌를 없애고 열반적정의 깨달음을 성취시키기 위해 설해진 교설인 것입니다. ☞제30항 참조

270. 육도윤회란 무엇이며 어떻게 받아들여야 하나

　육도(六道)란 중생이 스스로 지은 행위 즉, 업에 의해 이끌리어 지향하는 여섯 가지의 상태나 세계를 말합니다. 이 세계는 크게는 선도(善道)와 악도(惡道)로 분류되기도 하고, 육취(六趣)로 분류되기도 합니다. 즉 육취는 지옥·아귀·축생·아수라·인·천의 여섯 가지 세계를 나타냅니다. 그러므로 육도윤회란 여섯 가지의 세계로 자신의 업에 따라 전전하는 상태입니다. 윤회한다는 것 그 자체는 중생 각자가 지닌 청정한 본성을 어기고 허망한 경계를 보고 생각하며 활동하는 것이 끊이지 않는 상태를 말합니다. 대부분의 범부들은 육도가 지옥, 아귀, 축생 등이라 하면 사후세계라고 또 다시 집착합니다. 그러나 육도의 윤회상은 우리가 알 수 없는 미지의 세계상이 아닙니다. 석가모니부처님께서는 우리가 느끼고 판단할 수 없는 미래의 복잡한 문제는 대답조차 하지 않았습니다. 그러므로 육도 윤회의 갖가지 모습은 인간이 스스로 악심에 의해 또는 선심에 의해 품게 되는 여러 가지 마음의 상태 또는 세계라 보아야 합니다. 행위의 결과의 연속인 윤회의 반복도 스스로 청정본성을 찾으려 하고 너와 나를 경계하는 집착을 버리면 자연히 소멸되는 것입니다. 집착과 대립은 더 많은 집착과 대립을 낳으므로 괴로움은 스스로 아수라의 세계, 지옥의 세계를 만들어가는 것입니다. 그러나 미혹의 끈을 끊고 원래 지니고 있는 자성청정심을 닦으면 눈앞의 세계는 극락정토의 모습으로 다가오게 됩니다. 그러므로 육도윤회는 스스로 변화시키고 자재할 수 있는 세계이기에 스스로 쌓은 자비심이 천상의 세계를 그리고 스스로 쌓은 악심이 지옥의 세계를 그리는 것입니다. 그러므로 번뇌를 끊고 자성청정한 마음을 닦으면 고통스러운 육도의 생사경계는 바로 해탈의 경계가 되는 것입니다.

271. 사대와 오온은 무엇을 가리키는 말인가

사대(四大)란 색법(色法) 즉, 물질이 의지하는 네 가지 종류로 지대(地大)·수대(水大)·화대(火大)·풍대(風大)를 가리킵니다. 인간의 육체를 포함한 모든 물질의 원소는 땅의 성질과 물의 성질과 불의 성질과 바람의 성질로 구성되어 있습니다. 즉 지대는 견고한 자성을 지니며, 수대는 습한 자성을 지니고, 화대는 따뜻한 자성을 지니며, 풍대는 움직이는 자성을 지니고 있습니다. 인간의 육체도 고유의 자성이 없어 인연이 다하면 지·수·화·풍의 사대로 흩어지게 됩니다. 그러므로 석가모니부처님께서는 눈, 귀, 코, 혀, 몸과 이것으로 인해 얻게 되는 색, 소리, 냄새, 맛, 촉감이 모두 사대로 분석되어 우리의 것이라 집착할 것은 아무 것도 없다고 무아(無我)를 강조하신 것입니다. 오온(五蘊)은 인간의 현상을 분석한 것으로서, 사대가 형성하는 물질적인 색온(色蘊)에 정신적인 사온(四蘊) 즉, 수(受)·상(想)·행(行)·식(識)의 네 가지 요소를 합한 것입니다. 수·상·행·식의 사온은 물질적인 색온을 바탕으로 개체를 지속적으로 유지시키려는 기능을 합니다. 즉 수는 느끼려 하는 작용이며 상은 생각하려는 작용, 행은 행하려고 하는 작용, 식은 식별하려 하는 작용을 말합니다. 그러므로 오온은 일체 존재의 물질적, 정신적 기능의 총합을 말하는 것입니다. 또한 사대로 이루어진 색온과 수·상·행·식의 사온은 서로 상의상관적 관계를 형성합니다. 석가모니부처님께서는 이 육체적 기능 즉, 색온과 정신적 기능 즉, 수·상·행·식의 사온을 잘 조화시켜 중도의 정각을 이루셨습니다. 특히 오온설은 당시 인도사상계에 풍만했던 육체와 정신의 분리설을 딛고 물질을 바탕으로 한 정신의 숭고성을 설시한 불교의 독특한 교설입니다.

272. 세상만사가 꿈같다는데 과연 우리 현실은 허깨비인가

　우리가 흔히 꿈을 꿀 때 꿈이 너무 확실하여 꿈인가 현실인가 착각할 때가 있습니다. 현실생활도 마찬가지입니다. 미혹한 번뇌로 마음의 평정을 잃었을 때 대부분의 중생은 진실에 대해 착각을 일으킵니다. 착각은 지혜의 빛을 가려 현상을 제대로 보지 못하게 합니다. 중생의 상황이 이러할 때 사회는 어지러워지고 중생들의 마음상태는 탐심, 진심 등의 악심이 강해지고 믿음의 마음은 약해지게 됩니다. 범부들이 집착하는 일체 모든 대상은 원래의 성품이 고요하고 공이며 무상인데, 번뇌에 가린 무지로 자성의 공성을 보지 못하니 실재한다고 믿게 되는 것입니다. 실재한다고 영원하다고 믿던 나의 존재와 바라다보는 대상이 변해갔을 때 고통의 미혹한 몽상에서 헤매게 되는 것입니다. 그래서 불교에서는 인식의 오류에서 오는 모든 그릇된 판단을 번뇌가 낳는 꿈이라 하여 미몽이라 표현합니다. 미몽에 대한 허망성을 경에서는 뱀과 새끼줄로 비유하고 있습니다. 길을 가다가 뱀을 보고 몹시 놀라고보니 사실은 뱀이 아니라 새끼줄이었다는 유명한 비유가 있습니다. 세상을 부처님이 설하신 연기하는 실상으로 보지 못하고 그릇된 망상으로 판단한 것이 뱀의 모습이요, 망상에서 깨어나 판단한 것이 새끼줄인 것입니다. 그러나 새끼줄 또한 알고보면 지푸라기를 꼰 것에 지나지 않으며 지푸라기 또한 더 원초적인 모습이 있는 것입니다. 이렇듯 우리 현실은 그 현상을 올바른 지견에 의해 판단하지 않으면 순간적으로 꿈과 같은 착각을 일으키게 되는 것입니다. 그러나 현실의 세계는 변함없이 우리 앞에 존재합니다. 다만 우리의 잘못된 인식과 판단이 존재하는 모든 사물을 꿈으로 착각하게 하는 것입니다. 올바른 지혜로 현상을 보면 세상만사는 모두 진실된 원래의 모습으로 보이는 것입니다.

273. 모든 것에 실체가 없다면 이 세상은 어떻게 존재하나

석가모니부처님께서는 나고 늙고 병들고 죽는 고통을 보고 출가하셨습니다. 그러나 인생의 생·노·병·사나 일체 사물의 생멸의 법칙 속에 흐르는 또 하나의 새로운 창조성을 발견함으로써 정신의 절대평정을 찾으셨습니다. 이러한 절대평정의 교설은 삼법인(三法印)으로 대표됩니다. 모든 것은 무상하다는 제행무상(諸行無常)과 모든 것은 나의 존재가 아니라는 제법무아(諸法無我)와 열반은 고요하다는 열반적정(涅槃寂靜)이 바로 이것입니다. 만물의 구성요소라는 지·수·화·풍 또한 지속적으로 변하지 않는 것은 아닙니다. 현대과학은 분자, 원자로까지 물질을 분리해냈지만 원자 또한 더 작은 물질로 분리해낼 수 있는 것입니다. 미립자 또한 더 분리되어 자성을 잃게 되면 진공상태가 된다고 합니다. 이렇게 우리 앞에 보여지는 모든 대상은 실체 같지만 그 안에 흐르는 법칙을 보면 자성이 없는 형상만이 있는 것입니다. 인간의 존재도 마찬가지입니다. 순수하게 내 것이라고 집착하는 나의 육신도 생·노·병·사를 거치면서 변해가는 존재입니다. 이렇게 모든 것이 변하는 것이고 실체가 없다면 한편으로 우리는 세상을 살아갈 가치를 느끼지 못하게 됩니다. 그러나 불교는 여기서 결론을 내리지 않습니다. 모두 변하기에 인간과 사물의 무아와 무자성을 교설하지만, 무아와 무자성 속에는 아무 것도 없으므로 오히려 새롭게 채울 수 있는 창조적인 실천이 나옵니다. 즉 공성을 넘어서서 행하는 실천은 인연의 일시적 합성인 무아와 무자성을 항상 변함없고 원만한 열반의 세계로 채울 수 있게 합니다. 그러므로 모든 것의 실체를 부정하는 무아와 무자성의 가르침은 인연에 따라 변화하는 만유의 본질을 깨닫게 하기 위한 교설이지 세상을 부정하는 말이 아닙니다.

274. 전도몽상구경열반이라는 말은 무슨 뜻인가

전도(顚倒)란 뒤바뀐다는 뜻입니다. 중생은 진리를 알지 못하고 번뇌로 미혹되어 있으므로 중생이 머무는 세계는 미혹된 세계라 표현합니다. 또한 미혹한 세계는 마치 꿈과 같아서 어리석은 중생들은 진실한 모습에 착각을 일으켜 무상한 것을 항상하다고 하고 괴로움을 즐거움이라고 하고 부정한 것을 깨끗함이라 하고 무아인 것을 아라고 집착하는 전도상을 빚습니다. 이렇듯 번뇌에 의해 미혹한 세계를 진실의 상이라 착각하는 꿈과 같은 현상이 바로 몽상인 것입니다. 그러나 우리의 마음의 세계는 진리를 인식할 수 있는 능력이 있으므로 몽상이 인식의 새로운 지평을 열면 바로 그 자리에서 최고 열반의 세계는 드러나는 것입니다. 세간에 펼쳐지는 세속의 도리 속에서 윤회 없는 진실의 도리가 펼쳐지는 것입니다. 구경(究竟)이란 지상절대의 구극을 표현한 말이며, 따라서 구경열반은 불교의 최종적인 목적인 열반을 성취하는 것을 가리키는 말입니다. 구경열반의 경지는 세계의 모든 진리를 철저하게 끝까지 다 알고 있다는 뜻을 담고 있어 부처님의 경지를 나타냅니다. 그러므로 전도몽상구경열반이란 미혹한 몽상에 있는 중생이 자기와 세계가 변화해가며 없어지며 또 새롭게 모인다는 인연의 공성을 여실히 보았을 때 미몽에서 깨어나 최고 열반의 경지에 이른다는 뜻입니다. 부처님의 진실상과 범부의 미혹상은 각기 다른 곳에 있는 것이 아닙니다. 똑같은 자리에서 똑같은 대상으로부터 부처님께서는 진리를 보고 범부는 번뇌를 낳는 것입니다. 범부의 몽상이 전도되어 바뀌면 그 자리에서 연꽃이 더러운 흙탕물 속에서 피듯 청정한 불교의 최고의 목적인 구경열반이 성취되는 것으로서, 이것은 《반야심경》에 나오는 귀절입니다. ☞제237항 참조

275. 산은 산, 물은 물이라는 큰스님 법어의 뜻은

　산은 산, 물은 물이라는 큰스님의 법어는 우리가 보는 우리 앞의 산과 물은 우리가 지금 어떠한 마음상태이건 언제나 산이요 물이라는 뜻입니다. 우리는 흔히 마음의 흔들림에 의해 앞에 펼쳐진 대상을 있는 그대로의 올바른 모습으로 보지 못합니다. 그러면 흔들리는 마음의 상태를 바로잡아 대상을 대상의 참모습으로 보는 것은 어떻게 가능할까요. 이 방법을 천태종의 창시자인 중국의 천태대사는 세 가지 관법으로 설하셨습니다. 천태종에서는 모든 존재가 그대로 진실하게 되는 것을 세 가지 면으로 관합니다. 즉 공관(空觀), 가관(假觀), 중관(中觀)이 바로 이것입니다. 공관은 모든 존재에 실체가 없다고 하여 공의 이치로 돌아오는 관법입니다. 가관은 공 위에 세워진 현상이 거짓으로 있음을 관해 미세한 의혹도 끊는 관법입니다. 중관은 공관과 가관의 두 가지 견해를 지양하고 이 두 개의 관법이 둘이 아님을 관하는 관법입니다. 이런 천태의 공·가·중의 삼관으로 산은 산이요 물은 물이라는 법어를 대치하면 다음과 같습니다. 산과 물은 지수화풍의 인연으로 만나 형상을 만든 것이므로 세월이 지나면 없어지게 됩니다. 즉 산과 물은 공관으로 관찰하면 실체가 없는 것입니다. 그러나 앞에 보이는 산과 물은 실체가 없는 거짓된 것일지라도 그것이 분명히 있으므로 그렇게 관하는 것이 가관입니다. 그러나 공관과 가관은 둘이 아닌 진실상으로 양극을 극복하면 공관과 가관은 하나로 통일됩니다. 인연이 다하면 흩어지고 또 새롭게 모이는 산과 물의 모습을 볼 수 있습니다. 이것이 바로 중도로서 관하는 중관의 관법인 것입니다. 그러므로 산은 산이요, 물은 물이라는 법어는 헛된 망상을 버리고 진리를 볼 때 산의 진정한 의미와 물의 진정한 의미가 나온다는 큰 스님의 상징적 어구입니다.

276. 아뇩다라삼먁삼보리란 무엇을 의미하나

아뇩다라삼먁삼보리(阿耨多羅三藐三菩堤)는 인도의 옛말인 범어의 아눗타라삼먁삼보디를 한문으로 번역했을 때 소리나는 대로 음사한 표기어입니다. 아뇩다라삼먁삼보리는 줄여 아뇩삼보리라고도 하고 아뇩보리라고도 합니다. 범어를 뜻으로 풀어 번역한 경우에는 무상정등정각(無上正等正覺), 무상정진도(無上正眞道), 무상정변지(無上正徧知)라고 씁니다. 또 줄여서 흔히 정등각(正等覺)이라고도 표현합니다. 다시 말해 아눗타라삼먁삼보디는 부처님이 되는 지혜의 깨달음으로, 더이상의 수승한 경지가 없는 평등원만한 깨달음을 표현한 말입니다. 또한 이러한 위없는 부처님의 깨달음을 얻고자 하는 보살의 의지를 아뇩다라삼먁삼보리심이라 합니다. 아뇩다라삼먁삼보리의 내용이며 부처님께서 깨달으신 평등원만한 지혜는 연기즉공(緣起卽空)의 도리입니다. 즉 이것이 있으므로 저것이 있고 저것이 있음으로 이것이 있는 연기사상을 근간으로 하는 공의 논리입니다. 석가모니부처님께서는 '법을 보는 자는 나를 보고 나를 보는 자는 법을 보느니라'라고 설하셨습니다. 여기서 법은 세상만사가 모두 자성이 없이 연기하는 것이라는 표현입니다. 존재하는 모든 것은 원인과 결과의 상황이 바뀔 때마다 변화하므로 고정불변의 실체가 없습니다. 그러므로 연기하는 것은 곧 공인 것입니다. 이러한 법의 이치를 깨닫고 실천한 분이 부처님이시고, 그 이상의 진리는 없기에 무상정등각의 의미에서 아뇩다라삼먁삼보리를 쓰는 것입니다. 진리의 실천자로서 부처님께서는 완전하고 무한하며 원만하십니다. 모든 시간과 공간을 초월하여 막힘없는 지혜로 망견에 사로잡힌 중생심을 환하게 비추십니다. 그러므로 아뇩다라삼먁삼보리는 부처님의 깨달음의 지혜이자 법의 내용을 의미하는 말입니다.☞제24항, 28항 참조

277. 성문, 연각, 보살이란 말은 무슨 뜻인가

중생의 깨달음을 구하는 성질과 능력에 따라 세 가지로 깨달음의 도가 나누어지는데, 이 세 가지의 분류를 삼승(三乘)이라 합니다. 삼승은 성문(聲聞), 연각(緣覺), 보살(菩薩)을 말하며 모두 부처님의 일불승(一佛乘)에 귀일하게 됩니다. 성문은 부처님의 말씀을 듣고 깨닫는 자라는 뜻으로, 본래는 부처님의 제자를 일컬었습니다. 그러나 연각과 보살의 의미와 대조적으로 쓰일 때는 부처님의 교설에 따라 수행해도 자신의 해탈만을 목적으로 하는 출가수행자를 가리킵니다. 성문을 위한 가르침을 성문승이라 하고 이런 가르침을 설한 경전을 성문장이라 합니다. 성문승은 연각승과 함께 모두 소승에 속합니다. 《법화경》에는 성문이 마음을 바꿔 대승으로 전향한 경우의 성문을 대승성문이라 합니다. 이때 대승성문은 사성제와 팔정도를 닦고 타인을 구제하기 위한 교설을 행합니다. 연각은 독각(獨覺) 또는 벽지불(辟支佛) 등으로도 표현되며, 부처님의 가르침에 의하지 않고 스스로 수행하여 깨달았지만 적정한 고독을 좋아하여 설법교화하지 않는 성자를 가리킵니다. 성문과 함께 이승(二乘)이라 합니다. 연각인은 오로지 자리행(自利行)만을 닦고 이타심(利他心)이 없기 때문에 자비심으로 중생을 교화하지 못하므로 불과(佛果)에는 도달할 수 없다고 합니다. 보살(菩薩)은 보리살타(菩提薩埵)를 줄인 말로, 보리는 깨달음이란 뜻이고 살타는 중생을 뜻합니다. 그러므로 보살은 무상보리를 구해 중생을 이익되게 하고 여러 바라밀행을 닦아 미래에 부처님의 깨달음을 열고자 하는 자를 가리킵니다. 특히 무상보리를 구하는 대승의 수행자를 보살마하살이라 합니다. 대승불교에서는 성문승과 연각승보다 중생을 이익되게 하는 보살승을 매우 수승하게 봅니다.

278. 삼승방편 진실일승이란 어떤 가르침인가

석가모니부처님께서는 보리수 아래에서 정각을 이루신 후 당신이 깨달은 법을 마음의 때가 두터운 중생들에게 설하더라도 과연 알 수 있을까 하는 회의를 품으셨습니다. 그래서 중생교화를 위해 생각하신 것이 과거의 부처님들과 같은 방편교화의 방법이었습니다. 즉 삼승을 방편으로 시설하는 것으로, 성문, 연각, 보살이라는 삼승의 분류는 부처님의 깨달음의 길로 이르는 방법은 모두 한 길이지만 중생 각자의 근기에 맞게 교설을 하기 위한 수단적 의미입니다. 《법화경》에서는 성문승은 사제와 팔정도를 닦아 열반을 증득하고 연각승 즉, 벽지불승은 12연기를 닦고 보살승은 6바라밀을 닦아 깨달음을 구한다고 합니다. 그러므로 삼승방편(三乘方便) 진실일승(眞實一乘)이란 부처님께서는 오직 하나의 불승(一佛乘)을 설하셨고 삼승에 대한 교설은 단지 진실의 일승에 대한 방편으로 설시되었다는 것입니다. 《법화경》의 〈방편품〉에서는 '오직 일승법만이 있고 이승도 삼승도 없다'라는 구절이 나옵니다. 이 내용은 이승이라든가 삼승이라든가 하는 것은 일승으로 인도하기 위한 방편에 지나지 않는다는 의미를 담고 있습니다. 《법화경》의 주장은 《화엄경》의 〈명난품〉과 《승만경》의 〈일승장〉에서 일승만을 설하고 일승에 의해 부처님이 된다는 내용과는 조금 차이가 있습니다. 그러나 삼승방편 진실일불승은 이타행을 무시하는 성문승과 연각승의 소승과 자리이타행을 겸하는 대승의 보살승의 대립관계를 청산하는 의미에서 삼승 모두 불승에 귀의하여 깨달음을 얻는다는 《법화경》의 선언적 의미로 해석할 수 있습니다. 대승경전이 출현하면서 대승교단과 소승교단의 불교내적인 갈등이 있었습니다만, 《법화경》은 그와 같은 갈등을 통일시킨 경전입니다.

279. 일체중생실유불성이라는 말의 참뜻은

일체중생실유불성(一切衆生悉有佛性)이란 중생은 모두 불성(佛性)을 지니고 있다는 뜻입니다. 불성이란 여래와 같은 성품을 지녔다는 여래성(如來性), 깨달을 수 있는 성품을 지녔다는 각성(覺性)과 그 뜻이 같습니다. 즉 부처가 될 가능성, 혹은 부처님의 깨달음의 성질 등을 불성이라 하며 여래장(如來藏)이라고도 합니다. 일체중생실유불성이란 말이 처음 등장한 경전은 《열반경》입니다. 《열반경》 제7권에서 불성을 진주에 비유합니다. 역사(力士)가 서로 부딪쳐서 미간에 있던 진주가 살 속에 박혀서 찾지 못하여도 거울에 비추면 잃지 않은 것을 알게 된다고 비유합니다. 이는 모든 것에는 본래부터 진주라는 불성이 있으나 단지 모르고 있을 뿐이라는 것입니다. 말하자면 범부는 불성이 번뇌에 덮혀 있어 제대로 알지 못하지만 만약 번뇌를 여의면 불성이 드러난다고 설명할 수 있습니다. 또한 일체중생에게는 모두 깨달을 수 있는 성품인 불성이 있으나 중생이 번뇌를 제거하는 수도의 실천을 하지 않으면 불성은 드러나지 않는다고 합니다. 원래 갖추어진 불성일지라도 광산에서 광맥을 파서 갈고닦아 금을 만들기 전에 금은 광산에 그냥 묻혀져 있듯 번뇌를 제거하고 가르침에 따라 갈고닦아야 드러난다는 것입니다. 이런 까닭에 《열반경》에서는 중생의 불성을 인정하면서도 매우 어려운 말씀임을 또한 강조합니다. 그러므로 불성은 우리 모두가 갖춘 성불할 수 있는 직접적 원인이 될 수 있으나 보리심이란 간접적 원인이 없으면 중생은 깨달음의 세계로 들어갈 수 없다는 것입니다. 불성과 보리심이 결합해야만이 깨달음을 얻을 수 있습니다. 이는 우리가 불성을 지닌 사실만을 알아 이에 만족할 것이 아니라 보리심으로 실천해야 진정한 진리를 증득할 수 있음을 말해주는 것입니다.

280. 본래 모습, 참나, 진아 등은 무엇을 의미하나

　본래 모습이나 참나, 진아(眞我)는 모두 인간 내면에 간직된 진여법성(眞如法性)을 말합니다. 진여법성은 우주의 모든 현실이 지니고 있는 진실불변의 본성을 나타낸 것으로 용수보살은 《대지도론》에서 진여법성을 불가득공(不可得空)이라 표현하고 있습니다. 인간이나 모든 사물에는 본래의 모습이 있고 참나 즉, 진실된 내가 있다고 합니다. 여기에서 본래 모습이나 진아는 실체적인 것이 아닙니다. 용수보살이 모든 법의 실상에 대해 불가득공이라 표현한 뜻으로 본유의 모습을 살펴보면 이해하기가 쉬울 것입니다. 용수보살은 모든 법에는 각각의 상(相)과 실상(實相)이 있다고 하였습니다. 각각의 상은 예를 들어 초에 불을 붙이면 녹아서 전에 있던 모습을 잃는 것처럼 고정적인 것이 없기 때문에 그것을 분별해서 구할려고 해도 결국 얻을 수 없다고 설합니다. 얻을 수 없기 때문에 공이고, 그 공인 것이 모든 법의 실상이라고 설합니다. 공인 것이 모든 차별상에 대해 모두 동일하기 때문에 그 의미에서 여(如) 즉, 같다고 합니다. 이때 모든 상은 모두 공으로 귀의한다고 하는 의미에서 본래의 모습은 공의 법성인 것입니다. 특히 인간에게는 인간과 사물이 지닌 공성을 인식할 수 있는 청정한 진실에 대한 법성이 있습니다. 이를테면 광석 중에 금의 성품이 있듯 일체세간의 법 가운데에는 열반 즉, 번뇌를 끈 적정한 진리를 얻을 수 있는 법성이 있는 것입니다. 그러므로 열반, 깨달음, 해탈을 얻으려 하는 제법 본래의 참된 성품을 법성이라 하고 이 법성이 본래의 모습이며 참나라는 것입니다. 진리의 창조성을 지닌 본래의 모습에서는 여래의 법신이 무한히 드러납니다. 그러므로 본래의 진아의 모습은 인간과 만유 앞에 불가득의 공이면서 변하지 않는 불멸자의 모습인 것입니다.

281. 초발심시변정각이라는 말의 의미는 무엇인가

초발심시변정각(初發心時便正覺)이라는 말은 처음 깨달음의 마음을 내는 그 안에 이미 깨달음이 성취되어 있다는 뜻입니다. 처음 보리심을 내는 순간이 중요하다는 의미가 강하게 내포되어 있습니다. 차제적인 수행보다 즉각 깨닫는 것을 중시하는 원교(圓敎)적 입장에서는 보리심을 내는 동시에 깨달음의 해탈을 얻을 수 있다고 봅니다. 부처님이 되기 위해 깨달음의 지혜를 얻고자 하는 마음인 보리심에는 이미 깨달음의 정각을 갖추고 있습니다. 또한 처음 내는 보리심이 비로소 많은 행을 닦아 깨달음을 완성하는 것이므로 보살은 반드시 최초에 이 마음을 내지 않으면 안됩니다. 그러므로 대승불교에서는 특히 보리심을 내는 발보리심(發菩提心), 즉 발심을 중시하고 처음으로 깨달음의 지혜를 얻고자 하는 초발심은 정각을 얻는데 있어 핵심적 요소라 봅니다. 보리심을 내는 발심에도 여러 가지 종류가 있습니다. 즉 생사와 열반의 모습을 보고 생사를 여의고 열반을 구하는 상발심(相發心)과, 생사의 본성은 열반과 다르지 않다는 평등심을 비로소 일으키는 식상발심(息相發心)과, 보리의 본성은 자신의 마음이라고 알아서 자기의 본심으로 돌아가는 진발심(眞發心)의 세 종류가 있습니다. 세 종류의 발심인 상발심과 식상발심과 진발심이 처음 보리심을 낼 때와 일치하여 수행하는 과정이 바로 정각을 성취하는 과정이 되는 것이므로 보살은 초발심으로부터 부처님의 경지에 이를 수 있는 것입니다. 그러므로 초발심시변정각은 처음 불도에 입문하여 보살이 보리심을 내면서 청정한 자신의 자성을 깨닫고, 청정한 자신의 자성에서 생사와 열반을 다르다고 알고, 다시 한번 생사와 열반의 모습은 부처님께서 중생 속에 있듯 한결같다고 아는 과정을 말하는 것입니다.

282. 일즉다 다즉일이라는 말은 어떻게 이해해야 하나

일즉다(一卽多) 다즉일(多卽一)이란 하나의 형상 속에는 다른 많은 형상이 포함되어 있으며, 복잡한 형상일지라도 하나의 형상으로 돌아간다는 것입니다. 이 말의 속뜻은 우주만상이 대립하지 않고 서로 융합하여 무한하면서도 밀접한 관계를 유지하고 있는 모습을 표현합니다. 일즉다 다즉일의 용어가 성립한 까닭은 이 세상에 존재하는 각각의 현상들이 서로 융합하여 하나의 개체를 이루어도 서로 걸림이 없음을 나타내기 위해서입니다. 우주만상은 중생의 눈에 각기 다른 모습으로 보이나 우주의 본체는 평등한 진여(眞如)를 지니고 있기 때문에 하나하나의 개별적인 모습은 결국 우주본체의 진여를 담게 된다는 것입니다. 예를 들자면 저 높은 산은 바위와 흙과 나무와 잡초 등의 여러 상으로 형성됩니다. 이때 산은 바위, 흙, 나무 등의 하나하나의 성품 즉, 각각의 모습이 모여 산이란 거대한 복합이 형성됩니다. 그러나 반대로 거대한 저 산 또한 알고 보면 하나하나의 상으로 이루어진 것이니 산이라는 개별의 형상은 아닌 것입니다. 그러므로 일(一)이 있으면 많은 것이 성립하기 때문에 일은 많은 것 즉, 다(多)가 되는 것입니다. 또한 다가 일의 개별적 속성을 담고 일이 다에 포함되기 때문에 서로 상즉상입(相卽相入)합니다. 일즉다 다즉일이란 하나 속에 많은 것이 포함되어 있고 많은 것 속에 하나의 속성이 포함되어 있다는 뜻입니다. 나무로는 의자와 책상 등 여러 가지를 만들 수 있지만 나무 그 자체가 우리에게 생활의 편리를 주는 점은 바뀌지 않습니다. 나무의 속성이 주는 성품이 일이고 나무가 바뀌어 의자와 책상으로 되는 것이 다입니다. 그러므로 책상 속에는 나무라는 소재가 있고 나무 속에는 책상을 만들 수 있는 가능성이 있는 것입니다.

283. 금강경의 응무소주이생기심이라는 말의 뜻은

《금강경》은 반야계통의 경전 중에서 《반야심경》과 더불어 대표적인 경전입니다. 《금강경》의 중심사상은 철저한 공사상에 입각한 윤리적 실천이라고 할 수 있습니다. 윤리적 실천은 사물에 집착하지 않는 보시행을 뜻합니다. 그러므로 《금강경》의 공의 개념은 윤리적 실천에 도달하기 위해 나와 너, 또는 주체와 대상의 대립감정을 극복하기 위한 도구로 사용되어 자아의 집착을 부정합니다. 응무소주이생기심(應無所住而生其心)이란 말도 자아의 집착을 부정하는 말입니다. 마땅히 머무를 바가 없이 그 마음을 낸다는 응무소주이생기심의 뜻은 외적인 세상에 펼쳐지는 모든 대상이나 내적인 나의 존재 어디에도 내 것이라 집착할 만한 곳이 없는 것이므로 그러한 새로운 인식에서 청정한 실천행이 나온다는 뜻입니다. 《금강경》에서는 강한 부정적인 표현을 자주 사용합니다. 부정은 모든 것에 분별, 집착, 망상을 끊으면 자연히 선행과 선심만이 남아 진리 그대로가 마음의 상을 일으키게 하는 논리수단으로 사용됩니다. 그래서 부처님이 현실로 깨달아 보이신 법에 진실도 허망도 없다고 부정합니다. 그러므로 응무소주이생기심도 어떤 분별이나 집착, 망상이 없는 인식에서 선행과 선심의 보리행이 나오고 진리를 볼 수 있는 마음이 생긴다는 뜻으로 해석할 수 있습니다. 특히 《금강경》에서는 구도자가 만약 사람들을 전도했다고 하는 생각을 일으킨다면 그는 진실한 구도자가 아니라고 하여 선행에 대한 자부심조차 버릴 것을 강조합니다. 그러므로 이생기심의 그 마음도 이타행을 하는 마음이지만 이타행조차 잊고 진리에도 집착하지 않는 마음을 가리키는 것입니다. 이 마음이 우리의 실천으로 연결될 때 색이라는 현실세계와 진리인 공의 세계는 둘이 아닌 하나가 되는 것입니다.

284. 보리심이란 무엇이며 어떤 의미가 담겨 있나

　보리심(菩提心)이란 깨달음의 지혜를 얻고자 하는 마음입니다. 아뇩다라삼먁삼보리심이라고도 하고 무상보리심, 무상도심, 무상도의라고도 합니다. 일반적으로 보리심의 본체는 중생이 본래 갖추고 있는 맑은 심성을 가리킵니다. 청정한 중생의 이 보리심은 여러 가지 인연에 의해 발하게 됩니다. 보리심을 내는 경우에 있어서 구체적인 사물의 형상에 의해 내는 경우를 수사발심이라 하고 보편적인 진리에 의해 내는 경우를 순리발심이라 합니다. 또한 보리심의 내용은 사홍서원에서 구체적으로 나타납니다. 즉 모든 중생을 제도하고 모든 번뇌를 끊고 모든 법문을 배우고 모든 불도를 이루는 네 가지의 큰 서원이 바로 보리심인 것입니다. 사홍서원의 내용에서도 알 수 있듯 보리심을 내는 보살은 먼저 무지와 번뇌에 쌓인 중생을 제도하고자 하는 원을 세워야 합니다. 즉 타인의 이익과 안녕을 위해 이타행을 먼저 해야 하는 것입니다. 그 다음으로 자신의 성품을 닦는 자리행을 해야 합니다. 그러므로 번뇌를 끊고 법문을 외우고 불도를 이루는 나머지 세 가지의 큰 서원은 이타행을 하면서 인생 최고의 행복인 해탈을 얻기 위한 자기 수도의 내용입니다. 번뇌의 현상을 여실히 알아 끊기 위해서 바로 이치를 배우고 배운 대로 수행하는 길이 사홍서원의 내용이며 보리심 그 자체인 것입니다. 정토종에서는 보리심을 자력보리심(自力菩提心)과 타력보리심(他力菩提心)으로 분리하는데, 부처님께서 본원(本願)으로 중생이 번뇌라는 짐을 벗고 불국의 편안한 세계로 들어오도록 인도하려는 부처님의 이타심을 타력의 보리심이라고 합니다. 그러므로 불자는 부처님이 깨달으신 지혜를 갖고자 노력하는 마음을 항상 내면서 부처님을 믿고 따르는 수행을 게을리하지 말아야 하겠습니다.

285. 여자신자를 보살이라고 부르는 의미는

　보살은 깨달음의 경지를 이루기 위해 자신의 수행과 함께 끊임없이 중생제도하기를 서원하는 자를 말합니다. 대승불교에서는 깨달음을 목표로 하는 보살행을 여러 보살의 활약상으로 표현합니다. 즉 크나큰 자비를 중생을 위해 행하는 관세음보살, 바다와 같은 지혜를 중생을 위해 행하는 문수보살, 큰 실천행을 중생을 위해 행하는 보현보살, 지옥중생까지 모두 제도하기 위해 큰 원을 세운 지장보살 등의 여러 대승 보살들은 중생이 있는 모든 곳에 중생과 함께 합니다. 우리나라에서는 이런 보살이란 호칭을 여자신자에게 붙이고 있습니다. 불교가 대중화되면서 대승의 보살사상이 불교신자의 가장 큰 덕목이 되면서 호칭으로까지 발전한 것입니다. 그러나 여성불자에게 보살이라는 호칭이 붙게 된 것은 한국불교에서만 볼 수 있는 특징입니다. 원래 사부대중이라 했을 때 비구스님, 비구니스님과 함께 재가불자 중 남성일 때 우바새(優婆塞), 여성일 때 우바이(優婆夷)라고 합니다. 여성불자를 경전에서는 청신녀(淸信女)로 자주 표현하고 근사녀, 근선녀, 근숙녀, 신녀라고도 표현합니다. 특히 반야계통의 대승경전에서는 남녀의 재가불자가 선남자 선여인으로 자주 호칭되는 것이 발견됩니다. 그러나 재가의 남녀 불자의 정확한 호칭은 우바새 우바이라고 하는 표현입니다. 우리나라에서 여자신자에게 정확한 유래는 알 수 없지만 표현되는 보살이란 호칭을 붙이는 것은 불교가 대중화되고 여성불자가 늘어나고 보살계를 받는 여성불자의 수가 많아지면서 사용된 것같습니다. 우리가 여성불자를 보살로 호칭할 때는 서로 보살이 되길 바라는 간절한 마음의 발로라고 보아야 할 것이며 서로가 보살행을 이루어야 할 보살임을 각성시키는 의미라고 보아야 할 것입니다.

286. 화엄경에 나오는 십행이란 무엇을 의미하나

《화엄경》은 석가모니부처님의 깨달음의 내용을 그대로 표명한 경전입니다. 60권《화엄경》은 일곱 곳에서 여덟번의 모임으로 구성되어 있습니다. 제1회는 석가모니부처님께서 깨달음을 완성했던 마가다국이라는 장소에 비로자나불과 한 몸이 되어 등장합니다. 제2회는 석가모니부처님께서 자리를 옮겨 보광법당에 자리하시고 문수보살과 10인의 보살들에게 4제와 10종설법을 합니다. 제3회부터는 설법의 장소가 천상으로 옮겨져 십주법(十住法)을 설하시고, 제4회에서는 십행(十行), 제5회에서는 십회향(十廻向), 제6회에서는 십지(十地)를 설하십니다. 제7회에서는 6회까지의 설법을 요약하여 설하시고, 8회는 〈입법계품〉으로 선재동자의 법을 구하는 활약상이 등장합니다. 그 가운데 제4회의 모임에서 설시되는 십행은《화엄경》에서 초발심으로부터 수행의 공덕을 쌓아 부처님에 이르는 총 41계위 중에서 보살이 삼현보살의 단계로 넘어가기 위해 닦는 10가지 수행을 말합니다. 십행의 단계에서 수행은 타인의 이익을 위한 이타행을 행합니다. 즉, 첫째 법공에 들어가 삿된 견해에 움직이지 않는 환희행, 둘째 항상 중생을 이끌고 이롭게 하는 요익행, 세째 항상 참고 남에게 거슬리지 않는 무위역행, 네째 정진을 행하고 일체중생을 열반에 이끌려는 발심을 품고 해이함이 없는 무굴요행, 다섯째 무지로 인해 혼란되지 않는 무애난행, 여섯째 항상 불국토 가운데 몸을 나투는 선현행, 일곱째 공(空)과 유(有)의 두 견해에 집착하지 않는 무착행, 여덟째 얻기 어려운 선근을 성취하는 난득행, 아홉째 법을 남에게 말해 주는 선법행, 열번째 중도 진실의 이치를 깨닫는 진실행의 10가지 수행이 십행의 내용입니다. 십행을 닦은 후에 보살이 닦는 계위는 십지이며 마지막 단계가 불지입니다.

287. 만행이란 무엇이며 어떤 의미가 담겨 있나

　소승불교는 인생의 괴로움의 원인이 인생의 본질에 있다고 생각하여 부처님의 가르침과 그 가르침을 따르는 수행을 존중하면서도 고의 결과를 낳는 행위와 번뇌를 끊기 위해서는 다시 태어나지 않는 것을 이상으로 삼았습니다. 그래서 출가자들은 괴로움을 없애기 위한 방법으로 사회에서 멀리 떨어져 은둔하며 금욕생활을 하였습니다. 이에 반해 대승불교는 인생문제의 해결과 진리구현을 위해 개인의 고통을 대중의 고통이라는 상호관계로 보아 행위 자체도 공업(共業)으로 해결해야 한다고 보았습니다. 그래서 자기뿐 아니라 다른 사람의 고통을 없애기 위해 현실세계를 대면하고 그 속에서 종교적 실천도 중생의 공생적 관점에서 해결해야 한다는 것이 대승불교의 입장이었습니다. 또한 세간을 벗어나지 않고 해탈을 구할 것을 강조하였으므로 재가·출가 어느 한쪽을 중시하지 않았습니다. 대승불교의 이러한 현실생활을 중시하면서 그 속에서 중생과 함께하는 여러 가지 수행을 만행(萬行)이라 합니다. 실제로 석가모니부처님께서는 깨달음을 성취하신 후 열반에 들 때까지 45년간 한시도 쉬지 않으시며 중생 속에 함께 하시며 설법교화하셨습니다. 팔만사천이란 장대한 법문도 부처님의 중생교화를 위한 만행의 결과일 뿐입니다. 깨달음의 세계는 어떤 또 다른 세계에 있는 것이 아니라 우리가 사는 세계에 있습니다. 그러므로 깨달음의 진실을 구하고 진리를 타인에게 전하는 모든 행위가 만행인 것입니다. 구체적으로는 중생 각자가 깨달음에 이르기 위해 행동과 생각으로 행하는 모든 선한 행위를 만행이라 할 수 있습니다. 그러므로 넓게는 깨달음을 성취하기 위해 모든 번뇌에서 벗어난 행을 만행이라 할 수 있으며 구체적으로는 보시나 인욕 등도 만행이라 할 수 있습니다.

288. 공양이라는 말의 참다운 의미는 무엇인가

　공양(供養)이란 음식물이나 의복 등을 불·법·승의 삼보나 부모, 스승, 또는 죽은 사람에게 공급하는 것을 의미합니다. 공양하는 물건의 종류와 공양하는 방법과 대상도 매우 다양합니다. 원래 공양이라는 말은 신체적인 행위에 관해서 주로 일컬어졌습니다만, 후대에 이르면 정신적인 것을 포함하여 신체적인 공양을 신분공양(身分供養)이라 하고 정신적인 공양을 심분공양(心分供養)이라 했습니다. 《십주비바사론》에서는 재물과 불법을 바치는 것을 공양이라고 하였습니다. 또한 《십지경》에서는 공경하는 뜻으로 바치는 꽃과 향뿐 아니라 수행하고 계를 지키는 등 행동으로 하는 모든 것을 공양이라 들고 있습니다. 《증일아함경》에서는 음식과 의식, 좋은 약, 법을 지키는 것을 공양의 의미로 설하고 있습니다. 또한 《법화경》에서는 열가지의 공양의 종류를 들고 있습니다. 경전마다 다양한 공양의 의미를 거론하지만 대체적으로 어떤 특정한 대상에게 베푸는 물질적 정신적 혜택을 의미합니다. 특히 부처님 앞에 바치는 공양을 불공(佛供)이라 하고, 죽은 사람을 위해 바치는 공양을 추선공양(追善供養)이라 하며 부처님을 치하하는 공양을 개안공양(開眼供養)이라 하고, 경을 공양하는 것을 개제공양(開題供養) 또는 경공양이라 합니다. 또한 공양은 중생이 부처님과 보살, 선인, 조상을 위해서만 바치는 것이 아닙니다. 부처님께서도 중생의 해탈을 위해 늘 법공양을 베푸십니다. 아미타부처님께서 중생을 미혹에서 구제하기 위해 베푸시는 법회를 연공양(練供養)이라 합니다. 이런 공양은 부처님이 계실 적에는 스님들의 걸식에서 처음 비롯되었으나 교단이 확대되고 불탑이 건립되면서 부처님과 스님에 대한 음식과 의복의 공양이 가르침에 대한 의미로 확대되어갔습니다.

289. 방편이라는 말의 참다운 의미는 무엇인가

　불교에서는 진리에 도달하기 위해 진리 그 자체를 진리로 직접 표현하기 힘들 때 깨달음을 향해 가는 간접적 수단을 방편(方便)이라 합니다. 예를 들어 깨달음을 향해 가는 뗏목은 피안에 도달하면 버리게 됩니다. 이때 뗏목은 피안에 이르게 하는 수단이므로 불교적 용어로는 방편이 됩니다. 방편의 종류도 여러 가지이지만 4종방편을 소개하면 다음과 같습니다. 깨달음을 향해 가깝게 접근하는 준비적인 행인 진취방편(進趣方便), 부처님께서 중생을 제도하기 위해서 임시적으로 취하는 가설처럼 임시방편적인 권교방편(權巧方便), 10바라밀 중의 하나인 방편바라밀처럼 이상에 도달하기 위해 행해야 하는 시조방편(施造方便), 모든 존재가 그 본질은 모두 같아 하나에 일체를 갖추고 일체가 하나의 상을 이루고 있듯 여러 상이 모여 이루는 집성방편(集成方便)입니다. 특히 방편설법이란 석가모니부처님께서 중생을 교화하실 때 중생의 근기가 다르므로 한가지 법으로 진리를 표명하시기가 어려워 중생 각자의 입장에서 이해하기 쉽도록 설하신 대기설법입니다. 여러 가지 대기설법은 하나의 진리를 설하기 위한 임시방편교설이라고 볼 수 있습니다. 석가모니부처님이 세간에서 중생들에게 설하신 모든 교설은 언어에 의해 표현되고 있는 점에서 방편시설(方便施設)에 지나지 않으나 방편시설의 내용 중에 깨달음의 내용을 직접 나타내는 것을 진실교(眞實敎)라 하고 진실로 인도하기 위해 갖가지 형상과 언어로 표현한 것을 방편교(方便敎)라고 합니다. 그러나 불교는 종교적 수행과 실천을 일치시키는 종교이므로 수단적인 방편교와 목적이자 깨달음의 내용인 진실교는 서로 분리될 수 없는 동전의 안팎과 같은 관계에 있다는 것을 잊어서는 안되겠습니다.

290. 말법시대라는 말은 어떤 의미를 지니고 있나

　석가모니부처님께서 직접 교설하신 초기불교시대에는 법에 대한 가르침과 계율이 교단 안팎의 재가자나 출가자에 의해 그대로 실천되었습니다. 그러나 부처님께서 입멸하시고 시대가 흐르면서 가르침이 교설 그대로 실행되지 않는 역사적 과정을 겪게 되었습니다. 이 과정을 정법(正法), 상법(像法), 말법(末法)의 세 가지 시대로 구별하여, 가르침이 가르침대로 거의 실천되지 않는 시대를 말법시대라고 합니다. 말법시대가 끝나면 가르침 자체도 들을 수 없는 불법이 멸한 법멸(法滅)의 시대가 온다고 합니다. 초기경전에 속하는 《잡아함경》에서는 정법시대, 상법시대의 두 가지 시대만이 설해지고 있습니다. 중국의 규기(窺基)스님은 교설과 교설에 대한 실천과 실천의 결과인 깨달음이 모두 있는 시대를 정법시대라고 하고, 가르침과 실천만이 있는 시대를 상법시대라고 하며, 가르침의 법만이 남아있는 시대를 말법시대라고 하셨습니다. 세 가지 시대에 대한 기간으로는 일반적으로 정법시대를 500년, 상법시대를 1000년, 말법시대를 1000년으로 잡고 있습니다. 그러나 말법시대에는 가르침의 교설만이 남아 있고 가르침에 대한 실천과 실천에 대한 증득이 없다는 말은 많은 중생들이 부처님의 가르침을 멀리하고 세상이 혼탁해지는 것을 경계하기 위한 방편적인 표현입니다. 실질적으로 중국에서는 남북조의 혼란한 시대에 미타의 본원력에 의한 정토사상이 꽃피어 불교가 더욱 발전하였습니다. 한 사람이라도 정법을 믿고 수행한다면 부처님의 가르침이 어느 시대를 막론하고 그 빛을 발하기 때문에 말법시대는 오지 않을 것입니다. 그러므로 말법시대는 불법을 믿고 따르지 않게 될 혼란한 세상에 대한 경계의 말씀입니다. 시대는 어느 시대를 막론하고 정법시대입니다.

291. 정토와 예토란 어떤 것을 의미하나

　정토(淨土)는 부처님께서 머무르시는 장소로 깨달음에 의해 형성된 맑고 깨끗한 곳을 말합니다. 그러므로 정토를 정찰(淨刹), 정계(淨界), 정국(淨國)이라 표현하기도 합니다. 이에 반해 중생이 머무르는 곳은 번뇌에 덮혀 있어 깨달음의 맑고 깨끗한 세계를 보지 못하므로 예토(穢土), 또는 예국(穢國)이라 합니다. 대승불교시대에 이르면 석가모니부처님이 깨달으신 법과 진리를 적극적으로 해석하여 부처님의 육신은 멸하셨더라도 부처님의 본질 즉, 법신으로서의 진리 그 자체는 영원히 활동하여 열반을 얻은 무수한 부처님께서 각기 무수한 중생을 제도한다고 합니다. 이때 무수한 부처님께서 상주하시는 곳을 정토라고 합니다. 《유마경》에서는 마음이 청정하면 곧 국토가 청정하다고 하여 우리들이 깨달음의 마음을 지닐때 이 사바의 중생세계는 정토의 세계가 된다고 합니다. 중생이 번뇌와 무지로 덮여 있는 사바세계가 바로 예토이며, 이 예토는 예토에 사는 중생이 깨달음을 열게 되면 정토가 된다는 뜻입니다. 그러므로 이 세계를 다른 측면에서 《법화경》에서는 영산정토(靈山淨土)로 표현하고 화엄경에서는 연화장세계(蓮花藏世界)로 표현합니다. 대표적인 정토계 경전인 《무량수경》 등에서는 사바세계 이외에 여러 정토가 있다고 합니다. 즉 아미타불의 서방극락세계, 아촉불의 동방묘희국 등이 있다고 합니다. 그런데 이와 같은 정토는 부처님께서 중생제도를 위해 원을 세워서 그 원에 따라 성취한 세계상입니다. 그러나 부처님의 정토세계는 다른 곳에 있는 것이 아니라 우리들이 온갖 고통 속에 살아가는 이 사바세계가 부처님의 깨달음의 법에 따라 중생의 마음이 청정해지면 곧 정토가 될 것임을 우리 불자들은 명심해야 하겠습니다.

292. 불교에서 말하는 극락이란 무엇인가

　극락(極樂)은 아미타불의 정토로서 불교의 이상향인 불국토를 말하며, 안양(安養)·무량수불토(無量壽佛土)·무량광불토(無量光佛土)·무량청정토(無量淸淨土)라고도 합니다. 극락은 즐거움만이 있는 곳이며, 이 즐거움은 아미타불의 본원에 의해서 성취된 깨달음의 즐거움입니다. 《아미타경》에 의하면 극락세계는 서방으로 십만억 국토를 지나서 있는 곳이며 현재 아미타부처님께서 설법하고 계시다고 합니다. 여기에 태어나는 사람은 몸과 마음에 괴로움이 없고 즐거움만이 가득합니다. 이 세계는 또 여러 가지 보배로 장식되어 있으며 그외의 모든 것이 아름답기 그지없는 비할데 없이 훌륭한 곳이라고 합니다. 극락을 일반적으로 서방정토라고 하는 것은 인도사람들이 방위와 시간을 일치시키는데서 유래한 것입니다. 인도사람은 동쪽을 향해 서서 앞쪽을 과거, 뒤쪽을 미래라고 합니다. 따라서 극락은 내세에 왕생할 세계이며, 그것은 서방에 존재해야 하는 것입니다. 그리고 십만억 국토를 지난다는 것은 사바세계와 먼 거리에 있음을 강조한 것입니다. 그런데 이를 공간적인 거리로 보지 않고 마음 속에 있는 십악(十惡)과 팔사(八邪)를 없애버리면 곧 극락이 된다고 보기도 합니다. 곧 십악을 고쳐서 십선(十善)으로 바꾸고, 사견(邪見) 등의 팔사를 팔정도(八正道)로 바꾸면 그곳이 곧 극락세계라고 본 것입니다. 따라서 사바세계가 곧 극락정토요, 현실세계와 극락세계가 둘이 아니며, 현실 속에서 극락세계의 실현이 가능한 것입니다. 이는 자기 마음 가운데 본래 갖추어져 있는 성품이 아미타불과 다르지 않지만 미혹하면 범부가 되고 깨달으면 부처가 되는 것이므로 극락이나 지옥이란 먼 곳에 있는 것이 아니라 오직 내 마음이 지어내기 마련인 것을 설하고 있습니다.

293. 돈오돈수와 돈오점수란 무슨 말인가

돈오돈수(頓悟頓修)는 단 한번에 불심의 이치를 알아 구극의 깨달음에 도달하여 더 이상의 수행이 필요없는 경지를 말합니다. 반면에 돈오점수(頓悟漸修)는 깨닫고나서도 계속 수행하여 깨달음의 세계를 이루는 것을 말합니다. 본래 돈오의 성불론은 선종에서 주장되었습니다. 즉 미망과 깨달음은 한 생각의 차이이니 본성이 단지 일념에 상응하여 중생의 자아가 바로 본심을 보면 성불할 수 있다는 것이 돈오의 성불론입니다. 그런데 돈오점수란 그렇게 한 순간에 깨달았다 할지라도 완전한 깨달음이란 순식간에 되는 것이 아니라 불도를 차례대로 닦고 행하여 점차적으로 향상하여 완성된다고 하는 것입니다. 특히 완전한 깨달음인 돈오돈수와 깨닫고나서도 계속 깨달음을 닦아야 하는 돈오점수의 차이는 선종의 수행론에 대한 이견에서 비롯되었습니다. 우리나라도 선종의 영향이 지대하여 돈오돈수, 돈오점수라는 말을 자주 쓰나 모두 깨달음을 취하는 방법에서 나온 용어입니다. 그 자리에서 바로 깨닫느냐와 점차로 깨닫느냐의 문제는 돈오 속에도 점수가 있을 수 있고 점수 속에도 돈오의 깨달음이 있다고 보는 것이 옳을 듯합니다. 완전히 깨닫는다고 할지라도 깨달은 성인은 그전의 수행과 깨달음을 계속 실천하므로 돈오 속에는 점오의 과정이 있게 됩니다. 돈오점수도 마찬가지입니다. 깨닫고나서 계속 점차적으로 수행하여 단계를 밟는다 해도 그 속에는 깨달음의 찰라찰라의 연속이 이어지기 때문입니다. 그러므로 불자들은 돈오돈수나 돈오점수의 차별적 구별보다는 돈오 속에 점오, 점오 속에 돈오라 생각하고 열심히 수행하는 것이 옳은 방법이라 하겠습니다. 부처님께서 이루신 정각도 이후의 모든 중생제도도 돈오돈수니 돈오점수니 하기 어려운 돈오와 점오의 일치이기 때문입니다.

294. 법륜이라고 해서 진리를 수레바퀴에 비유하는 이유는

　부처님께서 설법하신 가르침은 부처님 한분의 깨달음으로 끝나지 않고 부처님께서 법을 세상의 모든 중생에게 굴리셨기 때문에 법륜(法輪)이라고 합니다. 중생의 번뇌를 없애는데 한 사람, 한 장소에만 국한하지 않고 계속 교화하셨기 때문에 가르침의 법을 계속 구르는 수레바퀴에 비유하는 것입니다. 석가모니부처님께서 처음 보리수 아래에서 깨달음을 성취하시고 자신이 깨달은 법이 심히 난해하여 범천(梵天)에게 깨달은 법을 중생에게 전해야 할지 물어보셨다는 이야기가 있습니다. 이 이야기를 범천권청(梵天勸請)이라 하며 내용 속에는 부처님께서 법을 어떻게 전하실까 고민하신 모습이 잘 표현되어 있습니다. 범천의 권청에 따라 부처님께서는 녹야원에서 안냐타 콘단냐 등 다섯 비구에게 첫 가르침을 펴셨는데, 이것이 불법이란 바퀴를 처음으로 굴리신 유명한 초전법륜(初轉法輪)입니다. 초전법륜 때 부처님께서는 다섯 비구에게 욕락과 고행의 두 극단을 버리고 중도(中道)를 취해야 할 것을 가르치셨으며, 사성제(四聖諦)의 법문으로 그들을 깨우쳐 진리의 세계에 이르게 하셨습니다. 부처님께서는 초전법륜으로부터 쿠시나라에서 열반에 드시기까지 끊임없는 대자대비의 마음으로 법륜을 굴리셨습니다. 대부분 무명의 어리석음 속에 갇혀 있는 중생은 무명이 발하는 어두운 빛으로 인생의 진실을 알기 어렵습니다. 그러나 이러한 중생들에게 부처님은 자신의 깨달음에만 머물지 않고 진리의 법을 세간에 전하셨습니다. 지금도 변함없이 부처님의 가르침은 사람들 사이에 전해지고 있으므로 진리는 중생과 더불어 영원히 살아있는 것입니다. 이는 불교의 가르침 자체가 어느 한 곳에 머무르지 않고 끊임없이 전파되는 것을 가장 중요하게 보기 때문입니다. ☞제25항 참조

295. 회향이란 무엇이며 어떤 의미가 깃들어 있나

회향(廻向)이란 자신의 공덕을 돌려서 밖으로 향하는 것으로서, 특히 자기가 행한 선근을 돌려 일체중생의 깨달음을 위해 되돌려주는 것을 뜻합니다. 구체적으로 회향이라 할 때 회(廻)는 돌리는 것을 의미하고 향(向)은 그쪽으로 향하게 하는 것을 의미합니다. 그러므로 중생과 자신의 깨달음을 위해 스스로 행한 선을 돌려 향하는 모든 것을 회향이라 합니다. 간혹 죽은 이를 위해 하는 추도도 회향이라 합니다. 반야공사상의 입장에서는 회향자도 회향법도 회향처도 없는 곳에 진정한 회향이 있다고 강조합니다. 《소품반야경》〈회향품〉에서는 법도 법에 회향한다는 것도 없을 때 이것을 아뇩다라삼먁삼보리에 회향한다고 하여 회향의 의미를 모든 집착을 버린 공의 의미로 해석합니다. 중국의 혜원스님은 회향을 세 종류로 구별하여 설명합니다. 즉 자신이 닦은 선을 깨달음을 얻는데 돌리는 것을 보리회향(菩提廻向)이라 하고, 자신이 닦은 착한 공덕을 다른 중생을 이익하게 하는데 돌리는 것을 중생회향(衆生廻向)이라 하며, 자신이 닦은 선근을 평등의 진리에 돌려 하나하나의 선이 진여법성(眞如法性)의 현현이라고 관하여 평등법신의 진리를 깨닫는 것을 실제회향(實際廻向)이라 합니다. 정토교에서는 회향의 의미를 칭명이나 염불을 통해 공덕을 정토로 되돌려가는 것이라 합니다. 곧 자신의 공덕을 중생에게 돌려 더불어 아미타불정토에 왕생하려고 원하는 것을 왕생회향(往生廻向)이라 하고 정토에 태어난 후 다시 이 세상에 돌아와 중생을 교화해 정토로 향하도록 해주려는 것을 환상회향(環相廻向)이라고 합니다. 이렇듯 회향의 의미는 자신이 닦은 착한 모든 행동과 마음을 진실한 법에 따라 중생에게 돌려 중생 또한 깨달음의 세계로 향하게 하는 것입니다.

296. 상구보리 하화중생이라는 말은 무엇을 의미하나

　상구보리 하화중생(上求菩提下化衆生)은 중생제도를 강조하면서 등장한 대승불교의 자리이타(自利利他)의 정신 즉, 자신도 이롭게 하면서 타인도 이롭게 해야 한다는 공동체적 정신을 표현한 말입니다. 즉 보살이 위로는 자신을 위해 깨달음의 지혜를 구하고 아래로는 깨닫지 못한 중생을 제도한다는 뜻을 담고 있습니다. 상구보리 하화중생은 보살의 원래적 표현인 보리살타의 의미로도 파악될 수 있습니다. 보살이란 본래 보리살타를 줄인 말인데, 보리살타는 인도의 옛말 보디샷트바를 소리나는 대로 옮긴 말입니다. 여기에서 보디란 깨달음을 의미하고 샷트바란 중생이란 뜻으로 상구보리 하화중생은 보살이 마땅히 해야 하는 자리이타행을 가리키는 것입니다. 특히 상구보리와 하화중생은 분리될 수 없는 것이 피안에 도달하기 위해 큰 수레에 탄 대승과 작은 수레에 탄 소승의 차이점입니다. 작은 수레에 탄 소승불교에서는 위로 부처님의 깨달음의 지혜를 구하나 아래로 중생제도는 게을리합니다. 그러나 대승은 혼자 타는 것이 아닌 같이 타고 피안의 길로 가는 큰 수레이기 때문에 위로 보리를 구할 뿐만 아니라 아래로 중생을 인도해 깨달음으로 가는 수레에 타야 하는 것입니다. 그러기 위해서는 부처님의 법을 위로는 자신을 위해 구하고 아래로는 중생제도를 위해 끊임없이 굴려야 합니다. 상구보리와 하화중생이 일치될 때 진정한 깨달음은 성취될 것입니다. 그러므로 부처님의 깨달음의 지혜를 믿고 따르는 우리 불자들은 위로는 부처님의 위신력과 가르침을 믿고 수행하고, 아래로는 우리 이웃의 불행과 고통을 함께 하면서 불도로 이끄는 것만이 진정한 불도수행의 실천입니다. 그리고 이것은 다시 말하자면 사회 전체의 도덕적 정신적 각성을 의미하는 것입니다. ☞제8항, 38항 참조

297. 사홍서원의 의미는 무엇인가

　대승불교에서는 많은 서원들이 설해지는데, 이들은 나중에 정리되어 모든 보살에게 공통되는 서원으로 제시되기에 이릅니다. 이를 사홍서원(四弘誓願)이라고 하며, 총괄적인 서원이라는 의미에서 총원(總願)이라고도 합니다. 이 사홍서원은 현재 공식적인 불교의식에서 주로 법회가 끝날 때 한결같이 사용되고 있습니다. 그래서 법회에 한번이라도 참석해본 사람은 사홍서원을 알고 있을 것입니다. 그런데 네 가지로 제시되는 이 서원은 혹자가 듣기에는 각각 따로따로 구성되었으며 하나의 서원을 이룬 다음 순차적으로 이루어가는 것이 아닌가 이해할 수 있습니다. 말하자면 중생을 다 건진 뒤 번뇌를 끊고 법문을 다 배워서 성불에 이른다고 하는 수행의 과정을 보인 것으로 해석할 수 있습니다. 그러나 이는 오직 한 가지 길인 보살도가 네 가지 형태로 나타난 것에 불과합니다. 위로 보리를 구하고 아래로 중생을 교화한다는 말을 먼저 깨달음을 얻은 다음에 중생을 교화하려는 것으로 이해하는 것이 잘못이듯이 중생교화와 번뇌를 끊는 것, 그리고 법문을 배우고 불도를 이루는 것은 총체적으로 보살행을 하는 자의 수행의 내용이며, 어느 것 하나도 더욱 우월하다거나 먼저 이루어지는 것이 아니라 동시에 성취되어야 할 내용인 것입니다. 또한 네 가지 원 하나하나는 각각 나머지 세 가지 서원의 내용을 포함하고 있습니다. 중생을 구제함에 따라서 번뇌가 사라지고 법문을 배우게 되며 불도를 이룹니다. 마찬가지로 불도를 이룬다는 것은 중생을 교화하고 번뇌를 끊고 법문을 배우지 않으면 이룰 수 없는 것입니다. 그러므로 어느 한 가지로 나아가도 모두가 구족해지는 것이기 때문에 사홍서원을 일컬어 모든 서원의 총괄적인 총원(總願)이라 하는 의미가 있는 것입니다.

298. 불교를 현대화해야 한다는 말이 있던데

근래에 들어와서 서구의 물질문명에 식상한 사람들을 중심으로 우리의 전통문화를 재발굴하고 다시 꽃피워내고자 하는 노력의 일환으로 불교에 대한 관심이 고조되고 있습니다. 특히 서구에서도 기독교 신앙의 퇴조와 함께 불교에 대하여 깊은 관심과 기대가 표명되고 있는 실정입니다. 그러나 그렇다고 하여 불교가 아무런 노력없이 세계에 전파되리라고 생각하는 것은 무리입니다. 물론 불교에는 합리적인 신앙과 평화주의적인 정신, 그리고 마음을 평안으로 이끌어주는 장점이 있습니다. 이것을 현대사회에서 불교가 가지는 의의라고 생각해도 좋을 것입니다. 그러나 이러한 이유만으로 소극적으로 불교를 찾는 이에게 전해주겠다고 하는 것은 현대를 사는 불자의 자세로는 어울리지 않는다 하겠습니다. 무엇보다도 현대 과학문명과 그 가치관, 그리고 여러 가지 사회변화에 대처하는 불교인의 능동적인 태도가 필요한 것입니다. 과거 석가모니부처님께서 전도의 선언을 하신 후 인도 전역으로 다니시면서 법을 전했던 사실은 불교가 중생들의 삶과 직접적으로 부딪치는 현실성있는 종교라는 점을 보여준 실례입니다. 현대사회에서도 각박한 현실에 자아를 상실하고 매일매일의 나날들을 실패와 좌절감에 빠져 있는 이웃들에게 현실성있는 법음을 전파해야 하는 것입니다. 불교를 현대화한다는 것은 달리 말하면 현대를 불교화해야 한다는 말과도 통하고 있습니다. 물론 중생들을 위한 방편으로 중생 각자의 근기에 맞는 법을 펴야 하겠지만, 현대화를 빙자하여 본질이 왜곡되는 일은 없어야 하겠습니다. 그러므로 불교가 가진 장점을 최대한 살려 현대사회와 불교가 조화로운 만남을 이룰 때 전세계의 중생들이 부처님의 가르침으로 복된 삶을 열어가리라 생각됩니다.

299. 민중불교란 무엇이며 어떻게 이해해야 하나

　민중불교란 상구보리 하화중생의 대승정신을 오늘의 현실상황 속에 적용시켜 보다 직접적이고 구체적인 실천을 도모해야 한다는 입장으로, 특히 역사발전의 진정한 주체는 흔히 정치적으로 지배당하고 경제적으로 착취당하며 사회적으로 소외되어온 민중들이므로 그네들에게 우선적인 자비의 손길이 베풀어져야 하고 그네들과 광범위하게 연대하여 사회경제의 구조적 모순을 척결해나갈 때 현실의 고통으로부터 해방된 진정한 정토세계가 실현될 것이라는 주장입니다. 이와 같은 입장을 전제로 한 민중불교운동은 지난 80년대를 거치면서 일부 불교계 혁신적인 인사들에 의해 주도되어왔는데, 아직까지도 전개의 과정중에 있는 개념이므로 성급히 어떤 것이라고 규정하기는 쉽지가 않습니다. 다만 지금까지의 흐름을 통해 민중불교라는 것이 기성의 불교계에 끼친 영향을 살펴본다면 다음의 몇 가지를 지적할 수 있을 것입니다. 첫째, 민중불교는 기성종단의 무기력한 사회정치적 태도에 강한 반발을 보임과 아울러 불교계 내부의 민주화 내지는 대외적인 불교의 자주성 회복에 일조를 했다는 점입니다. 둘째, 그러나 민중불교는 경전이나 전통적인 교판사상에 입각하기보다는 쉽게 사회과학적 지식에 의존하여, 특히 마르크스주의적인 계급투쟁의 관점에서 자신들의 주장을 전개하고 있다는 지적이 없지도 않습니다. 셋째, 따라서 민중불교의 주체임을 표방하는 사람들 사이에서는 자신들의 이념에 동조하는 사람들을 중심으로 일종의 결사적 움직임을 보이고 있는데, 이는 다른 사람들의 눈에 편협한 엘리트주의로 비춰지는 경우가 있습니다. 넷째, 그렇지만 무엇보다도 민중불교운동은 불교의 사회적 역할에 대한 새로운 모델을 제시하고 있다는 점에서 앞으로의 귀추가 주목된다 하겠습니다.

300. 온갖 시련 속에서도 잃지 말아야 할 불자들의 자세는

오늘날 우리 사회는 여러 가지 문제들이 복잡하게 얽혀 있어 대단히 혼탁한 양상을 보이고 있습니다. 예를 들면 자본주의적 경쟁원리에서 파생된 집단 이기주의의 만연이나 상업적 대중문화의 횡행, 산업화의 과정에서 등장한 심각한 환경오염, 계층간·지역간의 극심한 갈등과 불화 등 모든 것이 공동체적 삶을 부정하고 있습니다. 그리하여 과연 이 세상은 성실하게 살 만한 가치가 있을까, 자신만이라도 올바르게 살아보려는 것에 어떤 의미가 있을까 하는 회의가 일기도 합니다. 그러면 도덕이 무기력하게만 보이고 정의가 영영 실종돼버린 것같은 오늘날의 시대에도 우리 불자들이 잃지 말아야 할 궁극의 자세랄까 마음가짐은 무엇일까요. 《법화경》〈상불경보살품〉에 나오는 이야기를 통해 살펴보겠습니다. 《법화경》은 잘 알려져 있듯이 부처님의 중생구제의 영원무궁함과 아울러 그에 대한 철저한 믿음을 강조하고 있는 경전입니다만, 특히 〈상불경보살품〉에서는 상불경보살이라는 한 인물을 통하여 오탁악세와도 같은 세상에서 불자가 어떤 수행을 하는가를 보여주고 있습니다. 그는 경전에 의하면 경전을 전혀 읽거나 외우지 않으면서 오로지 다른 사람들을 향한 예배만을 행했다고 합니다. 즉 누구나 부처님이 되실 분이므로 공경하고 예배한다는 것입니다. 그때 사람들이 그의 그런 태도를 못마땅히 여겨 돌을 던지고 몽둥이질을 해도 먼발치로 피해서 예경을 멈추지 않았다고 하는데, 여기에는 깊은 암시가 담겨 있다고 생각됩니다. 말하자면 우리 자신뿐 아니라 우리 주위의 이웃들은 모두가 불성의 소유자로서, 설혹 그네들 스스로가 그것을 부정한다 해도 그와 같은 사실을 끊임없이 일깨워나가는 길, 거기에 어려운 현실 속에서도 잊지 말아야 할 불자들의 삶의 자세가 있는 것입니다.

알기쉬운 불교

엮 은 이 : BBS불교방송
펴 낸 이 : 이 선 재

발 행 처 : BBS불교방송
주   소 : (우:04175) 서울시 마포구 마포대로 20 다보빌딩
보 급 처 : 불교방송 포교자료팀
전   화 : 02)706-3502

초판발행 : 1992. 6. 30.
재판 43쇄 발행 : 2021. 12. 20

ISBN : 89-86715-00-735220
가   격 : 10,000원

※ 판권은 본사 소유이며 잘못된 책은 바꿔드립니다.
※ 이 책은 저작권법에 따라 보호받는 저작물이므로
    무단 전재와 무단 복제를 금합니다.